かどや・ひでのり／ましこ・ひでのり：編著

行動する社会言語学

ことば／権力／差別 II

三元社

行動する社会言語学　ことば／権力／差別 II ｜ 目次

はじめに

本書は、『ことば／権力／差別――言語権からみた情報弱者の解放』（2006年初版、2012年新装版）の続編である。第1章で正面から論じられるように、ことばを社会的な側面からとらえなおす社会言語学という領域において、看過されがちな、あるいはながらく意図的に等閑視されてきたさまざまな問題について注意を喚起し、といかけることを目的として編まれている[1)]。ことばと社会にかかわる探究――社会言語学――においては、知的な充足をめざす、知そのものを究極的な目的とする学問にはとどまらない部分があるという了解が本論集の基礎となっている。そこに端を発して、「社会言語学」として提示されているさまざまな記述を再検証する作業、さらに問題として認知すらされていない、ことばやコミュニケーションにかかわる諸問題を発見・提起していくための具体的検討がおこなわれている。

まず、第1章では社会言語学への知識社会学的アプローチがこころみられる。そこでといかえされるのは、これまでの「社会言語学」においては「なにが研究されてきた／こなかったのか」「それはなぜなのか」「「なにかが研究されてきた／こなかったということ」はいったいどういう意味と機能をもってきたのか」である。「ことばと社会の研究とはこういうものだ」という自明性の解体は、言語に付随してつかわれることのおおい、「自然／人為」という概念を問題化する第2章においてもなされている作業である。2017年現在にあっても、なんの躊躇もなく「自然言語」というものが存在すると信じ、それを学術用語としてつかっている言語／コミュニケーション研究は枚挙にいとまがない。そこでおこっている深刻な錯誤が俎上にあげられる。

第3章は、障害学の視座から社会言語学にきりこんでいる。知的障害とことばの

1　この「看過・無視」という現象については以下も参照。ましこ・ひでのり「不思議な社会言語学受容の伝統―「戦後日本の社会言語学」小史・補遺―書評：田中春美・田中幸子編著『よくわかる社会言語学』（ミネルヴァ書房、2015年）」『社会言語学』16号、2016年。

関係に注目し、障害学的な視点からユニバーサルデザインという概念をことばへと拡張したときに必要となる認識の転換が提起される。それをうけた第4章は、それをながらく言語関連分野の「一大事」となってきている英語教育に適用したとき、言語としての外国語の教育だけにとどまらない、言語観の教育が肝要となること、英語教育の光景は一変せざるをえないことを論じている。第5章では、英語教育がからめとられているおおくのイデオロギーのひとつ、「積極性／自発性」がといなおされ、英語教育でスタンダードとされているものが再検証される。

第6章では、英語と原子力発電という、現代日本社会がかかえる巨大な2つの問題群の性質を徹底的に比較している。これらの問題は時間とともに深刻化してきているが、日本社会は、2011年のカタストロフを経験したあとですら、思考と行動を停止したまま、次のカタストロフ、別の原発のメルトダウンを座してまっているだけのようにみえる。そのような状況のなかで、われわれにできることがあるとすればなんなのか[2]。

ことばを権利の対象としてとらえなおしたとき、ことばが原因となってコミュニケーションから排除される現象が、社会的な介入による是正の必要な課題としてうかびあがる。すなわち言語差別／コミュニケーション差別である。この排除現象はきわめて多様なかたちをとっており、その完全な記述は社会言語学の重要課題といえる。

これまでに認知されている排除現象に対して、すでにわれわれがもっている方策の選択肢はかぎられている。非日本語人に対する日本語教育や社会全体の多言語化、計画言語の使用、コミュニケーション上のマイノリティへの配慮などがそれにあたる。これらのおおくは、社会的排除をよしとしない「志ある／善意のひとびと」によって問題提起がなされ、社会・文化運動が展開されてきた領域でもある。その一部は、行政によって継続的に政策的課題としてとりあげられるようになっており、ことばと社会に関わる問題に関心をよせたことがあるひとならば、そのいっそうの充実が必要であることに異論はないだろう。しかし、それぞれの実態を、はじめにのべた本書の問題意識にそってみなおしたとき、ことは単純ではないことがあきら

2　問題としての英語については、木村護郎クリストフ『節英のすすめ：脱英語依存こそ国際化・グローバル化対応のカギ』（萬書房、2016年）が過去数十年の知見を総合・昇華している。

かになる。

第8章は、多言語化がすすんでいる現状をつぶさにみていくと、言語上の社会的排除をなくすこととは無関係なもの、あるいはあらたに社会的排除をうみだす／強化するといわざるをえないような事例すらあることをかいまみさせてくれる。第11章がとりあげているのも、これと連続する問題である。いわば、露骨な「ハラスメント文書」となりはてている日本語教材、その母体となっている日本語教育における同化主義におどろきを禁じえないひとはすくなくないだろう。いったいなんのため、だれのどういう利益のために多言語化や日本語教育をすすめるのかをすどおりし、ただそれをおこなえばよいという姿勢をとりつづけてきた結果としての惨状であることがしめされる。第7章では、コミュニケーション上の平等を志向しているはずのエスペラント運動にも、理念の欠如がもたらす混迷と同様の現象がみられることが指摘されている。ここにおいても、理念を欠いた「善意の運動」がおちいってしまう逸脱と迷走の一般性を観察できよう。

コミュニケーション上のマイノリティが排除されないようにするにはどうすればよいかをかんがえ、実践する。その前提として必要なのは、まずマイノリティがマイノリティとして認知されることである。マイノリティがマイノリティとして認知すらされないときなにがおこるかという、目をそむけたくなる現実を、JR西日本を舞台とする事件を題材に記述したのが第9章である。円滑な言語コミュニケーションがむずかしい身体障害者が性被害にあい、それを告発しようとしたとき告発者はどのような状況におかれたか。マイノリティ性を多重的に帯びたマイナー・マイノリティの困難は、第10章がとりあげる左手書字者がひきうけている困難とも地続きである。左ききであることは、その日常性ゆえにささいなこととしてかたづけられ、マイノリティ性はいとも簡単に否定されてしまう。その結果、左手書字者は社会的配慮の対象からはずされ、不利益の甘受をしいられる構造が固定化されてしまうのである。

本論集でとりあげられている、いっけんばらばらな主題をもつ諸問題は、このように通奏低音を共有しつつ論じられており、すべてはあちこちでからみあっている[3]。その響きに読者の共振が多少なりともうまれ、社会言語学といういとなみのひ

3　各章本文末の［付記］にしめされているように、収録論文のおおくは『社会言語学』誌を初出の場としている。また執筆者らは情報保障研究会のメンバーでもあり、本

ろがりを感じてもらえたなら、本論集の目的は達されたことになる。

2017年9月　　かどや・ひでのり

書はゆるやかな共同研究の産物になっている（www.geocities.jp/syakaigengogaku/）。研究に際しては、おもに以下の科学研究費補助金（すべて基盤研究（C））がもちいられている。2008-2010年度、課題番号20530493、2013-2015年度、課題番号25380709、2015-2017年度、課題番号15K04022、2017-2019年度課題番号17K04168。

第1章

日本の 社会言語学は なにをしてきたのか。どこへ いこうと しているのか。

――「戦後日本の社会言語学」小史

ましこ・ひでのり

1. はじめに：ウィキペディア風の社会言語学的スケッチ

本稿でとりあげる「日本」とは、西太平洋のユーラシア大陸に近接して点在する列島の一群をさしている。19世紀後半に国民国家として統合されて以来、周辺諸地域を植民地化ないし委任統治領化するなど、国境線変動や社会移動にともなう政体や住民の変動が相当あるが、おもに、北海道周辺以南の日本列島と、奄美群島以南の琉球列島をあわせた地域である[1]。

支配的で事実上の公用語となっているのは「標準日本語」。第1言語話者と第2言語話者の合計は1億人をこえ、世界でも上位10位以内に位置するとみられる。都市化とマスメディアの影響もあり、近年列島各地の使用言語の距離は急速に接近している。ただし、「危機言語」とみなされている地域語のうち、たとえば琉球列島の在来言語などは、「標準日本語」と別言語であることはもちろん、広義の日本語

1　歴史性を意識した社会科学周辺の読者であれば当然「いわずもがな」ながら、あたかも密教のように学校空間などから慎重に排除されている点。それは「ドイツ・イタリアなどと同様、日本列島周辺が19世紀後半の数十年で政治統合された歴史的形成物でしかない」という経緯である。それは地政学的な国際環境や旧支配層の動向など偶然の産物にすぎず、たとえば「現在の国境線に自然的な要素などない」という歴史的・政治的現実である。戦後日本の言語研究は「植民地喪失」といった政治的経緯もからまり、国境線の人工性・偶然性、住民の民族的・地域的多様性などを過小評価する、知覚上の死角をもったとかんがえられる。研究者がかかえてきた民族性の矮小化や恣意的なパターナリズムなどについては、後述。

連続体にも分類すべきでないとする見解もすくなくない。「標準日本語」のばあい母音5音体系を基本とし、特殊な子音もほとんどなく、音声的には単純な部類にあるが、心理的・社会的距離を表示する「敬語」「待遇」「配慮」などとよばれる一群の語彙・文法・語法が、外来者にとって習得困難な障壁となることがすくなくない。そのため、「標準日本語」は列島住民のほとんど（聴覚障害者・異民族など以外）がききとれる全国共通語である一方、おおくの住民にとって「規範どおりには駆使できない共通語」でもある。

支配的な表記体系は、総計数万字、常用数千字に達する「漢字体系」。中国大陸やその周辺と字体・用法にちがいを有する。それに、ひらがな・カタカナをあわせた3種を中心に、アラビア数字やローマ字も混用する。

複数の慣用的な「よみ」をかかえる「漢字体系」は、世界でもトップクラスの文化障壁であり、外来者のみならず学童・高齢者・障害者などにとって障害となっている。しかし、「敬語」「待遇」「配慮」という語法とならんで、複雑な漢字体系についての研究、教育実践には膨大な蓄積があり、保守層にとっては、日本的独自性、かつ「美点」とうけとめられている。

2. 日本における社会言語学の位置と歴史的経緯

日本における社会言語学研究をスケッチする際、その範囲を確定することは困難である。たとえば、日本語版Wikipedia「社会言語学」には、つぎのような記述がある。

> ……現在、社会言語学の名のもとでおこなわれている研究の内容はきわめて多様であり、社会言語学を単純に定義することは困難である。そうした学界の状況は、たとえば「社会言語学会」が存在しないことにもあらわれている。
>
> 〔中略〕
>
> 外部リンク
>
> ・社会言語科学会（http://www.jass.ne.jp/）
>
> ・多言語社会研究会（http://tagengo-syakai.com/xoops/html/）

・「社会言語学」刊行会（http://www.geocities.jp/syakaigengogaku/）
・多言語化現象研究会（http://www.r.minpaku.ac.jp/hirshoji/tagengo/）
・日本言語政策学会（http://jalp.jp/wp/）

現在、社会言語学関連のめぼしい組織は、おおむねこの5団体といって、さしつかえないとおもわれる。また、実際に「社会言語学会」を検索結果などから確認することはできない以上[2)]、すくなくとも「日本言語学会」（http://www3.nacos.com/lsj/）のような日本全国をカバーするような包括的全国組織は存在しない。現代日本では「社会言語学」を冠する書物は大量に刊行されているなど、「社会言語学」という術語は言語学周辺にかぎれば定着している[3)]。しかし、「社会言語学」刊行会という一例を例外として、「社会言語学」をかかげる団体がひとつもない点は、重要だ。「社会言語学会」が存在しない現実は、現代日本における言語研究の一群が、「社会言語学」という術語で総称・包括できるような実態をこえていることを反映しているとおもわれる。

桜井隆は、真田信治らの提示する「社会言語学の研究部門」が定着しているとしたが、そこであげられている 9分野は実際に社会言語学界をどの程度カバーし、その分類は妥当なのか（さなだ 1992，さくらい 2007: 25-6）。

2　インターネット検索の結果には「社会言語学会全国大会」といった「社会言語学会」をふくむページが散見されるが、これらは、文脈から「社会言語科学会」（The Japanese Association of Sociolinguistic Sciences, http://www.jass.ne.jp/）の誤記だとおもわれる。「社会言語科学会」はその「設立趣旨」（http://www.jass.ne.jp/?page id=19）で、「本学会は言語・コミュニケーションを人間・文化・社会との関わりにおいて取り上げそこに存在する課題の解明を目指します」と、学際的な研究領域をうたっている。しかし、学会組織がカバーしようする学際領域を“Sociolinguistic Sciences"と英訳した学会発起人たちは、「社会言語科学」を、事実上「広義の社会言語学」とみなしているのである。そして、ネット上での誤記は、社会言語学を軸とした研究団体を構想した発起人たちの意識が、関係者たちにも無意識裡に伝染してきたものと推定できる。

3　一方で、「社会言語学」は依然マイナーなままであり、普通の市民には存在さえしられておらず、たとえば検索キーワードとして想起されることは、かんがえられないかもしれない。実際、筆者はインドシナ難民二世の自助団体をサポートする教員集団と接触したが、小中高校の教員のだれもしらなかった。

1 方法論
2 属性とことば（年齢差、性差などことばの変異、集団語）
3 言語行動（場面によるコード選択、敬語使用、コミュニケーション行動など）
4 言語生活（生活環境とことば、命名など）
5 言語接触（方言と標準語、外来語、二重言語併用など）
6 言語変化（共通語化、ネオ・ダイアレクト、移住とことばなど）
7 言語意識（ことばの規範、アイデンティティー、差別語など）
8 言語習得（第二言語習得、中間言語など）
9 言語計画（国語国字改革、日本語教育など）

真田らの分類は、1985年までの1000件強の文献から帰納されたものだが、その後2006年の文献でも、「属性とことば」が「言語変種」にかえられただけで、わくぐみが継承されている（さなだ 2006)。このうち「1 方法論」以外の8分類の妥当性をみてみよう。まず、「9 言語計画」だけが、巨視的テーマ（言語政策系）であり、ほかは基本的に微視的社会言語学の具体例であることがわかる。また、「第二言語習得」などが社会言語学の主要テーマなのか微妙である。ほかには「4 言語生活」という、欧米ではみられない分野があることもみのがせない（後述)。「国語国字改革」は、基本的には前述した表記体系の複雑さに起因するが、「9 言語計画」のなかで、ずっと主要テーマでありつづけたのは、日本列島独自の現象といえそうだ。

ともあれ、「研究文献を収集する際、すでに、何が社会言語学の研究であるかという選別基準が意識の中にあったはず」で、それが「初めから社会言語学の広がりを限定」してとらえさせたおそれがある（さくらい 2007: 26)。また、「9 言語計画（国語国字改革、日本語教育など)」という分類は、戦前には無視できない研究分野として確立していた「植民地の言語政策」(同上: 28-30) をとりおとしている[4]。植民地をうしなったことで、戦前の蓄積を継承することはもちろん、豊田国夫やイ・ヨンスク、安田敏朗らの言語思想史・言語政策史を社会言語学的蓄積とうけとめる風潮は

4　ただ桜井隆は、前島密や森有礼、さらには『明六雑誌』などにおける言語政策論までも「日本の社会言語学の起点」だとか、二葉亭四迷らの言文一致運動までも「言語計画」だと位置づける。しかし、これら言語政策的提案や言語運動は、政治家の総合雑誌への寄稿が政治学論文ではないように、学術研究ではない。

よわそうである（とよだ 1964, 1968，イ 1996，やすだ 1997ab，さくらい 2007: 30-2）。

このようにみてくると、真田らの分類は、日本の社会言語学の領域的偏在を反映しているとともに、真田ら自身の先入観が日本での社会言語学的動向の領域をかたよって把握させ、広義の社会言語学的研究を除外しているおそれがあるといえよう。

ところで「日本の社会言語学は方言記述が主流であり、つい十数年前までは方言学イコール社会言語学だった」（はら 2007: 12）という大胆な総括がある[5]。実際、社会方言研究の一種としての女性語研究などはあれど、言語地理学的な方言研究が社会言語学の中枢部分だったこと、その傾向が現在もつよいことは否定できない。戦後の社会言語学の代表的人物のひとりであった柴田武の初期の代表作が『日本の方言』（しばた 1958）であること、おなじく社会言語科学会初代会長の徳川宗賢の死去に前後した『社会言語科学』誌上に、「方言学」「方言地理学」という術語が頻出したのも（とくがわ 1999，しぶや 2000，こばやし 2000）、単なる偶然ではない。

また、柳田國男[6]の「蝸牛考」（1927）や、それにさきんずる標準語制定のための基礎的研究（国語調査委員会）などが、戦後の国立国語研究所などを軸とした言語地理学・方言地理学的な実証研究の直接的な源泉となっている。高度経済成長期の社会移動やテレビ放送などの影響で、急速に地域性がちぢまりつつあるとみてとった研究者たちは、「新方言」とか「ネオ・ダイアレクト」といった若年世代の地域形に焦点をあてたり（いのうえ 1985，さなだ 1990，さとー 1993）、近年は社会方言の一種としての「役割語」、「役割語」の地理方言版としての「方言コスプレ」といった研究にあらたなスポットをあてる動向もみられる[7]（きんすい 2003，たなか 2011）。

さらに、「言語変種」領域において、話者・筆者の属性としての「女性語」現象などに、使用領域・場面としての「敬語」現象などに相当な蓄積があるのにもかか

5　ちなみに、「国立国語研究所（関係者）が社会言語学という学問を意識しはじめたのも、この 1970年代前半のことであった」（しぶや 2000: 7）とあるとおり、言語地理学や、後述する「言語生活」研究関係者は、社会言語学的蓄積をおこないながら、方法論的自覚が欠落していたのであった。

6　ジュール・ジリエロン（Jules Gillieron）らの影響はともかく、柳田國男の「方言周圏論」は、言語地理学的な威信伝播の同心円モデルだった。

7　「言語／方言」という区分は恣意的だという議論は、欧米の研究動向をうけて 1970年代中盤以降くりかえされてきたが（たなか 1981）、法廷での言語権について言及した田中克彦らの提起（たなか 1983）をうけた、札埜和男の「方言権」といった提案も無視できない（ふだの 2012）。

わらず、欧米系の社会言語学で蓄積されてきた階級方言や言語的少数派への視座が長期間にわたってほぼ完全に欠落していた経緯も無視できない。

「言語変種」領域における異様ともいえる地理的方言偏重は、人類学的関心の、敗戦−植民地喪失によるアイヌ・琉球をふくめた日本列島周辺の少数派への視座への移行として理解できる。同時に、欧米の社会言語学モデルの流入にもかかわらず、都市部の階級分化や、都市における民族的少数派の集住地、旧植民地との往還にともなうコード・スイッチングなどへの視座が、長期間ほぼ完全に欠落していたことは、方言研究同様、政治性の露呈を極端にきらう日本のアカデミズムの体質を象徴[8]しているといえよう。

その意味では、前述したように、「日本の社会言語学は方言記述が主流であり、つい十数年前までは方言学イコール社会言語学だった」(はら 2007: 12) という総括は

8　「政治性」という表現は、少々抽象性がたかすぎるかもしれない。ここでいう「政治性」とは、なにも選挙で選出された議員や政府がおこなってきた政界周辺の現象ではない。男女、年齢、経済力など、さまざまな属性に起因する優劣関係が固定化したり、格差が拡大したりするような理不尽な構造。ホンネを正直に表現できないような抑圧的ふんいきなど、ありとあらゆる社会的圧力とそのメカニズムをふくむ。これらの問題の改善を漸進的にすすめようとする層を一般にリベラル派といい、一方、急進的にすすめようとする層を左派(反体制派)とよびならわしてきた。

政官財各界の社会的エリート層は、前述したような政治性を最大限に活用して優位性を維持し、既得権確保にはしる。当然、これら構造を直視して批判する層、特に急進的な改革を要求する人物を秩序破壊者として排除することも辞さない。一方、大学などアカデミズムの指導層は、エリート層に親和的である。経済階級的に「中の上」以上の出自をもち、同窓生など政官財のエリート層と人脈上距離がちいさいからである。現在まで公害問題・薬害問題などで御用学者的なうごきをする研究者がすくなくなかった経緯は、その典型例である。階級格差が存在せず所得・資産の連続的なグラデーションしか存在しないと信じたがったアメリカの社会学者は、社会階級という術語をとらず、「社会的成層」(Social stratification) という術語をえらんだ(社会の「裏街道」をいきる層に取材したエスノグラフィーを主軸にすえた「シカゴ学派」などの学統が一方でありつつも)。言語研究も、「政治性」をおびる研究は、忌避されやすい傾向をもつ。日本の言語研究のなかに、階級やエスニシティが研究テーマに浮上するまでに何十年もの年月がかかったのは、アメリカのアカデミズム以上に、大学人が「およびごし」だったからだろう。平等原理をとる日本国憲法のもと、貧困問題は戦後一貫していたし、在日コリアンや琉球列島・アイヌ民族など、エスニシティ問題(差別とアイデンティティ)もとぎれたことなどなかったのに、言語研究の対象としてあたかも存在しないかのように、1980年代まで事実上黙殺されてきたのだ。

少々乱暴であるものの、政治性をおびそうにない領域での「言語変種」にばかり関心をむけつづけた日本の言語研究者の意識を的確に素描している。その政治性を批判しなかった日本の社会学者・人類学者などの政治性もとわれねばなるまい[9]。

ところで、国語国字問題と称される正書法をめぐる議論[10]はともかくとして、戦後の言語政策論とその基礎研究における、あきらかなかたよりについても、ふれておく必要があるだろう。まず、東京圏での標準語というあらたな規範を自明の中心とみなした「共通語」論が疑問視されることなく、それがどの程度地域にひろがり定着しているのか、といったパターナリスティックでエリート主義的な実証調査がめざされていた点である。かれらは、事実上、東京方言との距離を実証したわけだが、そこでおきる同化の是非、その過程でおきるさまざまな問題などにほとんど関心がなかった[11]。かれらは、東京帝国大学の日本人初の言語学教授として、「国語学」などの確立につとめた上田万年など、国家エリートの言語政策イメージをほぼ

9　1950年に発足した八学会連合（翌年から九学会連合）は80年代末まで学際的な連携をみせるなど、すくなくとも学会トップ層は、タコつぼ化をさける姿勢をとりつづけたわけだが、『人類科学』と冠した機関誌を刊行しつづけながら、日本列島・琉球列島内の地域性の記述に終始した。民俗学主導だったという設立経緯をわりびいても、戦後日本の言語的多様性へのとりくみが方言地理学的な色彩を脱するためのきっかけにはならなかった。また、日本の高名な社会学者のひとりも、過去には「単一言語がほとんど所与」とされていると、日本列島の特異性を強調していたほどで、言語研究の欠落ぶりを批判できる水準になかった（みやじま 1986: 109, ましこ 2002: 203, 225, ましこ 2003b: 124）。

さらにいえば、本来政治性が露呈して当然な「女性語」研究や「敬語」研究が、なぜさかんだったか、その政治性もとわれるべきだろう。山下仁らが指摘しているとおり、敬語や女性語は上品さといった規範意識と不可分であり、しかも女性性を本質主義的に美化するイデオロギー装置として機能してきた現実がある（やました 2001, 2007）。言語学者たちはそれを批判的に記述するどころか、科学的精神からはなれて規範主義的合理化に加担してきたということだ（ましこ 2010: 178-92）。

10　国語国字問題は、詳細にみれば、論者も論点も多岐にわたるが、その軸とみなされていた組織としては、文部省および文化庁、そして国語審議会をあげるべきであろう（やすだ 2007）。

11　国立国語研究所による地域社会の「標準語」化の進行状況の実態調査（1949年, 対象地：福島県白河市）での当初の調査デザインは、「東京語」との距離を数量的に実証することだった（ましこ 2003b: 137-8）。かれらには、「東京語」≒「標準語」≒「全国共通語」という自明の図式があった。しかし、かりに当時日本列島全域で、首都のラジオ局の配信したアナウンスが全文理解可能だったにしても、各地の全住民が、それをまねることはありえなかった。そして基本構造は現在もかわらない。

踏襲しており、それは、たとえば沖縄現地の在来語を撲滅でもしないかぎり標準語化が成功しないかのような議論を少々洗練化したものにすぎなかった。前述の柴田武のように、公共空間／私的領域など言語現象の文脈や、話者の言語的距離などに配慮した二言語併用など柔軟なつかいわけをすすめ、学校現場での矯正主義的な指導に批判的な論者は、戦後しばらくのあいだは少数派だった。標準語と距離のある地域住民が言語的同化を努力することは自明視され、実証研究もそれを政策的にすすめるための基礎研究としてくまれた。柴田自身が標準語化の是非をとう意思がなかった[12]。各地の住民にとって無理のない標準語を再編成するための戦前の国語調査委員会の姿勢さえもうちすてられて、言語地理学的な実態調査の趣旨・目的は、標準語化政策の基礎データ収集から、比較言語学的な日本語史研究の一環として位置づけられていった。つまり、上田万年らが構想した、アイヌ語や朝鮮語、琉球語など日本列島周辺の言語群との比較言語学的系統論が破綻した戦後、言語地理学的な研究プロジェクトは、古代日本語や原日本語の復元などもふくめた日本語の連続性の確認作業であった。たとえば琉球諸語を「沖縄方言」「琉球方言」などとして、日本語の下位体系と位置づけることをうたがわないパラダイムが支配的だったし、現在も勢力としては強固に残存中である[13]（ましこ 2014a）。

言語政策は本来、言語教育政策をはじめとして論点は当然多岐にわたり、関連分野も広域におよぶはずであったが、実際には正書法をめぐる「国語国字問題」と、標準語／方言問題、敬語論、英語教育など、ごくかぎられた領域の議論に終始してきた。敗戦による植民地喪失によって「多言語」性が消失したとみなされた段階で、「単一言語空間としての日本列島」と、「国際社会への対応策としての英語教育」という自明視された問題群へと言語政策的関心はしぼりこまれてしまった。そして、社会言語学周辺の議論や調査・研究も、基本的には、前者（単一言語空間としての

12　前述の柴田武（しばた 1958）などは、いわゆる標準語励行運動の一途さが、生徒の心理にキズをおわせないか懸念し、無理をさけるべきであるといった論調をにおわせているが、日本列島上の標準語化を是としてうたがわず、事実上のバイリンガル、ないしダイグロッシアを自明の前提として学校教育の未来像をかたちづくっていた。

13　「方言」という下位体系（カテゴリー）の政治性については、やすだ（1999）、ましこ（2003b）など参照。研究者／教員層などがもちいてきた「標準語」「共通語」概念については、おなじく、やすだ（1999）、ましこ（2003b）、および、しおだ（2013）など参照。ましこ（2003b: 67-81, 131-50）では、この点を詳述した。

日本列島）のなかの下位単位をめぐるものに、ほぼ限定されていたのであり、「言語地理学」だとか「言語生活」といったわくぐみも、その産物であった[14)]。「言語政策学会」が 1999年2月設立であるといった経緯なども、いわゆる「国語政策」以外ほとんどかんがえる必要性を研究者たちが感じていなかったことを暗示している[15)]。

14　国立国語研究所や雑誌『言語生活』（筑摩書房、1951～88年）などを軸にした「言語生活」の動向については、前述のさくらい（2007）のほか、HEINRICH（2002）、いわぶち（2004）参照。ちなみに方法論的にもっとも網羅的に総括しているのは岩淵匡とおもわれる。特に「言語生活研究は、広義では社会言語学や人類言語学などと分野的に重なっているかのように見える」だけで、「社会言語学などとは」「異なる学問領域で、相互に包括関係はない」「本来、言語の総合的、動態的、学際的研究としての性格が強い」とする主張は独自である（いわぶち 2004: 24）。しかし、この論考は、ほとんどの国語学系の論者と同様、日本語の時空上の連続性を実体視している。たとえば「日本語として、従来から国語学が取り扱ってきた言語と社会を対象とする」（同上: 28）といった視座を自省することがない。「言語生活の枠組み」という図解での「言語生活史」という円柱モデルなどは、古代からの日本語利用者集団が本質主義的に実体視され、朝鮮半島や中国大陸など東アジア諸地域との境界線も自明視されているようだ（同上: 29）。「日本人の日本人による日本人のための日本語」を自明の実体として研究対象としてきた「伝統の創造」こそ「国語学」であり、そのひとつが「言語生活研究」であることは、あきらかだ。したがって《国民国家による「伝統の創造」という政治的構築過程あっての「国語」意識、国語学研究である》といった、イ・ヨンスク、ましこ、安田敏朗らによる神話解体との対峙をさけた総括にとどまっている（イ 1996，ましこ 2003b，やすだ 2006ab）。その結果、《日本列島でも19世紀まで継承されていた漢文は朝鮮半島・中国大陸・台湾などの「言語生活」とどう連続しどう断続しているのか》、《一般人には読解不能な万葉集が現代の「言語生活」とどう連続しているといえるのか》、《19世紀すえからヤマトグチのもとへの同化政策や生活語における言語干渉をうけた琉球列島各地の「言語生活」の動向》、《日本在住の日系ブラジル人家庭での親子たちはどのような「言語生活」をおくっているか》といった課題にとりくむ「言語生活」研究者があらわれない。工藤真由美ら日系ブラジル人の言語生活研究等は例外的少数だ（くどー 2003）。

15　単なる傍証にすぎないが、Wikipedia日本語版の「日本の言語政策」というカテゴリーには、「カナモジカイ／国語／英語（教科）／英語の第二公用語化／「外来語」言い換え提案／学校文法／漢字御廃止之議／漢字廃止論／教育漢字／現代仮名遣い／公用文作成の要領／公用文の書き表し方の基準資料集／国語（教科）／国語外国語化論／国語国字問題／国語審議会／国語に関する世論調査／ことばシリーズ／字音仮名遣／しまくとぅばの日／常用漢字／同音の漢字による書きかえ／当用漢字／日本における英語／標準語／臨時仮名遣調査委員会／歴史的仮名遣／ローマ字／ローマ字論」とサブカテゴリーもふくめて30程度しかページ項目がない。量的に貧弱なだけではなく、実に限定された領域しかカバーしていないことは一目瞭然だ。

結局、「単一言語空間としての日本列島」と、「国際社会への対応策としての英語教育」という自明視されたわくぐみのもと、言語政策は質・量ともに限定された議論に収斂し、社会言語学者が動員される質・量もかぎられていた。そして、社会言語学者自身が、前述したように「国語国字問題」などをのぞけば言語政策的な課題意識をもちがたかったし、かりにもちあわせても、やはり質的・量的に限定された関心しかいだかなかった。言語地理学だけでなくトルコの言語政策などにもとりくんだ柴田武のような研究者は少数だったし、柴田らの問題意識さえ広域とはいいがたかったのではないか。

では、社会言語学周辺の研究動向の、こうしたかたよりは、いかにしてうまれたのか。その理解のためには、日本列島上に展開した言語研究の特殊事情にふれる必要がある。

3. 日本列島上の言語研究がたどった特殊な経緯

日本列島をはじめとする東アジア諸地域では、国民国家形成期における欧米からの近代科学の導入とは別個に、前近代における言語研究が継承されていた。日本列島周辺でいえば、仏僧による仏典研究の蓄積、儒学者集団・官僚層による漢文文化の継承、国学者による文献学的蓄積、通詞・通事をはじめとした通訳関係者などが、おもなものとしてあげられるだろう。そして日本列島上では、帝国大学ほかの国語国文学研究室などとして、国学系の学問的蓄積が継承されたわけである。

もちろん、たとえば前近代における列島の方言差などへの意識化に近代の言語地理学的な方法論的自覚の萌芽があるのかといえば、否定的になるほかない。ただし、ヨーロッパからの近代言語学の導入が単純なうけうりだったのかといえば、それもちがう。それは、土着化もふくめ、つぎのような点で歴然としている。

1)「インド・ヨーロッパ語族」などのモデルにそった比較言語学の導入をこころみながら日本列島周辺の諸言語を記述し系統論に着手したが、親族関係を立証できたものが事実上琉球諸語しかなかったため頓挫した。
2) 現地エリートだけが欧米言語を理解すればよしとする帝国主義とはちが

った植民地支配イデオロギーが言語政策にもちこまれ、基本的に同化主義をいかにすすめるかという方針のもと、日本列島内の多様性の解消をはかりつつ、植民地各地を「国語」化することが言語研究者の政策課題となった。これにともなって、日本精神がやどるとされた日本語の特徴として、敬語法や女性語が着目されるなど、しばしば規範主義が克服されないまま戦後まで継承され、国語教育（書写教育や書道教育もふくむ）や日本語教育に流入した。

3）欧米諸国におくれた近代化の後進国として、ヨーロッパの主要言語をエリートにまなばせる政策をとる一方、「国語」の標準化に成功することで、アジア・アフリカのような言語的植民地主義をとらず、ヤマト民族の言語を周辺諸民族におしつけることで国家語・公用語が成立した。このため、英語が中等教育のカリキュラムにおさまったものの、それ以外の言語はエリート層のための教育機関に限定されるという結果をもたらした。戦後は、アメリカの文化帝国主義のもとに一元化される色彩が強化され、英語教育が大衆化され、第二外国語としてヨーロッパ語と中国語などが大衆化した高等教育のカリキュラムにおさまったものの、外国語≒英語という、いびつな外国語教育イメージが支配的になった（特に冷戦体制崩壊後）。このような近代化・現代化の経緯ゆえ、デファクト・スタンダード化した英語教育を批判的にとらえる専門家は少数になり、ましてや、英語一極集中体制に異議をとなえるのは、英語教育関係者の一部慎重派以外には、社会言語学周辺の勢力だけになった。第二言語教育が事実上英語教育と同義語になるのは世界的傾向だったかもしれないが、日本のばあい、冷戦構造のもと軍事同盟とセットで、言語文化政策も日米両国のエリート主導となったことは、いなめない。

4）挫折した比較言語学的構想のかわりに、日本列島内の地理的分布を系統論的に解釈するためのデータとして援用するという言語地理学の歴史言語学的展開を促進した。それは、植民地を喪失した戦後に特に強化された。そこには、ラジオからテレビへとすすんだマスメディアの影響と、高速鉄道や高速道の整備によって急速に地理的方言が消失していくという、エコロジカルな危機感もともなっていた。それは、「新方言」とか「キャラ方言」といった現代的な問題意識にも流入していく。

5) こういった地理的多様性・歴史的な系統論への関心のたかさと対照的なのが、地理的分布や性差ほか社会的属性以外の多様性、端的にいえば、階級方言や言語的少数派への関心の欠落であった。この点は、1970年代以降の欧米からの社会言語学理論の流入によっても修正されず、一種異様な状況を呈している。

6) 欧米から社会言語学理論が「輸入」される以前に、「言語生活」と称される研究動向があり、戦後設立された国立国語研究所の設立の軸とされるなど日本語学系の微視的研究が、社会言語学的研究にながれこんだ。

7) 東アジアの広域でもちいられている漢字表記が、独自の土着化をはたした日本列島周辺では、恣意的で非体系的な表記規範が伝統としてねづよく、いわゆる「国語・国字問題」など、戦後の言語政策の大半は、漢字表記の字種制限の是非など、表記法に時間・人材が異常に投入されてきた。現在も合理化論に対する強力な抵抗があるだけでなく、社会言語学的な解析・提言がさけられてきた。「日本人の日本人による日本人のための日本語」イメージ（ましこ 2011）が背景にあるとおもわれる。

これら日本の言語研究の特殊性は、一部以下のような回顧からもたしかめられる。

> 社会言語学という研究分野が成立したのは、それほど古いことではない。……1971年初夏のある日のこと、……偶然にある方言学会の案内を目にした……。そのときの衝撃は今も忘れられない。その発表の題目の副題に「ことばと社会の関連を求めて」とあったから……。当時までは言語学研究の用語に「地理」はあっても、「社会」という用語の存在しない時代であった。「社会」との関連などを探るのは言語学研究においてはタブーであると叩き込まれていた。
>
> （さなだ編 2006: 1）

この回想は、およそ40数年まえの日本列島における言語研究の文脈を推定するうえで貴重だ。もちろん、当時の言語地理学や方言学を、生成文法学派など非・社会言語学系理論が支配していたはずがない。「言語学研究の用語に「地理」はあっても、「社会」という用語の存在しない時代」とは、戦後日本における社会言語学の定着過程で中軸をになった研究者の青年期をおおっていた知的風土をうきぼりにしている。地理的分析が、単なる物理的・生物学的な空間分布の次元にすぎず、経済階級や学歴・文化資本など社会的要素とは無縁だったのだ。しかも「「社会」との関連などを探るのは言語学研究においてはタブーであると叩き込まれていた」とは、社会学などが追究する狭義の「社会」概念ではないだろうから、研究者が言語現象を社会現象とみなしていなかったか、治安維持法体制下の「社会」イメージ（「社会主義」etc.）をひきずっていたか、どちらかだろう[16)]。

実はこの回顧の時期からほどなく、ジョシュア・フィシュマンの *The Sociology of Language*（1972）の日本語訳『言語社会学入門』と、ピーター・トラッドギルの *Sociolinguistics*（1974）の日本語訳『言語と社会』が出版される。とりわけ後者の第2章は「言語と社会階級」、第3章は「言語と民族」であったが、それらがほとんど定着しなかったことは、さなだ（1992）らが提示し「研究分野として定着している（しつつある）」とした「社会言語学の研究部門」9分野に、関連分野が痕跡さ

16　この知的ふんいきは、戦前の言語学者たちの「社会」ぎらいと通底しているとおもわれる。たとえば安田敏朗は、保科孝一と佐久間鼎を評して、「保科の議論のなかで佐久間の以後の議論と通底するのは、口語の地域的ヴァリエーション（要は方言である）については云々しても、階級的・階層的なヴァリエーションには無頓着な点である」（やすだ 2004: 142）とか、「1930年代には生産者大衆のことばを基礎とするためにローマ字表記をせよ、といった主張もなされたが、主要ながれとしては階級性の重視よりも、さまざまな分野における書記文体としての口語体使用の実践であり、階級問題や社会問題のはいる余地はなかった」（同上: 143）とある。エスペランティストなど無産者運動周辺の言語論者をのぞけば、言語研究者は総じて非階級的姿勢に終始し、戦後も同様だったと推定される。

ちなみに、日本語版Wikipedia「言語地理学」については、つぎのような記述がみられる。「現代の人文地理学の場合、空間科学としてその地域の政治や経済などといった各社会的な現象と人間の関係性を探るという傾向が強いため、言語の地理的な分布を出発点に、社会科学的な現象という問題ではなく言語そのものへと向かう性質の言語地理学は、人文地理学との学問的な理念とも齟齬があると見る向きもある。従って、こうした社会現象との関係を見ない言語や方言を扱う言語地理学というもの自体、地理学の一分野として取り扱うことを拒む論者も多い」。真田は、「（1970年代初頭まで）言語学研究の用語に「地理」はあっても、「社会」という用語の存在しない時代であった」とのべた。しかし現在でも、《地理的分析が単なる空間的分布（自然科学的布置）にしかおよばない》無自覚な限界は、日本の地域言語を対象とする研究の相当部分に通底しているのではないか。

えないらしいことでもわかる。「お雇い外国人」など日本政府が営々と官制アカデミズムとして輸入学問をあとおししてきた伝統は、第二次世界大戦後も継承された。しかし、こと言語の階級性とか民族性といった話題となると、急に「鎖国」状態になってしまう奇妙な傾向は、1980年代までつづいていたとおもわれる。

この2冊につづいて欧米の70年代〜80年代の文献の翻訳はどんどんつみかさねられた。たとえば、デル・ハイムズ（Hymes, 1974, *Foundations in Sociolinguistics*）の日本語訳『ことばの民族誌——社会言語学の基礎』(1979)、ヘルマン・バウジンガー（Bausinger, 1972, *Deutsch für Deutsche*）の日本語訳『ことばと社会』(1982)、R.A.ハドソン（Hudson,1980, *Sociolinguistics*）の日本語訳『社会言語学』(1988)、ミルロイら（James MILROY & Lesley MILROY, 1985, *Authority in Language*）の日本語訳『ことばの権力』(1988)、シュリーベン=ランゲ（Schlieben-Lange, 1978, *Soziolinguistik*）の日本語訳『社会言語学の方法』(1990）は、ほぼ1980年代に刊行された。これらは、いずれも経済階級ないしは民族性をとりあげているのだが、日本の当時の社会言語学界主流に直接の影響をあたえたとは到底おもえないのは、さなだ（1992）らのしめしたわくぐみを検討すれば充分だろう。

これは、《日本社会が非階級社会であり、かつ単一民族国家だ》という幻想が強力だったからだとおもわれる。「非階級社会」イメージは、《日本には欧米のような階級対立がない》《天皇のまえに日本国民は平等である》といった右派的なイデオロギーの産物であり、「単一民族国家」イメージは在日コリアンやアイヌ民族、琉球列島や小笠原諸島の住民など、少数とはいえ、無視できない民族的少数派の存在が、あたかも不在であるかのような共同幻想（帝国主義的な負の遺産の否認＝集合的防衛機制）の産物である。言語研究者の相当数が、言語の社会性・歴史性を矮小化する生成文法に集結した[17]と同時に、言語研究界の周辺全域で、日本列島上の社会

17　生成文法理論の科学性や機械翻訳などへの有効性については、ここでは議論しない。ただ生成文法理論が言語研究にあたえた自覚されていない影響力とその政治性については、ひとこと付言しておく必要があるだろう。生成文法理論に対して距離をおかず、ひとえに科学的・客観的で言語研究のうち最重要課題だとうけとめる初学者がいるとすると（実際、生成文法理論を最重要の言語観であるとし、事実上それだけ講ずることで言語研究を代表させる講義等は、各地で実践されているであろう）、そこに発生する言語観のかたよりは、歴史性と共時的多様性の軽視であろう。生成文法理論自体は、歴史性と共時的多様性の軽視を必然的にともなう理論的体系ではない。たとえば、「同一」とおもわれる言語体系の歴史的変動について理論化しよう

問題と関連した言語の多様性や共存・対立などがあるといった問題意識が希薄というより、忌避されていたと推定するのが自然であろう[18]。

「「社会」との関連などを探るのは言語学研究においてはタブーである」とされた当時の知的風土のもとでは、たとえば、東京の東西南北に定住した新住民の階級性など人口動態自体に政治性があるとか、地域の標準語化の定着＝ダイグロッシア状況における社会階級や学歴などの影響などを解析しようといった問題意識は発生しようがなかった。1970年代後半以降の「翻訳書」の蓄積がなされても、これらの保守的体質は基本的にかわりがなかったというべきであろう。要するに、天皇制における「天皇のもとでの平等」といった幻想にもとづいて社会階級を度外視するような政治意識や、植民地喪失による多民族性の忘却など、日本列島の知的風土がかかえる無自覚な抑圧構造こそ、言語研究、とりわけ社会言語学周辺を支配していた磁場といえる。前述したように政治性忌避意識にねざした恣意的な選択があったとおもわれる。欧米アカデミズムからの理論的輸入は、階級や民族性をあたかもないように隠蔽するかたちで、ネジれて「土着化」したと総括できるだろう[19]。

という研究者は少数であれ実在する（ふじた 2003，なわた 2011）。

しかし、生成文法理論周辺の研究の大半は共時的な言語分析であり、学生は、一部の教員による歴史性への言及にふれないかぎり、その重要性を意識しないだろう。また、歴史的変動を説明すべきであるとする論者にしても、多様性のなかに、社会言語学的な共時的多様性がふくまれていることは、すくなそうである。たとえば、藤田耕司があげる理論言語学がとりくむべき4つの多様性のひとつにあげられる「言語学でいうところの共時的（synchronic）な変異」とは、「世界に3000～4000ないし7000～8000あると推定される個別言語の数」の次元であり、社会言語学的な共時的多様性はふくまれない。社会言語学的多様性が考慮されない理由は、おそらく、社会階級など社会科学的次元が関与する多様性をなにゆえにか黙殺しているからである。経済的階級や文化資本などを考慮する必要のない生物学に準拠したり、情報理論にもとづいた議論に終始したりするかぎり、永遠に社会関係という要因は矮小化されつづけるであろう。かりに《(社会言語学的次元などより）もっと普遍的・巨視的な次元での言語現象の本質をおっているのだ》という科学観で正当化されるにしろ、言語研究における社会科学的な要素の無視は、やはり致命的な欠落というほかない。

18　すでにふれた高名な社会学者も「わが国では、言語紛争は――それが存在していないと言えるか否かは別として――一般に実感されにくい問題である」としていた（みやじま 1986: 109)。80年代までの社会学者の言語問題への鈍感さについては、ましこ（2002: 223-237)。

19　言語の階級性や民族性を日本列島内にみいださない風潮をのりこえようとしたものとして、ましこ（2002)。日本列島を多言語空間として紹介した事典として、さなだ結局、欧米の社会言語学的な実質的な影響は、これら社会言語学の概説書ではなく、個々の論文が個人的なルートでもちこまれて開花したものとおもわれる。

注目すべき代表例は、おもに2系統。ひとつがヨーロッパの言語理論を広範に輸入し日本の言語学界の保守性を痛撃した田中克彦の一連のうごき[20]やRobin Lakoffのジェンダー論（レイコフ＝秋葉訳 1990『言語と性』）などに触発された中村桃子らの一連のうごき。もう一方がRobin LakoffやBrown & Levinsonなどのポライトネス研究に触発された敬語論者のうごきである。

しかし、後者は、既存の敬語論や女性語研究をラディカルに変革してきたというよりは、日本文化特殊論を強化するような力学をもった。近年の「役割語」「キャラ方言」といった動向も、一部の例外をのぞいて、日本文化特殊論を強化する力学

／しょーじ編著（2005）。危機言語としての琉球諸語についての社会言語学的議論がまとまってよめるものとして、ハイリンリッヒ／まつお編著（2010）など。

20　田中の言語政治学、ないしは、言語現象の知識社会学とでもいうべき一連の発言に直接の影響をあたえたのは、亀井孝である。亀井は、ヨーロッパの文献学・言語学理論を消化した国語学者として著名だったが、「もし国語学ということばを生かして使うならば」「言語社会学の分野であるべきだ」（かめい 1980: 372）とのべるなど、特異な見解を表明していた。国学のながれをひきついだ、非常に特殊な言語研究といえる「国語学」を全面的に改変し、「国語学」という看板そのもののまま、国民国家としての近代日本の公用語・国家語としての「国語」がいかに編成されたのかといった、のちの安田敏朗らの議論のさきがけをつくったのは、亀井－田中の共同作業の産物といえそうである（やすだ 2006ab）。

なお、田中らの影響によるというよりも、これと並行したうごきが、たがいの相乗効果をもったものとして、狭義の社会言語学者にとどまらないエスペランティストないしシンパサイザーの思潮もわすれてはなるまい。日本におけるエスペラント運動はもちろん、日本エスペラント協会（Japana Esperanto-Instituto; JEI）を軸として展開されてきたが、田中の『エスペラント　異端の言語』など、シンパサイザーによる好意的なものを例外として、その歴史的意義はまったく大衆化していない（たなか 2007）。むしろ、日本では戦後の英語帝国主義の影響下という経緯もあり、トラッドギルの無責任なエスペラントへの誹謗中傷など、まともにしらべたこともないはずの言語研究者のネガティブ・キャンペーンがめだつ（トラッドギル 1975: 172-3, くろだ 2007, かどや 2008b）。その意味で、エスペランティストである言語研究者による擁護論や、ネガティブ・キャンペーン批判の蓄積も、広義の社会言語学的思潮としてとりあげておく必要があるだろう（かどや 2001, 2003, 2005, 2006ab, 2008ab, ましこ 2003a, 2007, やまもと／うすい／きむら 2004）。エスペラントに対する無知ゆえの非科学的な非難を抜本的に再検討するための言語の自然性幻想と人為性についての詳細な論考として、きむら（2005）。

の一種とおもわれる。「お嬢キャラ」といった「役割語」と同様である（前者については後述）。

ちなみに、「言語生活」は、真田信治が端的に指摘しているとおり「生活とことばのかかわり」を広範にわたってさししめすものである（さなだ編 2006: 74）。当然、「「言語生活」ということばの概念は必ずしも学問的に明確にされているわけではない」ということになり、母集団の推計といった一般化の観点からしたばあいに、代表性という次元ではなはだ疑問がのこるものではある。しかし、たとえば国立国語研究所がおこなった「言語生活24時間調査」（さなだ編 2006: 76-8）などは、社会学者R.K.マートンの提起した「中範囲の理論」をみちびくための予備調査としては、非常に有効であり、ゆたかな研究上のヒントをあたえてくれるだろう。ただ、これらの調査は、欧米社会のようにプライバシー感覚が鮮明に獲得された地域ではなかった過去の日本列島だからこそ成立した研究かもしれない。社会学者・人類学者が社会調査の倫理性を自省するようになった昨今、言語研究者の倫理水準は充分なのか、冷静にふりかえるべき時期にきているだろう。ラボヴらが敢行した、かくしマイクでの盗みどりなどがゆるされないことはもちろんだが、正直に研究対象になってくれるよう打診して快諾されるのか。快諾してくれるようなインフォーマントは、そもそも特殊な層だし、そういった人物からの人工的環境下での言語データから全体を推計する意味はほとんどないのではとか、さまざまな懸念が浮上する。

そして、日本列島周辺の言語環境として非常に独自なのは、非体系的な複数のよみを共存させる漢字表記の存在である。社会学などの移民研究では、日本的な漢字表記が外国人労働者などへの非関税障壁になっており、さらには二世児童たちの学力・進学実績の不振の基盤となっているという指摘があるのに、言語研究者の反応はにぶい。表記論の研究は毎年おびただしい蓄積があるのに、新来外国人などのための条件整備に資する研究は、例外的少数しかない。「日本人の日本人による日本人のための日本語」イメージ（ましこ2011）がねづよく、教育学などのとりくみも、外国人児童や障害児をいかに適応させるかという方向性が大半で、既存の規範をどう合理化するのかという方向にむかわない。日本の言語研究の特殊性のひとつとして、漢字表記の恣意性の黙認ないし問題からの逃避という問題があるだろう。

4. 広義の社会言語学の展開：21世紀の動向

これまで、日本の社会言語学をとりまく知的風土の保守性・抑圧性を中心にふりかえってみた。しかし、前述した田中克彦や中村桃子らの一連の作品に影響をうけた広義の社会言語学（かならずしも、社会言語学者を自称していない研究者集団による研究動向）は、保守性・抑圧性よりも、むしろラディカルで一部反体制的とさえいえる動向といえる。以下、近年の動向を素描する。

まず、注7でふれた札埜和男らのとりくみは、地域語（方言の次元をこえた琉球諸語もふくめた）による法廷での言語権にふみこんでいる（ふだの 2012）。田中克彦の問題提起の社会言語学的結実といえるだろう[21]。言語権や情報弱者への配慮をめぐる議論を中心にした論文をあつめてきた『社会言語学』（「社会言語学」刊行会、2001～）は、障害学や知識社会学的論文が相当量をしめ、狭義の社会言語学におさまらないが、田中克彦らの問題提起の延長線上にあるといえよう[22]。

また、前述した中村桃子らの一連のうごきも、女性語をポライトネス概念と安易にむすびつけるものではなく、異性愛関係を前提にしたジェンダーにからまる権力関係を解析しようとしている。中村らが翻訳した、D.カメロン／D.クーリック『ことばとセクシュアリティ』（カメロン／クーリック 2009）などが、今後の日本での言語研究にどうつながっていくか不明だが、「ことば、ジェンダー、強制的異性愛」とか「クィアの挑戦――ジェンダーとセクシュアリティを分けること」といった節のタイトルをみるかぎり、狭義の社会言語学に全然おさまらないことが明白だ。女性や性的マイノリティーによる、ジェンダーと権力、ジェンダーと規範意識の解

21　ふだの（2012）は、学位論文をもとにしており、その指導教員は真田信治であった。きわめて保守的な知的風土から出発した方言学（言語地理学）のもとで、40年ほどのちに、こういった画期的な作品がうみだされたことは、ある意味日本の社会言語学の、ゆっくりではあるものの着実な前進を象徴しているともいえる。また、おなじく真田らが編集した『事典　日本の多言語社会』（さなだ／しょーじ編 2005）では、「社会言語学関連用語」というタイトル（最終章）のもと基本概念が紹介されている。日本列島が多言語空間であることを社会言語学的な見地から素描した本書は、戦後60年を象徴する産物といえるだろう。

22　http://www.geocities.jp/syakaigengogaku/ki-wa-do01.html

析・批判は、今後開花するだろう[23]。

もちろん、これら以外にも、欧米の動向の単純な受容・適用でない、社会科学的な言語研究は急速に増加しつつある。「社会言語科学会」「多言語社会研究会」「多言語化現象研究会」「日本言語政策学会」など、社会言語学関連の学会・研究会の大会報告やシンポジウム・パネル、あるいは刊行物をみるかぎり[24]、狭義の社会言語学というわくにおさまりきらない、言語現象の社会科学的研究が相当部分をしめるようになり、そのにないては人類学・社会学・教育学・法学ほか、さまざまな研究領域からの参入といえる。

International Gender and Language Association[25]の会員や『日本語とジェンダー』を刊行してきた「日本語ジェンダー学会[26]」や『母語・継承語・バイリンガル教育（MHB）研究』を刊行している「母語・継承語・バイリンガル教育（MHB）研究会[27]」のうごきも、事実上社会言語学といってよい。また、「法と言語学会」なども、広義の社会言語学系学会ないしは社会言語学的蓄積の利用者組織といえる[28]。

23　最近の理論的蓄積としては、クレア・マリィ『「おネエことば」論』（マリィ 2013）や、『ことばと社会』16号の特集「ことばとセクシュアリティ」、ましこ（2017）など。

24　1990年代末にはじまる、社会言語科学会による『社会言語科学』や『講座社会言語科学』、多言語社会研究会による『ことばと社会』や関係者の作品、「社会言語学」刊行会による『社会言語学』や関係者の作品、2000年代中盤に発刊された日本言語政策学会による『言語政策』など、雑誌と単行本は2000年代から急速に蓄積をすすめつつある。

　また、さなだ編（2006）でも、第2章「言語行動」、第4章「言語接触」、第6章「言語意識」などで、1990年代以降は、日本列島周辺での多言語現象がかなりとりあげられるようになったことが、たしかめられる。日系ブラジル人や中国人等の定住化・可視化が決定的な契機といえそうだ。

25　http://www.lancs.ac.uk/fass/organisations/igala/Index.html

26　http://www.gender.jp/

27　http://www.mhb.jp/

28　http://jall.jpn.org/

〈設立趣意〉（2009年5月17日）には、つぎのような表明があり、あきらかに社会言語学の研究領域・関心とかさなるところがある。

　「現在、私たちが強い関心をもつ「法と言語」の研究対象には、次の7つが含まれる。

　1. 司法の言語（法律用語・法律文、法廷用語や判決文を含む裁判の言語など）

　2. 司法通訳における言語使用

　3. 司法翻訳

もはや、従来からの微視的社会言語学的領域と言語政策系との巨視的領域の機械的合計で、社会言語学の主要領域と称することには無理が生じている。自然科学的な言語研究にさまざまな領域から人材と理論が流入してきたように、社会科学的な言語研究にもさまざまな領域から人材と理論が流入するのは必然なのだから。その意味では、日本語版Wikipedia「社会言語学」が「現在、社会言語学の名のもとでおこなわれている研究の内容はきわめて多様であり、社会言語学を単純に定義することは困難である」と記述しているのは当然であり、むしろ消去法的に「言語ゲーム」（ヴィットゲンシュタイン）としてしか「社会言語学」という領域をかたれない構図の必然的産物といえる。その点では、社会言語学と言語社会学を理念型としてではなく、実体として区別できるとおもいこんでいる研究者集団よりも、日本の言語研究者は、現実を正確に把握し、実質的に社会言語学を実践しているといえるかもしれない。

ここでは、学際的な広義の社会言語学系の作品を紹介することで、傍証としたい（くわしい書誌情報は末尾文献リストを参照。＊は所収論文）[29]。

---

4. 言語権・言語法
5. ことばの犯罪（贈収賄、脅迫、偽証、不穏当表現など）
6. ことばの証拠（筆者・著者または話者の同定、商標の類否など）
7. 司法コミュニケーションの諸問題
8. 法言語教育（Language for Legal Purposes）
9. 法言語学史（成立と発展）」

なお、「法と言語 学会」のばあい、「法と言語」「学会」のあいだに半角アキがみられるが、「法と言語研究会」（2004年5月設立。こちらは半角アキなし）を前身とうたう（http://jall.jpn.org/about.htm）などといった経緯もあれば、「法と言語 学会事務局」と表記する（http://jall.jpn.org/contact.htm）など、分節について一貫した姿勢がとれているわけではないようだ。既存の「わかちがきをさけた表記」のなかに、ことわりなくまぜることは、少々問題であろう。現代日本における漢字表記の機能不全の典型例といえそうだ。

29　これらは、すべて21世紀にはいった論集のみであるが、ほぼ唯一の注目すべき例外として、先駆的な論集、ジョン・C・マーハ／本名信行らによる『新しい日本観・世界観に向かって』がある（マーハ／ほんな編 1994）。「日本における言語と文化の多様性」という副題をもつこの論集は、日本列島上の言語的多様性を多彩な論者によって記述しており、議論が未整理なままの紹介におわっているとはいえ、「日本の手話」という章をまじえているなど、しっかり記憶すべき作品である。

しかし、狭義の社会言語学者としてしられる著名な寄稿者は、マーハ／本名らにかぎられ、また、本書のもととなった「日本におけるバイリンガリスムと民族の多

■桂木隆夫編（2003）『ことばと共生——言語の多様性と市民社会の課題』三元社
渋谷謙次郎／小嶋勇編（2007）『言語権の理論と実践』三元社

両者とも、法学者が軸となり、言語権／言語法／言語政策といった概念に立脚し、しかも社会言語学系の論者をまじえた論集のさきがけ。

■木村護郎クリストフ（2005）『言語にとって「人為性」とはなにか——言語構築と言語イデオロギー』三元社

言語社会学者が、言語の人為性／自然性という不毛な対立に終止符をうった記念碑的労作。

■野呂香代子／山下仁編（2009）『「正しさ」への問い——批判的社会言語学の試み』三元社

大衆はもちろん知識層の大半も信じてうたがわない、言語表現の妥当性にまつわる神話を広義の社会言語学が解体をはかった論集。

■植田晃次／山下仁編（2011）『「共生」の内実——批判的社会言語学からの問いかけ』三元社

多文化社会がうたわれるようになった日本列島だが、多数派が唱道する「共生」は、少数派にとっては、自己満足的な偽善にすぎないことを、広義の社会言語学が批判的に検討する論集。

■義永美央子／山下仁編（2015）『ことばの「やさしさ」とは何か —— 批判的社会言語学からのアプローチ』三元社

「やさしさ」を共通のキーワードに、教育、医療、言語景観、震災と原発などのさまざまな事象にアプローチ。

様性」との副題をもつシンポジウムの登壇者たちは、社会学者や人類学者などをふくめた多様な分野の結集だったことがわかる。「この本は政治歴史学、言語学、社会学、人類学などの確立された諸分野における型にはまった知的課題に突破口を開くことを試みている」と、編著者が「はじめに」でかたっている（同上 1994: 14）。

なにより、編著者が「はじめに」でひいた参考文献に、ニーチェ／サルトル／ミシェル・フーコーなどはともかくとして、ボードリヤール／ダニエル・ベル／ハバーマス／ギデンズ／ゴフマンなど社会学者や人類学者フレデリック・バルトなどが列挙されるばかりで、狭義の社会言語学者などでてこない。

つまり、この論集は、1970年代以降の欧米の社会言語学の蓄積の精華というより、シンポジウムがもよおされた1990年代の時代精神の産物でしかないとおもわれる。社会言語学の戦後史から除外したのは、以上のような理由からである。

■庄司／バックハウス／クルマス編著（2009）『日本の言語景観』三元社

公共空間における「かきことば」の多様性をとおして、外国人や障害者などの動向もふくめた日本列島の変容をあきらかにした論集。

■ましこ・ひでのり編著（2012）『ことば／権力／差別――言語権からみた情報弱者の解放』三元社

社会言語学はもちろん、法学・障害学・社会学なども動員した情報弱者の権利獲得のための方向性を模索した論集（初版2006年）。

■かどや・ひでのり／あべ・やすし編著（2010）『識字の社会言語学』生活書院

自明視されてきた日本列島の高識字率神話や、《非識字は不幸》といったイメージをふくめて、教育関係者や解放運動関係者の同化主義をふくめ根源的な批判をおこなった論集。社会言語学はもちろん、障害学と社会言語学、教育社会学や教育史などの理論的蓄積が結集。

■角知行（2012）『識字神話をよみとく』明石書店

上述の、かどやらの動向までもおさめた、社会学者による、識字論の到達点。識字問題ばかりでなく、研究者の議論の歴史も網羅されている。

■『ことばと社会』編集委員会編（降順）

（2016）『ことばと社会』18号　特集「アイデンティティの新展開」

（2015）『ことばと社会』17号　特集「アジアのリンガフランカ」

（2014）『ことばと社会』16号　特集「セクシュアリティ、権力、撹乱」

（2013）『ことばと社会』15号　特集「ネット時代のことばと社会」

（2012）『ことばと社会』14号　特集「リテラシー再考」

（2011）『ことばと社会』13号　特集「学校教育における少数派言語」

（2010）『ことばと社会』12号　特集「移民と言語②」

（2008）『ことばと社会』11号　特集「移民と言語①」【以上、三元社】

■社会言語科学会編『社会言語科学』（降順）

（2017）第20巻第1号　特集「現代社会におけるメディア研究」

（2016）第19巻第1号　特集「メタ・コミュニケーション―社会言語科学における共通基盤を求めて―」

（2015）第18巻第1号　特集「スタイルの生成と選択」

（2014）第17巻第1号　特集「多言語社会日本の言語接触に関する実証研究」

(2013) 第16巻第1号　特集「ウエルフェア・リングイスティクスにつながる実践的言語・コミュニケーション研究」

(2012) 第15巻第1号　特集「対人コミュニケーションに関する定量的実証研究」

(2011) 第14巻第1号　特集「相互作用のマルチモーダル分析」

(2010) 第13巻第1号　特集「日本社会の変容と言語問題」

(2009) 第12巻第1号　特集「言語・コミュニケーションの学習・教育と社会言語科学―人間・文化・社会をキーワードとして―」

(2008) 第11巻第1号　特集「敬語研究のフロンティア)

(2007) 第10巻第2号　特集「相互行為における言語研究：会話データを用いた研究」

■Terasawa Takunori, 2011, “English skills as human capital in the Japanese labor market: An econometric examination of the effect of English skills on earnings”.

Terasawa Takunori, 2012, “The “English divide” in Japan: A review of the empirical research and its implications”.

Terasawa Takunori, 2012, “The discourse of “Japanese incompetence in English” based on “Imagined Communities”: A sociometric examination of Asia Europe Survey” .

Terasawa Takunori, 2013, “Ninety Percent of Japanese do not need English?”

寺沢拓敬（2015）『「日本人と英語」の社会学――なぜ英語教育論は誤解だらけなのか』研究社

寺沢拓敬（2014）『「なんで英語やるの?」の戦後史――《国民教育》としての英語、その伝統の成立過程』研究社

日本における英語教育や英語イメージについて計量分析などをふまえて解析した教育社会学的蓄積。

■仲潔（2008）「言語観教育序論――ことばのユニバーサルデザインへの架け橋」

仲潔（2002）「英語教育は英語帝国主義にどう対処するか――英語教育の座標軸」

仲潔（2012）「〈コミュニケーション能力の育成〉の前提を問う――強いられる〈積極性／自発性〉」

Naka Kiyoshi, 2007, “Values Represented in the Current English Textbooks in Japan: Idealized Images of English Language Learners”

日本の公教育における英語科が無自覚にすすめているイデオロギー性をとう英語教育学による批判的解析。

■吉岡泰夫（2011）『コミュニケーションの社会言語学』大修館書店

医療、行政、ビジネス、教育等、さまざまな現場で発生するするコミュニケーション上の障壁を、専門家／非専門家の視座からとうテキストにして実用書。

■佐々木倫子編（2012）『ろう者から見た「多文化共生」――もうひとつの言語的マイノリティ』ココ出版

あべ・やすし（2015）『ことばのバリアフリー――情報保障とコミュニケーションの障害学』生活書院

木村護郎クリストフ（2015）「障害学的言語権論の展望と課題」『社会言語学』15号

いずれも、社会言語学的モデルと障害学的視座が交差する論文や論集。近年の『社会言語学』（2017年9月現在、16号＋別冊2）の主要テーマとかさなる問題関心が満載。

■木村護郎クリストフ（2016）『節英のすすめ：脱英語依存こそ国際化・グローバル化対応のカギ！』萬書房

■井上史雄（2011）『経済言語学論考：言語・方言・敬語の値打ち』明治書院

言語現象と経済の関連にふかくきりこんだ論集。

■小山亘（2012）『コミュニケーション論のまなざし』三元社

語用論研究、言語人類学研究者による、かきおろし入門書。社会言語学や語用論を軸として、コミュニケーション現象を総合的に把握するために、どういった知的リソースがあるのかを一般むけにときあかしている。

■白井恭弘（2013）『ことばの力学――応用言語学への招待』岩波新書

言語習得論専攻で、言語科学会（Japanese Society for Language Sciences）の第3代会長だった研究者による、事実上の社会言語学の入門書。カバーする領域は網羅的ではないが、言語現象をめぐるポリティクスもふくめて、1980年代以降紹介されつづけた欧米の社会言語学の基本理念がおおむねおさめられている。前項の入門書よりも一般むき。

■佐野直子（2015）『社会言語学のまなざし』三元社

上記、『コミュニケーション論のまなざし』と「両輪」をなす作品。『社会言語学』15

号に、書評として砂野幸稔論文がある。

■石黒圭（2013）『日本語は「空気」が決める　社会言語学入門』光文社新書

文章論専攻の研究者による社会言語学の入門書。

■日本のローマ字社（2015）『ことばと文字　4号　国際化時代の日本語と文字を考える』くろしお出版

＊打浪文子「知的障害者に対する「わかりやすい情報提供」と「やさしい日本語」」

＊岡典栄／庵功雄「ろう児に対する日本語教育と「やさしい日本語」」

＊あべ・やすし「漢字のバリアフリーにむけて」

＊なかの・まき「日本語点字の表記論―漢字をつかわない日本語文字としての日本語点字―」

＊かどや・ひでのり「漢字の問題化がすすまないのはなぜか―言語差別現象の一部としての漢字―」

＊ましこ・ひでのり「「日本語漢字のこれまで、今後」―非関税障壁ないしガラパゴス化としての日本語漢字―」

＊角知行「「Plain English（やさしい英語）」再考―文書平易化運動の観点から―」

■日本のローマ字社（2014）『ことばと文字　2号　国際化時代の日本語と文字を考える』くろしお出版

＊ましこ・ひでのり「「ニホンジンの、ニホンジンによる、ニホンジンのためのニホンゴ」という幻想」

■庵功雄ほか編（2013）『「やさしい日本語」は何を目指すか――多文化共生社会を実現するために』ココ出版

＊あべ・やすし「情報保障と「やさしい日本語」」

＊岡典栄「ろう児への日本語教育と「やさしい日本語」」

＊安田敏朗「「やさしい日本語」の批判的検討」

社会的弱者や新来外国人など日本列島上にくらす情報弱者がおかれた状況を障害学や社会言語学などの視座から批判的にとらえようとした論考・論集。最近、一定の認知をえた「やさしい日本語」を、バリアフリーやユニバーサルデザインという観点からどう位置付けるべきかなどにも、ふみこんだ議論群。

■布尾勝一郎（2016）『迷走する外国人看護・介護人材の受け入れ』ひつじ書房

東南アジアからの技能研修と国家試験合格をうたったEPA制度がかかえる言語政策上の根本的矛盾をとう力作。

■金澤貴之（2013）『手話の社会学』生活書院

教育社会学者による障害学的・手話言語学的問題関心の結晶。

■クァク・ジョンナン（2017）『日本手話とろう教育――日本語能力主義をこえて』生活書院

障害学と社会言語学の視座が交差することで誕生した、冷静な、ろう教育史。

5. 結論：総括と展望

日本列島上の社会言語学的蓄積は、「植民地喪失」に起因する「単一言語国家」という幻想を基盤として、「方言学」「言語地理学」や「言語生活」研究として戦後出発した。言語政策は、あたかも標準語化推進と正書法の合意形成、英語教育程度しかないときめこむ風潮が研究者にも支配的な時期がながかった。在日コリアン・琉球・アイヌをはじめとするさまざまな民族性は研究から除外されつづけ、1970年代中期に欧米から言語の民族性に関する理論が紹介されても、研究者の一部しか呼応せず推移した。いわゆる「方言」以外でも日本列島の多言語性（文化的現実）が認識されていくのは、1990年代の日系ブラジル人などの定住化傾向の浮上をまたなければならなかったのだ。同時に、「一君万民」イデオロギーゆえか、経済階級上の現実を直視しない傾向も支配的といえた。階級・階層とせなかあわせの言語文化に着目したのは、欧米の動向を輸入した教育社会学者などにかぎられ、日本の社会言語学周辺の大半は、地理方言、女性語、若者ことば、といった、ひたすら非政治的な研究に埋没しつづけた。いや、現在も、その傾向が支配的である[30)]。

30　たとえば、田中晴美／田中幸子編著『よくわかる社会言学』（たなか／たなか 2015）などが代表的といえよう（ましこ 2016）。

これら従来の欠陥をおおはばに克服したとおもわれる入門書としては、前述の白井恭弘、石黒圭のほかにも、岩田裕子らがある（しらい2013，いしぐろ2013，いわた ほか 2013）。ただし、岩田らは、20章もの編成のなかに、「言語政策」関連の項目をおかず、キーワードにさえあげていない。また、「現実には日本国内には日本語以外にアイヌ語・琉球語などの言語が存在し、また外国人居住者の増加により、日本しかし、一部のラディカルな研究者は欧米の研究動向をふまえつつ、日本列島周辺の多言語性や権力性・差別現象を指摘しつづけた。そんななか、アイヌ民族や琉球列島住民からの「先住民」承認要求や、定住外国人の存在など、「日本人の日本人による日本人のための日本語」イメージを根底からゆさぶる動向などもあり、1990年代以降、周辺領域からの研究者が大量に参入した。日本列島周辺に過去から実在した多言語状況を直視した研究蓄積が、広義の社会言語学を形成しつつある[31)]。そこでは、社会言語学は言語学の一分野で、社会的影響による言語の多様性や流動性などを探求するもの、といった従来の学問区分は無意味化しつつある。社会現象の一種としての言語現象を、学際的な理論・データを動員して記述・解析し現実的課題に応用しようという、総合的科学・臨床学的な運動というべきであろう。

均質的な言語文化空間というイメージは大衆的次元（公教育現場をふくめた政官財各界でも）では依然支配的だが、研究者レベルでは1990年代からあきらかに動向が激変し、90年代末から続々と社会言語学系学会・研究会が設立された。真田／庄司編『事典　日本の多言語社会』などをはじめ、日本列島をとりまく言語環境が均質的・静態的ではなく多言語的かつ流動的であるという認識を前提にした刊行物が急増した（さなだ／しょーじ編 2005ほか）。日本語教育関係者の一部が、社会言語学の

国内でも英語・中国語・韓国語・ポルトガル語などさまざまな言語が使われている。日本もまた多言語社会へと変化していると言ってよいだろう」（いわた ほか 2013: 100）としるすなど、多言語的実態が近年の現象であるかのようにミスリードし、実際、執筆者自身が国民国家成立時点にすでにかかえていた多言語性や植民地支配の経緯をみおとしているか、矮小化したいようである。

また、「言語とイデオロギー」という章は、実質的にジェンダー論だけに終始する。末尾で、アリバイ工作のように「さまざまな社会のカテゴリーに関してイデオロギーは存在する」などと一般論をしるしているが、現代日本をおおっている、さまざまな支配的ディスコースが全巻とおして黙殺されている。識字イデオロギー、漢字イデオロギー、標準語・方言イデオロギー、敬語イデオロギー、日本版英語帝国主義、あるいは、性的少数派をふくめたマイノリティーへの偏見やヘイトスピーチ、などは、項目としてあげる必要さえないのか？　セクシスト的表現やポライトネスなどをとりあげつつ、ミソジニーとかホモフォビアなどを無自覚に表出する大衆意識が問題化されないのは、意図的な排除なのか？

31　たとえば、日本領として編入され住民が「帰化」することで近代史が開始した小笠原諸島をとりあげたダニエル・ロング編著『小笠原学ことはじめ』（ロング 2002）と、その前身にあたる『日本語研究センター報告』第6号（特集「小笠原諸島の言語文化」大阪樟蔭女子大学, 1998）があげられる。

理論に準拠するようになり、さらに定住外国人などの言語権をめぐる言語政策にさまざまな具申をするようになった[32]。ジェンダーや人権など社会的課題にとりくむ研究者の言語現象分析への参加や広義の社会言語学的蓄積の利用など、さまざまな動向が、それをうらづけている。

ただ、多方面での研究がすすみつつある現状も、よろこんでばかりはいられない。たとえば、1995年の阪神淡路大震災での経験をうけた外国人への情報保障という課題をうけた研究者らによる「やさしい日本語」(http://human.cc.hirosaki-u.ac.jp/kokugo/EJ1a.htm) などのとりくみがあり、2011年の東日本大震災でもそれはおしすすめられた。しかし「東日本大震災に関する「やさしい日本語」情報[33]」などをみてもわかるとおり、いまだに、ひらがなや漢字を最低限しらないと利用不能など、それらとりくみには致命的限界がある。

また、「福祉言語学」「ウェルフェア・リングイスティクス[34]」など、医療・福祉分野での情報保障をかんがえるべき時代にきているのでないかといった提起（たとえば、晩年の徳川宗賢らの「福祉言語学」etc.）もみのがせない。司法・行政・教育などさまざまな公的空間での情報保障（通訳・サポート、文書の簡易化、マルチモーダル化、etc.）に社会言語学関係者がかかわる必要がある。しかし、現状では、前述した「法と言語学会」のような専門家団体のうごきを別とすれば、広義の情報弱者がおかれている社会的環境の諸課題の発見・整理など基礎研究段階にとどまったままというほかない[35]。

今後は、各地の言語変種を「危機言語」的位置づけによってデータベース化しようといった比較言語学的な保守的実証研究と、情報保障など各種人権への配慮を軸にした社会的課題をかんがえるべき時代と主張する「革新的」研究とが、各種財団の助成金をめぐってせめぎあう時代がつづきそうな印象がある。広義の社会言語学は、そういった学問の政治経済学的要素から自由ではありえないが、かぎられた資

32　代表的なものとして、たじり／おーつ編（2010）など。

33　http://human.cc.hirosaki-u.ac.jp/kokugo/EJhigasinihon.htm
ちなみに「やさしい日本」への批判的検討として、やすだ（2013)。

34　http://kaken.nii.ac.jp/d/p/21652045
http://ir.library.osaka-u.ac.jp/dspace/bitstream/11094/477/1/f _2008-22556h.pdf
http://www.wdc-jp.com/jass/27/program.html

35　http://kaken.nii.ac.jp/pdf/2010/seika/jsps/33908/20530493seika.pdf

源（人材／時間／資金）であるからこそ、その有効な活用とはなんなのかを、単なる予算獲得競争に堕さない次元で、議論すべき時代にきているといえよう。それは、「社会言語学」という領域が依然マイナーであり、「キーワード検索」自体をおもいつかない市民／教員／官僚／政治家等がほとんどだろう現代、とわれている課題のはずである。

[付記]

本稿は、当初英語圏の言語研究者むけに日本の研究動向を紹介するレビュー論文の日本語草稿として作成されたが、全面的に改稿した（初出は『社会言語学』第14号）。本来日本語読者にとって不要だろう冒頭部も、「対外的に紹介するという姿勢が自然に巨視的な概観を意識させるものとなる」との観点から、あえてのこした。

[参考文献]

あべ・しん（阿部新）2001「日本における方言調査法」東京外国語大学、川口ゼミ（2001年度）（http://www.tufs.ac.jp/ts/personal/ykawa/results/cours(2001)/abe jp.htm）

あべ・やすし2015『ことばのバリアフリー——情報保障とコミュニケーションの障害学』生活書院

イ・ヨンスク1996『「国語」という思想』岩波書店

いおり・いさお（庵功雄）ほか編2013『「やさしい日本語」は何を目指すか——多文化共生社会を実現するために』ココ出版

いしぐろ・けー（石黒圭）2013『日本語は「空気」が決める　社会言語学入門』光文社新書

いのうえ・ふみお（井上史雄）1985『新しい日本語』明治書院

いわぶち・ただす（岩淵匡）2004「言語生活史の構想：序説」『早稲田大学大学院教育学研究科紀要』第14号（http://dspace.wul.waseda.ac.jp/dspace/bitstream/2065/ 5737/1/KJ00004241904.pdf）

いわた・ゆーこ／しげみつ・ゆか／むらた・やすみ（岩田祐子／重光由加／村田泰美）2013『概説社会言語学』ひつじ書房

うえだ・こーじ／やました・ひとし（植田晃次／山下仁）編2011『「共生」の内実——批判的社会言語学からの問いかけ』三元社

かつらぎ・たかお（桂木隆夫）編2003『ことばと共生——言語の多様性と市民社会の課題』三元社

かどや・ひでのり2001「言語差別とエスペラント」『社会言語学』第1号

———— 2003「平等主義としての計画言語—言語をめぐる差別と人権（3）—」『人権21—調査と研究』第164号

―――――――― 2005「言語権のひとつの帰結としての計画言語」『社会言語学』第5号
―――――――― 2006a「言語権からコミュニケーション権へ」『人権21―調査と研究』第183号
―――――――― 2006b「言語権から計画言語へ」ましこ・ひでのり編『ことば／権力／差別――言語権からみた情報弱者の解放』三元社
―――――――― 2008a「「言語権的価値」からみたエスペラントとエスペラント運動―言語学習観と言語規範意識を中心に―」『エスペラント研究』第3号
―――――――― 2008b「ある言語学者のエスペラント観について」『La Junuloj』81
かどや・ひでのり／あべ・やすし編著 2010『識字の社会言語学』生活書院
かなざわ・たかゆき（金澤貴之）2013『手話の社会学』生活書院
かめい・たかし（亀井孝）1980「国語」、国語学会編『国語学大事典』東京堂出版
カメロン、D.／クーリック、D.（中村桃子 ほか訳）2009『ことばとセクシュアリティ』三元社
きむら・ごろー・くりすとふ（木村護郎クリストフ）2005『言語にとって「人為性」とはなにか――言語構築と言語イデオロギー：ケルノウ語・ソルブ語を事例として』三元社
きむら・ごろー・くりすとふ（木村護郎クリストフ）2015「障害学的言語権論の展望と課題」『社会言語学』15号
きんすい・さとし（金水敏）2003『ヴァーチャル日本語役割語の謎』岩波書店
クァク・ジョンナン 2017『日本手話とろう教育――日本語能力主義をこえて
くどー・まゆみ（工藤真由美）ほか2003「言語の接触と混交:日系ブラジル人の言語の諸相」大阪大学21世紀COEプログラム「インターフェイスの人文学」Osaka University the 21st Century COE Program Interface Humanities（2002・2003年度報告書 5 http://hdl.handle.net/11094/12923）
くろだ・りゅーのすけ（黒田龍之助）2007『にぎやかな外国語の世界』白水社
こばやし・たかし（小林隆）2000「方言地理学―徳川氏の特色と残された課題―」『社会言語科学』第2巻第2号
ことばとしゃかい・へんしゅーいいんかい（『ことばと社会』編集委員会）編 2012『ことばと社会　特集リテラシー再考』14号、三元社
こやま・わたる（小山亘）2012『コミュニケーション論のまなざし』三元社
さくらい・たかし（桜井隆）2007「日本の社会言語学」『ことばと社会』10号、三元社
ささき・のりこ（佐々木倫子）編2012『ろう者から見た「多文化共生」――もうひとつの言語的マイノリティ』ココ出版
さとー・かずゆき（佐藤和之）1993「変容方言」『国語論究 3』明治書院
さなだ・しんじ（真田信治）1990「ネオダイアレクト」『地域言語の社会言語学的研究』和泉書院
―――――――（真田信治）1992「社会言語学とは」、真田信治ほか『社会言語学』おうふう
―――――――（真田信治）編 2006『社会言語学の展望』くろしお出版
さなだ・しんじ／しょーじ・ひろし（真田信治／庄司博史）編2005『事典 日本の多言語社会』岩波書店

さの・なおこ（佐野直子）2015『社会言語学のまなざし』三元社
しおだ・たけひろ（塩田雄大）2013「標準語は規定されているのか」『日本語学』32(6)、明治書院
しばた・たけし（柴田武）1958『日本の方言』岩波書店
しぶや・かつみ（渋谷勝己）2000「徳川学の流れ―方言学から社会言語学へ―」『社会言語科学』第2巻第2号
しぶや・けんじろー／こじま・いさむ（渋谷謙次郎／小嶋勇）編 2007『言語権の理論と実践』三元社
シュリーベン＝ランゲ、ブリギッテ（＝原聖 ほか訳）1990『社会言語学の方法』三元社
しょーじ・ひろし（庄司博史）／P.バックハウス／F.クルマス編著 2009『日本の言語景観』三元社
しらい・やすひろ（白井恭弘）2013『ことばの力学――応用言語学への招待』岩波新書
すみ・ともゆき（角知行）2012『識字神話をよみとく』明石書店
たなか・かつひこ（田中克彦）1981『ことばと国家』岩波書店
―――――― 1983『法廷にたつ言語』恒文社
―――――― 2007『エスペラント異端の言語』岩波書店
たなか・はるみ（田中晴美）／たなか・さちこ（田中幸子）編著2015『よくわかる社会言語学』ミネルヴァ書房
たなか・ゆかり（田中ゆかり）2011『「方言コスプレ」の時代――ニセ関西弁から龍馬語まで』岩波書店
たじり・えーぞー／おーつ・ゆきお（田尻英三／大津由紀雄）編 2010『言語政策を問う！』ひつじ書房
てらさわ・たくのり（寺沢拓敬）2013「「日本人の9割に英語はいらない」は本当か？：仕事における英語の必要性の計量分析」『関東甲信越英語教育学会学会誌』第27号（https://docs.google.com/le/d/0B5tTFTys7em8dzM2ellHQ21SNWs/edit）
てらさわ・たくのり（寺沢拓敬）2014『「なんで英語やるの？」の戦後史――《国民教育》としての英語、その伝統の成立過程』研究社
てらさわ・たくのり（寺沢拓敬）2015『「日本人と英語」の社会学――なぜ英語教育論は誤解だらけなのか』研究社
とくがわ・むねまさ（徳川宗賢）1999「日本の方言学」『社会言語科学』第1巻第2号
とよだ・くにお（豊田国夫）1964『民族と言語の問題』錦正社
―――――― 1968『言語政策の研究』錦正社
トラッドギル、P.（土田滋訳）1975『言語と社会』岩波書店
なか・きよし（仲潔）2002「英語教育は英語帝国主義にどう対処するか―英語教育の座標軸―」森住衛（監）『言語文化教育学の可能性を求めて』三省堂
―――――― 2008「言語観教育序論―ことばのユニバーサルデザインへの架け橋―」『社会言語学』第8号、「社会言語学」刊行会
―――――― 2012「〈コミュニケーション能力の育成〉の前提を問う―強いられる〈積極性／自発性〉―」『社会言語学』12号
なかむら・ももこ（中村桃子）1995『ことばとフェミニズム』勁草書房
―――――― 2001『ことばとジェンダー』勁草書房

――――――― 2007『「女ことば」はつくられる』ひつじ書房
――――――― 2007『〈性〉と日本語――ことばがつくる女と男』日本放送出版協会
なわた・ひろゆき（縄田裕幸）2011「極小主義における通時的パラメター変化に関する覚書―「言語変化の論理的問題」の解消に向けて―」『島根大学教育学部紀要（人文・社会科学）』第45巻
ぬのお・かついちろうー（布尾勝一郎）2016『迷走する外国人看護・介護人材の受け入れ』ひつじ書房
のろ・かよこ／やました・ひとし（野呂香代子／山下仁）編 2009『「正しさ」への問い――批判的社会言語学の試み』三元社
ハイムズ、デル（唐須教光訳）1979『ことばの民族誌――社会言語学の基礎』紀伊国屋書店
ハイリンリッヒ、パトリック／まつお・しん（松尾慎）編著 2010『東アジアにおける言語復興』三元社
はら・きよし（原聖）2007「多言語社会論の射程」『ことばと社会』10号、三元社
フィシュマン、ジョシュア・A.（湯川恭敏訳）1974『言語社会学入門』大修館書店
ふじた・こーじ 2003「生物言語学の展開―生成文法から見た言語発生の諸問題―」（http://www.origin-life.gr.jp/3102/3102104/3102104.html）
ふだの・かずお（札埜和男）2012『法廷における方言』和泉書院
マーハ、ジョン・C.／ほんな・のぶゆき（本名信行）編 1994『新しい日本観・世界観に向かって――日本における言語と文化の多様性』国際書院
ましこ・ひでのり 2002『ことばの政治社会学』三元社（新装版、2014）
――――――― 2003a「公教育におけるエスペラント履修と言語権」日本エスペラント学会『エスペラント研究』第2号
――――――― 2003b『増補新版イデオロギーとしての「日本」』三元社（初版1997）
――――――― 2004「ことばの差別と漢字」前田富祺／野村雅昭編『朝倉漢字講座〈5〉――漢字の未来』朝倉書店
――――――― 2007「立岩さんに、おかえしする―整理された課題と未整理の課題、そして政治的果実のゆくえ―」『社会言語学』7号
――――――― 2010『知の政治経済学』三元社
――――――― 2011「日本人の日本人による日本人のための日本語？」米勢治子ほか編『公開講座　多文化共生論』ひつじ書房
――――――― 2014a「「言語」と「方言」：本質主義と調査倫理をめぐる方法論的整理」下地理則／パトリック・ハインリッヒ編『目指せ！琉球諸語の維持』ココ出版
――――――― 2014b「「ニホンジンの、ニホンジンによる、ニホンジンのためのニホンゴ」という幻想」『ことばと文字』編集員会編『ことばと文字』2号、日本のローマ字社
――――――― 2016「不思議な社会言語学受容の伝統――「戦後日本の社会言語学」小史・補遺」『社会言語学』16号
――――――― 2017『言語現象の知識社会学――社会現象としての言語研究のために』三元社
ましこ・ひでのり編著 2012『ことば／権力／差別――言語権からみた情報弱者の解放』（新装版）三元社

マリィ、クレア 2013『「おネエことば」論』青土社

みやじま・たかし（宮島喬）1986「平等としての相違——先進国における言語問題の社会学的含意—」『現代社会学』22、アカデミア出版会

みやじま・たつお（宮島達夫）1999「言語政策史研究」『社会言語科学』第2巻第1号

やすだ・としあき（安田敏朗）1997a『植民地のなかの「国語学」』三元社

———————— 1997b『帝国日本の言語編制』世織書房

———————— 1999『〈国語〉と〈方言〉のあいだ——言語構築の政治学』人文書院

———————— 2000『近代日本言語史再考』三元社

———————— 2004『日本語学は科学か——佐久間鼎とその時代』三元社

———————— 2006a『統合原理としての国語』三元社

———————— 2006b『「国語」の近代史帝国日本と国語学者たち』中央公論新社

———————— 2007『国語審議会迷走の60年』講談社

———————— 2013「「やさしい日本語」の批判的検討」、庵功雄・イヨンスク・森篤嗣編『「やさしい日本語」は何を目指すか——多文化共生社会を実現するために』ココ出版

やました・ひとし（山下仁）2001「敬語研究のイデオロギー批判」野呂香代子／山下仁編『「正しさ」への問い』三元社

———————— 2007「グローバリゼーションと敬語研究」『ことばと社会』10号、三元社

やまもと・まゆみ／うすい・ひろゆき／きむら・ごろー・くりすとふ（山本真弓／臼井裕之／木村護郎クリストフ）2004『言語的近代を超えて——“多言語状況”を生きるために』明石書店

よしおか・やすお（吉岡泰夫）2011『コミュニケーションの社会言語学』大修館書店

よしなが・みおこ／やました・ひとし（義永美央子＋山下仁）編 2015『ことばの「やさしさ」とは何か——批判的社会言語学からのアプローチ』三元社

レイコフ、ロビン（かつえ・あきば・れいのるず訳）1990『言語と性　英語における女の地位』有信堂高文社

ロング、ダニエル編著 2002『小笠原学ことはじめ——もっと知りたい、不思議の島・小笠原』南方新社

Cameron, Deborah / Kulick, Don 2003, *Language and Sexuality*. Cambridge: Cambridge University Press.

Fishman, J. A. 1972, *The Sociology of Language: An Interdisciplinary Social Science Approach to Language in Society*, Newbury House Publishers.

HEINRICH, Patrick 2002, “ seikatsu. The Study of Language Life in Japan, 1945−1995", *Historiographia Linguistica* 29.1/2.

HYMES, Dell 1974, *Foundations in Sociolinguistics: An Ethnographic Approach*, University of Pennsylvania Press.

NAKA Kiyoshi 2007, “Values Represented in the Current English Textbooks in Japan: Idealized Images of English Language Learners", *Asian English Studies* (9), 57−77.

Schlieben−Lange, Brigitte 1991, *Soziolinguistik: eine Einführung*, Kohlhammer.

Terasawa, T. 2011, “English skills as human capital in the Japanese labor market: An econometric examination of the effect of English skills on earnings", *Language and Information Sciences*, 9, 117−133. (http://repository.dl.itc.u-tokyo.ac.jp/dspace/handle/2261/52651)

——— 2012a, The "English divide" in Japan: A review of the empirical research and its implications. Language and Information Sciences, 10, 109−124. (http://repository.dl.itc.u-tokyo.ac.jp/dspace/bitstream/2261/52662/1/lis01007.pdf)

——— 2012b, The discourse of "Japanese incompetence in English" based on "Imagined Communities": A sociometric examination of Asia Europe Survey. *The Journal of English as an International Language*, 7(1), pp. 67−91. (http://www.eilj.com/index.php?option=com content&view=article&id=103&Itemid=146)

——— 2013, "Ninety Percent of Japanese do not need English? Statistical Analysis of Workers' Needs to Use English", *KATE journal*, 27 Trudgill, Peter 1974, Sociolinguistics: An Introduction to Language and Society. Penguin

第2章 # 言語における「自然」と「人為」
――説明用語から分析対象への転換

木村護郎クリストフ

1. 言語の自明性を問うこと

言語が社会を構成する基本的な、必要不可欠とさえいえる要素のひとつであることはしばしば指摘されている。社会学のなかでも、とりわけ言語の重視を鮮明に打ち出す「言語派社会学」（橋爪 1996, 2000, 2006）を提唱する橋爪大三郎は次のようにのべている。

> 主体や社会構造のかわりに、社会現象のそれ以上さかのぼれない出発点となるのは、身体。そして、言語、ならびに行為なのである。　（橋爪 1996: 23）

これは、社会学における言語認識のひとつの到達点を示すと同時に、その限界をも示している。すなわち、言語を社会の出発点として位置づけるとともに、「それ以上さかのぼれない」としているのである[1)]。しかし、言語に関して、それ以上さかのぼらなくていいのだろうか。橋爪はさまざまな言表（発話）や言説編成を生み出す言語の存在を考察の自明の前提としてとらえているようであるが、橋爪が注目する社会の「基本作用素」(橋爪 2000: 268) としての言語がどのように形成され、どのように存在するかは、社会のあり方にも影響を及ぼすはずである。ここに、社会言語学のひとつの役割があると考える。すなわち、社会のなかでその存在が自明のも

1　言語の役割にも注目しているベネディクト・アンダーソンのナショナリズム論にも、同様の限界が指摘されている（木村 2010 参照）。

のとされがちな言語を対象化し、その成り立ちやあり方を問うことである。

しかし社会言語学においても、しばしば言語現象やその推移を見極めることを妨げる言語理解がみられる。それがみえかくれするのが、形容詞・副詞的に用いられるときの「自然」という概念である。本稿では、言語の「自然」視を社会言語学の問題として考察したい。はじめに、一般に「自然」と「人為」(「人工」)が対比的に、いわば分類概念として用いられる場合の特徴をおさえる。次に、言語についてこのような二分法を生み出す言語観を検討したうえで、実際に「自然言語」と「人工言語」がどのような基準で区別されているかを整理し、その問題点を考察する。最後に、この二分法をこえる方法および今後の課題を提起する。なお、本稿で扱う二分法に関しては、合成語には「人工」が多く用いられる傾向以外、「人工」と「人為」の両者は明確な使い分けがみられないため、以下では「自然」に対置させられる概念としてあわせてとりあげる。

2. 「人工」、「人為」の二つの意味

「自然」と「人為(人工)」の用例を集めてみると、大きく二種類に分けることができる。ひとつは、「人工林」(⇔「自然林」)、「人工照明」(⇔「自然光」)、あるいは「人工衛星」(⇔「衛星」)のように、自然界に対して人手が加わっているかどうかをあらわす場合である(仮に「第一の意味」とする)。もうひとつのタイプは、「人工都市」、「人工国家」、「人工通貨」のように、人間の行為およびその結果に関する区分として使われる場合である(「第二の意味」)。

第一の意味における区分の基準も明白なようで実はあいまいであるが[2]、より大きな問題は第二の意味である。人間の介入以前にあったとみなされるもの(自然)に人間が手を加える(人為)、という第一の意味が、第二の意味では人間界に投影されている。人間以外の自然界と人間の行為をわけるのと同じ概念による分類が人間の活動の区分にも適応されることから、少なくとも次のような二つの問題点が発生する。

2　実際には人手が加わっていても「自然」とみなされたりもする。ただし第一の意味での自然認識の問題は本稿では扱うことはできない。

2.1　なんらかの現象が自明の前提とされ、それ以上問われない

まず、ある種の現象の成り立ちや推移が不問にされるという問題があげられる。たとえば次の例をみてみよう。

> 新しい通貨ユーロが誕生した。マルクもフランも消滅させ、ドルとともに基軸となる人工通貨はヨーロッパを、世界をどう変えるのか。
>
> （新田 1999：帯の内容説明）

ここではユーロが「人工」であるとしているが、それと対比されているマルクやフランも自然に発生したものではないことは忘却される。たとえばユーロにとってかわられたドイツ・マルクはそのわずか半世紀ほど前（1948年）に、冷戦の緊張関係のなかで西側占領地域の通貨改革によって創られたものである。そもそも通貨が国単位で設けられること自体、多くの国で20世紀になってからのことである。ユーロを「人工」と特徴づけることで国家通貨の構築性は不問にされてしまう。

しばしばみられる「人工国家」という言い方も同様である。アフリカや東南アジアの国家の国境線や多言語状態がしばしば「人工国家」の特徴として語られたり[3]、アメリカ合州国が人工国家であるといわれたりする[4]。その一方に想定されているのは「自然な」国家である。とすると、たとえば日本の国家は自然に発生し、その国境や「単一言語性」は自然に形成されたといったことが含意される。これは事実上、歴史の隠蔽、さらにいえば神話化に貢献する言説といえよう[5]。このように、人間の

3　たとえば、［多言語状況をみれば、］「アフリカの「国家」がいかに人工的に西洋列強によって作られたかがわかろうというものである。日本のような自然発生的な国家ではありえない現象だからである。」（唐須 2002: 192）

4　例：「そもそもアメリカが人工的に作られた国である以上」（松原隆一郎「新「帝国」アメリカを解剖する　佐伯啓思著（書評）」朝日新聞 2003.6.29）

5　たとえば、島国であるから日本国の境界が自然なものである、また言語的に均質である、というしばしばみられる誤解を強化する効果をもつ。実際には、日本が全ての隣国と国境問題を抱えることは、「固有の領土」という概念が幻想にすぎないことを露呈している。また日本が歴史上も現在も多言語社会であることは明らかである（真田／庄司編 2005，多言語化現象研究会 2013）。

かかわる現象について何かを「人為」として発見することは、それとの対比で言外に「自然」(なこと)とされ、それ以上問われなくなってしまう事柄を必ず含むのである。

2.2 価値判断が含まれている

次に、いずれも人間の行為の結果である事柄を「自然」と「人為」に分類することは、そこになんらかの価値観が介在している可能性が高い。すなわち、一方を「本来的」(本物、望ましい状態etc.)として肯定的に評価し、他方を「派生」(まがいもの、よけいなことetc.)として否定的に評価する価値観がしばしば明示的ないし暗示的に現れるのである。たとえば、次の引用を読んでみよう。

> この[平和通り]付近は、沖縄戦で家族を亡くした女たちが生計を立てるために露店を開き、自然にできあがった街並みだった。(･･･)[北谷町の美浜アメリカンビレッジ、那覇市の天久新都心の]どちらも米軍基地の跡地に作られた人工的な街だ。
>
> (2004年8月28日朝日新聞夕刊「見えない島－目取真俊の語る沖縄④」)

この筆者は「自然にできあがった街並み」と「人工的な街」のどちらを評価しているだろうか。前者を肯定的に評価し、後者を批判的にみる論調がつづくだろうことはすでにこの分類の仕方から予想可能である。那覇の新都心を肯定的に評価する場合はそもそもこのような表現をしないだろう。

記述において評価が含まれるのはあたりまえである。ここでは、評価がされること自体を問題にしたいのではない。しかし、客観的な分類とみせかけて実は表現選択のレベルで評価が行われていることに注意したい。「自然と人為」は、第一の意味においては、「液体と固体」、「直線と曲線」のような中立な分類としてとらえることもできるが、人間社会の出来事の分類として使われる場合はむしろ、「西洋と東洋」、「文明と未開」のように、二項対立によってなんらかの対象を上下関係として実体化する言説の一種として考えることができる。

「自然」と「人為」をめぐる一般的な問題についてはこれ以上立ち入らないが、

以上の二つの点をふまえると、「自然」対「人為」という、特定の焦点のあて方や価値判断が明示されないまま紛れ込んでいる区分を、社会現象に関する学術的な説明や分析を行うための分類概念として使用することには慎重でなければならないことは明らかであろう。このことを確認したうえで、以下では社会のなかの言語に関して用いられる「自然」と「人為」に目を向けることにする。

3. 言語活動の二分法をもたらす言語観

社会言語学において言語活動がどのように捉えられてきたかを検討すると、二分法の存在が明らかになる。すなわち、所与の言語を無意識に使うことが本来の状態、すなわち「自然」とされ、それに対して意識的に言語に手を加えることが、特別なこととみなされて「人為」とされるのである（詳細は木村 2005b: 5-9参照）。それが社会言語学の用語において典型的に現れるのが、「言語態度」（＝「自然」）と「言語政策」（＝「人為」）の区別である。その変種としてはカルヴェの「生体のなか（in vivo）」と「実験室のなか（in vitro）」という区別がある（カルヴェ 2000, 2002）。前者は日常的な言語活動の実践であり、後者はそのような実践への介入として説明される。カルヴェが用いる表現は個性的だが、言語活動の分析に導入している二分法は社会言語学のなかで目新しいものではなく、事実上、「言語態度」と「言語政策」の区別に対応している。いずれにせよ、ここで問題にしたいのはどのような用語を使うかではなく、言語現象を二つの異なった種類の言語活動に分け、さらに一方を本来、他方を派生的ないし特殊とみなす言語観である。

この言語観には二つの問題が指摘できる。「所与性の誤謬」と「無意識性の誤謬」である（木村2005a）。「所与性の誤謬」というのは、所与のものとして存在する言語を使うのが通常の言語使用であるという見方である。確かに、個々の人間にとって言語は所与であるかのようにみられやすい。そこで言語政策はそのような所与の言語への「介入」とされるのである。しかし、言語は石などのモノとちがって人間を離れて存在することはなく、言語使用によってはじめて立ち現れる。また言語は使用されるなかでたえずさまざまな度合いの「介入」によって改変を受けつつ推移している。言語を使うこと自体がある言語状況への「介入」である以上、人間の「介入」以前の「本来の」言語などどこにも存在しないのである。「無意識性の誤謬」というのは、言語は意識されないのがふつうだという見方である。ところが実際には人が言語を意識するのは決して例外的なことではない。人間がひたすら意識せずに言語を使用できるのは、均質な言語共同体のみであるが、そのような言語共同体はどこにもない。

しばしば標準語や共通語などの、言語政策によって「人為的に」たちあげられる言語の虚構性が指摘されるが（たとえば 鈴木 2003）、所与の言語を無意識に使う「自然な」言語態度も実は虚構なのである。言語が、（程度の差はあれ、）意識性を含む介入によって構築されていることからみれば、「言語政策」と「言語態度」は別種の言語活動ではない。

そうはいっても「言語政策」は客観的に存在するように思われるかもしれないが、次の例はいかがだろうか。日本語教育の専門家である水谷修は、韓国日本学会会長の李徳奉との対談で、世界における日本語学習が言語政策の結果という「人工的な枠組み」に負っているとの発言をうけて、日本語の海外普及について「政策的なものも大事だけれども、だれかが自然に作り出していく日本語教育への関心を仕掛けていくことが必要なんです。」（水谷／李2002: 87）と述べて、その例として「80年代に『おしん』という番組があれだけ世界中に出ていった。それを追っかけて日本語のサービスをもう少しすればよかったと思うんですが、手がなかった。」（同上）と続けている。ここでの「日本語教育への関心を仕掛けていくこと」や「日本語のサービス」は「人為」ではないのだろうか。それは結局、定義次第である。

端的に言って、「自然」（言語態度）と「人為」（言語政策）の区別は言語現象のなかにあるのではなく、研究者の頭のなかに（のみ）ある。このように、実際には区別がない現象に二分法を持ち込んで区別しようとするので、研究者がどこにどのように注目して「介入」や「意識性」を見出すかによって、「人為」や「自然」は自在に設定されうるのである[6)]。

よって、ある言語についてただ「自然性」や「人工性」、「人為性」を「指摘」す

6　実際に言語において「自然」と「人為」の境界を設定することができないことについてはSchubert 1989: 9-10参照。日常言語では、意図性を見出したとき、「人為的」と感じることがあるだろう。しかし研究者がそのような素朴な感覚に無批判に依拠してよいかは別問題である。

るだけでは何も説明したことにならない。たとえば英語の世界的な広がりについて、それが自然か人為かということが問われることがある。そこには、自然であれば問題はないが、人為であればよろしくない、というニュアンスが含まれる。堀部秀雄は、「現在の英語の広がりとその地位は、どの程度近代化と国際化に結びついた諸要素の自然な動向によるものか、どの程度が英語圏の政府や専門家たちの意図的な計画によるものなのかはきわめて難しい問題であ」るとする議論を紹介している（堀部 2002: 79）。しかしこれは「極めて難しい問題」ではなく、そもそも無意味な問いではないだろうか。英語の学習や使用は、個人から政府機関まで、また英語話者から英語学習者まで、さまざまな活動体によって進められてきたのであり、それらの動きを単純に二分することはできない。

しかし、社会言語学の多くにおいて、言語の「人為性」への先鋭かつ批判的な視点は広範にみられるにもかかわらず、「自然」と「人為」という二分法自体が、とりわけその基準が問われることはほとんどない。一例として、筆者がこれまで関わってきた少数言語研究をあげよう。

少数言語の動向について、「自然」と「人為」の対比は、「自然な同化」と「人為的な言語維持」という形をとって表れることが多い（木村 2005b）。端的な例をあげると、言語政策をもとりあげる言語学の教科書には次のような課題が登場したことがあった。

> 消滅の危機に瀕している言語を守るべきか、自然にまかせるべきか、グループに分かれてディベートしてみよう。　　　　（飯野ほか 2003: 133）

ここでは、それ以上定義することなく、「守る」こと（＝「人為」）が「自然」と対置させられており、言語消滅が「自然」であることが暗黙の前提となっている。同化をもたらす諸政策や社会的圧力は不思議なことに「自然」の側におかれ、あらかじめ「人為」から除外されている。このような、少数言語維持の動き（のみ）を「人為」とみなす言辞に関しては、次のような反論が示唆に富んでいる。

> ［クリスティー・］デイヴィス教授によると、彼はこの言語［カムリー（ウェールズ）語］を殺すつもりはない。ただ自然な死がゆるされるようにしてほ

しいだけだという。つまり、彼が言いたいことは、カムリー語を救うための「人工的な」助成がなければカムリー語は衰退し、死に絶えていくだろうということだ。

この区別は、私には完全にみせかけにみえる。

過去200年にカムリー語を侵食してきた力は、近年、カムリー語に新しい生命を吹き込んできた動きと少なくとも同じくらい人間によるものであり、人工的である。 (Basini 1997: 11)

ここでは、少数言語に関してみられる「自然」と「人為」の区別がきわめて恣意的であることが指摘されている。ここで批判されている安直な二分法は、同化をもたらす言語ヘゲモニー（糟谷 2000）へのナイーブな姿勢に基づくと考えられる。つまり、より強力な権力作用が無徴のものとして自然化されている反面、それに抗う、相対的に弱い権力作用が有徴化され、「人為」として特定されるのである。

では、この恣意性は、この場合の分け方に特有の問題なのだろうか。一見、ここでの問題は少数言語維持志向の動向のみを「人為」とみなすことによるのであって、同化志向の動向も「人為」に含めれば区分の恣意性の問題は片づくようにみえる。しかし、仮にそのように「人為」を切りわけたとして、そのあとに残る「自然の流れ」に注意深く目をむけたとき、そこに見出されるのは、能動的な言語政策的な言語活動とは別種類の言語活動としての受動的な「言語態度」なのだろうか。見方を変えれば、「自然な流れ」のなかにさまざまな集団や個人による無数の能動的な言語政策的な営みを見出すことも可能である[7)]。つまり、いずれも人間の言語活動の結果である言語状況の変化を、「自然」な（態度による）推移と「人為的」な（政策などによる）推移に客観的に分けることにはそもそも無理がある。結局、少数言語の動向に関してみられた二分法の恣意性は、言語活動を二分すること自体の恣意性がきわだったものにすぎないと考えられる。

次節では、このような二分法に基づく言語活動の区分が実際にどのようなさまざまな基準をもたらしているかをとりあげる。

7　たとえば、どのような言語選択やことば遣いを肯定的／否定的に評価するか、どのような異言語をどの程度学ぶかなどを個人の言語政策的な営みの顕著な例としてとらえることができよう。

4. 「自然言語」と「人工言語」の分類基準

言語における「自然」と「人為」の区別は広範にみられるが、その代表的な例が「自然言語」と「人工（言）語」という分類である。きわめて自明であるかのごとく行われているこの分類は、実際はどのような基準で行われるのであろうか。ここでは、筆者がこれまでに出会った使用例から、帰納的に「人工言語」を特定するいくつかの基準を抽出して整理してみた。これらは網羅的なものではなく、あくまでも考察の手がかりとして理解されたい。

①曖昧性の除去

まず、コンピュータ言語や数式などを「人工言語」と呼ぶことがある。『言語学大辞典』は次のように定義している。

> 人工言語は、自然言語のもつ曖昧性（ambiguity）をとり除き、ある分野に限定して、その分野での必要と使用目的に合うように人工的に設計した言語をいう。
> （亀井ほか 1996: 647）

ここでは、情報処理に用いるために人間が作った記号体系が、人間が相互に用いる言語（「自然言語」）との対比で「人工」とされている。『言語学大辞典』のように、「人工言語も自然言語も同じく「言語」であるという見方も成立しうる。」（同上 : 648）という見解もあるが、シューベルトが指摘するように、プログラミング言語のような記号体系はいわゆる人間の言語とは異なるので、ここでの「言語」という表現をメタファーとしてとらえるべきだろう（Schubert 1989: 9）。21世紀において諸言語間の変換を可能にする媒介となることが期待されるという、「二進法の、計算機のなかにだけ存在する人工の、電磁気の言語」（上村 2002: 335）も、変換システムである以上、いわゆる人間の言語とは異なるものである。

②明確な出発点

人間の言語の中でも、発生が特定できるかどうかによって「自然言語」と「人工言語」の対比がなされることがある。「自然発生」したのが自然言語であるのに対して、特定の個人や集団によってある時点で創案（ないし現代ヘブライ語や現代ケルノウ（コーンウォール）語のような復興言語の場合、再構成）されたものが人工言語、ということである。『言語学大辞典』は①の基準で「自然言語」と「人工言語」を定義しているので、「自然発生的に形成された」言語との対比で、「人工的に設計された」「人工的国際補助語」を特に「人工語」と呼んで区別し、独立した見出し語をたてている[8]。

この分類の場合は、発生の経緯が現在のその言語の評価にそのまま連続するという、歴史と現在の同一視（混同）が特徴である。アモンが指摘するように「過去の歴史にまつわるそのような相違は、現在にあっては、とくにそれと結びついた評価によって有効になる。たとえば（…）自然な発生は人為的な発生よりも高く評価される」(アモン 1992: 196)。日本手話をろう教育に導入することを求める動きのなかでは、しばしば手話が「単なる身振りの寄せ集めでも、音声言語の二次的コードでもな」(市田 2005: 90）く、独自の文法体系をもつ、音声言語に伍すべき成熟した「言語」であることをいうのみならず、あえて「自然言語」であることが強調される[9]。その理由のひとつは「自然発生」を評価する言語観にあると考えられる。たとえば、手話に関する疑問に答える文章で「手話は誰かが“人工的に”作ったものではない。ろうの子どもたちがコミュニティを形成し、そのメンバーとともに過ごすなかで“自然に”生み出した言語である」(市田 2003: 33）と説明されている。

③訓練による言語習得（母語話者なし）

言語習得のあり方が基準とされることも多い。広辞苑では、「自然言語」を「人間が特別な訓練なしに自然に習得し使用する言語」と定義している（新村出編 1998: 1174)。またある言語学の教科書には「自然言語とは母語としての話し手（native

8　ただし、それぞれの見出し語に併記された英訳はどちらも“artificial language”である（亀井ほか 1996: 647, 745)。「人工語」の記事の中では「人工語」や「国際補助語」をはじめ、「一般的には誤解を招く可能性が高い」(同上: 746）さまざまな名称のうち、“planned language / Plansprache”という術語に軍配をあげているが、それならば「計画言語」を見出し語にしたほうがよかったのではないだろうか。

9　このような言説は、手話が「人工言語の側面」をももっているとしていた以前の手話概説と対比することができる（田上ほか 1983: 183-185）

speaker）がいる言語であるのに対し、人工言語とは母語話者を持たない言語である」（飯野ほか 2003: 31）とあり、母語話者の有無が基準とされている。広辞苑の基準を文字どおりにとると、学校教育の助けで身につけた言語は自然言語ではないということになり、「母語話者」を自然言語の基準とする後者の定義と微妙にずれる可能性があるが、習得のあり方が基準になっている点は共通する。

④言語計画による標準化

また頻繁にみられるのが、言語計画によって形成された標準語などを標準化されていない言語種（「方言」）との対比で「人工言語」とすることである。標準語の「人為性」を指摘するのは、社会言語学者のおはこといってもよい。あえて例をあげるまでもないかもしれないが、興味深い例として、ジンバブエ南部の6つの言語をもとに形成され、もとになったどの言語にもない特徴をもつというショナ語が「人工語」として紹介されている（クルマス 1999: 234）。ここではもうひとつ、自然界に人間の手が加わるという第一の意味が並行関係として連想されている記述を、第一の意味と第二の意味の連続性を示唆する例としてあげておこう。

> 「標準語」は国家統一にとって必要悪のようなもので、この人工物によって、いわば「自然」の地域語（方言）を破壊してしまったと言っていい。これは、近代化の過程における工業の発展と自然破壊の関係に似ている。
>
> （柴田 1981: 95）

⑤文字化

標準化と関連しつつも、より広く「人工言語」をとらえる基準が、標準化されているかを問わず、口頭での使用との対比で書き言葉を人工とすることである。書記言語を人工とする見方にはしばしば遭遇するが（クルマス 1993: 276参照）、ここでは、端的な例として、「声の文化」と「文字の文化」を比較するオングの例をあげよう。オングは「自然な口頭での話しとは対照的に、書くことは、完全に人工的である。」（オング 1991: 173）と述べる。そのうえで、オングは、「書くことは人工的であると言うのは、それをけなしているのではなく、むしろほめているのである。」（同上: 174）と、書くことの価値について論じる。オングの論述は、けなすためにもちいられやすい「人工」を、あえて価値付けを逆転させて効果的に用いているのが特徴的である。

⑥差異化

そしてさらに広義の「人工言語」理解といえるのが、個人であれ集団であれ、なんらかの意図を含んで自らの使用する言語を差異化し、他の言語との関連で位置づけたり方向づけたりする場合を人工言語とすることである。鈴木孝夫は自らが提唱してイングリックと呼ぶ国際英語を、「英語とは深い関係のある一種の人工言語で、各国の人がそれぞれの立場をふまえて英語をある程度自分の都合で、自国流に加工した結果、生まれるもの」(鈴木 2001: 138-139) と説明している。この線で論を進めていくと、どの言語もその言語を話す人々が自らに都合のよいように加工して使用しているのであるから、全ての言語は人工言語ということにもなりうる。

5. 分類基準の混乱

以上、「人工言語」を狭くとらえるものから広くとらえるものまで、さまざまな分類基準をみてきた。これらの基準はそれぞれ、所与の言語状況への介入や意識性を契機として「人工言語」を切り出しており、一見もっともらしいが、少し考えればどれも不明確である。たとえば出発点を基準とすることはしばしば言語案と言語を混同することにつながり[10]、母語話者や標準化、文字化、差異化といった概念にしても一義的な定義はきわめて困難である。さらに、基準同士の関係もあいまいである。こうして、「人工」と「自然」の分類は、同一基準のなかで、また異なる基準の間で自由自在に行うことができる。基準をずらせば、「自然」と「人工」のラベルを自由にはりかえることができ、逆転させることさえ可能である。

試みに、しばしば「人工言語」としてあげられるエスペラントを軸にほかの異な

10　誰も使用していない紙の上の記号体系は、社会言語学的には「言語」とはいえない。ブランケは、言語案から言語への移行の度合いを示す尺度を提案している (Blanke 1985)。この尺度は『言語学大辞典』にも簡潔に紹介されている (亀井ほか 1996: 748-749)。

表：基準間のずれの例

基　準	方　言	標準語	エスペラント	古典語
① 曖昧性の除去	自然言語	自然言語	自然言語	自然言語
② 明確な出発点	自然言語	自然言語	人工言語	自然言語
③ 母語話者なし	自然言語	自然言語	自然言語	人工言語
④ 言語計画による標準化	自然言語	人工言語	自然言語	人工言語
⑤ 文字化	自然言語	人工言語	人工言語	人工言語
⑥ 差異化	人工言語	人工言語	人工言語	人工言語

る社会言語学的特徴をもつ言語と対比させてさまざまな基準を適用してみよう（表参照）。コンピュータ言語との対比ではエスペラントは人間が使う他の諸言語（変種）と共に自然言語になる。一方、発生を基準とすると1887年にザメンホフによって提案された言語案が基点となったエスペラントは人工言語になり、それに対して方言や国・地方の標準語、また古典語は出発点が特定できないので自然言語になる。家庭でその言語を幼少から習得して使用している母語話者の有無を基準とすれば、エスペラントは自然言語になり、ラテン語や正則アラビア語のような古典語は逆に人工言語になる。言語発展への言語計画の介入という観点からは、使用されるなかで話し手が互いにすりあわせていくことによって言語が形成されてきたエスペラントはむしろ自然言語になり、権威ある標準形態が定められた言語が今度は人工言語になる。また文字化されていることを基準にすると、読み書きされる標準語やラテン語、エスペラントはみな人工言語になり、もっぱら口頭で使われる多くの方言（地域語）は自然言語ということになる。そして、差異化という観点からは、「名古屋弁」のような方言も命名されて周囲の変種と意識的に区別されている以上、これらの言語はいずれも人工言語になる。このような具合で、さまざまな分類が可能になる。いかなる言語も、基準を示さずに単純に「自然言語」あるいは「人工言語」と分類することはできないのである。なお、ここでは基準内の異なる分類の可能性はあえて不問にしたが、基準自体の不明確さを含めて考えれば分類はさらに錯綜するのはいうまでもない。

これは単なる思考実験上の問題ではなく、実際に、これらの分類概念の定義には少なからず混乱がみられる。まず、どれかひとつの基準を用いる例として、前節の③であげた、母語話者の有無を基準とする教科書の記述の続きをみてみよう。そこでは、（母語話者がいない）人工言語の例としてエスペラント語とコンピュータ言語をあげているが、エスペラントに母語話者がいないと断定している誤りを除いても、まったく別種類の「言語」をいっしょくたにするのはどういう「言語」の定義をしているのだろうか、と言語学の教科書として心配になってしまう。

また複数の基準が混在している例として、ある概念辞典では、母語話者がいる言語を自然言語としたうえで、「ある目的のために開発された人工言語（人工語）と区別する必要がある場合に用いられる」（高見澤ほか 1997: 155）としているが、ここでは自然言語に関しては③、人工言語に関しては②ないし④が用いられている[11]。「ある目的」のために開発された言語（②ではエスペラント、④の例ではショナ語など）が母語話者を獲得しうることからわかるように（Fiedler 2012）、これらの基準はそもそも次元がちがうため、対立するものではない[12]。次元が異なるものをどういう場合に「区別する必要がある」のか、この説明では意味がとおらない[13]。

これらの混乱は、その具体的な記述ごとの問題というよりは、「自然」と「人為」という区分自体の問題に起因すると考えるのが妥当だろう。不明確な基準で「自然」や「人為」を設定することは、論点があいまいになったり論にごまかしを含ん

11　本書ではいわゆる人間の言語が扱われているため、①は除外して考えることができる。実際、「人工言語」の例としてエスペラントがあがっていることから、主に②が念頭にあると推察される。

12　生物学の比喩をだすならば、「足のある動物」と「毛がはえている動物」を区別する、とでもなろうか。

13　『月刊言語』誌が「人工言語の世界」という特集を組んだことがある（2006年11月号）。「ことばを創るとはどういうことか」という特集の副題から判断するかぎり、編集部は、本稿の整理でいえば「発生」を、とりあげる「人工言語」の中心的な基準としているようだ。とりあげられた「言語」は、17、18世紀ヨーロッパの普遍言語、論理学における論理式、プログラミング言語、エスペラント、ピクトグラム（絵文字）、文学のなかの架空言語など、きわめて多彩である。各論考はそれぞれ興味深いが、それぞれの執筆者が自らの基準を自明視し、そもそも人工言語とは何かということがどこにも述べられていないのは残念である。本特集の総括的な随想をよせている金子亨（金子 2006）は、人工言語の種類（カテゴリー）を列挙するなかで、何の説明もなく「手話」や「諸リングア・フランカ」を「特殊な目的の人工言語」として並列している（なお、「国際補助語」はまた別のカテゴリーとされている）。このような、基準を明示しない人工言語の列挙や分類には、誤解や混乱を助長する以外、どんな意味があるのだろうか。あるいはこれこそ、議論への誘いととるべきなのかもしれない。

だりする危険性の方が、この区分によって得られる説明力より大きいと考えざるをえない[14)]。区分をつける必要がある場合は、その都度、具体的な基準を明示すればよい。特定の言語案に基づいて発展した言語にせよ、言語計画によって形成された標準語や書記言語、あるいはある言語の意識的な差異化にせよ、「人為性」ないし「自然性」を指摘する一方でなんらかの要素を恣意的に「自然」や「人為」の領域に放逐するよりも、どのような言語がいかなる理由でどのように発展し、あるいは習得され、使用されているのかを具体的に問うほうが有意義だと考える。

この点、「人工言語」と「自然言語」の区別を批判的に問いなおしてきたのが、媒介言語論である（木村／渡辺 2009）。媒介言語論においては、エスペラントについて、出発点としての計画性に注目する「計画言語」という言い方が用いられてきた（臼井 2009，後藤 2009）。このことによって、基準が明確になる[15)]。

6. 二分法をこえる動き

従来の分析枠組みによりかかっていては、二分法に陥る可能性が常につきまとう。そこで、この二分法をこえようとする理論的な展開を次にみていきたい。

従来型の言語政策論に対する疑問から生まれたのが、ネウストプニーやイェルヌドによって提唱された言語管理（language management）の理論である。ここで使われている「管理」は誤解を招きやすい表現だが、「管理教育」のような上からの統制というよりは、「健康管理」に近い意味として理解されている[16)]。日々、健康を管理するように、言語を管理しているということである。言語管理理論においては、言語活動は「産出」と「管理」からなるものとして理解される。「産出」は典型的

14　手話に関して「自然言語」と「人工言語」を分類する弊害について、かどや（2013）参照。

15　ただし、この概念にも限界がある。計画性を前面に出すことが、エスペラントが言語計画に基づいて発展したという誤解や、「民族言語」との違いを過度に強調することになってしまうという限界も指摘されている（Sakaguchi 1996: 24）。シェルピーヨ（Cherpillod 2005）が指摘するように、エスペラントの特徴とされる造語法や規則性、混合性などはいずれもほかの「民族言語」にも多かれ少なかれみられるものであり、エスペラントにしかみられないような特殊な要素はない。

16　「言語運営」という訳語の方が適切であったとも考えられる（渡邊／木村 2011）。

には発話をさすが、人はただ話すだけではなく、話し方を調整したり訂正したりするメタ言語活動（産出にむけた活動）をも行っている。これが「管理」である。この意味での管理を特殊で例外的な現象とみなすのではなく言語活動の一環に位置づけたのが言語管理理論の出発点であるといえよう。

言語計画のパラダイムにおいては、政策ないし計画と、その受け手側の態度が分けられてきたが、言語管理の理論は、いわば言語計画を言語態度の領域にまで拡張したといえる。換言すれば、言語政策と言語態度を分けるのではなく、言語態度の中にもいわば微視的な言語政策が存在するととらえるのである。また実践と介入をわけるのではなく、実践のなかに言語への介入をみいだすのである。すなわち、言語管理の理論によれば、言語活動に「言語計画」と「言語態度」の二種類があるというのは錯覚であることになり、二分法は雲散霧消するのである。この対象接近法によれば、たとえば3節でとりあげた日本語の普及や英語の広がりに関する取り組みを「政策的なもの」と「態度的なもの」(？) に分けることなく、同じ枠組みで把握することができる。「言語政策はどのように言語態度を変えることができるのか」という、恣意的な二分法に依存する問いのたて方をこえて、さまざまなレベルの言語活動を包括的に考察できるのが言語管理の理論の利点といえよう。言語管理の枠組みを使えば、「上から」(top-down) と「下から」(bottom-up) という二分法をこえて、さまざまなレベルの間の相互作用をとらえることができる (Kimura 2015)。ただしこれまでの言語管理の理論に基づく研究は、ミクロな過程に注目するあまりに、マクロな面の考慮が弱い傾向がみられたことは否めない。政策過程論や言語イデオロギー論とむすびつけることで、言語管理の理論は、より汎用的な枠組みとなりうる (木村 2011, Kimura 2014)。

一方、管理と対をなす産出について、筆者自身は、「自然」と「人為」の二分法に頼ることなく言語動向を記述するための方法として、言語使用を堆積という形で把握することを提案した (木村 2005b)。堆積 (＝言語使用が積み重なったもの) というのは、ある言語においてくりかえされる言語使用の種類を、ひとつの段階がそれぞれ次の段階につながる連続的な段階として相互に関連づけて示したものである。これによって、言語の使用形態が質的・量的にどのように構成されているかを示すことができ、「所与」を前提とせずに、社会的に構築されるものとしての言語を包括的にとらえることが可能である。

7. 社会言語学はどのような言語観を提示するのか

以上、言語現象に「自然」や「人為」というラベルをはることが何かを明らかにするよりも混乱させる効果の方が大きいことを指摘し、この二分法を克服する試みについて述べたが、根底にあるのは言語観の問題であることを最後にもう一度確認したい。20世紀において、構築主義や生成文法など、言語学の諸潮流がほかの学問領域や一般社会に大きなインパクトを与えたのは、常識的な言語観を打ち破る先鋭な言語観や言語像を提示しえたからだろう。その点、社会言語学が旗印に掲げる、社会のなかで言語をみるという姿勢は、社会を捨象する「純粋言語学」に対するアンチテーゼとしては意味があったかもしれないが、言語にとっては当たり前のことであり、言語観としてはものたりない。社会言語学が、肥大化したわりに他の学問領域や社会への影響力が小さい印象を禁じえない背景には、個々の事例研究が積み重ねられてはいるがその言語観が陳腐だということがあるのではないか。「自然」と「人為」の区別がこれほど能天気にいきわたっているのはそのひとつの兆候といえよう。今後、社会言語学が社会および言語の研究に有意味な貢献をなすためには、人間が個々の言語現象に向き合う際のよりどころとなる言語観を批判的に問いなおすことが必要だと考える。

そのためのひとつの糸口として、「自然」と「人為」ないしそれに類する対概念の区分を省みることを提起したい。この区分は、説明・分析上の意義よりも、この区分を用いる者の言語観の表出としての意義の方が大きいと考えるからである。「自然」や「人為」という、自明のように用いられる概念を説明用語から分析対象に転換させることは社会言語学の問いの深化に寄与するにちがいない。その分析対象には、研究者自身の言語への接近法も含まれる。バコルツ（Bucholtz 2003）は、ある言語使用のあり方を「自然」とみなしてそれを追い求める社会言語学を「感傷的社会言語学」（nostalgic sociolinguistics）と呼び、それに対してそういう志向性の背後にある研究者自身の言語観をも問い直す「内省的社会言語学」（reflexive sociolinguistics）を提唱した。前節であげた言語管理の理論は、研究者自身をも言語管理過程の中において考察することで、内省的社会言語学にも貢献しうる（木村2015）。

本稿では二分法の背景にある基本的な言語観が表出された例として主に「自然言語」、「人工言語」のさまざまな分類基準をとりあげた。より網羅的に調査することによって、本稿でとりあげなかった基準がうかびあがることも考えられる。これらの分類基準がどのような焦点のあて方や価値観（「言語イデオロギー」）からもたらされるのかを、それぞれの基準の適用される状況に即して考察するのは今後の課題である。

また「自然」と「人為」をめぐる同様の二分法は、社会言語学に関連するその他の領域にもみられる。たとえば、言語習得と言語学習の区別に関して、オクサールは、自然な習得と人工的な学習という区別がなされていることについて、「言語習得の過程においてこのような二分法を支えるような学問的な知見は存在しない。」（Oksaar 2003: 14）と述べて、根拠がないままこのような二元論が通用しているため、習得に関する複雑な要素がみおとされている問題を指摘している（Oksaar 2003: 15, 28-31など）。実際、日本の英語教育論では、英語を早期に学べば「自然に」習得できるといった迷信がみられる（茂木 2005）。それに対して教室での言語「学習」状況は不自然だという見方があるが、ジョセフ（Joseph 2004: 34）は、言語学習を目指す教室での談話は、社会において言語が使われる多様な形態のひとつであり、これを特にとりあげて「不自然」とするのは無意味であると指摘している。こういった二分法の具体的な現れとその背景や問題点をとりあげて検討するのも今後の課題である。

[付記]

本稿は、木村2007にもとづき、木村2005aの要素をもとりいれて、その後の展開をふまえて改稿したものである。題名もそれに応じて若干変更している。

［参考文献］

ウルリヒ・アモン（檜枝陽一郎／山下仁訳）(1992)『言語とその地位——ドイツ語の内と外』三元社
飯野公一ほか（2003）『新世代の言語学』くろしお出版
市田泰弘（2003）「手話とは？」全国ろう児をもつ親の会編『ぼくたちの言葉を奪わないで！』明石書店、32-52
———（2005）「自然言語としての手話」『月刊言語』1月号、大修館書店、90-97
上村幸雄（2002）「日本における危機言語と関連する諸問題」宮岡伯人／崎山理編（渡辺己

／笹間史子監訳）（2002）『消滅の危機に瀕した世界の言語』明石書店、318-337
臼井裕之（2009）「媒介言語を「創出」する試み―計画言語の社会学―」木村／渡辺編、82-103
Oksaar［オクサール］, Els（2003）: *Zweitsprachenerwerb. Wege zur Mehrsprachigkeit und zur interkulturellen Verständigung*, Stuttgart: Kohlhammer.
W.J. オング（桜井直文／林正寛／糟谷啓介訳）（1991）『声の文化と文字の文化』藤原書店
糟谷啓介（2000）「言語ヘゲモニー――〈自発的同意〉を組織する権力」三浦信孝／糟谷啓介編『言語帝国主義とは何か』藤原書店、275-292
かどや・ひでのり「書評　日本手話は「自然言語」か　佐々木倫子編『ろう者からみた「多文化共生」――もうひとつの言語的マイノリティ』（ココ出版、2012年）」『社会言語学』13号、175-186
金子亨（2006）「人工言語と自然言語」『月刊言語』11月号、大修館書店、80-85
亀井孝／河野六郎／千野栄一編著（1996）『言語学大辞典 第6巻　術語編』三省堂、「自然言語と人工言語」（647-649）、「人工語」（745-752）
ルイ＝ジャン・カルヴェ（西山教行訳）（2000）『言語政策とは何か』文庫クセジュ
――――――――（萩尾生訳）（2002）『社会言語学』文庫クセジュ
木村護郎クリストフ［Kimura, Goro Christoph］（2005a）「言語政策研究の言語観を問う―言語計画／言語態度の二分法から言語管理の理論へ―」『言語政策』1号、1-13
――――――――（2005b）『言語にとって「人為性」とはなにか――言語構築と言語イデオロギー：ケルノウ語・ソルブ語を事例として』三元社
――――――――（2007）「言語における「自然」と「人為」―説明用語から分析対象へ―」『ことばと社会―多言語社会研究』10号、三元社、120-135
――――――――（2010）「ヨーロッパにおける言語の政治性を考える―歴史学と社会言語学の架橋に向けて―」『歴史学研究』874号、12-23
――――――――（2011）「わたしたちはどのように言語を管理するのか」山下仁／渡辺学／高田博行編『言語意識と社会――ドイツの視点・日本の視点』三元社、61-89
――――――――（2014）: Language management as a cyclical process: A case study on prohibiting Sorbian in the workplace, *Slovo a slovesnost* 75(4), 255-270.
――――――――（2015）: Spracherhalt als Prozess: Elemente des kirchlichen Sprachmanagements bei den katholischen Sorben, *International Journal of the Sociology of Language* 232, 13-32.
――――――――（2015）「言語管理理論における研究者の位置づけ―ヨーロッパ統合に関する調査事例から―」村岡英裕編『接触場面の言語管理研究 vol.12　接触場面における相互行為の蓄積と評価』（千葉大学人文社会科学研究科研究プロジェクト報告書第292集）、87-96
木村護郎クリストフ／渡辺克義編（2009）『媒介言語論を学ぶ人のために』世界思想社
フロリアン・クルマス（1993）『ことばの経済学』大修館書店
――――――――（1999）「人間の言語と言語政策」宮本勝／清水芳見編著『文化人類学講義――文化と政策を考える』八千代出版、224-242
後藤斉（2009）「言語学のなかの計画言語論」木村／渡辺編、254-274
Sakaguchi［サカグチ］, Alicja（1996）: Die Dichotomie „künstlich“ vs. „natürlich“ und das

historische Phänomen einer funktionierenden Plansprache, *Language Problems and Language Planning* 20(1), 18-38.

真田信治／庄司博史編（2005）『事典　日本の多言語社会』岩波書店

Cherpillod［シェルピーヨ］, André（2005）: “Artefariteco” de Esperanto, pli ĝuste: laŭdira artefariteco, en: Cherpillod, A.: *Lingvaj Babilaĵoj*, Eldonejo La Blanchetière, 3-8. [フランス語版：*La Prétendue “artificialité” de l’espéranto*, Courgenard: memeldono.]

柴田武（1981）「地域語による教育、地域語の教育」『文学』49巻9号、94-102

Schubert［シューベルト］, Klaus（1989）: Interlinguistics – its aims, its achievements, and its place in language science, in: Klaus Schubert (ed.): *Interlinguistics. Aspects of the Science of Planned Languages*, Berlin/New York: Mouton de Gruyter, 7-44.

Joseph［ジョセフ］, John（2004）: *Language and Identity*, Basingstoke/New York: Palgrave Macmillan.

新村出編（1998）『広辞苑 第五版』岩波書店

鈴木孝夫（2001）『英語はいらない!?』PHP新書

鈴木義里（2003）『つくられた日本語、言語という虚構――「国語」教育のしてきたこと』右文書院

田上隆司／木村明子／立野美奈子（1983）『手話のすすめ』講談社現代新書

高見澤孟／伊藤博文ほか（1997）『はじめての日本語教育　基本用語事典』アスク

多言語化現象研究会編（2013）『多言語社会日本――その現状と課題』三元社

唐須教光（2002）『なぜ子どもに英語なのか――バイリンガルのすすめ』NHKブックス

新田俊三（1999）『ユーロ経済を読む』講談社現代新書

橋爪大三郎（1996）「〈言語〉派社会学」井上俊・上野千鶴子・大澤真幸・見田宗介・吉見俊哉編『岩波講座　現代社会学5　知の社会学／言語の社会学』岩波書店、1-33

――――（2000）『言語派社会学の原理』洋泉社

――――（2006）「言語派社会学の理論構成」『社会学評論』57巻1号、109-124

Bucholtz［バコルツ］, Mary（2003）: Sociolinguistic nostalgia and the authentication of identity, *Journal of Sociolinguistics* 7(3), 398-416.

Basini［バシーニ］, Mario（1997）Debunking a spurious argument, *Western Mail*, March 8, 11.

Fiedler［フィードラー］, Sabine（2012）: The Esperanto *denaskulo*: The status of the native speaker of Esperanto within and beyond the planned language community, *Language Problems and Language Planning* 36(1), 69-84.

Blanke［ブランケ］, Detlev（1985）: *Internationale Plansprachen*, Berlin: Akademie-Verlag.

堀部秀雄（2002）『英語観を問う――英語は「シンデレラ」か「養子」か「ゴジラ」か？』渓水社

水谷修／李徳奉（2002）「対談　国際対話能力としての日本語の可能性」『国際交流』97号、80-89

茂木弘道（2005）「小学校英語などとたわごとを言っているときか」大津由紀雄編著『小学校での英語教育は必要ない！』慶應義塾大学出版会、37-54

渡邊日日／木村護郎クリストフ（2011）「学校における少数派言語への視座」（共著）『ことばと社会―多言語社会研究』13号、三元社、4-29

第3章

ことば・情報のユニバーサルデザイン

——知的障害児・者と言語の関係を中心に

打浪（古賀）文子

1. はじめに：知的障害児・者と「ことば」をめぐって

1981年の国際障害者年で「障害者の完全参加と平等」という理念が示されて以降、国内では障害者の積極的な社会参加に向けた政策が展開され、バリアフリーの概念は物理的なものに加え、情報通信の分野にも浸透した。さらに、この十数年での情報通信技術（Information and Communication Technology 以下、ICT）の発展につれて、障害ゆえに情報にアクセスする機会から遠ざけられてしまう障害者の情報・通信に関するアクセシビリティ[1]、およびコミュニケーションをどう保障するかは重要な課題となりつつある。

2007年に日本が署名し、2014年に批准した「障害者の権利に関する条約」の第9条第2項では、障害のある人々の情報、通信その他サービスに関するアクセシビリティの保障が謳われている。また、同条約第21条では「表現および意見の自由並びに情報へのアクセス」に関して、障害を有する人がコミュニケーションの形態を自ら選択し、表現および意見の自由（情報および考えを求め、情報を受け、伝える自

1　アクセシビリティとは、障害者の権利条約の政府による日本語対訳において「施設およびサービスの利用可能性」、すなわち物理的環境、輸送機関、情報通信施設などを対象とするものと規定された。これらの対訳は長瀬／東／川島編（2008）『障害者の権利条約と日本—概要と展望—』に収録されている【川島＝長瀬仮訳】を参照した。なお、「障害者の権利条約」の【川島＝長瀬仮訳】では「アクセシビリティ」という語がそのまま使われている（長瀬／東／川島 2008）。

由を含む）についての権利を行使することを確保するための適切な措置について規定されている[2)]。さらに、2016年より施行された国内法である「障害者差別解消法」では、公的機関における不当な差別的行為の禁止および合理的配慮の提供が義務付けられたが、これは情報アクセスの面に関しても同様である。このように、障害者の情報アクセスおよびコミュニケーション保障の理念は徐々に進展し、権利保障に基づく理論的体系が国内外に生まれつつある。

障害者の情報伝達や意思疎通に関する諸問題は、こうした権利概念の浸透とICTの進展、そして当事者からのニーズの表明とともに、その一部は確実に解消されてきた。ICTを駆使した情報保障やコミュニケーション支援が可能になることによって、社会によってマイナスの価値づけをされてきた障害者は、権利保障のみならず社会的地位の変革や多様な生の表現の可能性にひらかれてきたといえる。しかしその一方で、知的障害児・者は時に社会生活に困難をきたす位置に取り残され続けているのではないだろうか。

知的障害児・者の情報保障は「古くて新しい課題」といわれるように（名川ら2006)、知的障害児・者の多くはことばやコミュニケーションによるニーズの表明が非常に難しいといわれる。すなわち、ICTの有無にかかわらず、情報伝達や自己決定への支援の難しさという課題が存在している。そこにICTの一層の発展が加わり、リテラシーなどの諸課題が重なることで、知的障害児・者の社会における情報格差は大きなものになりつつある。ICTによる情報の受発信やコミュニケーションが広がるにつれ、知的障害児・者らの情報格差はさらに広がり、社会からますます分断されていくのではないだろうか。「抽象的な概念や複雑な構文構造の文章、難解なことばの理解が苦手な知的障害者は、ITの進化から"置き去り"にされつつある」(野沢 2006b: 61、強調筆者）ことは、社会的にも学術的にも十分な形でかえりみられていないままである。

このような問題意識から出発し、本章では、知的障害を「社会」と「言語」のあ

2　この文中にある「コミュニケーション」は同条約の第2条に定義されているが、その内容は「筆記［文字言語］、音声装置、平易な言葉、口頭朗読その他の拡大代替［補助代替］コミュニケーションの形態、手段および様式（アクセシブルな情報通信技術）とともに、言語、文字表示［文字表記］、点字、触覚伝達、拡大文字およびアクセシブルなマルチメディア等」とされており、知的障害や発達障害を含むさまざまな障害種を考慮したコミュニケーションの定義とその保障が想定されている。

り方から説き明かすことを試みたい。障害学と社会言語学の諸概念を照射しながら、知的障害児・者の置かれている言語的な抑圧状況を論じる。そして，知的障害児・者が置かれている複合的な言語差別の状況を打開する方法として、意思疎通やコミュニケーションを知的障害児・者の側に合わせることと、その方法としての「ことば・情報のユニバーサルデザイン」について提案し実例を紹介したい。最後に、「健常者」と呼ばれているわれわれこそが知的障害児・者の意思疎通やコミュニケーションを享受「できない」人々であることを述べ、彼らの情報の受発信は、「健常者」にとっての課題であることを指摘し、知的障害児・者の言語的および社会的な位置づけの転回を試みたい。

2. 知的障害児・者と言語的状況の諸様相

知的障害は、一般的には発達遅滞、自閉症など、知的な遅れを示すものの総称であるとされる。染色体異常や遺伝的形質によって知的な遅れを伴うものも知的障害の中に含まれ、その用語が指す範囲は非常に広い。例えば発達心理学上の定義では、精神遅滞・広汎性発達障害・学習障害・コミュニケーション障害（言語障害）などを抱合しつつ､知的な遅れを伴うものの総称とされる[3)]。知的障害の国内法の定義は明示的には存在しないが[4)]、おおむね、「知的機能の障害が発達期（おおむね18歳まで）にあらわれ、日常生活に支障が生じているため、何らかの特別の援助を必要とする状態にあるもの」(厚生労働省 2007）とする定義に準ずることが多い。すなわち、現在の社会において、いずれの場合もその診断や判定において知的障害は個人の知的な「能力の欠如」とされる傾向にあること、および日常生活に「援助」を必要と

3　ここでは、発達心理学のテキスト的な意味合いをもって作られている『臨床発達心理学概論　発達支援の理論と実際』の第5章「さまざまな障害」（長崎ら 2002: 52-63）を参考にした。

4　知的障害者福祉法（1960年）では、知的障害の判定方法および基準が統一されるまで定義を設けないことにしたといわれており、それが現在まで続いている（松友 1999）。障害者自立支援法等の新たな法律の制定により、知的障害の法的な定義の整備の必要性が指摘されている（北沢 2007）。

することが前提とされている[5)]。

日本国内在住の「知的障害」を有するとされる人々は、そのほとんどが第一言語として日本語を話し、日本語を聞く環境に生まれ育つ。彼らはコミュニケーションのツールとして日本語を用いているが、その障害ゆえに理解や運用が充分ではないとみなされる場合が多々ある。特に、ことばの運用能力や用い方には個人差が大きいとされており、例えば、言語の記号的獲得は非常に早いものの、それがコミュニケーションの場面では発揮されない者もいる。また、障害の程度に拠るが、言語外のコミュニケーションに比重がおかれることもある。さらには、日常的なコミュニケーションツールとして言語を用いず、コミュニケーションカードや指さし等のみで意思疎通する者も存在する。特に、「重度」知的障害と呼ばれる人々の表現パターンは、視線や指差しによる訴え、それらに沿った発声など言語を媒介しないものが主流である[6)]。

このように、知的障害児・者の言語運用や言語理解は違いが大きく、一概に論じるのは難しい。けれども、言語的な表現が充分に出来ない状況に置かれている知的障害児・者は、障害の判定において程度が「重度」であるという診断を受けやすい傾向にある。というのも、知的障害と判定されることは、特に発達心理学、障害児教育学の分野において「適切」な発達段階に達していない、いわば「逸脱」しているものとして位置づけられ、支援や療育の対象とされることを意味している。知的障害児の判定の際には、言語学的視点、例えば語用論的観点からの考察や指摘が足りていないという指摘があるように（有働 2003: 47）、その判定や診断には言語の「運用」に関する能力が「標準－逸脱」の基準とされる場合が多く、知的障害の診断や判定に使用される知能指数（Intelligence Quotient 以下、IQ）算出にも言語運用が密接にかかわっている[7)]。

5　日本における知的障害概念の変遷は寺本（2000）に詳しい。

6　例えば自閉症児には「クレーン現象」と呼ばれる行為が見られることがある。これは、要求を自分で行わず、近くにいる大人などの手を要求の対象まで持っていって、要求を充たそうとするものである。これも表現パターンの一つであり、意志の表出として見ることができる。

7　制度面から言えば、知的障害児・者として認定を受ける「療育手帳」（知的障害者用の障害者手帳）の取得基準としてIQ70以下という目安がある。しかし、この療育手帳取得基準および福祉サービスは都道府県でばらつきがあり、判定員や診断する側の主観による判断という面があるのは否めない。日常会話の理解力が高くても、そこのような傾向は、特別支援教育の現場や教育研究でも見受けられる。『特別支援学校幼稚部教育要領・特別支援学校小学部・中学部学習指導要領・特別支援学校高等部学習指導要領』(文部科学省 2009) によれば、知的障害特別支援学校の小・中学部および高等部の教科としての「国語」の目標は「日常生活に必要な国語を理解し、伝え合う力を養うとともに、それらを表現する能力と態度を育てる」(同上: 57, 62, 192) とある。また、特別支援学校の教育現場には、国語という教科を超えた「合科・統合」という特徴的な方法があり、総合的な学習の中で文字・書きことばの指導を行う動きがある (渡辺 2012)[8)]。これらに伴い知的障害児は、知的障害特別支援学校における「こくご」「国語」あるいはその他の総合的な学習場面において、学習言語として日本語を習うこととなる[9)]。このとき知的障害児は、「適切」な言語表出、感情表現などを「学習」あるいは「訓練」させられる傾向にある[10)]。すなわち、医療的・発達心理学的観点が普及している現在では、「健常話者と異なる言語障害者の言語表出はあくまでも誤りというべき「逸脱」であり、人間の言語能力の枠内での正当な位置づけは与えられない、という立場がとられるのが通常」(有働 2003: 45) なのである[11)]。無論、特別支援教育は、知的障害児に対してのコミュニケ

れが充分に汲み取られているとはいえない場合もある。この点は、例えば健常者が非第一言語で知能テストを受ける際に、第一言語と同水準のIQの値が算出されない場合と類似する。このように、知的障害は具体的に何かの行動をとることで名づけられるのではなく、医学的な診断、あるいは発達段階を調べるさまざまな検査によって「判定」され、社会的にラベリングされるという側面を有するといわざるを得ない。

8　渡辺 (2012) は調査の中で、教員は「話す」「聞く」能力を指導において重視する傾向にあったが、一方で「読むこと」を重視する教員も多いこと、また書くことの指導は積極的にされていると言えないことを明らかにしている。

9　特別支援学校での指導は基本的に小中学校の学習指導要領に準ずるので、「英語」も教科として学ぶ。

10　例えば、知的障害児や発達障害児の「問題行動」とされるコミュニケーション上の困難について、「ソーシャルスキルトレーニング (Social Skills Training 以下、SST)」の実践が国内では主流である。SSTは認知行動療法の一つと位置づけられる、社会的な困難を「ソーシャルスキル」としてとらえる側面から、適切な行動を強化・不適切な行動を消去する訓練法である。SSTの詳細については多数の出版があるが、例として田中/岩佐 (2008) など。

11　もちろん、知的障害の判定のすべてが言語能力のみを対象として測るものではない。例えばウェクスラー式知能検査は言語性検査 (言語教示を理解してことばで答えるもの) と動作性検査 (検査者の動作によって課題を理解し、動作で答えるもの) を

ーション方法や学習面での「わかりやすさ」に関して、多くの創意工夫を重ねてきた。例えば文字情報の認知が難しい知的障害児に対して視覚情報で補う代替コミュニケーションなど、教材や教授法に関する多くの追究がなされている。しかし、それらは「学習」という面から捉えられ、それらの成果は理解度調査や学習効果の向上という観点から測られることとなる。

つまり、「言語」が運用できること、ことばによるコミュニケーションが可能であることが、知的障害児・者をとりまく環境において一つの絶対的観点として確立されていることがうかがえる。よって、言語を運用する能力を規準とし、それを至上とする見方がある限り、知的障害児・者の言語活動は、彼らが「劣っている」という社会的通念や観点を変えるものにならない。さらに、言語による意思表明や言語を媒介する表現活動を行い、その言語的な能力が「劣っている」とみなされる状態を周囲に明らかにすることによって、当人の存在そのものが軽んじられる可能性がある。

実際、知的に劣っていることに対して社会が否定的であるのは、言語の働きと分かちがたく結びついている。例えば、読み書きや計算のみに難しさを持つ学習障害者の場合、仮に文字の読み書きに困難を生じたとしても、生活言語の運用能力や話しことばにおける表現力によって復権が可能である。また、そうした多様な表現方法に価値付けがなされることによって、「劣った人である」という言語能力に付随する先入観や偏見に抗することができる[12]。しかし、このような主張は、現在の社会に一旦迎合した上での政治的な戦略としての復権行為である。つまり、知的障害を持たない言語的弱者は、社会から剥奪されうる価値の復権に成功することができるが、それは同時に知的障害児・者を劣っているとみなす見方を無自覚に強化することになる。

さらに、多くの人々は、知的障害という障害特性と背景事情を理解しないまま同じ言語を使用しているので、知的障害のある人々が知的障害のない人々と同じ言語世界にいると考えてしまいがちである。例えば、知的障害を「自分は他者にどの

行う。あべ（2009）は知的障害の判定テストに使用される知能検査について、言語能力を絶対視しないことの重要性を述べている。

12　参考として、太田（2008）は軽度身体障害者のライフヒストリーに着目し、戦略的自己呈示によって否定的なまなざしをはねのける様を記述している。

すなわち、知的障害のある人たちの障害のありようを「社会モデル」的観点から問い返す時、それは「社会」が共有する「言語」の持つ権威性や優位性と常に深く連動するものだといえよう。

3.2 インペアメントとディスアビリティ

障害学の中ではインペアメントとディスアビリティが区別される。インペアメントは当事者にとって両義的なものでありうるが、ディスアビリティは不利益の経験として否定的なものであり社会が解決すべき問題であると考えられてきた（星加 2002)。一方で、障害の「社会モデル」は、障害をインペアメントとディスアビリティに区分することそのものがインペアメントを自然なものと規定してしまうという批判もあるように（後藤 2005)、インペアメントとディスアビリティの関係性は、障害の社会モデルをめぐる批判と応答の中で、現在も議論され続けている点である[16)]。

それでは、知的障害を知的障害たらしめている「知的能力」および「言語」に関する諸問題を、インペアメントとディスアビリティとして考えるとどうか。知的障害は、もっともそれらの境界が判然としない。他の障害との比較で考えれば、その点は明白である。例えば、聴覚障害児教育の場合、上農正剛は『たったひとりのクレオール』(上農 2003a）の中で、聴覚障害者の言語習得における環境の問題点を描き出し、アイデンティティの確立や、手話というろう者に適した言語での第一言語

16　障害の解釈は社会や時代によって変化するものであり、インペアメントもディスアビリティも社会的に生み出されたものであると障害学の第一人者であるオリバーは論じた（Oliver 1990)。だが、オリバーはディスアビリティの社会的構築については論じたが、インペアメントの社会的構築については十分に論じておらず、インペアメントは生物学的定義のまま長らく据え置かれてきたことが指摘されている（座主 2008)。これらの争点について、ディスアビリティについての体系的理論を試みた星加（2007）は、「社会において要求される価値との関連でディスアビリティが生じ、それを個人に帰責するためにある種の機能的特質に対して否定的な価値づけがなされたものがインペアメント」(星加 2007: 108）であるとし、インペアメントの社会的構築性を論じた。つまり、「インペアメントはディスアビリティに先行して存在するのでなく、ディスアビリティがそこにあってインペアメントが遡及的に提起される」(同上）のである。

習得、リテラシー獲得の必要性を訴えている。上農は、これまで聴覚障害児に対して行われてきた「発声」を訓練するのではなく、彼らに適した方法で言語を獲得することを重要視する。つまり聴覚に障害があるというインペアメントの問題ではなく、言語習得を阻む環境のディスアビリティである、とするのである。

これと同様の問題が知的障害にも指摘できると考えられるが、しかしその際、言語習得のための環境への問題を示唆することだけでは不十分な点がある。例えば聴覚障害の場合、本人の言語運用能力は、教育的環境が整えられればディスアビリティはある程度解消され、ある言語を第一言語として習得することが可能だと前提されている（上農 2003ab）。ここには、言語を生得的な人間の性質とみなす考え方の浸透が見られる[17]。しかし、知的障害の場合、言語習得のための環境への問題を示唆することだけでは不十分である。なぜなら、環境を整えることだけで第一言語習得が可能であるとは言いきれない面を残すからである。また、そのように言語に偏った指導や教育が、知的障害児・者の特性から考えて適切かどうかも判別しがたい。生得的に「健常」な言語習得能力を前提とする考え方では、知的障害児・者がリテラシーを部分的に、あるいはある程度までしか獲得できない場合は、「そもそも彼らはことばができない」という見方を跳ね除けられないことになってしまう。つまり、聴覚障害の場合は、言語習得を阻む言語環境が彼らのディスアビリティであるといえ、またインペアメントとディスアビリティを一定程度区別し、ディスアビリティの社会的改善を要求できる。しかし知的障害児・者の言語の問題は、彼らと接している社会側の問題、あるいは彼らをとりまく環境に原因があると明言できない部分を残し続けてしまうのである。つまり、社会的障壁であるかもしれない言語的性質や言語に関する問題が、そうであると断言できないため、すべて知的障害児・者の「個人」の問題だとされる可能性が残ることとなる。これはすなわち、「社会

17　上農（2003ab）の主張は生得文法を前提とする面がある。「言語」を絶対視した上で成り立つ「ろう文化宣言」のように、「日本手話は自然言語」であるという主張は一つの聴覚障害者の復権行為でもあるだろう。しかし、ろう者が手話を自然言語と主張する際には、「①独立した十全な文法構造が観察・記述可能なこと、②それが乳幼児によって獲得されること」（かどや 2013: 178）という点に依拠しているが、「自然言語」や「人工言語」というカテゴリーには未だ議論の余地が残されているにもかかわらず、手話言語論においてその点は未だ不問にされたままであることを付け加えておく。

モデル」におけるインペアメントの認識論的区分によって、知的障害はインペアメントに幽閉され続ける可能性を意味している。知的障害の場合、インペアメント自体はディスアビリティの経験から遡及されるとしても、知的障害に関する諸問題を「社会モデル」に沿って論じようとすれば、「インペアメントとディスアビリティの不可分性まで降り立つ議論が求められる」(田中 2008: 45) ことになる。

よって、「〈知的障害〉におけるインペアメントの社会的構築はディスアビリティの社会的構築と不可分」(同上: 45) であるとした上で、知的障害のある人々が何によって「知的障害」とさせられているかを「言語」の持つ側面から検討することが必要であるといえる。すなわち、知的障害と言語の関係性は、知的障害児・者はことばが「できない」という形で個人に帰し不問にするのではなく、言語という社会で共有されているツールが持つ性質ゆえの社会的問題であると捉えなおすべきである。そこで、ここではディスアビリティとインペアメントを不可分とする前述の論点に従い、知的障害児・者の感じている社会的抑圧状況を、言語的能力を前提とすることなしに社会が抱える「言語」の問題の一形態として扱うべく、次節では言語の持つ性質と言語に関する権利について検討する。

4. 知的障害児・者と「言語」の相関②：社会言語学的観点から

4.1 知的障害児・者と「言語権」

社会における知的障害児・者への差別的取扱いを「言語」に関する不当な扱いの問題として捉えるならば、言語にまつわる権利概念やその保障がどのように捉えられてきたかを確認しておく必要がある。以下では、社会言語学の概念である「言語権」に照らし合わせて、知的障害のある人々が置かれている状況を考えてみたい。

社会言語学が扱う問題の幅は非常に大きく、言語と言語が対立を起こす場面での国家や民族等の一定の社会的属性を有する群と言語の関連を解き明かすマクロ的研究と、方言使用の場面、第一・第二言語の習得場面、異言語話者間のコミュニケーション場面の参加者の特性から言語的特徴を捉えるミクロ的視点からの研究に大別される。前者のマクロ的視点と言語政策的研究から派生し、少数民族（エスニック・マイノリティ）の言語の公的使用を擁護しようとしたことに由来する概念が「言語権（linguistic human rights）」である。これは「自らの言語、特に母語を自由に用いる権利」（庄司 2005: 10）であるとされる。言語権には、「個人の自由な思考感情表現の手段であり、個人の自己同定の対象である母語の習得と使用を平等に保障しようとする立場」と「民族、エスニック集団の表象として、そして、その成員にとって帰属意識の紐帯としての言語の存続を保障しようとする立場」（同上: 11）の二つの見方がある。これら二つの見方はいずれも「個」あるいは「集団」の言語権の観点から提唱された。すなわち、言語的マイノリティが自分のことばを話す権利を保障するという観点である。

「言語権」そのものをめぐる議論はここではおくとして、近年では、「障害者」という社会的属性を有する人々にも「言語権」の概念を敷衍すべきという議論が生まれつつある。かどや・ひでのりが日本列島社会の言語状況について「（日本における）多言語化は日本語運用能力のないひとびとの言語権を保障することを目的に進められなければならない」（かどや 2003a: 21）と批判的に述べているように、「言語権」概念はそもそも多言語社会における権利保障を前提とする傾向にあった。国内における言語に関連のある諸問題に、「言語権」の議論がもたらされたのはごく最近である（木村 2010）。「言語権」が主張されるのは、言語が持つ「権力」と関連した構図で述べられる場合がほとんどであった。言語と言語の問題が浮かび上がる移民に関する問題や、消えゆく言語の問題を中心に、「言語権」は論じられてきた。同様に、日本において「言語権」の保障が議論になる場合も、非日本語話者の母語保全や母語獲得保障が中心であった（同上）。つまり「言語権」をめぐるこれまでの議論は、同一言語社会内だと考えられてしまう場面にどのような言語の問題が取り残されているかについて、検討してこなかったのである。

海外の社会言語学周辺の諸研究においても、同一言語圏内における言語の多様性は方言研究などが主であり、言語権と障害者が結び付けられ議論されてきた研究は、「手話言語論」以外に存在していない（木村 2012, 2015）。しかし、2000年代に入ると、同一言語話者内への問題、すなわち障害者をとりまく言語環境への検討や（ましこ 2001, 2002，あべ 2012ほか）、障害者を対象とした言語的相互行為の分析が展開されはじめた（オストハイダ 2011ほか）。国内の言語学分野で「障害者」が研究対象と考えられる視点が指摘され始めたのはごく最近であるが（ましこ 2006）、これは「言語権」という輸入概念が日本に土壌を得て「手話」という視覚言語と結びついて理論的に発展して以降の展開であるという（木村 2015）。

例えば、ろう者は「ろう文化宣言」以降、手話は言語であるという主張を積極的に打ち出し、言語的マイノリティとして、手話で話す権利、手話でサービスを受ける権利、音声言語を保障される権利を主張し、諸問題および情報保障の拡充を論じている（木村／市田 1995, 秋山／亀井 2004 ほか）。さらに手話を第一言語として教育を受ける権利を主張する動きも展開されており、ろう児のためのデフ・フリースクールが全国で実践されている（全国ろう児をもつ親の会 2003）。手話を言語として位置づける手話言語条例も各地で成立しており、日本語圏内における異なる言語としての手話の位置づけや、言語権保障の萌芽が社会的に確立しつつある（森／佐々木 2017）。

この「言語権」をめぐる論調として、「言語権」を「不可侵の人権」とみなす傾向（亀井 2004: 136）が指摘されるように、最近では「言語的人権ともいわれるように基本的な人権の一部とする見方」が言語権の一つの特徴として挙げられている（庄司 2005: 10）。これらの権利は、同一言語内に存在する知的障害者に対しても、全ての人に保障されるべき基本的人権の一部であることを意識した形で考えていかなくてはならないといえる。この考え方を、手話を使う人々だけでなく知的障害のある人々にも照らして考えるならば、知的障害児・者の言語的なディスアビリティとなりうる障壁である言語の持つ権威的側面、および表記・表現等にかかわる諸問題を取り除き、自分たちの表現としてことばを行使する権利を保障することが求められるのである。

4.2　知的障害児・者と「言語差別」

では、言語権が保障されることが知的障害児・者のディスアビリティを軽減することと同義であるとするなら、知的障害のある人々には、どのような形で言語権が保障されるべきか。そのために、「障害」を有する人々が言語的な摩擦によってどのような不利益を受けるのかを確認しておきたい。また、知的障害児・者のディスアビリティとしての「言語差別」の様相を確認しておきたい。

「言語差別」もまた「言語権」と並行して社会言語学の領域で発展した概念であり、

「ある言語が劣位におかれ、その使用者層が不当なあつかいをこうむる状況。劣位言語をもちいる個人・集団の尊厳をきずつけられ、あるいは疎外されたり、その使用・継承を困難と感じるような状況が構造化されたりすること。また、劣位集団の構成員が優位集団による規範意識に拘束されて、正当な言語表現を疎外されること。ひろい意味での言語権が侵害されること」(ましこ 2005b: 36) とされる。これは、「ことばによる差別 (ことばが媒介する差別)、すなわち「差別語」をもちいてなされる差別をさすのではなく、言語のありかたそのものをめぐっておきる、ある一群の現象を意味している」(角谷 2002: 64)。その差別の現象は、「ある個人ないし集団の言語行為への差別」と「言語が差別言動の媒体として機能するばあい」(ましこ 2001: 3) の二つがある。これらの言語に関わる人権侵害は、二つの場面で生起するとされる。一つは、「同一言語を第一言語とするひとびとのあいだにおいておこるもの」、もう一つは「異言語を第一言語とするひとびととのあいだにおいておこるもの」である (かどや 2005: 38)。

かどやが述べる一つ目の人権侵害は、言語という表現媒体そのものが持つ障壁と排除の問題である。これらはつまり、同じ言語を話しながら、その表現媒体が抱える問題によって社会的に不利な立場におかれてしまうことから発生する諸問題を指す。これを障害者の問題に照らしていえば、日本語の表記のありようそのものが障壁となってしまうがゆえに引き起こされる諸問題といえる。例えば、視覚障害者の漢字使用の問題がある (あべ 2012)。全盲の人々が使用する点字は表音文字であり、例えば「○○は、××でした」の際の助詞の「は」は、点字表記では音声に合わせて「わ」と記載される。漢字表記も音を記すゆえに、墨字[18] の漢字を読み上げる際には理解困難が生じてしまう。このように、健常者が普段意識することなく使用する「漢字」は、その読み上げや理解を必要とする人びとの前では情報の受発信やコミュニケーションにおける障壁となってしまうのである。

もう一つは、異言語話者間の言語差別である。これは、第一言語話者と第二言語話者の間で起こるような問題であり、言い換えれば第一言語話者が内容を理解できることによる「権力性」の問題である。この問題は、「ある言語の運用能力について絶対的な格差があるにもかかわらず、その格差を無視してコミュニケーションの

18　「点字」に対して、視覚障害者がそのままではアクセスできない、紙に書かれた文字のことを「墨字」という。

的様相」[22]を持つといえる。さらに「支援者」−「被支援者」という情報の受発信や意思疎通において「人」を介した支援が日常的に加わることで、知的障害児・者の言語的状況は個別具体的な関係性をも含んでさらに複雑な様相を呈している。専門家・家族・支援者の知的障害者像と情報支援への意識こそが知的障害のある人々の情報の受発信を偏ったものにし、また彼らのことばを捻じ曲げる可能性をも秘めていることを加味すれば[23]、知的障害児・者の言語的状況は、マジョリティ側からの抑圧を複合的に受けている状況にあるといえる。

5. 知的障害児・者のニーズに応えるために

ここまで、知的障害児・者は情報社会にあって言語的に「劣っている」とされ、それらへの価値復権的な行動自体からも見えにくい形で排除されていることを確認した。さらに知的障害児・者への言語差別の様相は複合性を帯びており、視覚障害者や聴覚障害者が有する言語的バリアの特徴も有していることを確認した。

知的障害は現在の社会的価値観や言語能力を重視することによって構築された部分を有し、障害の「社会モデル」的観点、言語自体が有するバリアを解体する社会言語学的観点の双方から認識の転回が必要である。しかしながら、ICTの発展とともに、現在の社会では一層、リテラシーや言語的「能力」が重視される傾向にある。こうした課題に抗する方法は何か。考えられるのは、言語の持つ権威性や困難性といった障壁をできるだけ低くすること、知的障害者と「ことば」に関する認識を転

22　「複合差別」の概念は、上野（1995）を参照。複数の文脈からを生きる一個人にそれぞれの文脈からの多層的な差別が重なって起こることを指す。例えば障害のある女性は、障害者差別と女性差別の双方が複合的になることから、より複雑な問題を示すことが先行研究からも示されている（すぎむら 2013 ほか）。

23　知的障害者の自己決定や意思表示は、常に周囲の健常者との人間関係と関連する。「善意」や、「読み取ることへの慣れ」という要素が抑圧として働く可能性があることを、念頭においておかなくてはならない。関連するものとして、金澤貴之がろう者と「歩み寄る」聴者との関係でおこるろう者への抑圧、そしてろう者自身がそれに気づかない場合について論じている（金澤 2003）。このように、人々が気づきにくい形での言語的抑圧はより見えにくい形で存在している。言語化に困難を有する知的障害者の場合も同様といえる。

回することであろう。

以下に引用する知的障害当事者である土本秋夫の発言には、これまで着目されてこなかった知的障害者の言語的な位置と、そのニーズが明確に表れている。

> いままで　自分たちは　わかりやすい　じょうほうを　うけて　いろいろなけいけん　をして、たっせいかんを　える　ことが　すくなかった。
>
> いままでは　じょうほうを　自分のものに　することができず　けいけんたっせいかんを　うばわれてきた。
>
> おや　まわりの人たちは　なにもわかうない　と　さいしょから　きめつけて　なんでも　かってに　やってしまう。
>
> せつめいするのも　めんどうと　おもっている。
>
> けいけんも　させない。
>
> せんたく　することも　させない。
>
> ちいき　では　すめないと　きめつけている。
>
> かってに　きめつけるのを　やめてほしい。
>
> (中略)
>
> 自分たちは　かんがえても　うまくひょうげん　することが　むずかしい。
>
> どこが　人と　ちがうのか　あいてに　つたえることが　むずかしい。
>
> おや　まわりの人の　つごうで　ふりまわされている。
>
> 自分たちが　どうやって　わかりやすい　じょうほうを　もらい　けいけんをし、たっせいかんを　えていくかです。
>
> そのために　じょうほうの　バリアを　なくして　ほしい。
>
> それが　ごうりてき　はいりょ　です。　(土本 2011: 32-33)

日本国内では2000年前後からようやく、知的障害者への「わかりやすい」情報提供を求める支援者・当事者の声や（本間 1999, 岩本 2003, 新潟・本人主張の会あすなろ 2008, 土本 2011）、知的障害者の読書ニーズに関する調査や読書環境改善へのとりくみなど（藤澤／服部 2009）、さまざまな情報やコミュニケーションのあり方を知的障害のある人々にとってアクセシブルな形へ変える必要性が主張されてきた。しかし、これまで長らく情報格差に取り残されてきた知的障害児・者の情報環境の整備は、学術的・社会的に早急な対応が必要な課題であるにもかかわらずほとんど着手されていない。

現在の社会のすべてを覆して、知的障害のある人々に適した言語のあり方を社会的な標準とすることは不可能である。しかし、これまでほとんど着目されてこなかった、知的障害のある人にとっての「わかりやすさ」や「読みやすさ」という知的障害児・者の実感やニーズに応えることは、社会的な課題と呼べるのではないか。少なくとも、マイノリティである知的障害児・者に言語やコミュニケーションの「できなさ」を一方的に押し付けることなく、社会全体で解決すべき問題とする視点を持つこと、社会から排除しないようなあり方を検討することは、健常者中心の現在の社会において果たさねばならない保障であり、応答責任であると考えられる。

したがって、彼らの置かれている情報アクセス環境そのものを、知的障害児・者にとって能動的なものへと変化させることを社会的な実践課題として据える必要があるといえよう。つまり、これまで知的障害のある人々を無力化させて遠ざけてきた既存の情報媒体・文字情報のあり方そのものの問い直しとして、情報の受発信やコミュニケーションのあり方を検討する必要があるといえる。

6. 「ことば・情報のユニバーサルデザイン」

6.1 「ことば・情報のユニバーサルデザイン」とは

近年では、情報そのものを、また情報の媒介であるメディア自体を誰にでも使いやすいようにする「情報のユニバーサルデザイン」という考え方が広まりつつある（ましこ 2006，かどや／あべ 2010，あべ 2010b，あべ 2014 ほか）。知的障害児・者の言語の問題における複合的な抑圧に対処し、かつ既存の情報媒体・文字情報のあり方を問い直すことは、「ことば・情報のユニバーサルデザイン」を考えることと同義であるといえよう。

ユニバーサルデザインは、1990年代に建築家ロナルド・メイスによって提唱された概念である。一般的には「年齢や能力に関わりなく全ての人々に対して適合する製品等をデザインすること」（総理府 2000: 18）とされる。ユニバーサルデザインの概念は、情報・通信に関する分野にも影響を及ぼしている。そしてユニバーサルデザイン自体が「問題を社会的なアプローチで解決しようと考えており、いわゆる「社会モデル」をベースにした考え方」(川内 2006: 97) であると解釈されている。

自身も視覚障害者である石川准は、ユニバーサルデザインを論じる際に、「配慮の平等」という観点を提示している (石川 2004)。石川は「少数者への配慮は特別なこと」という社会の見方に対して、「すでに配慮されている人々」と、「いまだ配慮されていない人々」がいると述べる。この観点からすれば、健常者はすでに配慮されている人、障害者は未だ十分に配慮されていない人となる。ゆえに、未だ十分に配慮されていない障害者のアクセシビリティの保障のためには、「配慮の平等」の概念を優先順位の高い基本原則としなければならないこと、そのために支援技術開発を促進する諸制度を充実させる必要と共に、ユニバーサルデザインを社会制度として推進する必要があることを石川は主張する (石川 2006: 137)。すなわち、「ことば・情報のユニバーサルデザイン」は可能な限り多くの人に情報アクセスへの機会の平等をひらこうとするものであるといえる。

ただし、ユニバーサルデザインには、障害者文化や「差異」としての障害を重要視する側からの批判もある。ユニバーサルデザインの考えの基底にあるのは、「誰にとっても使いやすい」ということである。ユニバーサルデザインの方向性は、もちろんとられるべきであるが、それは結局、何が「でき」て、何が「できない」のかのラインを動かすことにしかならない (杉野 1997)。つまり、例えば絵を表現手段として用いたところで、絵を見て状況や中身を理解することのできる能力を持つものだけが何かを理解できるようになる、という線をずらすことにしかならないという限界を含意する。ユニバーサルデザイン化がそうした側面を持つことは事実であり、ことばや情報のユニバーサルデザイン化は情報媒体や文字情報そのもののバリアを下げる方向へ働きかけるとき、対象が文字情報を理解することのできる、あるいは情報機器を利用することができる情報弱者に限られてしまう。情報のユニバーサルデザイン化は「より多くの人」に情報を保障するという点で、排除の対象のラインをずらすにすぎないという一面があるのは否めない。しかし、その上でも、ユニバーサルデザインの考え方が社会に浸透しているとは言いがたい現状を考えると、これらの思想を広め、「ことば・情報のユニバーサルデザイン」によって社会生活の不利益を取り除くことが可能な層へと働きかけることは必要であろう。

6.2 「ことば・情報のユニバーサルデザイン」の実践例

それでは、知的障害児・者らを対象とする「ことば・情報のユニバーサルデザイン」とはどのようなものか。その具体例の1つとして、「ステージ」の実践を挙げておきたい。

「ステージ」とは、（福）全日本手をつなぐ育成会が毎日新聞社の記者らと協力して1996年に創刊した、知的障害者を対象とする新聞の体裁をとる定期刊行物である。「みんながわかる新聞」というスローガンが掲げられており、作成にあたりスウェーデンのわかりやすく記されている新聞である「8 SIDOR」を模して作られた。A3版で8ページ、平易な文章で書かれており、漢字には全て振り仮名がつく。また、写真や図やイラストが多用されている。知的障害者を対象として、全国規模で時事情報の継続的な配信を行っている紙面媒体としては国内で唯一であった[24]。年4回発行され、創刊時は5万部、その後1996年から2009年度までは毎号約5500部で推移していた。2010、2011年度は毎号約11000部、2012年度は毎号約12000部を発行していたが、発行元である（福）全日本手をつなぐ育成会が解散届を提出することが決まった2014年3月以降は休刊されている。

「ステージ」の読者層は文字によるコミュニケーションが可能な軽度の知的障害者と想定されており（野沢 2006a）、紙面の内容は生活年齢と当事者の興味・関心に即した話題が選択される。視覚的な見やすさへの配慮、わかりやすい文章への配慮がなされた情報媒体である[25]。そして、「ステージ」の最大の特長は、新聞記者・支援者・編集担当職員のみならず、軽度または中度の知的障害者が編集委員を務めて

24　知的障害者を読者とした紙面媒体や定期刊行物は全く存在していないわけではない。例えば、「どりーむ通信」（東京都手をつなぐ育成会刊）などがある。これは300〜400部ほどの印刷、B4版6〜8ページ、白黒、年4回発行で「ステージ」と同じように当事者の編集委員が起用されている。各地域のレベルでは最大級のとりくみであるが、内容は障害に関する法律等、東京都の当事者が自分で出かけられる行楽に関する情報、交流情報等、当事者交流を目的とした媒体であり、時事情報の配信は障害福祉の動き以外は扱っていない。

25　「ステージ」の詳細やその言語的特徴については、別稿（打浪（古賀）2014）を参照のこと。

いたことにある[26)]。知的障害者自身が話題選択および文章の校正、すなわち情報発信そのものの過程に関わることで、当事者が興味を持っている話題がわかりやすく提供されていた。これにより、通常のメディアからは断片的にしか情報を得ることができなかった知的障害者が、「ステージ」で詳細な情報を確認できるという利点があった。また、偏った情報環境に置かれている知的障害者が「ステージ」を読むことで、個人の興味・関心の幅そのものを広げられた。同時に、「ステージ」は特集として障害者虐待防止法などの法律や、日常生活・仕事に関する福祉的な話題がしばしば取り上げられた。権利擁護に関する話題や障害に関する情報を、知的障害者自らが読みやすい形で提供するエンパワメントとしての意義と役割を有していた(打浪（古賀）2014)。

「ステージ」は、「わかりやすさ」を知的障害のある当事者と共に作り上げる形での「ことば・情報のユニバーサルデザイン」といえる。このような方法を社会的に普及していくことが、知的障害児・者の言語的な位置づけを変革していくこととなろう。知的障害児・者らが自らに合った情報のかたちを選択できるということは、彼らの社会参加への実感を高めるものとなりえる。

7. おわりに：情報の受け取り手としてのわれわれ

知的障害児・者の位置づけを障害学および社会言語学的観点から照射した結果、知的障害児・者は言語の有する権力性や言語運用能力への社会的価値づけゆえに、社会から無力化された存在であること、また言語的な複合差別の下層に位置することを論じた。それらに抗する方法として、「ことば・情報のユニバーサルデザイン」について述べた。本章の最後に、知的障害を有する当事者からの情報の「発信」について述べておきたい。

公的・私的なもの双方において、知的障害当事者からの発信は、少しずつ増える傾向にある。インタビューを集めた書籍（「10万人のためのグループホームを！」実行委員会編 2002ほか）や、知的障害児・者による当事者活動における声など[27)]、知的

26　2011年6月以降休刊までは、知的障害のある編集委員の一人が編集長を務めていた。
27　当事者活動の代表的なものには、ピープルファーストジャパン（http：//www.pf-

障害児・者らが語り始めたという動きはある[28)]。また、「ことば」による意思表明や多様な表現が可能な知的障害者もごく少数は存在する。しかし、彼らはある社会で使われているのと同一の言語を使用するため、その表現や発言内容自体を「劣ったもの」だとみなされてしまいかねない。5節に挙げた土本秋夫の「ひらがな」での情報提供への要望に対して、文学的な表現以外で人がそれをどのようなまなざしで眺めるかは、これまで社会言語学の領域が問題視してきたことでもある（あべ2010a, 2012ほか）。

複合差別的状況がもたらすバリアを考慮するとき、われわれは、知的障害当事者の宣言や発言を、言語が正当に運用できる人間の発言と同等に、社会に生きる一個人としての発言としてみなすことがどれくらいできるだろうか。これは、われわれがことばを「正しく」使えるということと、一個の人間としての「価値」をイコールで結んでしまっていることの何よりの証拠ではないだろうか。言語に価値が置かれる社会において、言語を自明視する側としてのマジョリティである「われわれ」は、知的障害のある人々の内面を知ることを自ら閉ざしてしまうことになる。

障害を持つ人の言語活動や、障害の有無による言葉の優位性が自明視される現状は、言語学が他の学問と接する場所で、より強く自覚される必要がある。人として生きることと、「正しく」言語活動を行うこととがイコールであると捉えられていることを、われわれは自覚しなくてはならない。われわれは、言語というわれわれにとって意思疎通に便利なツールを、彼らに強いているのである。そして、それらをどのような形であれ、多少なりとも習得させて喜んでいるのである。知的障害を伴う自閉症の場合、コミュニケーションにより適した視覚的配慮のあるツールが多用されれば、極端に不安定にならずに過ごせる上に意思疎通も容易になることがある。にもかかわらず、われわれは言語を彼らに押し付け、その言語運用を不思議がり、さらには彼らの行動を「記述」して読み解こうとしている。

知的障害のある人々の「自己決定」に際して、充分な情報と適切な支援があれば自己決定できる、という説がある。しかし結局、これも知的障害者が「考える主

---

japan.jp/blog/）の活動や、全国手をつなぐ育成会連合会（http://zen-iku.jp/）の本人活動などがある。

28　特に、2016年7月の相模原障害者殺傷事件ののち、知的障害のある当事者が自らの意見を発信する機会が増えつつある。

体」であることを想定している。それでは、言語を用いて考えることが出来ないのであれば、彼らは人間ではないのか。人類学者の菅原和孝は、言語に著しい欠陥がある存在が「人間の定義」からこぼれおちてしまうことを指摘している（菅原 1998）。これは、マジョリティであるわれわれがいかに「ことば・知性・文化」を重要視する世界に生きていて、知らず知らずその価値観に首まで浸かっていること指摘している。しかし、それを考えようとすれば、「知的障害という問題は、「知」それ自体を抜け出しえない自己言及の循環に追いやる」（菅原 1998: 122）ことになる。結局それを論じる側がことばを用いて論じる以上、その価値観の外部に立ち得ないという行き止まりにはまってしまうのである。

その反面、知的障害児・者は今あるコミュニケーションツールを用いてさまざまな表現を行っている。発達心理学的な記述の中からも、既に「われわれの気づきにくいところで、彼ら（知的障害児）が特異な身振りを豊かに生み出しつつ、われわれの慣習的な身振りとの接点を得ているらしい」（大井 1998: 59）という示唆がある。結局、「「かれら」（知的障害者）が「かれら」だけで自律的かつユニークに生存している可能世界を思い描くことが出来ず、「われわれ」が「かれら」を庇護するという非対称な関係がずっと続くしかないと考えている」（菅原 1998: 122）以上、われわれは彼らの表現、彼らの言語を理解することが「できない」人間なのである。

知的障害という現象から言語や情報・コミュニケーションの問題を考えていこうとするとき、知的障害に対する「認識の転回」（菅原 1998: 123）こそが、要求されているのではないだろうか。われわれは、彼らからこそ表現形態を学ばなくてはならないのである。われわれの言語がわれわれの言語のまま意思表明を可能にするように、彼らの表現が彼らの表現のままで受け取られる状態へ導くのに何が必要かを具体的に考え実践することが、知的障害児・者の表現を「受け止める」側である「われわれ」の課題であるといえよう。

そのためには、まず、彼らの表現そのものが多様な表現の一形態であるとみなす見方が確立される必要がある[29)]。そして、彼らの表現の翻訳作業という形で、知

29　最近では、言語を話すことのない重度の自閉症者の作品がアール・ブリュットで絶賛を浴びるなど、「障害」−「健常」の垣根を超える社会的承認のあり方の一つとして確立されつつある。国内でも横浜パラトリエンナーレの開催における知的障害者と芸術家のコラボレーションなど、知的障害者の「表現の多様性」は少しずつ社会

的障害に関する障害理解が生み出されていくべきであろう。障害の多様性と、障害を有する人々の多様な選択は、言語の持つ権威性によって何ら阻害されるべきではない。そのために、自らに合った形で情報を受発信できることを保障しうる「ことば・情報のユニバーサルデザイン」があるべきである。そして、社会的弱者としての知的障害児・者の位置は、彼らの多様な形での発信の承認とマジョリティの「われわれ」の省察から、その位置付けを変じていくはずである。

［付記］

本章は、古賀文子（2006）「「ことばのユニバーサルデザイン」序説―知的障害児・者をとりまく言語的諸問題の様相から―」（『社会言語学』6号: 1-17）に、大幅な加筆修正を施したものである。

［参考文献］

秋山なみ／亀井伸孝（2004）『手話でいこう』ミネルヴァ書房

あべ・やすし（2009）「言語という障害―知的障害者を排除するもの―」『社会言語学』9号、232-251.

――――――（2010a）「てがき文字へのまなざし―文字とからだの多様性をめぐって―」かどや・ひでのり／あべ・やすし編著『識字の社会言語学』生活書院、114-158.

――――――（2010b）「識字のユニバーサルデザイン」かどや・ひでのり／あべ・やすし（編）『識字の社会言語学』、284-342.

――――――（2012）「漢字という障害」ましこ・ひでのり編『［新装版］ことば／権力／差別―言語権からみた情報弱者の解放―』三元社、131-163.

――――――（2014）「情報のユニバーサルデザイン」佐々木倫子編『マイノリティの社会参加―障害者と多様なリテラシー―』くろしお出版、156-179.

石川准（2004）『見えないものと見えるもの―社交とアシストの障害学―』医学書院

――（2006）「アクセシビリティはユニバーサルデザインと支援技術の共同により実現する」村田純一編『共生のための技術哲学―ユニバーサルデザインという思想―』未來社、124-138.

石川准／倉本智明編著（2003）『障害学の主張』明石書店

石川准／長瀬修編著（1999）『障害学への招待』明石書店

岩本真紀子（2003）「もっとわかりやすい情報を！―みんながわかる新聞『ステージ』制作

に承認されつつある。知的障害者およびマイノリティ表現の多様性については古賀（2005）を参照のこと。

にかかわって―」『図書館雑誌』97(4)、218-220.
上野千鶴子（1995）「複合差別論」『差別と共生の社会学』岩波書店、203-232.
上農正剛（2003a）『たったひとりのクレオール―聴覚障害児教育における言語障害認識―』ポット出版
―――（2003b）「医療の論理、言語の論理―聴覚障害児にとってのベネフィットとは何か―」『現代思想』31(13)、166-179.
打浪（古賀）文子（2014）「知的障害者への「わかりやすい」情報提供に関する検討―「ステージ」の実践と調査を中心に―」『社会言語科学』17(1)、85-97.
打浪文子（2015）「知的障害者の情報機器の利用に関する社会的課題―軽度および中度の当事者への聞き取り調査から―」『淑徳大学短期大学部研究紀要』54号、105-120.
有働眞理子（2003）「知的障害児の言語表現を解釈する視点について」『言語表現研究』19号、45-55.
大井学（1998）「重い遅れと通じ合う身体」、秦野悦子／やまだ・ようこ編『コミュニケーションと言う謎』ミネルヴァ書房、52-76.
太田啓子（2008）「「軽度」身体障害者のライフサイクルにおける障害観の変容―他者との関係性に焦点をあてて―」『障害学研究』3号、90-116.
オストハイダ・テーヤ（2011）「言語意識とアコモデーション―「外国人」「車いす使用者」の視座から見た「過剰反応」」山下仁・渡辺学・高田博行編著『言語意識と社会―ドイツの視点・日本の視点―』三元社、9-36.
角谷英則（2002）「言語をめぐる差別と人権（1）」『人権21』（岡山部落問題研究所）160号、64-71.
かどや・ひでのり（2003a）「日本社会における言語差別―言語をめぐる差別と人権―(2)」『人権21』（岡山部落問題研究所）162号、20-30.
―――――（2003b）「平等主義としての計画言語―言語をめぐる差別と人権―(3)」『人権21』（岡山部落問題研究所）164号、49-57.
―――――（2005）「言語権のひとつの帰結としての計画言語」『社会言語学』5号、35-51.
―――――（2013）「書評　佐々木倫子編『ろう者からみた多文化共生』」『社会言語学』13号、175-186.
かどや・ひでのり／あべ・やすし編著（2010）『識字の社会言語学』生活書院
金澤貴之（2003）「聾者がおかれるコミュニケーション上の抑圧」『社会言語学』3号、1-13.
亀井伸孝（2004）「言語と幸せ―言語権が内包すべき三つの基本的要件―」『先端社会研究』1号、131-157.
川内美彦（2006）「ユニバーサル・デザインについて」村田純一編『共生のための技術哲学―「ユニバーサルデザイン」という思想―』未来社、96-109.
川島聡／東俊裕（2008）「障害者の権利条約の成立」長瀬修・東俊裕・川島聡編『障害者の権利条約と日本―概要と展望―』生活書院、11-34.
北沢清司（2007）「利用者負担について今一度考える」『サポート』54（5）、27-31.
木村護郎クリストフ（2001）「言語は自然現象か―言語権の根拠を問う―」『社会言語学』1号、39-55.
―――――（2010）「日本における「言語権」の受容と展開」『社会言語科学』13（1）、

4-18.
―――――――――（2012）「「言語権」からみた日本の言語問題」、砂野幸稔編『多言語主義再考―多言語状況の比較研究―』三元社、687-709.
―――――――――（2015）「障害学的言語権論の展望と課題」『社会言語学』15号、1-18.
厚生労働省（2007）「平成17年知的障害児（者）基礎調査結果の概要」http://www.mhlw.go.jp/toukei/saikin/hw/titeki/
古賀文子（2005）「障害者問題と表現の課題―「差異」と多様性の表現を考える―」第2回障害学会自由報告　www.jsds.org/jsds2005/resume/20050202.doc
―――（2006）「「ことばのユニバーサルデザイン」序説―知的障害児・者をとりまく言語的諸問題の様相から―」『社会言語学』6号、1-17.
後藤吉彦（2005）「障害者／健常者カテゴリーの不安定化にむけて―障害学における新たな機軸として―」『社会学評論』55（4）、400-417.
座主果林（2008）「障害の「社会モデル」―「社会モデル」の意義と障害者の経験の記述における限界―」『奈良女子大学社会学論集』15号、99-112.
真田信治・庄司博史編（2005）『事典 日本の多言語社会』岩波書店
庄司博史（2005）「言語権」真田・庄司編『事典 日本の多言語社会』岩波書店、10-12.
菅原和孝（1998）「反響と反復」『コミュニケーションという謎』ミネルヴァ書房、99-125.
杉田穏子（2011）「知的障害のある人のディスアビリティ経験と自己評価－6人の知的障害のある女性の人生の語りから―」『社会福祉学』52（2）、54-66.
杉野昭博（1997）「「障害の文化」と「共生」の課題」青木保ほか編『岩波講座文化人類学第8巻 異文化の共存』岩波書店、247-274.
―――（2005）「「障害」概念の脱構築―障害学会への期待―」『障害学研究』1号、8-21.
―――（2007）『障害学―理論形成と射程―』明石書店
「10万人のためのグループホームを！」実行委員会編（2002）『もう施設には帰らない―知的障害のある21人の声―』中央法規出版
すぎむら・なおみ（2013）「障害をもつ身体が性暴力被害にあったとき―マイナー・マイノリティの「つたわらない」困難―」『社会言語学』13号、1-15.
全国ろう児を持つ親の会編（2003）『ぼくたちの言葉を奪わないで！―ろう児の人権宣言―』明石書店
総理府（2000）『障害者白書　平成12年版―バリアフリー社会を実現するもの作り―』大蔵省印刷局
田垣正晋編著（2006）『障害・病いと「ふつう」のはざまで―軽度障害者どっちつかずのジレンマを語る―』明石書店
武居光（1999）「知的障害のある人のための「わかりやすい本」製作活動の動き」『ノーマライゼーション』19（9）、59-63.
田中耕一郎（2008）「社会モデルは〈知的障害〉を包摂し得たか」『障害学研究』3号、34-62.
田中和代・岩佐亜紀（2008）『高機能自閉症・アスペルガー障害・ADHD・LDの子のSSTの進め方 ―特別支援教育のためのソーシャルスキルトレーニング―』黎明書房
土本秋夫（2011）「バリア（かべ）とおもうこと」『ノーマライゼーション』31（12）、31-33.
寺本晃久（2000）「「知的障害」概念の変遷」『現代社会理論研究』（現代社会理論研究会）10号、195-207.

寺本晃久／岡部耕典／末永 弘／岩橋誠治（2008）『良い支援？―知的障害／自閉の人たちの自立生活と支援―』生活書院
長崎勤／古澤頼雄／藤田継道編（2002）『臨床発達心理学概論―発達支援の理論と実際―』ミネルヴァ書房
長瀬修（1999）「障害学に向けて」石川准・長瀬修編著『障害学への招待』、11-39.
長瀬修／東俊裕／川島聡編（2008）『障害者の権利条約と日本―概要と展望―』生活書院
名川勝／渡辺勧持／薬師寺明子／杉田穏子／花崎三千子／堀江まゆみ／鈴木義弘／鈴木伸佳／岩本真紀子（2006）「「わかりやすい表現」(plain text) 活動・研究の現状と方向性」『独立行政法人福祉医療機構（高齢者・障害者福祉基金）助成平成17年度「グループホーム支援方策推進事業」報告書』、97-107.
新潟・本人主張の会あすなろ（2008）「私たちに関する情報と情報手段」『ノーマライゼーション』28（11）、34-35.
西村愛（2005）「知的障害児・者の「主体」援助の陥穽を問う―ナラティブ・アプローチの批判的考察をもとに―」『現代文明学研究』（現代文明学研究編集委員会）7号、410-420.
野沢和弘（2006a）『わかりやすさの本質』日本放送出版協会
――――（2006b）「知的障害者のための新聞『ステージ』」『月刊言語』35（7）、60-67.
藤澤和子／服部敦司編著（2009）『LLブックを届ける―やさしく読める本を知的障害・自閉症のある読者へ―』読書工房
藤澤和子／吉田くすほみ（2009）「施設への読書環境に関する調査」、藤澤和子・服部敦司編著『LLブックを届ける―やさしく読める本を知的障害・自閉症のある読者へ―』読書工房、76-99.
星加良司（2002）「「障害」の意味づけと障害者のアイデンティティ―「障害」の否定・肯定をめぐって」『ソシオロゴス』26号、105-120.
――――（2007）『障害とは何か ―ディスアビリティの社会理論に向けて―』生活書店
本間弘子（1999）「もっとわかりやすい情報がほしい―知的障害者の場合―」『JDジャーナル』19（7）、104-105.
ましこ・ひでのり（2001）「言語差別現象論―「言語学の倫理と社会言語学の精神」の確立のために―」『社会言語学』1号、3-26.
――――――――（2002）「現代日本語における差別化装置としてのかきことば―漢字表記を中心に―」『社会言語学』2号、57-73.
――――――――（2005a）「情報のバリアフリー」『事典 日本の多言語社会』岩波書店、33-35.
――――――――（2005b）「言語差別」『事典　日本の多言語社会』岩波書店、36-38.
ましこ・ひでのり編（2006）『ことば／権力／差別―言語権からみた情報弱者の解放―』三元社（=ましこ・ひでのり編（2012）『[新装版] ことば／権力／差別―言語権からみた情報弱者の解放―』三元社）
松波めぐみ（2003）「「障害者問題を扱う人権啓発」再考―「個人―社会モデル」「障害者役割」を手がかりとして―」『部落解放研究』151号、45-59.
松本　了（1999）『知的障害者の人権』 明石書店
森壮也／佐々木倫子編（2017）『手話を言語と言うのなら』ひつじ書房

文部科学省（2009）『特別支援学校幼稚部教育要領・特別支援学校小学部・中学部学習指導要領・特別支援学校高等部学習指導要領』海文堂出版
渡辺実（2012）「知的障害児の文字・書きことばの指導における担当教員の意識と指導方法」『花園大学社会福祉学部研究紀要』20号、49-62.

Oliver, M.（1990）*The Politics of Disablement*, London: Macmillan publishers.（三島亜紀子／山岸倫子／山森亮／横須賀俊司訳（2006）『障害の政治―イギリス障害学の原点―』明石書店）
———（1996）*Understanding Disability; From Theory to Practice*. London: Palgrave Macmillan.

である（同: 109)。そもそも教育という場面において、ひとの価値観に直接の影響をあたえることはタブー視されることさえある。また、英語が国際的な場面における共通語であり、それを身につけることがほとんど自明視されている昨今において、本稿のような議論は受け入れられにくいかもしれない[1)]。

以上を自覚した上で、それでも言語観の育成を英語科教育が担うべきであることを論じる。これは何も、英語科教育において、英語による伝達技能を伸ばすことを全面的に否定しているわけではない。それも1つの目標であってよいと考えている。ただ、そのことによりコミュニケーションの平等が確保されることはないとも考えている。換言すると、個人の「英語力」による情報格差を埋めるには、各自の英語力の向上を目指しても解決しえないものであると考えているのである（かどや2005: 44-46)。ことばが障壁となってひとびとの情報へのアクセスをさまたげる要因となっているのであれば、それを最大限に軽減するべきである。これを古賀文子のことばを借りて、「ことばのユニバーサルデザイン」（古賀 2006）とすれば、本稿で論じる言語観教育は、ことばのユニバーサルデザインを構築ないしは、それが受けいれられる社会を構想するための1つの方策である[2)]。

それでは、次に「言語観」ということばの定義について述べておこう。わたしは言語観ということばを、「ことばをどのようにとらえるか」という視点や「ことばとはなにか」という領域として用いてきた（仲 2003, 2005, 2006a, 2006c など)。森住衛（2001）が述べるように、言語観は「抽象度が高」く、「これこれが言語観だとい

1　くわしくは後述するが、「ひとの価値観に直接の影響をあたえることはひかえている」という意識（ないしは欺瞞）によって、公教育は無自覚な「かくれたカリキュラム」を日々くりかえしている。これまでくりかえされてきたことを「無批判に墨守しさえすれば、悪意がない」と免罪される構造を、本稿では問題視している（そのため、批判の対象は、教科書の記述や現在の学校そのものなど多岐にわたる)。それゆえに、自らの言語教育実践を「政治的に透明である」と信じている（あるいはそもそもそういった意識がない）言語教育者には、「くさいものにはふた」をしたくなる気持ちをおさえて、自らの実践を問い直す契機としてもらえることを願ってやまない。

2　後述するように、「言語観」ということばで言いあらわす領域は広い。したがって、言語観教育のすべてを、本稿で論じているように英語科教育だけが担えばよいというわけではない。また、ひとの言語観に影響を与えるのはなにも教育現場だけに限られるものではない。それゆえに、言語観教育が言語観の形成にたいしてどう関係づけられ、また、その担い手は誰なのか、などといった、より包括的な議論を今後は展開していく必要があるだろう。

う項目立てもしにくい」ものである。そこで森住は、以下のような価値観を含んだ項目に対して、「Yes か No かによって言語観が浮かび上がってくる」(森住 2001: 12) としている[3)]。

・ある国や地域に行ったら、あいさつぐらいはその国や地域のことばを使う。
・国際理解の原点は互いにことばを学び合うことである。
・少数民族や先住民族のことばは滅亡しても仕方がない。
・ことばの学習は役に立たなければ意味がない。
・ことばについて考えない人は、人間について考えない人である。
・ことばの教育はスキルの習熟に専念すればよい。
・ことばの教育は人間教育に資するものでなければならない。
・英語が話せるということは「国際人」である。
・英語は大言語であり、最も便利なのでみんな英語を学ぶのは当然である。
・日本式英語を堂々と押し進めるべきである。
・Queen's English は正当で美しい。
・外国人が法廷に立つようなことがあれば、その母語使用を保障すべきである。
・日本でも英語を「第2公用語」にした方が国際通用力が増す。 (同)

先に言語観のことを「ことばをいかにとらえるか」と大雑把に述べたが、このように考えると、言語観にはさまざまな視点がはいり、あまりにも大きな概念となってしまう。しかし、本稿において分析を試みる「言語観」は、そのような広範な意味を含んではいない。本稿では、言語観を、ことばに関する知見であり、ことばに関する判断の拠り所として機能するものとする。もちろん、文法的な視点なども関

3 ここであげられている項目のほとんどは、「Yes か No か」どころではなく、あきらかなイデオロギーであり、まちがっていることが立証されている俗論である。しかしながら、わたしの知る限り、英語教育の実践においてこれらは、①当然視されているがゆえに取り上げられることさえない、②再確認／強調することで学習者が異論を抱かないようにされることが多いように思える。

連するものではあるが、主として、ことばと個人／ことばと民族／ことばと国家／ことばと社会／ことばと人権など、ことばそのものと社会的な権力やイデオロギーとの関係を念頭においた概念である。

このような認識にもとづいて、これまでに英語科教育における言語観をさまざまな観点から論じてきた（仲 2003, 2005, 2006a, 2006c など）。ただしそれらは、いわゆる英語帝国主義論や国際英語論など、上述した言語観の定義を考えにおくと、狭い領域を対象としてきたように思う。外国人住民の言語問題や識字についての議論、障害者のことばなどに対する視点についてはわずかに仲（仲 2007）や、仲／大谷（2007）で言及した程度である。つまり、わたし自身の言語観も狭かったのである。そこで、本稿ではより広い視野から言語観をとらえなおした上で、言語観教育の重要性を3つの視点から説こうと思う。3つとは、①言語教育を技術科目として、あるいは「言語＝道具」としてとらえることの限界、②言語意識教育の限界、③検定済英語科教科書の実態、からである。

1.2　なぜ英語科教育なのか

言語観教育の必要性を説く前に、ここでは、「なぜそれを英語科教育が担うべきなのか」、について論じておこう。既存の学校教育の科目の中で「ものの見方」を問い直すことは、どのような科目であっても可能である。たとえば、朝鮮民族側からみた戦後すぐの日本の「復興」は、ことなる「歴史」側面を提示することになるであろう。

しかしながら、ことばや文化に関しては、どうであろうか。2012年度から実施された『学習指導要領』の第9節「外国語」においても、それまでのそれ（平成10年度版）と同じく、「多様なものの見方」や「公正な判断力」の育成が求められている（文部科学省 2008: 98）。ことばにまつわる民族／社会／人権などの問題に対する認識、すなわち言語観を扱うには、現状では「外国語」科（事実上、英語科）が適していると思われる。

2.　「言語＝道具」教育の限界

それではまず、言語をコミュニケーションのための道具ないしは技術としてのみ捉える教育のあり方の限界について論じる。

2.1　言語は道具なのか

つぎに見るように、「英語」を習得できた者にとってそれがコミュニケーションの道具として有用であることは確かである。

> 抵抗する道具として私たちには英語が必要なのです。黒人フェミニストのベル・フックスは、標準英語を話す人だけが「正しい」と思わせる文化帝国主義に挑むために英語を所有することの必要性を説いています。当たり前と思われている慣習や文化を暴き抵抗するために、英語は私たちにとってはまだまだ有効なツールなのです。（吉原 2002: 2-3）

道具を使いこなせる者にとってそれが有利に働くことは当たり前のことである。わたしは、英語を習得できたひとにとって、それが有用な道具であることを否定するつもりはない。問題は、かどや（2005: 46）が指摘するように、英語を身につけられない／つけられなかったひとびとにとっては、英語はけっして「道具」ではないという点である。また、「英語を身につければ抵抗の道具」となる論理は、「「習得できないのだから抵抗できなくてもしかたがない／抵抗にくわわる資格がない」という、あらたな抑圧としてはたらく危険性をもつ」（同）点も問題である。そもそも、「英語を習得できれば」という仮定に対する帰結部分、「〜できる」をどのように立証できるのであろうか。いわゆる「ネイティブ」並みの英語運用能力を身につければ、そのことがそのまま「抵抗できる」ことを保証することになるのであろうか[4)]。このように「英語」を単純に「道具」として考えることで、英語を習得できるもの

4　「ネイティブ」という概念自体やそれを「目標」／「モデル」とする言語教育への根本的疑念については、Cook（1999）や大平（2001）などを参照せよ。

／できないものとのあいだに格差を産み出してしまう[5]。

しかも、英語科が学校教育の一部である限り、「英語力」は測定可能なものであることが前提となる。このように道具としての英語の「情報やスキルを自分の中にとりこんで、そのレパートリーを「蓄積」していく」学習スタイルを、里見実は「情報蓄積型の学習」と呼んでいる（里見 2005: 41)。その特徴は、次の通りである。

> 自分の考えや感じ方は棚上げにして、とにかく教えられたことを受動的に覚える、というかたちでおこなわれる「学習」は、「知る」こと（知識を得ること）と「考える」こと（考えをつくること・つくりかえること）を分断し、知識の習得をある種の預金行為におとしめてきた。 （同: 42）

これはパウロ・フレイレが言うところの「銀行型教育」（フレイレ 1979: 65-92）であり、「なによりも、人間を世界にたいして、そして教師の権威にたいして受動的にする」（里見 2005: 42）という効用がある。現状では、「英語は世界語である」というイメージが、学校教育で英語科を受講する以前に形成されている可能性が高い。「英語＝道具」として技術の習熟にのみ徹した教育により、学習者はその道具の習得を強要され、「英語は世界語である」という教師の信念を疑ってみる契機が与えられることはほとんどない。その意味で、英語を世界語として促進しているのは、英語教師なのである。

ことなる観点から「英語＝道具」論についてみておこう。

> 言語道具論は、板場（2001）によると、「アメリカの近代化の過程で構築されたサイバネティック系の理論（特にSMCR理論）と同質の土壌で言説化されたもの」（板場 2001: 190-191）であり、科学的見地からは「因果律でとらえる線形系の近代科学にならって構築された理論であり、一種の人間機械論」（同書: 191）であるという。道具は目的を達成するための手段である。もし仮に言語が道具であるとすれば、人間は言語という道具を操る機能体であると捉えていることになる。しかし、実際の人間は機械のようには機能しない。常

5　同時に、「英語を習得できなくても抵抗できる」という未知の可能性をあらかじめ排除してしまっている点でも問題であろう。

に目的をもって言語を使用するとは限らず、無意識のうちに言語を使用することも多い。このように、言語道具論はあまりにも規範主義的な理論なのである。
（仲 2002: 259-260）

上記の引用においてわたしは、言語の伝達的な役割を否定しているわけではなく、言語を単に道具の次元でのみとらえることの危うさを問うている。ところで、フレイレは先述した銀行型教育について次のようなことも述べている。

銀行型教育方法のヒューマニズムの裏には、人間をロボットに変えようとする意図が隠されている。それはまさに、より豊かな人間になるという存在論的使命の否定である。このことを知ってか知らずにか、当人は善意のつもりでも、自分のやっていることが非人間化にしか役立っていないことに気がつかない銀行型教員bank-clerk teachersが無数にいる。そして、この銀行型の方法を用いる人びとは、預金それ自体のなかに現実の矛盾が含まれているのを知ることができない。
（フレイレ 1979: 71）

板場良久は言語道具論を、「一種の人間機械論」として、他方でフレイレは銀行型教育を人間の「ロボット」化／「非人間化」として批判している点で共通している。これから、「英語＝道具」にもとづいた英語科教育を解釈すれば、学習者は教師に従順なロボットとして、道具としての英語を受動的に身につける存在ということになる。さらに、そのような英語科教師は、なんら悪気もなく、むしろ正義感（＝生徒に英語を習得させたい！）から授業をおこなっていることになる。教育的観点から見た場合の「英語＝道具」論の最大の欠陥は、このように学習者を英語に従順な機能体へと育成する点にあると言えるだろう。つまり、英語を単純に「コミュニケーションの道具」としてのみ理解するのであれば、学習者に「ことばとは何か」について考えるきっかけを提供することができなくなってしまうのである。

2.2　言語が道具であるならば

では次に、かりに言語が道具であるという場合について考えてみよう。いま、わたしの手もとにはいわゆる「100円ライター」がある。この「火を起こすための道具」は、そのやすい価格にもかかわらず、横側に「使用上の注意」がはっきりと記されている。このように、「道具」にはその有効な活用方法だけではなく、「使用上の注意」が付随している[6]。

それでは、英語を「道具」として教育するのであれば、上述のような「当たり前」はどれほど守られているだろうか。日本の戦後以降の中学校英語教科書を分析した結果、ごく少数の事例が見られるだけであった（仲 2005cf., 中村 2004など）。その中の代表的な事例である三省堂の*New Crown*が取り上げている、日本の朝鮮半島での日本語の押し付けや日本国内のアイヌ語問題の題材は、2004年に検定済み教科書で年度途中、使用中にもかかわらず差し替えを余儀なくさせられた[7]。

台所用品である包丁を例にとって考えてみよう。包丁という「道具」は野菜や魚などの食材を切るのに「便利な道具」である。しかしながら、いくらそれが「便利」であるからといっても、その鋭利なやいばから「危険な」性質を取り除くことはできない。英語がかりに「道具」なのであれば、いくらそれが国際的な場面で便

6　もちろん、「使用上の注意」が付随していない道具があることは承知している。また、ここでは「ライターがハイリスクであるのと同じように、英語（学習）もハイリスクであるのか」という疑問が生じるであろう。この点については、たとえば、大石（1990, 1997）などを参照せよ。

7　この「事件」に関する読売新聞2005年1月26日付の記事は以下の通り。

> 訂正したのは、日本の植民地時代の朝鮮半島に関する記述で、原文は「日本政府は韓国・朝鮮の人々に日本語だけを使うよう強制した」などとする内容の英文。昨年十月、複数の個人から、事実と異なるとの指摘があり、同社が専門家の協力を得て検討。文科省の承認を得て訂正することにしたという。同社は昨年十二月上旬から、教科書を採択した全国の市町村教委などに連絡。各中学校に、「韓国・朝鮮の学校の生徒は日本語を『国語』として習わなければならなかった」などの内容に変更した二ページを印刷して配布したほか、ヒアリング用CDの改訂版も送付した。この教科書は二〇〇〇年度の検定に合格し、現在、全国で三十万人の生徒が使用している。同英語教科書編集部は「使用途中で訂正を出し、大変申し訳ない。今後は、調査をしっかりして対応したい」としている。

利であったり、あるいは「抵抗するために……有効なツール」(吉原 2002) であったりしても、それが本来的に内包する危険な性質を除去することはできない。もちろん、「道具そのものが悪いのではなく、使い手あるいは使い方が悪い」という見解をときおり耳にする。しかしながら、「道具」そのものに本質的に備わっている性質を、道具以外に「のみ」求めることには無理があると言わざるをえない。それにもかかわらず、多くの英語科教科書では、英語という道具の利便性ばかりが強調されている。すなわち、「使用上の注意」が記されていない「道具」として英語が教授されているのである。このように、英語を「道具」としてとらえる立場からおこなわれる英語科教育においては、かりに「英語＝道具」だとしても、きわめて無責任な扱い方がされているのである。

あらゆる道具を上手に使いこなせるかどうかについては、必ず個人差が生じる。したがって、その個人差が「英語力」という尺度で測定されることになる。このことは2つの次元で問題を産み出すことになる。1つは、道具としての英語の利用技量の力量差が、学歴社会や人事審査などにおいて序列化のために利用されるという現実である。もう1つは、そのような現実を覆い隠すために、「英語エリート」と「英語おちこぼれ」という格差を生まないようにがんばっているという演出をくりかえす教員たちの偽善の問題である。その結果、英語科教育の目標は、もっぱら英語の習熟に傾倒することになる。

しかしながら、家庭環境（たとえば海外生活の経験の有無など）や経済的／身体的などの個別の理由により、英語という道具が、すべての学習者に平等に与えられることはない。「英語」という「道具」にたいして、おなじスタートラインにたって平等に教育を受けるわけではないのである。また、その道具の使用にたいする向き／不向きも千差万別なのである。教育は少なくともたてまえとして「平等」を求めている。可能かどうかは別として、公教育空間は、理念として「人格教育」を目指すことになっている。英語が社会的選別の道具として機能することを「努力すれば英語を身につけられる」というまやかしによって蔽い隠すことで、公教育が本来目指すものとは異なる「人格教育」が行われ得る。すなわち、努力をする／したにもかかわらず、英語を身につけられない／つけられなかった決して少なくないひとびとに、挫折感／絶望感を与えることになるという「かくれたカリキュラム」である。

2.3 「言語道具観」教育の特徴

ここまで、言語道具観について、それ自体の問題、および「言語＝道具」と仮定した場合にさえ内包される問題について論じてきた。最後に、言語道具観にもとづいた英語科教育はどのような特徴があるのかについて触れておこう。先述の板場は次のように述べている。

> 外国語教育の目標は、特にそれがコミュニカティブな言語である場合、言語運用能力の習得である。多くの言語教育学者は習得させる言語をtarget language（対象言語、目標言語）と呼ぶのはこのためである。習得される言語がtargetであれば、学習者の言語習得レベル（言語を操る能力）を客観的に知りたいと考える。そこで、学習者の言語運用機能をスキルの面から客観的に測定する必要が生じ、その結果、あらかじめ定められたさまざまな目的に応じた言語運用ができるかどうかという学習者の機能性に結びついた教育論になった。
> （板場 2001: 192）

スキルの習熟に徹した教育が銀行型教育であることについては、既に述べた通りである。その場合、学習者は現状を無批判に受け入れる機能体としてとらえられる。現在まで用いられてきた英語の教科書には、「英語ができれば〜できる」という記述が数多くみられる（仲 2005）。こうした記述を無批判に受け入れるわけにはいかないであろう。なぜなら、この論理の大半は、データに根ざした事実問題の紹介ではなく、執筆者のイデオロギーがもたらした一種の妄想[8]であるからである。これでは宗教教育と本質的には変わらないものであり、ましてやその性質を学習者／保護者にかたっていない以上、マインドコントロール／詐欺商法と同質であるとさえ

---

8 このことはTOEICやTOEFLなどをはじめとした「英語力」を測定する試験において「英語力が高い」と判定されるひとびとのうち、希望する職につけない例は決して少なくないという事実からも明らかであろう。俗的なデータではあるが、「リクナビ」によると、「語学力を活かせると思ったから」を入社理由にあげられる会社は、登録されている全16467社中、わずか70社である。

言えよう。そのことに無自覚にかかわっている教師の犯罪性は、おしてはかるべきものがあるだろう。

こうした問題に無自覚／無頓着であるならば、たとえ教科書がさまざまな言語や文化を多様な観点から提示するようになったとしても、せいぜい、単なる「知識」として学習者のうちに蓄積させる教育だけで終わってしまう危うさがある。また、言語の道具的側面を認める場合、いかにしてその道具の使用＝技術を高めるのか、に焦点がおかれた教育とならざるをえない。これでは、「英語好き」な学習者にとっては良いかもしれないが、「英語嫌い／興味がない」学習者は疎外感を覚えるだけになるだろう。

3. 言語意識教育の限界

言語に対する見方（＝言語観）を多様にするための試みとして、言語意識教育がある。本節では、言語意識教育についておおまかに確認したうえで、その限界について述べることをもって、言語観教育が必要とされる第2の理由としたい。

3.1 言語意識教育と言語学習

アジア地域における英語の多様性を視野に入れ、言語意識教育の必要性を説く三宅ひろ子（2003）によると、言語意識教育と言語学習との違いを端的に述べれば、前者がことばに対する気づきに重点をおいて教育するのに対し、後者は目標言語に関する正確な知識（たとえば、標準とされるアクセントや発音、文法、綴りなど）を習得することである。ことばを使いこなす能力を高めることを否定しているわけではなく、ことばについての学習者の意識を高めることにも焦点をおいているのである（Doughty et al. 1971: 8-9）。言語を単なる道具としてではなく、言語そのものへの認識を教授しようとする点で、前節の言語道具観にもとづいた教育よりも、学習者に考える力を育成しようとしているといえよう。

この言語意識教育は、はやくも1960年代にはイギリスにおいて実践されはじめた。 日本においても、たとえば前出の三宅や、太田智加子（2004）などがその重要性を主張している。

3.2　批判的言語意識教育と言語観教育

そもそも「言語意識」にはさまざまな定義がある。本稿は言語意識そのものを詳細に検討する性質ではないため、ここでは三宅があげているさまざまな論者の定義のうちいくつかを提示しておくにとどめる。

> 「言語意識とは、人間がことばの本質や生活上での役割に対して敏感になること、意識することである」 (Donmall 1985: 7)
> 「言語意識はことばの仕組みと働きを理解することである」 (Honna 2001)
> 「言語意識は、思考、学習、社会生活における人間の言語能力とその役割を理解することである。それは、言語による権力や支配力について知ったり、言語と文化の複雑な関係を知ることも含まれる」 (Lier 1995: xi)
> (いずれも三宅 2003: 48 からの引用。訳は三宅)

すぐに気づくように、言語意識という概念には、批判的な視点はない。ことばについてのさまざまな知識に「気づく／知る」ことを目標にすえているのが言語意識教育といえるだろう。もちろん、ことばに対する意識が高まることで、批判的な視点を獲得することも期待できるが、それはこれらの定義からは明確であるとはいいがたい。だとすれば、学習者が「知らなかった」ことばについての知識を「気づく」ことがあったとしても、それを既成の事実として受けいれるだけに陥ってしまう危うさがある。場合によっては、既成の価値観を抱いていなかった学習者にたいしては生産し、既に抱いていた学習者にたいしては再生産をうながすだけになってしまいかねない。

言語意識教育の英語教育への応用を主張する太田は、次のようなテーマを自らの教育実践において取り組んできたそうである。

- 世界の6,000以上の言語の中でなぜ英語が国際言語になったのか？
- 英語はどこから来てどのように変化したか？

・英語には借用語が多いがなぜか？
・英語は他の言語より価値が高いか？
・英語には他の言語に比べて国際言語になる資質が備わっているのだろうか？
・世界にはいくつの英語の種が話されているか？
・それらの似ている点と相違点は？
・英語はどのような場面で機能しているか？　（太田 2004: 38-39）

上記の実践では、いずれも「英語」やいわゆる「民族言語」ばかりが取り上げられている。英語教育という枠内で言語意識教育を導入するので、しかたのないことではあるが、最終的には点字や手話といった問題についても学習者が考えられるような繋がりを持ちたい。

上の各項目はいずれも、場合によっては既成の価値観を再生産することになりかねないように思える。たとえば、1つ目であるが、「そもそもことばは数えられるのか？」という視点はない。数多くの研究者がくりかえし指摘してきたように、言語を数えられる統一体としてとらえ、それらが複数並んでいる状態を多言語状況と見るのであれば、その根底にある政治的意義はごっそりと抜け落ちてしまうのである[9)]。また、「英語」という総体を実体視することが前提となっている。「英語」を統一体としてとらえることは一面的な言語の見方であり、実はさまざまな見方があるのである（仲 2006b）。さらに、「国際言語」とは何か、という視点もない。「国際言語」ということば自体は自明のものなのであろうか。2つ目にしても、「英語」という総体を実体視することが前提となっているために、「どこから来て」「どのように変化したか」というテーマ設定を可能としている。このように、上記のテーマ設定はいずれも、批判的な視点を欠いているように思える。そのため、場合によっては、1つ目のテーマで「英語が国際言語」という「正当な」理由を「気づいた」学習者は、それ以降のテーマについても、社会言語的事実の一面的な気づきしか得られない可能性があるだろう。

たとえば、「英語なんて、ふだんの生活では使わないから、必要ない」と考えて

9　たとえば、田中（1981）や酒井（1997）などを参照せよ。

いた学習者がいたとしよう。その学習者が、英語の世界的普及という「事実」に「気づき」、そして、多様な英語の存在を知ったとしよう。言語意識教育では、その学習者が「世界中で英語は使われているから、ふだんの生活で使うようになるかもしれない。しかもそれは英米のものでなくてもいい。日本人らしい英語でいいから自信を持って英語を使おう」ということになるのだろうか。

実際、太田が授業後に「世界中で同じ種の英語が話されるべきかどうか？ ——その理由（Should the same kind of English be spoken all over the world? − Why or why not?)」というレポートを課せば、「例年、Yes派とNo派の比率はおおむね2：8程度」(同: 39）であるという。「No派」の記述にあった「多様な英語の存在は相互理解を難しくする。しかし最も大切なのは、互いを理解しよう、歩み寄ろうとする態度であると思う。この態度は言語の問題だけでなくあらゆる人間関係について言えることである」という意見にたいし、太田は「ある程度の教育効果は着実に上がっていると思われる」(同）と述べている。ここで言われている「ある程度」がどの程度を意味しているのかは分からないが、レポートの課題設定自体が、肯定／否定を問わず、英語の世界的普及に寄与する危うさを含んでいるように思える。つまり、「否（No 派)」とこたえた学習者が太田の言うところの「教育効果」なのかもしれないが、英語がいかに多様な姿であったとしても、それが「英語」である限り、じっさいには、「どんな英語でもいいから、国際言語としての英語を身につけよう」という言語意識の獲得が、「教育効果」なのではないか、とさえ思えてしまうのである。「互いを理解しよう、歩み寄ろうとする態度」は「あらゆる人間関係について言える」かもしれないが、「その媒体がなぜ英語なのか」という視点がなければ、「言語」意識教育としての教育効果には疑問が残る。もちろん、「英語には他の言語に比べて国際言語になる資質が備わっているのだろうか？」という課題設定もなされているので、学習者に「英語だけが国際言語ではない」という言語観を産み出す可能性はないわけではない。しかしながら、ここであげられている各課題は、それぞれ学習者の中で関連されて記憶されるはずである。そうであるならば、「英語が国際言語である」ことの「正当な理由」に「気づく」ことになりかねない。

このように、言語意識教育では、批判的な視点を欠いているために、表面的にはことばへの意識は高まるかもしれないが、じっさいには、既成の事実をせいぜい「より多く」知るにとどまってしまう。そこで、Fairclough（1992）やClark（1992）

らが「批判的」な姿勢を全面に押し出した、批判的言語意識という概念を主張しているのである。

> A crucial aspect of CLA is to empower students by providing them with the opportunities to discover and critically examine the conventions of the academic discourse community and to enable them to emancipate themselves by developing alternatives to the dominant conventions.
> （大意：批判的言語意識（CLA: Critical Language Awareness）の重要な一面として、生徒に学術的なディスコース・コミュニティの慣習に気づき、それらを批判的に検討する機会を与えることでエンパワーし、そして、支配的な慣習への代案を発展させることによって生徒たちが自由となることを可能にするというものがある）
> （Clark 1992: 137　大意＝仲）

本稿で主張している言語観教育も、基本的にはこの批判的言語意識にもとづいた教育を意味する。ただし、おそらく「批判的言語意識」教育という表現の方が用語として受け入れられているように思える。また、たとえば、森住（2004: 71）のように、批判的言語意識とおなじ意味で言語観ということばを用いることも考えられる。しかしながら、これは筆者のことばの用い方に対する感覚の問題なのかもしれないが（それもまた、言語観）、「意識」であれば無意識的な行動／言動に対して、場合によっては影響を持ち得ないように感じる。それに対し、言語「観」は価値観や態度の問題にまでかかわると思え、その意味で無意識的な行動／言動への影響力もあると考える。したがって、言語観ということばを用いている[10)]。

10　ここまで言語観教育とややたいそうな表現で論じてきたが、わたしにとっては何も特別なことではない。「なぜ、教科書の登場人物は、どの国の人も英語なんだろう？」や「なぜ、教科書の登場人物はみんな英語を流暢に話すんだろう？ ありえない！」という、きわめて素朴な疑問（＝言語観）を大切にする、というのが根本にある。もちろん、中学校に入るまでに社会化されてきた学習者たちは、すでに「教育された」価値観を身につけていることが多い。よって、このような素朴な疑問を含み、実際には疑問さえ持てない者も少なくはない。それをふまえた上で、「英語科教育には何ができるか？」が本稿の動機でもある。もちろん、扱う対象言語がピジン・クレオールやエスペラントのようなものではなく「英語」である限り、所詮はメタ言語であることによる限界も自覚しておきたい。

この言語観教育（≒批判的言語意識教育）では、先に言語意識教育についてあげた学習者の例で言えば、たとえば次のような意見が出れば「教育効果」があったとみなすことになるだろう。

- そもそも「言語」は数えられるのだろうか？
- 言語を数えられると考えた場合、研究者によってその数がまちまちなのはなぜか？
- 国際語と似たことばで国際補助言語、国際共通語、世界語などがあるが、その違いはあるのだろうか？ あるとすれば、どう違うのか？
- 国際語の定義がどうあれ、英語以外にはありえないのだろうか？ そもそもいわゆる言語だけがコミュニケーションの手段なのだろうか？
- 「英語」という表現で良いのだろうか？
- ある特定の自然言語が世界で圧倒的に支配的な地位にあってよいのか？
- 英語の母語話者と英語でコミュニケーションして互いに意思の疎通ができなかった場合に、英語の非母語話者であるこちら側ではなくて、英語でしか会話できない相手に問題があるのではないだろうか？

4. 検定済み中学校英語教科書の閉ざされた価値観

本稿はここまで、言語観教育の必要性を説くために、①言語道具観にもとづいた言語教育の問題点と、②現状を問い直す視点を欠いた言語意識教育の問題点について述べてきた。次に本節では、これら2つの言語教育のあり方では、実際に用いられている教科書をじゅうぶんに活用できない点について述べる。

4.1 教科書で扱われる対象の多様化とその視点の偏狭さ

昨今の中学校英語教科書では、かつてのように英米文化を知るための題材ばかりではなく、英語圏以外の言語文化が取り扱われている。言語そのものの多様性や、英語の多様性が中学校の英語科教育において教授することが可能となっているのである。

扱われる題材は、せまい意味での「言語」に限定されているわけではない。例えば、環境問題（*Sunshine* 2年生用第9課、*New Crown* 1年生用第4課、および2年生用第5課、第7課、*Total English* 2年生用第5課など）や、人権問題（*New Crown* 3年生用第6課、*Total English* 3年生用第5課）をはじめ、盲導犬の役割について題材にする *One World* 2年生用第1課、点字の重要性を説く *New Horizon* 3年生用第1課、*Total English* 1年生用第7課のように、障害（者）について取り上げている教科書もある。

前節で取り上げた言語意識教育であれば、これらの題材をどのように取り上げるのであろうか。たとえば、点字を扱った題材については、「コミュニケーションには日本語や英語をはじめとした言語だけではなく、点字などさまざまな媒体がある」ことを学習者が気づけば教育効果があったとみなすのであろうか。すでに述べたように、言語意識教育では、ことばについての気づきを喚起することが主たる目的であるので、教科書の本文には記述されていないことに「気づく」だけでよし、ということになるであろう。しかしながら、やはりそこには批判的な視点はない。

先述のように、「多様なものの見方」を教授すべき科目として英語科教育があるのであれば、題材の多様化は一見すると望ましい傾向であると言えるだろう。扱われる対象の多様化は今後もより拡大されていくことが期待されるが、問題はそれらの扱われ方にあるのではないだろうか。つまり、ここでも現状に「気づく」だけでは不十分であり、現状を問い直すという批判的な視点が必要になると考える。

以下は、ことばについて直接に取り上げたものではないが、英語教科書を分析した結果、教科書での障害者の扱いについて明らかとなった特徴である。

> 例えば、開隆堂 *Sunshine* の2年生用（pp.54-58）は、全盲の男性が社会科教師になり、パラリンピックで金メダルを獲得したことを取り上げている。この課の最後は生徒によるディスカッションという形式になっており、障害者が努力する姿を礼賛する文章で終わっている。同様に、「障害」を持つ人々の努力する姿、障害を克服し何かを達成する姿を描いた例は、教育出版の *One World* の3年生用第6課がある。
>
> 　ここで問題にしたいのは、障害者の取り上げ方と、その中に隠された教訓

めいた「道徳」的メッセージである。(略)

……念のために断っておくが、筆者は何も障害を乗り越えようとする人々の努力を否定しているのではない。障害を克服する個人の努力を過度に期待し、偉大な業績の達成を過度に賞賛することは、社会的な差別構造を隠蔽し「障害は個人の努力で克服できるものであるし、またそうすべきものである」といった強者の論理につながりかねない危うさを問題視しているのである。

(仲/大谷 2007: 137-138)

さらに、英語教科書の題材となっている環境問題や人権問題と、上記の障害者の取り上げ方に共通して言えるのは、「それらに潜む社会問題を隠蔽し個人の問題に還元するように描かれている」(同: 140) 点である。広い意味での社会問題全般を扱う現在の中学校英語教科書は、「既存の社会構造を無批判に受け入れ、その枠内で努力して何かを表現したり達成したりすることを強い」(同) る特徴がある。

このような特徴を考慮に入れて、点字を扱っている教科書の事例を見ておこう。東京書籍の*New Horizon*は中学校の英語教科書としてはもっともよく用いられているものの1つである。少し長くなるが、3年生用の第1課の全文をあげておこう。

Can you read this?

(ここに、点字で“YES”と表記されている)

Braille is used by many people. It is written in many places. Learning braille is easy. Volunteers are needed. Why don't you join us?

(大意:点字は大勢のひとびとに用いられており、また、さまざまな場所に書かれている。点字を学習することは簡単である。ボランティアが必要です。参加しませんか。)

(*New Horizon* 3年生用: 4)

Mike: When was braille invented?

Emi: In 1829. It was invented by a Frenchman, Louis Braille.

Mike: So it's called braille.

Emi: That's right.

(マイク:点字はいつ発明されたの?

エミ：1829年です。それを発明したのは、フランス人のルイ・ブライユです。
マイク：だから点字はブレイル[11]って言うのかぁ。
エミ：：その通りよ。）　(同: 5)

Braille was introduced to Japan during the Meiji era. Years later a new system was made for *kana*. The braille for kana uses six dots like the original (see Figure 1), but it is a little different. The braille in Figure 2 says *ku*, for example. Can you write *se*?
（点字が日本に導入されたのは明治時代です。数年後、新たなシステムがかな文字のために作られました。かな文字用の点字はもともとの点字と同じく、6つの点からなりたっているが（図1を参照)、少し異なります。たとえば、図2の点字は「く」を意味します。「せ」を点字で書けますか？）　(同: 6)

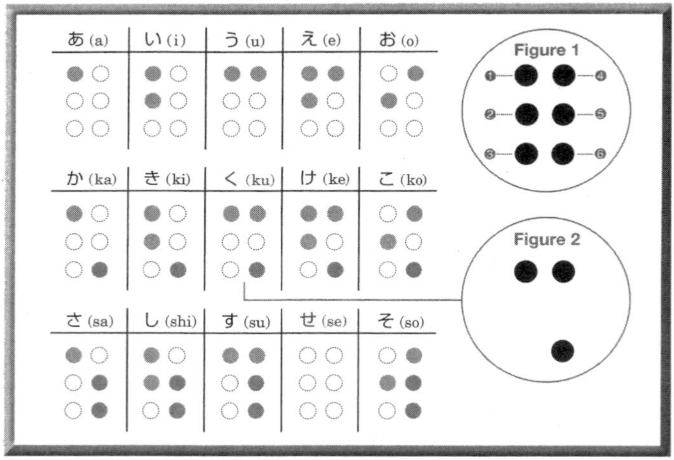

(*New Horizon* 3年生用: 6)

Braille is very small. It makes reading difficult. I'll pass around an example. Feel it with your fingers. I work with a volunteer group. We're using computers

11　"Braille" は、もともとはルイ・ブライユという固有名詞であったが、ブライユの発明した点字は世界のさまざまな地域・国で用いられるようになり、普通名詞化した。英語読みでは「ブレイル」が一般的である。

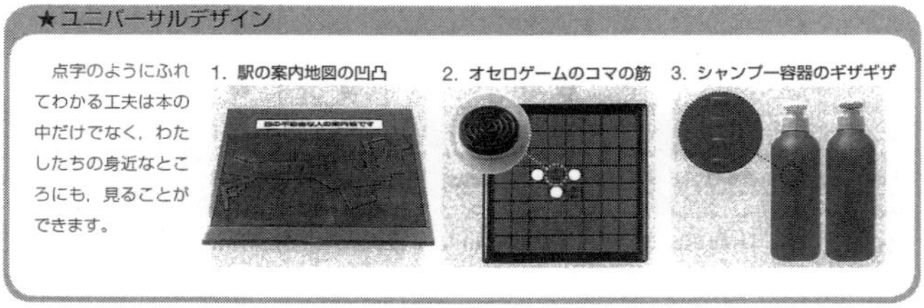

（*New Horizon* 3年生用：8）

to put text into braille. Sometimes we get letters from people. The letters make us happy. Our meetings are held every Saturday. If you're interested, why don't you join us?

（点字は非常にちいさいため、読むのが難しい。実例を1つ回しますね。指で触れてみて感じてください。ボランティア団体と一緒に働いているのですが、わたしたちはコンピュータを使ってテキストを点字にしています。ときおり、お便りをもらうことがあります。手紙をもらうとうれしいものです。会合は毎週土曜日に開かれます。もし興味をおもちなら、参加してみませんか？）　(同: 7)

中学校の英語では語彙数や文法項目が極端に制限されている。そのような状況において、上記のように点字についての歴史や実例、問題点などが取り上げられている。「英語」科である以上、扱う内容は英語に関連している必要があると思われるが、現実として教科書の中では点字が取りあげられている[12)]。同教科書のつづく8ページ目では、ユニバーサルデザインが写真入りで取り上げられている。上の写真は、駅の案内地図の凹凸、オセロゲームのコマの筋、シャンプー容器のギザギザである。さらに、「点字のようにふれてわかる工夫は本の中だけでなく、わたしたちの身近

12　点字を扱うことは、英語科以外の教科目においても可能である。たとえば、国語科はもちろん、総合的学習などにおいて、数学・情報などの科目を軸にした「記号学への招待」といった授業づくりも可能である。したがって、英語教材の中に点字をおりこむ必然性はない。しかしながら、実際に用いられている教科書には題材として用いられている。教える側の言語観によっては、「英語一辺倒」に加担していない／多言語・多文化教育の一環であるというアリバイ工作となってしまうであろう。そのためわたしは、将来の英語教師（究極的には、なにも「英語」教師にかぎらないが）にとって、言語観教育が必要であると考えるが、その点については別稿にゆだねる（仲 2012）。

なところにも、見ることができます」(同書) という補足説明もある。

英語をコミュニケーションの道具としてのみとらえる言語道具観では、英語以外のコミュニケーション手段についてはみえにくくなる可能性があった。そうであるならば、上記のような記述は、単なる知識としてのみ蓄積され、「点字」というものと「ユニバーサルデザイン」とが何らかのつながりを持つという認識にはいたらず、個別の知識として蓄えられるだけに終わってしまいかねない。

言語意識教育では、ことばについて何かしら「気づく」ことが目指されてきた。だとすれば、上記の例からは、コミュニケーション手段の多様性については「気づき」がうまれるかもしれない。しかしながら、ことばそのものが障壁となりえるという状況を認識し、さらにそれを批判的に考え直すことは期待できないであろう。

4.2 現実への対応として求められる言語観教育

以上のように、実際に用いられている中学校英語教科書には、それぞれの執筆者の意図はともかく、英語以外のさまざまな言語／ことば／記号が題材とされている。もちろん、教科書を用いる教師の言語観によっては、現行の教科書を用いてさえ、学習者がコミュニケーションのあり方を問い直すようにうながすことが可能であろう。しかしながら、少なくともわたしのこれまでの大学教育での実践では、そのような観点を中学校や高校時代に「聞いたり考えたりしたこともない」という学生がほとんどである[13]。

学習者がすでに持っている知識は、ソクラテス的弁証法で内在的に「無知の知」を自覚していくための不可欠の素材である。その知識を無批判に受け入れるだけの教育では、現実に変革をおよぼすことはさして期待できない。今あるものがすべてではなく、それを批判的に検討し、異なる未来社会を構想する力がなければ、こと

13 そのような観点から、わたしは大学での英語教育関連の授業において、幅広い言語観を持つ教員育成を目指し、実践してきた。学生たちがすでに持っている言語観をゆさぶり、自らの言語観を問い直すことを促すだけではなく、それを授業実演という形式において、反映するよう指導している。もちろんすべての学生がこちらの期待するような授業を展開できるわけではないが、中にはこちらも再考をうながされるほどの授業実演をするものも少なくない。この点についても、別稿で論じることにする（仲 2012）

ばにかかわる不平等は変革されえないのではないだろうか[14)]。

5. おわりに：「ことばのユニバーサルデザイン」への架け橋としての言語観教育

ここまで、言語観教育の必要性について、3つの異なる角度から論じてきた。もちろん、言語観という概念あるいはその対象とする領域そのものがきわめて広範であるために、その必要性についてじゅうぶんに論じきれたとは言いがたい。その点については今後の課題として、本稿の最後に、言語観教育が「ことばのユニバーサルデザイン」を構想していく際に、1つの重要なファクターとなることについて述べて論を閉じることにしたい。

5.1 ことばのユニバーサルデザイン

古賀文子（2006）は、「同一言語話者・異言語話者との問題の共有」という広い観点から、「言語的な平等を求める」「ことばのユニバーサルデザイン」（古賀 2006: 9）を提唱している。それは、「「仕方のない」権力性や暴力性として目を向けられてこなかったマイノリティの主張や表現の問題全般に、異議申し立ての機会を開くことにつなが」り、その射程範囲は「外国人住居者、高齢者・認知症などの「当事者」」もはいる（同: 14）。

この「ことばのユニバーサルデザイン」を今後、構想していくためには、①その構想を受け入れる側の価値観、②つねに改善しつづけようとする視点、が必要になると考える。①は、ことばのユニバーサルデザインという構想がいかに理想的なものであったとしても、そういったものに価値を見出さないものにとっては、他人事として終わってしまいかねないからである。②については、社会に参画するひとびとが、「ことばのユニバーサルデザイン」で解決しえない問題に気づき、さらなる

14　その意味で、言語観教育はフレイレの課題提議教育と認識を共有している。すなわち、学習者が「現実」を受動的に受け入れるのではなく、主体的／批判的に問い直し、変革へと導く点である。

変革へとつなげるためである。

これら2つの価値観や視点が、本稿で述べてきた言語観である。現状では、あらゆるひとびとが「ことばのユニバーサルデザイン」という構想にもとづいて行動できるかどうかは疑わしい。積極的に賛同し、行動するひとを作り出すことは困難であるかもしれないが、少なくとも、そのような構想を他人事としてかたづけたり、あるいは台無しにしたりするような言語観を身につけないようにする必要がある。それを言語観教育が担うのである。言語観教育は、現状からことばのユニバーサルデザイン構築につなげる、いわば架け橋のような役割を果たすことが期待できると考える。

5.2 英語科教育における言語観教育の射程範囲

わたしたちは日々、ことば／記号を用いてひとびとと分かり合ったり、時には傷つき／傷つけ、冗談を言ったり、笑ったり、泣いたりなど、心の中身／思いをことば／記号にのせて、相互作用の中で生きている。それは、かならずしも意図的なものばかりというわけではない。たとえば、思いもかけないひとことが、他者を勇気づけたり、あるいは傷つけたり、幸せな気持ちにさせたりすることがある。人間を機能体とみなし、言語を道具としてのみとらえる教育観では不十分であると言わざるを得ない。ここで言うことば／記号とは、必ずしも日本語や英語だけではない。それは、どの国／民族の言語であってもかまわないし、エスペラントのような計画言語であってもかまわない。もちろん、点字や手話なども含まれる。さらに、これらはいずれも、その使用者すべてが「完全に正しく」用いているわけではないことも忘れてはならない。

このように考えると、既存の学校教育の科目の中で、もっぱら異言語／異文化をあつかうことのできる英語科教育がになうべき範囲は広い。しかも実際の教科書にも、英語圏以外の国や地域が取り扱われているだけではなく、点字などさまざまな記号が題材となっているのである。

「世界にはさまざまな英語がある」、「国際語として計画言語がある」、「点字には日本式のものもある」――。これらに「気づく」ことも大切である。しかしながら、そこで終わるのではなく、「本当にそれが望ましい姿なのか」という問いかけが必要である。すなわち、コミュニケーションに参与するひとびとにとって、そこで用いられることば／記号が、可能なかぎり平等なものであるのかどうか、自問できる態度の育成である。英語の多様性を擁護する国際英語論者は、英米の英語一辺倒という状況に気づいただけではなく、その価値観に挑んだからこそ現在の議論があるはずである。エスペラントにしても、特定の民族言語が支配的な地位を獲得するという現状に異議をとなえたからこそ生まれた。現状への「気づき」を喚起するだけで終わるのではなく、「まだある可能性」をより多くのひとびとに開かれたものとして構想していくために、言語観教育が必要となるのではないだろうか。

[追記]

本稿は『社会言語学』第8号掲載論文を改稿したものである。

[参考文献]

あべ・やすし（2004）「漢字という権威」『社会言語学』第4号（「社会言語学」刊行会）、pp.43-56
板場良久（2001）「言語運用論」石井敏・久米照元・遠山淳（編著）『異文化コミュニケーションの理論　新しいパラダイムを求めて』有斐閣ブックス、pp.189-200
上農正剛（2008）「学校教育が聴覚障害児にもたらすもの（一）」『月刊 言語』第37巻第6号（大修館書店）、pp.12-17
大石俊一（1990）『「英語」イデオロギーを問う：西欧精神との格 闘』開文社出版
―――（1997）『英語帝国主義論：英語支配をどうするのか』近代文芸社
太田智加子（2004）「英語教育における言語的な「気づき」への試み：言語意識教育の面から」『社会言語学』第4号（「社会言語学」刊行会）、pp.29-41
大平未央子（2001）「ネイティブスピーカー再考」野呂香代子／山下仁（編著）『「正しさ」への問い：批判的社会言語学の試み』三元社、pp.85-110
かどや・ひでのり（2005）「言語権のひとつの帰結としての計画言語」『社会言語学』第5号（「社会言語学」刊行会）、pp.35-51
古賀文子（2006）「「ことばのユニバーサルデザイン」序説：知的障害児・者をとりまく言語的諸問題の様相から」『社会言語学』第6号（「社会言語学」刊行会）、pp.1-17
酒井直樹（1997）「多言語主義と多数性－同時的な共同性をめざして－」三浦信孝（編）『多言語主義とは何か』藤原書店、pp.228-245
里見実（2005）『学校でこそできることとは、なんだろうか』太郎次郎社エディタス
田中克彦（1981）『ことばと国家』岩波書店
仲潔（2002）「英語教育は英語帝国主義にどう対処するか」森住衛監修・言語文化教育研究論

集編集委員会（編）『言語文化教育学の可能性を求めて』三省堂、pp.246-263
――（2003）「教科書における English・英語と言説―中学校英語教科書の分析を通して―」『異言語教育の今日的課題』（大阪大学大学院言語文化研究科）pp.57-67
――（2005）『英語教育における言語観：期待される「英語学習者像」』大阪大学大学院博士学位論文
――（2006a）「〈生きた英語〉と分裂的言語観―『学習指導要領』に見る母語話者至上主義と英語の多様性―」『社会言語学』第6号（「社会言語学」刊行会）、pp.19-43
――（2006b）「英語論の構図：英語帝国主義論と国際英語論の包括的理解のために」『言語政策』第2号、pp.1-20
――（2006c）「中学校英語教科書の言語地図に見る言語観」『言語文化学』第15号（大阪大学言語文化学会）、pp.79-92
――（2007）「現実を覆い隠す〈共生〉概念：北九州市の外国籍市民に対する言語教育サービスに見る言語観」『社会言語学』第7号（「社会言語学」刊行会）、pp.21-42
――（2012）「言語文化観を育成する「英語科教育法」の実践：言語文化観のゆさぶり」森住衛（監修）・関西言語文化教育研究会研究論集編集委員会（編）『言語文化教育学の実践：言語文化観をいかに育むか』金星堂、pp.47-67
仲潔／大谷晋也（2007）「中学校英語教科書に見られる価値観：「夢の実現」を迫られる学習者たち」「言語と文化の展望」刊行会（編）『言語と文化の展望』英宝社、pp.129-143
中村敬（1993）『外国語教育とイデオロギー：反＝英語教育論』近代文藝社
―――（2004）『なぜ、「英語」が問題なのか？ ―英語の政治・社会論―』三元社
フレイレ、パウロ（1979）『被抑圧者の教育学』亜紀書房
ましこ・ひでのり（2002＝2014）『ことばの政治社会学』三元社
三宅ひろ子（2003）「アジアの「新英語」からみた言語意識教育の必要性：日本人大学生を対象にしたフィリピン英語メタファー表現の理解度調査から」『アジア英語研究』第5号、pp.45-64
森住衛（2001）「英語教育の根本を考える―時代を乗り越える不変なものは何か―」横川博一（編）『現代英語教育の言語文化学的諸相』三省堂、pp.2-15
―――（2004）「外国語教育は英語だけでいいのか：多様な言語意識を可能にするために」日本エスペラント学会第3回公開シンポジウム『あえて英語偏重を問う』、pp.23-76
文部科学省（2008）『中学校学習指導要領』文部科学省
吉原令子（2002）『やさしい英語でフェミニズム』フェミックス

Clark, Romy（1992）“Principles and Practice of CLA in the classroom”, In N. Fairclough(Ed.), *Critical Language Awareness, London*: Longman, pp.117-140.
Cook, Vivian（1999）“Going Beyond the Native Speaker in Language Teaching”, *TESOL QUATERLY*. Vol.33. No.2. Summer, pp.185-209.
Donmall, B.G. (ed.)（1985）*Language Awareness*. London: Centre for Information on Language Teaching and Reserch.
Doughty, P., J. Pearce and G. Thornton (eds.)（1971）*Language in Use*. London: Edward Arnold.
Fairclough, Norman（1992）“Introduction”, In N. Fairclough(Ed.), *Critical Language Awareness*, London: Longman, pp.1-29.

Honna, Nobuyuki（2001）“English as a Multicultural Language and Intercultural Literacy”, A Keynote Speech at the University of Brunei International Conference: On Language Teaching and Learning in a Multilingual Society(September 24-26).

Lier, Leo Van（1995）*Introducing Language Awareness*. London: Penguin.

Naka, Kiyoshi（2007）“Values Represented in the Current English Textbooks: The Expected Images of English Learners”『アジア英語研究』日本「アジア英語」学会、pp.57-77.

Okawa, Gail Y.（2003）“‘Resurfacing Roots’: Developing a Pedagogy of Language Awareness from Two Views”, In Geneva Smitherman and Victor Villanueva (ed.) *Language Diversity in the Classroom*, Southern Illinois University Press, pp.109-133.

第5章

〈コミュニケーション能力の育成〉の前提を問う

──強いられる〈積極性／自発性〉

仲　潔

1. はじめに

日本の英語科教育において、「コミュニケーション能力の育成」が提唱されてから久しい[1)]。とはいえ､公教育を受けたすべての学習者の英語によるコミュニケーション能力が向上したかといえば、そうではないことは自明であろう。そこで、「どのようにすれば、より効果的／効率的にコミュニケーション能力を育成できるか」という議論が活発に行われてきた。それ自体はけっこうなことである。

しかし、おそらく万能な教授法／指導法はないだろう（仲 2010）。そうであれば、「コミュニケーション能力の育成」という教育目標が達成され、学習者たちがそれを駆使する状況だけを考えるわけにはいかない。さまざまな教授法／指導法によってさえ、コミュニケーション能力が育成されない学習者についても念頭において議論しなければならないはずである。つまり、「コミュニケーション能力」が身につかなかった場合に、コミュニケーション能力の育成という教育目標が、学習者のうちに「どのような影響／効果を及ぼし得るのか」について考察する必要性である。本稿での議論により、今後「コミュニケーション能力の育成」を考える上で、新たな知見を与えられると考える。

そこで本稿では、2012年度より施行されているカリキュラムのもと、どのような「コミュニケーション能力観」が提示されているのかを分析し、その問題点を指

1　本稿での議論は、主として義務教育における異言語教育（中学校における英語科教育および小学校における外国語活動）を念頭においている。

摘する。とりわけ、本稿でわたしが注意を喚起したいのは以下の点である。すなわち、現状の「コミュニケーション能力の育成」という教育目標は、学習者の選別装置として機能する。学習者によっては、コミュニケーション能力を育成する（と信じられている）コミュニケーション活動／言語活動を通じて、違和感を抱いたり居心地の悪さを感じたりする。その結果、コミュニケーション能力が高まらないばかりか、かえってコミュニケーションを拒否するという事態を招くことになる。

実はこれは、わたしが小学校外国語活動や中学校英語科教育の現場を見てきた率直な感想でもある。もちろん、すべての授業に対して抱くものではない。しかしながら、教師たちが「目先の授業の成立」を意識しすぎている印象はぬぐえない。

例えば、小学校の外国語活動にせよ、中学校の英語科教育にせよ、よく取り組まれるコミュニケーション活動／言語活動として、「道を案内する」とか「買い物をする」というものがある。児童や生徒の大半は、「笑顔」で「楽しそう」に、そして「積極的に」コミュニケーション活動／言語活動に参加している。ところが決まって数人は、まるで「蚊帳の外」にいるかのように、笑顔もなければほとんど発話もせずに、周りに合わせて動き回っているだけなのである。さらに「笑顔で楽しそう」な児童／生徒をよく観察してみると、授業を通じて伝えようとする教育内容によってではなく、単に「悪ふざけ」しているだけの者もいるのだ。ところが、「笑顔で楽しそう」にコミュニケーション活動／言語活動[2]に参加できた児童／生徒は、授業の最後の「振り返り」において褒め称えられる。「笑顔で楽しそう」に参加できない学習者は排除されるだけではなく、それができる学習者が賞賛されることにより、ますます自己否定へと陥ってしまう様子がうかがえるのである[3]。

2　英語科教育では、言語活動がコミュニケーション活動と同義的に扱われることが多い。それ自体が、「ことばはコミュニケーションの手段」という言語観のあらわれと言えよう。例えば、米山朝二によれば、コミュニケーション活動とは、「CLT（Communicative Language Teaching）を特徴づける言語活動。実際的な目的を持ったコミュニケーションを英語で行なうことで、英語を使用する経験を積み、英語の運用能力の習得をめざす活動」（米山 2011: 53）である。

3　もちろん、「ほめる」ことをクローズアップすることで、コミュニケーションに積極的になれない学習者のなかには、「わたしもそうすればいいのだ」と気づく者もいる。しかし、そういった学習者ばかりではない。個人の英語に関する経験（保護者の都合による英語圏での生活経験や英会話学校での学習経験など）によっては、ここで例示した類いのコミュニケーション活動／言語活動は、「つまらない」と思う者もいこのような学習者にとっては、コミュニケーションへの「積極的な態度」を求めることが、「積極性」を育成するどころか、むしろそれを奪ってしまい、結果として「笑顔で楽しそう」に振る舞うことさえできなくさせているようである。このように思えてしまうのは、おそらく「目の前の児童／生徒の目がキラキラしている」といった類いの、教師たちの無邪気な（あまりにナイーヴな）発言を、わたしは繰り返し聞いてきたからであろう。教師自らの言語観や各授業におけるコミュニケーション活動／言語活動が、学習者たちにどのような意味を持つのか、あるいは、その教育活動が描く未来社会は何なのか、について不透明なまま教育を実践しているものが少なくないのである。

次節ではまず、現代の教育において「コミュニケーション能力の育成」がいかに重視されているのかを確認する。コミュニケーションに偏重した現代の教育には、さまざまな問題点[4)]が考えられるが、本稿では次の2点に絞って議論を展開する。2点とは、1）「コミュニケーション能力」観の偏狭さ、2）学習者に求められる「コミュニケーションへの積極性・自発性」である。これらをそれぞれ、第3節、4節で論じる。終節では、コミュニケーション能力が育成されない学習者たちを念頭においた上で、今後、コミュニケーション活動／言語活動を考案していく際の留意点

るだろう。また、個人の嗜好（本を読んだりする方が好きなど）や性格（じっくりと考えてから言動にうつるなど）によって、しらけてしまう者もいるだろう。他にも、個人のおかれた環境から、積極的に人と交わることをためらう者にとっては、「笑顔で楽しそう」に話しかけられることは、ある種の苦痛を生み出すことになる。つまり、あらゆる学習者が「笑顔で楽しく」参加できるコミュニケーション活動／言語活動というものは存在しない。まずはこのことへの自覚が必要である。その上で、多様な授業形態をバランスよく配置することで、さまざまな個性をもった学習者たちが参加できるように工夫するべきである（本稿第5節も参照のこと）。

4　例えば、「日本人らしさ」の確立を前提とした教育観である。多様な言語文化的背景を持った学習者が教室内で共存することを想定する場合、このような教育観は同化を強いることにつながる。同時に、言語教育においては母語話者至上主義のために「日本人とは、違う」という排除の方向にも働き得る（牲川 2012）。さらに英語科教育においては、母語話者至上主義は対象言語である英語のそれに対しても機能する。したがって、英語母語話者に対する同化と排除、日本語母語話者に対する同化と排除が複雑に絡み合った構造となる。「複雑に」というのは、日本語の非母語話者の中には、英語母語話者（あるいは英語を第二言語として身につけているもの）や、国籍は日本であっても英語圏から帰国した「日本人」などの存在を念頭においているからである。これらについて詳細に論じるのは、別稿にゆだねる。

を提示する。

2. イデオロギーとしてのコミュニケーション能力

本節では、昨今の英語教育におけるコミュニケーション能力観を俯瞰する。まず、現行（平成20年度版）の『学習指導要領』において、「コミュニケーション能力」がどう位置づけられているのかを整理する。次に、どのようなコミュニケーション能力が求められているのか、について確認する。

2.1 コミュニケーション能力の位置づけ：言語・言語活動の強調

中央教育審議会答申（2008年1月17日）は、「生きる力」の基盤として「言語」を位置づけた[5]。例えば、「言語は、知的活動（論理や思考）だけではなく（略）コミュニケーションや感性・情緒の基盤でもある」（同: 53）／「学校が各教科等の指導計画にこれらの言語活動を位置付け、各教科等の授業の構成や進め方自体を改善する必要がある」（同: 54）といった文言が端的にそれを示している。中央教育審議会答申に先立って、2005（平成 17）年の「文字・活字文化振興法」では「言語力」が論じられ、また、「言語力育成協力者会議」（2006～2007年）は、教育における言語力育成の重要性を説いた。

これらを受け、『学習指導要領』においても、「生きる力」という教育目標に向けて「言語によるコミュニケーション能力」や「言語活動の充実」がますます強調されることとなった。例えば、小学校での外国語活動では、「コミュニケーション能力の素地を養う」ことを目的としている。その背景には、次のような認識がある。

> 社会や経済のグローバル化が急速に進展し、異なる文化の共存や持続可能な発展に向けた国際協力が求められている。また、人材育成面での国際競争も加速している。このような社会にあっては、言語を用いて他者とコミュニケ

5　URL は以下の通り。[http://www.mext.go.jp/b menu/shingi/chukyo/chukyo0/toushin/icsFiles/afield file/2009/05/12/1216828 1.pdf]

ーションを図っていくことが大切である。(略) 児童が豊かな人間関係を築くためには、言語によるコミュニケーション能力を身に付けることが求められる。　(『小学校学習指導要領解説 外国語活動編』p.11、下線は筆者。以下、同様)

上記引用中からも分かるように、「コミュニケーション」における「言語」の持つ重要性が強調されている。外国語活動の「指導内容」においても、「言語を用いてコミュニケーションを図ることの大切さを知ること」(同: 9) が求められている。

次に中学校ではどうであろうか。小学校の外国語活動での育成が期待される「素地」を踏まえ、中学校では「コミュニケーション能力の基礎を養う」ことが目指されている。以下の引用からは、英語科に限らず、教育全般において「言語活動」を重視していることがよく分かる。

学校の教育活動を進めるに当たっては、各学校において、生徒に生きる力をはぐくむことを目指し、(略) 課題を解決するために必要な思考力、判断力、表現力その他の能力をはぐくむとともに、主体的に学習に取り組む態度を養い、生徒の言語活動を充実するとともに、家庭との連携をはかりながら、生徒の学習習慣が確立するよう配慮しなければならない。

(文部科学省『中学校学習指導要領 第1章 総則 第1章の1』)

「生きる力をはぐくむ」ために肝要なもののひとつとして、「言語活動を充実」させることが示されている。その上で、英語科においては、英語による「コミュニケーション能力の基礎」を育成することが期待されている。

以上から、言語やコミュニケーション、言語活動は、次のように認識されていると言えよう。すなわち、グローバル化・共生社会に必要なのは、各個人のコミュニケーション能力の向上である。そして、コミュニケーションの中核は言語である。言語を運用できるようにするために、言語活動を重視すべきである。教育とは「生きる力をはぐくむこと」であり、それは「言語活動の充実」により解決され得るものである、と。

2.2 求められるコミュニケーション能力：積極的な態度と「伝え合う」ことの強要

小学校の外国語活動にせよ中学校の英語科教育にせよ、「コミュニケーションを図」ることに対して、「積極的」な「態度」を持つことが求められている（『中学校学習指導要領』p.105）。『学習指導要領』の公的な解釈である『小学校学習指導要領解説 外国語 活動編』（2008年）および『中学校学習指導要領解説 外国語編』（2008年）では、それぞれ次のような「解説」がある。

> コミュニケーションへの積極的な態度とは、日本語とは異なる外国語の音に触れることにより、外国語を注意深く聞いて相手の思いを理解しようとしたり、他者に対して自分の思いを伝えることの難しさや大切さを実感したりしながら、積極的に自分の思いを伝えようとする態度などのことである。現代の子どもたちが、自分の感情や思いを表現したり、他者のそれを受け止めたりするための語彙や表現力及び理解力に乏しいことにより、他者とのコミュニケーションが図れないケースが見られることなどからも、コミュニケーションを図ろうとする態度の育成が必要であると考える。
>
> （『小学校学習指導要領解説 外国語編』pp.7-8）

> 積極的に自分の考えを相手に伝えようとしたり、相手の考えを理解しようとしたりするなどのコミュニケーションを図ろうとする態度の育成が十分でなければ、一定の基本的な知識や技能を身に付けていたとしても、それを活用して実際にコミュニケーションを行うことは難しい。
>
> （『中学校学習指導要領解説 外国語編』p.6）

小学校版[6]では、「コミュニケーションへの積極的な態度」の定義（?!）がなされ

---

6 引用中には、「現代の子どもたち」が「他者とのコミュニケーションを図れない」理由として、「自分の感情や思いを表現したり、他者のそれを受け止めたりするための語彙や表現力及び理解力に乏しいこと」があげられている。このような認識の真偽はここではおくとしよう。本稿ではあくまでも「コミュニケーションへの積極的な

ていたり、それが求められる背景について解説されたりしている。これに対し、中学校版では触れられていない。「積極的な態度」は、コミュニケーションにとって不可欠な要素であることは自明視されている。いずれにせよ、「積極的な態度」がなければ、コミュニケーション能力が育成され得ないという点では共通している。

「コミュニケーション」という文言が『学習指導要領』において明記されたのは、平成元年度版のものがはじめである。そこでは、「コミュニケーションは、聞くこと及び話すことという音声を通して行う意思疎通だけではなく、読むこと及び書くことという文字を通して行う意思疎通をも含むもの」（1989［平成元］年度版『中学校学習指導要領』p.7）とされた。

このような認識は現在にも継承されている。2008（平成20）年度版の『中学校学習指導要領解説 外国語編』によれば、コミュニケーション能力を養うためには、「意思の伝達を行う言語活動を重視」（同: 9）すべきとのことである。以上から、コミュニケーションとは、「意思疎通」／「意思の伝達」という行為であるという認識である（少なくとも、現場の英語教員にはそのように解釈されやすくなる）。意思疎通／意思の伝達としてのコミュニケーション（能力）は、次に見るように、言語活動を通じて育成することが目指されている。

> 中学校では、コミュニケーション能力の基礎を養うことを目標としている。そのため、英語を聞いたり、話したり、読んだり、書いたりする基礎的な言語活動をバランスよく計画的・系統的に行うことが大切である。　　（同: 9）

サヴィニョン（2009）も述べるように、「言語を用いることで言語を身につける」という発想そのものは、何も新しいものではない。彼によれば、16世紀ルネサンス期のフランスを代表する哲学者ミシェル・ド・モンテーニュの『随想録』において、「言語使用を通じての言語習得の価値」（サヴィニョン 2009: 62）が示されているという。昨今のCLT（Communicative Language Teaching）をはじめとした教授法においても、こうした認識は半ば常識化している。

筆者も、このような認識自体を否定するつもりはない。詳しくは次節で考察する

態度」が疑われることなく是とされる自明視を問題視する。

として、ここでは言語活動に横たわる、2つの認識を確認しておこう。

「実際に言語を使用して互いの考えや気持ちを伝え合うなどの活動を行う」
（『中学校学習指導要領』p.106）

「文法事項を指導する際には、その意味や機能を十分に理解させた上で、それまでに学んだ語彙や文法事項と関連を図り、言語活動の中で自分の考えや気持ち、事実などを伝え合うことに生かすことが大切である」
（『中学校学習指導要領解説 外国語編』p.45）

すぐに気づくように、「伝え合う」ことが強調されている。また、「考えや気持ちを伝え合う」という目的を達成するために、コミュニケーションが行われる、という認識である。このようなコミュニケーション観にもとづいて、その能力の向上が図られることになる。

本節では、英語科教育におけるコミュニケーション観を確認した。コミュニケーションは、1）目的を達成するために行われる、2）「伝え合う」行為であった。次節では、これら2つのコミュニケーション能力観に内包される問題を考察する。

3. 偏狭なコミュニケーション能力観

コミュニケーションの成否にとって「言語」は、あくまでも数ある要素のうちのひとつに過ぎない。ところが、前節で確認したように、コミュニケーションの中枢に言語をおいたコミュニケーション観が支配的である。言語至上主義、あるいは、あべ・やすしのことばを借りれば、「言語への不変の崇拝」（あべ 2011: 73）が、学習指導要領をはじめとした教育関連の公的資料（つまり、公的見解）において、しばしば見受けられる。『小学校学習指導要領解説 外国語活動編』の「指導内容」に明記された「言語を用いてコミュニケーションを図ることの大切さを知る」（同: 11）という文言は、言語至上主義／「言語への不変の崇拝」のあらわれである。

さて、教育場面においては「測定至上主義」という理念により、本来は測定不可能なはずの「コミュニケーション（能力）」を測定可能であるかのように合理化することになる。測定を可能にするためには、「コミュニケーション」の多義性のうち、測定しやすい側面にフォーカスすることになる。そこで便利なのは、「コミュニケーションとは、目的を達成する手段である」という言語観である。コミュニケーションを目的達成の手段という次元に矮小化するのである。目的を達成するためのプロセスであるならば、「効率のよい」「効果的な」という尺度を想定することが可能になる。これにより、コミュニケーション「能力」は、効率よく／効果的に目的を達成できる力のことを意味することになる。以上のようなコミュニケーション観を、本稿では「伝達モデル」と呼ぶことにする（熊谷ほか 2014）。例えば、コミュニケーションが「キャッチボール」というメタファーで表現されることがある。これは、メッセージの発信側が受信側に、自らの考え／感情などを「伝達」するプロセスであると捉えているからである。「実用性」が過度に重視される潮流において、この伝達モデルは受け入れられやすいものである[7)]。

この伝達モデルにおいては、コミュニケーションは「目的達成の手段」という観点に加え、メッセージのやり取り＝「伝え合う」という見方も含まれる。目的の達成にむけて、効率よく／効果的に伝え合うには、コミュニケーションに参与する人びとの積極性や自発性が求められることになる。上述した「キャッチボール」というメタファーから示唆されるように、発信側がボール（メッセージ）を自らすすんで送らない限り、キャッチボール（コミュニケーション）が成立しないからである。

本節ではまず、英語科教育において「コミュニケーション能力」の中軸が「言語

7　ここには、教育に対する市場原理の介入が読み取れる。土井（2008）は、「若者たちのコミュニケーション能力」が市場原理による「尺度で一元的に測られる傾向」を「市場化するコミュニケーション能力」と呼んでいる（同: 198）。この場合、「腹を割って話しあい、互いの人間性を高めていけるような対人関係を築く能力ではなく、いろいろな交渉事をスムーズに進め、場の空気を敏感に読みとって迅速に対処できるような対人関係の能力が、さまざまな局面で問われる」（同）ことになる。また、吉武正樹は内田（2007）のことばを借りながら、「「コミュニケーション能力」を育てる教育実践そのものが、「賢い人間」ではなく「従順な消費者」を、単に国に資本をもたらす駒として大量生産している」（吉武 2011: 137）と指摘している。その上で、「子どもたちがどのような社会に「適応」させられているかを内省できるとともに、教育実践そのものをも批判的に検証できる能力という意味でのコミュニケーション能力を育成させることが、今日の教育界の急務である」（同）としている。

能力」に還元されていることを明らかにする。次に、伝達モデルのコミュニケーション（能力）観の問題点を、「目的達成のための手段」および「伝え合い」という2つの観点から考察する。

3.1 伝達モデルを支える言語至上主義：スローガンとしての「コミュニケーション」

日本の英語科教育において、「コミュニケーション」という文言は、英語による学力格差を覆い隠す働きを持ち続けている。以下の引用は、2008年度版の『中学学習指導要領 外国語編』からのものである。

> 「聞くこと」、「話すこと」、「読むこと」及び「書くこと」の4技能の総合的な指導を通して、これらの4技能を統合的に活用できるコミュニケーション能力を育成するとともに、その基礎となる文法をコミュニケーションを支えるものとしてとらえ、文法指導を言語活動と一体的に行うよう改善を図る。
>
> (同:3)

引用から明らかなように、コミュニケーション能力は4技能によって支えられている。そして、その4技能は統合的に活用できるものという認識である。さらに、その「基礎」には、「文法」が据えられている。文法を軸にした4技能の育成。実は、これは戦後間もなく（昭和22［1947］年版）の『学習指導要領 英語編』における英語科教育の目標と本質的に変わりない。

> 一. 英語で考える習慣を作ること。
> 二. 英語の聴き方と話し方とを学ぶこと。
> 三. 英語の読み方と書き方とを学ぶこと。
> 四. 英語を話す国民について知ること，特に，その風俗習慣および日常生活について知ること。
>
> (同: 1-2)

現在の英語科教育の目標が、4技能を「統合的に活用できる」ことを目指していること、昭和22年度版では「英語で考える習慣」を求めていること、という違いはある。また、「コミュニケーション」という文言もない。しかしながら、4技能の習熟を目指すこと、そして「文法」に力点がおかれていた時代背景を鑑みれば、その本質は変わらないと言えよう。

このような観点に立てば、コミュニケーションおよびその能力の育成という教育目標は、「効果がない」／「成果がない」と批判され続けてきた英語科教育に、「新しさ」と「もっともらしさ」を演出する機能を持つのではないだろうか。換言すれば、「コミュニケーション能力の育成」によって育まれているのは、言語能力であると言っても過言ではない。このことは、言語／言語活動をことさらに強調する姿勢からもうかがえる（本稿第2節参照）。

もちろん、「英語」科教育という既存の学校教育の枠組みにおいては、「英語」という「言語」を中枢において「コミュニケーション能力の育成」を目指さざるをえないことは承知している。わたしがここで問題視するのは、「コミュニケーション能力」という、状況／場面／他者との関係しだいで、その高／低が容易に変化し得るものを、「言語能力」の次元に閉じ込めるコミュニケーション（能力）観である。つまり、そのコミュニケーション（能力）観の中枢に「言語」があるとみなす言語観である。その意味で、あべによる一連の研究（2004, 2006, 2011など）や、古賀（2006）、寺沢（2009）と問題意識を共有している。

上述したように、言語は、コミュニケーションの成否を決める数多くの要素のひとつではある。しかしながら、実際のコミュニケーションにおいては、言語外の要素に依存している。そして、コミュニケーションとは、複数の参与者の間に生じる関係的な事柄である。したがって、それぞれの参与者＝個人に還元できる性質ではない。それにもかかわらず、「コミュニケーション能力」は、言語を中心とした個人の能力として捉えられている。こうした言語中心のコミュニケーション能力観は、言語の持つさまざまな機能のうち、「伝達」機能にのみ学習者の目を向けさせる[8)]。まさに、言語至上主義のコミュニケーション能力観であると言えよう。

8　高田（2011）も述べるように、言葉の意味というものは、コミュニケーションの参与者の間であらかじめ確定しているわけではなく、コミュニケーションを通じて生成されるものである。つまり、言葉そのものに意味があるのではなく、コミュニケーションを通じて意味が生み出される。その意味において、言葉の中心的な機能は伝達ではないということになる（同: 181-185）。

3.2　伝達モデルの問題点（1）：コミュニケーションは「目的達成の手段」なのか

「コミュニケーション」を情報の伝達と捉える見方は、小山（2012）のことばを借りれば、「特定の視点……からコミュニケーションを見た場合に浮かび上がってくるフィギュア」(同: 138）である。つまり、「不確定で、曖昧で、動態的で、偶発的で、予測しにくく制御しにくい要素にあふれた自然や社会などのコンテクストから閉ざされた」(同: 139）狭いコミュニケーション観である。

英語科教育において、コミュニケーションという語は、いわゆる4技能（聴く・話す・読む・書く）という狭い範囲に閉じ込められやすい。教育場面における「評価」という観点から、コミュニケーションは測定可能なものに置き換えられなければならないからである。そこでは、「コミュニケーションとは、目的を達成する手段」という言語観が重要な役割を果たすことになる。学習者の機能的な言語運用力を測定するには、予定調和的な「目的」を設定し、それを達成できるかどうか、を調べればよいことになるからである。かくして、「能力化」された学習者のコミュニケーションは、「コミュニケーション能力」として教育標語に掲げられる。

しかしながら、コミュニケーションは常に「目的を達成する」ために行われる行為ではない。意図されたメッセージだけが他者に伝わるわけではなく、非意図的／無意識的なメッセージが伝わることもある。他者とのやり取りには、予測不可能な反応がつきものである。

仮に意図的なメッセージのやり取り（つまり、「目的を達成する」コミュニケーション）だけを考えた場合であっても、コミュニケーション能力が高い／低いという判断は、場面や状況によって容易に変わり得るものである。例えば、ビジネス場面で「効率のよい」コミュニケーションをすることができる者は、高い評価を得やすい。ところが、ビジネス場面と同じように日常の人間関係においてコミュニケーションをすれば、必ずしも良好な人間関係を築けるというわけではないだろう。かえって、味気ない／冷たい人格だと判断されることさえあり得る。あるいは、普段の人間関係において、おしゃべり好きで、気の利いたジョークやさりげないひとことで場を和ませることができる人がいる。もしその人が「仕事ができない」のであれば、その人のコミュニケーション能力は「低い」と言えるのだろうか。このように、「コミュニケーション」は、「予測のつかない、相乗効果（各話者の思惑以上のものが融合によって作り出される）を生み出すプロセスである」(池田／クレーマー2000: 184)。

また、「コミュニケーション能力」が高い／低いという判断は、状況や場面によって容易に変化し得るものであって、固定的に測定できるものではない[9]。それにもかかわらず、「コミュニケーション能力」を育成し、その高低を評価／測定するのである。これを表面的にでも合理化するために、言語至上主義によるコミュニケーション観の矮小化と、「目的達成の手段」への還元が行われるのではないか、と考える。あるいは、そういった論理さえなく、教育場面への市場論理が自明視されている可能性もあるだろう。

このようなコミュニケーション能力観において推奨される「コミュニケーション活動」には、例えば、ディスカッションやスピーチ、ディベートなどがあげられる。さらに、「コミュニケーション・タスク[10]」と呼ばれるものがある。代表的なものに、情報格差タスク[11]、問題解決タスク[12]などがある。いずれにおいても、コミュニケーションは、課題や目標を達成するための手段に過ぎないとみなされている。次の引用に見るように、「目的達成の手段」というコミュニケーション能力観は、文化帝国主義に陥る危うさがあるという指摘もある[13]。

9　貴戸理恵は『「コミュニケーション能力がない」と悩む前に』という本で、「他者や場との関係によって変わってくるはずのものを、個人の中に固定的に措定する」視点のことを「関係性の個人化」(貴戸 2011: 3) と呼んでいる。そして、「関係性」の問題を、「個人」にも「社会」にも還元するのではなく、「関係性の水準で捉え」(同: 8) ようとしている。つまり、「どのような文脈で、誰の、いかなる振る舞いが」問題なのかを問おうとしている。筆者の関心事は、主として公教育における英語科教育にあるが、貴戸のこのような議論は、今後「コミュニケーション能力の育成」を考えていく上で参考にすべきであると考える。

10　コミュニケーション・タスクとは、「何らかの課題が達成されるために、目標言語を用いて情報交換をすることが求められるタスク（＝作業、課題)」(村野井ほか 2012: 58) のこと。

11　情報格差タスクとは、「人間がコミュニケーションを取ろうとする際に、ほとんどの場合、対話者の間に情報の格差（gap）があり、その格差を埋めようとして情報交換が行われる。情報交換タスクはこの原理を利用して、教室の中に目標言語を使用する必然性を作り上げる」タスク（村野井ほか 2012: 58）のことである。

12　「何らかの解決すべき問題に対し、目標言語で話し合いながら解決策を見つけ出すタスク」(同) のこと。

13　日本でも、欧州の言語共通参照枠（CEFR: Common European Framework of

> 効率よく目的を達成できるコミュニケーションがよりよいとする考え方は、そうでないコミュニケーション・スタイルを無能あるいは不適当であると見なしがちである。そして、アメリカをはじめとした西欧で目的達成型コミュニケーションに、より価値を見出しているといった現実があるため、非目的達成型コミュニケーションが主流の国は遅れた国で、改善されなければならないと見なされる傾向にもある。……ここに、一種の文化帝国主義的傾向を見ることができる。　(池田／クレーマー2000: 185)

ここで指摘される文化帝国主義は、「国」を単位とした大きな視点におけるものである。教室内に目を向けた場合であっても、同様の現象が生じ得る。「コミュニケーション能力」が「育成」される学習者と、育成されない学習者との差異である。効率よく／効果的にコミュニケーションを図ることのできる学習者は、優れているものと見なされ、そうでない学習者は劣っているというスティグマ化へと繋がる。第4節で検討するように、後者は、積極的に／自発的に反発する術を持ち合わせていないがゆえに、そのスティグマはますます拡大してしまう。

3.3　伝達モデルの問題点（2）：コミュニケーションは「伝え合う」ことなのか

既に確認したように、コミュニケーション活動／言語活動においては、「互いの考えや気持ちを伝え合う」(『中学校学習指導要領』p.106) こと／「自分の考えや気持ち、事実等を伝え合うこと」(『中学校学習指導要領解説 外国語編』p.45) が求められる。「自分の」という修飾から分かるように、コミュニケーションの参与者はそれぞれが情報／メッセージの発信者である。先に「キャッチボール」というメタファーを用いたが、再びそれを用いるならば、ボールを投げる側に焦点をおいたコミュニケーシ

Reference for Languages: Learning, teaching, assessment) にならい、「CAN-DOリスト」の作成が実施されつつある。典型的な伝達モデルのコミュニケーション観のあらわれであり、また文化帝国主義の一例とも言えよう。筆者は2012年9月13日に行われた「外国語教育における「CAN-DOリスト」の形での学習到達目標設定に関する検討会議」を傍聴した。どのようなCAN-DOリストを作成するかについての議論が行われたが、そのこと自体が持つ意味についての根本的な議論は行われなかった。

ョン観である。

しかしながら、土井隆義も述べるように、「コミュニケーション能力ほど、その評価が他者の反応に依存するものはない。コミュニケーションとは、その原理的な性質からして、決して自己内で完結するものではなく、つねに他者との関係の総体」(土井 2009: 278-279) である。上記の教育観においては、情報の発信側にばかり焦点がおかれ、受信側への視点／配慮をあまりに欠いている。

その背景には、「言語を用いることができれば、分かり合える」という極めて無邪気な発想があるのだろう。この論法にしたがうならば、同一言語集団内においてはいっさいミス／ディスコミュニケーションは生じないはずである。しかし実際にはそうはいかない。言語を自由に操ることができることと、他者と分かり合えることとは、それほど単純な関係にはないからである。言い間違い／聞き間違いはおくとしても、自分の伝えようとしたことが、そっくりそのまま相手に理解されるということは、原理上あり得ない。社会化／文化化の中で形成される価値観やものの見方などが、防衛規制／選択的知覚として機能するため、自己の伝達したい情報と、それに対する他者の解釈が完全に一致することはないのである[14)]。

今一度、「キャッチボール」のメタファーを用いよう。投げたボールが必ずしも相手の取りやすい所に行くとは限らない。うまく投げられた場合でも、相手が取り損なうかもしれない。思うような所に投げられない場合でも、相手がうまく取ってくれることもある。キャッチボールの成立は、投げる側の力量だけではなく、受ける側の力量も左右する要因である。このように考えると、「コミュニケーション能力の育成」は、発信側の力量だけが問題視されるという不自然さが残る。相手がどう受け止めるのか、どう解釈するのか——このような受け手側の視点／他者への配慮が欠如している[15)]。

14　そもそも「分かり合える」／「分かり合う」という状況／状態は可能なのだろうか。あるいは、その必要はあるのだろうか (cf. 数土 2001)。安田敏朗は、「お互いの言葉が完全に通じなくても、いや、全く通じなくても、そこに恐怖や敵意を感じる必要のない社会こそがめざされるべき」(安田 2003: 16) と述べている。分かり合うこと／通じることが強調され過ぎることにより、これらの問題が意識されることは困難になってしまう。それでも英語科教育において、コミュニケーション能力を高めるのであれば、「伝え合う」／「分かり合う」から、「伝わらない」／「分かり合えない」ことに端を発したコミュニケーション活動／言語活動を考えていく必要があるだろう。

15　さらに言えば、言語を道具の次元でのみ捉え、人間をその道具を操る機械と見なす

4. 強いられる「積極性／自発性」：奪われる「居場所」

「コミュニケーションの育成」において、学習者は「コミュニケーションへの積極的な態度」が求められている。かつて、「文法」が英語科教育の主役であった時には、学習者たちは「正しい英語」という呪縛のために、英語を使うということに対して躊躇していたかもしれない。そのことを考慮すれば、たしかに、学習者たちは英語でコミュニケーションをとることにおいて、間違いを恐れず自らの意思を伝えようとするだろう。そのような活動を繰り返すことで、コミュニケーション能力の向上が期待できる。しかしながら、積極性や自発性を礼賛するあまり、コミュニケーションや自己表現を過剰に求め過ぎることによって、見えにくくなってしまう問題がある。

4.1 積極性／自発性の強要

コミュニケーションに対して「積極的な態度」を求めるということは、学習者の人格／性格に介入することを意味する。したがって、「英語によるコミュニケーション能力の向上」という側面だけでは不十分である。学習者の人格に影響を及ぼし得るという観点からも、慎重に検討する必要があると考える[16]。

もちろん学習者の中には、英語で自己表現をしたくても、授業においてその機会がなかったことに物足りなさを感じる者もいる。そのような学習者にとっては、「コ

言語観があるのだろう。そのような言語観により、コミュニケーション能力の向上が相互理解を促進するという直線的な論理を可能にすると考えられるからである（板場 1999, 2001）。「同一言語を用いることができれば、分かり合える」という言語観は、「同一民族・国家内では、言語が通じるべきだ」という近代的言語観そのものであろう。

16 筆者は、英語によるコミュニケーション能力の向上を否定するつもりはない。実用主義への傾倒や外国語教育の英語一辺倒など、いわゆる英語帝国主義の問題については承知している（仲 2002, 2006など）。同時に、英語によるコミュニケーション能力を「自発的に」欲している（と信じている）学習者がいることも念頭におかねばならないからである。

ミュニケーション能力の育成」という英語科教育のあり方は好ましいものであろう。ただし彼らは、もともとコミュニケーションに対して「積極的」なのである。したがって、「積極的な態度」を育成する対象は、積極的ではない学習者ということになる。

ここから、「学習者がコミュニケーションに対して消極的ならば、積極的になれるようにするべき」と考えるのは、あまりにも短絡的である。学習者の中には、自己表現が苦手であったり、そもそも自己を伝えることを拒否したりしている者、つまりコミュニケーションに対して消極的な者がいる。そのような彼らに対して、「コミュニケーションへの積極的な態度」を自明視することは、押しつけの暴力そのものとなる。

「積極性」とならんで重んじられるものとして、各個人の「自発性」がある。現代は、多様性／多様な価値観が尊重される傾向にある。そのような社会の傾向において、画一的な価値観／規範が押しつけられることは、回避されるべきであると考えられている。その代わりに、各個人の「自発性」が期待される。もちろん、各個人が自発的に物事を考えたり行動をしたりすることを求めることは、決して間違っているわけではない。画一的な価値観／規範が押しつけられるということは、特定の思想が強いられるという点において、自由が抑圧されることを意味するからである。そのことを認めた上で、土井隆義は、次のような問題点を指摘している。

> 自発性に基づいたコミュニケーションは、その結果に対する責任も生む。自由を享受できるだけのコミュニケーション能力を備えた人間にとっては、たしかに現代はユートピアかもしれない。しかし、十分にその能力を持ちあわせず、その代償としての責任を耐えがたいと感じてしまう人間にとっては、……同時にディストピアの色彩も帯びていることを忘れてはならない。
>
> (土井 2009: 286)

コミュニケーションに「積極的に」取り組めるかどうかは、各個人がおかれたさまざまな環境が影響し得る。「コミュニケーションへの積極的な態度」という一見すると美しい文言は、その「コミュニケーション」に前向きになれない理由／事情を抱えた学習者をあらかじめ排除することになる。この点について、齋藤純一は次のように端的に述べている。

> 自らのニーズを（明瞭な）言語で言い表せない、話し合いの場に移動する自由あるいは時間がない、心の傷ゆえに語れない、自らの言葉を聞いてくれる他者が身近にいない、そもそも深刻な境遇に長い間おかれているがゆえに希望をいだくことそれ自体が忌避されている。（齋藤 2000: 64）

この齋藤の指摘を受け、板場良久は「伝え合いのコミュニケーション」(板場 2011: 8) を「余力のあるエリートや中産階級の綺麗ごと」(同: 9) と批判している。本稿3.2で取り上げた「伝え合う」ことと、ここでの「積極性／自発性」とが互いに関連しあって、「コミュニケーション能力」が捉えられている。

4.2 「居場所」を失う学習者たち

コミュニケーションの成立というものは、本来的に、各個人の能力うんぬんだけでは語れない問題である。例えば、まったく同じ内容の発言を、同じ語彙を使って、同じ抑揚で伝えたとしても、伝える相手や場面、さらには状況が違うと、全く異なる意味となりえる[17)]。「目的を達成する」ために必要な英語の語彙・表現を身につけ、明瞭な発音で流暢に「伝える」ことができれば、「目的は達成される」かといえば、必ずしもそうではない。これらは、コミュニケーションを能力視した時点で内包される、運命的なカオスである。

しかしながら、英語科教育においてコミュニケーション能力は求められている。そこでの「コミュニケーション能力」とは、目的を達成する手段としてのコミュニケーション＝伝達モデルのコミュニケーション能力観であった。そのコミュニケーション能力を育成するには、積極的／自発的になることが求められるのであった。

17　R. A. ハドソンは「「言語」と「方言」に真の区別はない」（ハドソン 1988: 58）こと、つまり言語／方言という分類行為の恣意性を批判する文脈において、相互理解可能性の相対性について議論している。情報／メッセージの発信者と受信者の動機や関心事・文脈共有度によって、情報／メッセージに対する理解度は容易に変化するという指摘は、コミュニケーション能力／言語能力の議論においても有効である。

以上をふまえた上で、次の議論へと移ろう。

各個人ではいかんともしがたい「コミュニケーションの成立」という問題を、教育場面に持ち込むためには、社会全体で取り組むべき命題を、個人の問題へとすり替える必要性が生じる。2008年度版の『中学校学習指導要領 外国語編』には、「指導計画の作成と内容の取り扱い」において、「道徳の時間などとの関連を考慮しながら、外国語科の特質に応じて適切な指導をすること」(同: 5) とある。同様に、英語科教育において扱う教材についても、「道徳の時間」との関連性が強く求められている (同: 57)。科目としての「道徳」の詳細な検討は機を改めて論じるとして、ここでは道徳教育の基本的な認識を確認しておこう。

> 人間の生活は、知識基盤社会やグローバル化の時代の到来により、社会的な相互依存関係をますます深めている。<u>生徒が</u>、個人と社会との関係について適切な理解をもつことが、後に民主的な社会や国家の発展、他国の尊重、国際社会の平和と発展や環境の保全への貢献などの基礎となるのである。
>
> (文部科学省『中学校学習指導要領解説 道徳編』p.20)

「知識基盤社会やグローバル化の時代」において、「社会的な相互依存関係」が「ますます深」まっている、という。仮にそうであれば、社会構造そのものの変化の問題である。したがって、各個人がいかにすれば「個人と社会との関係について適切な理解をもつことが」できるのかについて、社会全体で取り組むことが先行すべきであろう。しかしながら、それは社会全体で取り組むのではなく、「生徒」個人の能力によって解決し得るかのような記述である。

> 少子化の進行により人口が減少し、若年者の割合が低下する一方で超高齢化社会を迎えている。また、インターネットや携帯電話等を通じたコミュニケーションが更に進む一方で、その影の部分への対応も課題となっている。更には、<u>グローバル化がいっそう進む中で、異文化との共生がより強く求められる</u>ようになる。このほか、地球温暖化問題をはじめとする様々な環境問題の複雑化、深刻化、産業構造や雇用環境の変化といった<u>社会状況への対応</u>も必要である。

我が国の社会を公正で活力あるものとして持続的に発展させるためには、人々の意識や社会の様々なシステムにおいて、社会・経済的な持続可能性とともに、人として他と調和して共に生きることの喜びや、そのために必要とされる倫理なども含めた価値を重視していくことが求められている。

これからの学校における道徳教育は、こうした課題を視野に入れ、生徒が夢や希望をもって未来を拓き、一人一人の中に人間としてよりよく生きようとする力が育成されるよう、一層の充実が図られなければならない。

（文部科学省『中学校学習指導要領解説 道徳編』p.23）

グローバル化にせよ異文化との共生にせよ、個人の努力／能力をエンパワメントすることによって、「対応」すべき課題となっている。このように、教育は社会変革のためではなく、むしろ社会適合のための営為とされている。よりよい未来社会の構想／構築という視点はなく、現状に追認する従順な学習者像が期待されているのである。

もちろん、社会全体で取り組む／解決すべき命題であっても、各個人ができる／すべきことはある。しかしながら、後者ばかりが強調されることにより、社会構造の問題への気づきは喚起されにくくなる。さらには、個人の能力を高めることによって、社会構造の問題も解決し得るという美しい幻想を作り上げることに寄与する。一部の偶発的な「天才」はともかく、多くの者がいかんともしがたい現実に直面し、挫折を味わうことになりかねない。ところがそれは、個人の努力／能力不足として片付けられてしまうのである。そこには、努力したくてもできないという、決して少なくない人びとへの視点はない。これで「生徒が夢や希望をもって未来を拓き……よりよく生きようとする力が育成」され得るのだろうか。このような社会全体で取り組むべき課題を個人の努力／能力の次元に閉じ込める道徳観は、各個人の測定可能な能力を育成する教育観と合致するのである[18]。

もちろん「グローバル化」によって、学習者たちがさまざまな「異質な人びと」

18　言語道具観にせよ、コミュニケーションの能力観にせよ、そしてそれと共犯関係にある道徳観にせよ、いずれもが測定不可能なものを測定可能化する際に捨象してしまった側面がある。「教育の崩壊」を嘆くならば、その根源的な問題にメスを入れるべきであろう。

と交流する可能性を鑑みれば、積極性や自発性を身につけるべきとする教育観が、必要となる場面もある。だからといって、積極性／自発性に嫌悪感を抱いてしまう学習者の存在を無視してよいということにはならない。

積極的／自発的になれない人びとにとって、「コミュニケーション能力の育成」という教育標語は、単にコミュニケーションが強いられるだけにとどまらない。積極的／自発的になれない事情が覆い隠されるのである。そして、積極的／自発的であることに価値がおかれることで、積極的／自発的になれない自己を追い込むことになってしまいかねない。彼らは積極的／自発的に反論しにくいために、ますます積極的／自発的になれなくなってしまう。かくして、コミュニケーションへの「積極的な態度」とは真逆、つまり、コミュニケーションそのものを嫌悪したり、遠ざけたりすることにつながりかねない。

さらに、コミュニケーションをうまくとれないことが自らの能力の不足として評価されてしまう危うさをも持っている。板場のことばを借りれば、「伝え合いに参加できない人びとの存在、そして伝え合いがそのような人びとを生み出している可能性」(板場 2011: 9) が看過されやすい状況を「コミュニケーションへの積極性」という教育標語は生み出し得るのである。言うまでもなく、そのような人びとも「コミュニケーションへの積極性が求められる。積極性／自発性が重んじられる教育環境においては、彼らは「劣った」生徒とみなされてしまう。このように、積極的になれない諸処の事情を鑑みることなしに、コミュニケーション能力の育成を目指すことは、彼らにとっては教育という名のもとで行われる暴力となる。

5. おわりに：これからの「コミュニケーション能力の育成」を考えるために

価値観が多元化する現代において、他者と良好な関係を保ちつつ自己肯定感を維持するには、他者との関係性の維持＝コミュニケーションを営む能力が必要であることは間違いないだろう。本稿ではそれ自体を否定してきたのではなく、コミュニケーション能力観の偏狭さを問題視してきた。そもそもコミュニケーションが成立しない状況を考慮に入れない単純なコミュニケーション能力観であっては、本来求めているはずの「生きる力」をそぐことにつながりかねない。現状では[19]、コミュニケーション活動／言語活動の中に、調和的なコミュニケーションが成立しない空間への対峙の仕方や、「コミュニケーションとは何か」について考えられる、メタコミュニケーション観教育を組み込む必要があるだろう。

5.1　コミュニケーション能力観の「負」の側面

わたしたちは、ふだんの生活において、常に目的をもって言語を使ったり、コミュニケーションを行ったりしているわけではない。こちらの思いがけない言動が、他者の心を動かしたり、傷つけたりすることもある。

自らの思いを他者に伝えることは、たしかに大切である。「伝え合う」という教育標語は、情報／メッセージの発信側どうしがやり取りを行うという考え方である。これは、メッセージの受信者は、発信側の情報／メッセージを「そのままの形で理解する」という前提がなければ成り立たない。その場合、発信した情報／メッセージが、いかに他者に解釈されるのかについては考慮されていない。ましてや、上記のような「思いがけない言動」はなおさらである。結果として、他者への配慮を欠いた人格の形成に寄与し得る危うさを持つ。

積極的になれない学習者に対し、「積極的になれ」と繰り返しても、効果が期待できないばかりか、むしろ疎外感を覚えたり、居場所を失ってしまったりしかねない。ところが、教育場面である限り、積極的であることが評価の対象となってしまう。そのため、場合によっては、自らの居場所のなさ／居心地の悪さを隠し、積極的／自発的に、コミュニケーション活動／言語活動を楽しむふりをする学習者もいるだろう。あるいは、学習者によってはそのように振る舞うことさえできず、コミュニケーションそのものを遠ざけてしまう危うさもある。

コミュニケーション能力が、目的を達成するための手段として閉じ込められ、積極性／自発性が重んじられるばかりであっては、さまざまな問題が生じる[20]。積極

19　同時に、学校教育という制度自体の限界をふまえた新たな教育像を模索し続ける必要もある。

20　本稿では、詳しく論証することはできないが、人と人とのつながりにおいて、他者を「目的を達成するために利用する対象」として認識してしまう危うさを生じるの

的になれないさまざまな事情を抱えたひとびとは、自分が積極的になれないことに引け目を感じ、ますます積極的になれない危うさがある。いわば自己スティグマ化である。

「目的を達成できるようにする」ことや、積極性／自発性を育成しようとする教育観は、基本的にはエンパワメントの方向性である。つまり、それらが「できない」学習者を「できる」ようにする、という観点である。しかしながら、コミュニケーションが二者以上の間で交わされる相互作用である以上、コミュニケーションの不成立は参与者のいずれか一方に責任があるというわけではない。もちろん、エンパワメントすることを否定しているわけではない。そうではなく、エンパワメントの方向性だけであっては、コミュニケーションにおける弱者をますます弱能化してしまうことを問題視しているのである。大谷晋也（1997）や田中望（2000）が主張するように、コミュニケーションの強者側が自らを弱能化できる＝セルフディスエンパワメントという方向性を、コミュニケーション活動／言語活動に取り入れることも有効であると思われる。

本稿で論じた問題点は、ほんの一部でしかないことは自覚している。それでも、英語科教育を通じた「コミュニケーション能力の育成」が失敗に終わった場合に、学習者のうちに残り得るかくれたカリキュラムの一端を示すことができたのであれば幸いである。

5.2　コミュニケーション能力の育成における留意点

コミュニケーション能力の育成を今後考えていく上で、現行の「伝達モデル」のコミュニケーション能力観、「伝え合う」ことの重視、積極性／自発性の喚起を全否定しても、意義のある議論にはならない。第1に、それらが求められているという教育方針に背くことは現場の教員にとっては選択しにくいであろうからである。第2に、実際にエンパワメントされる学習者もいるであろうからである。したがって、現行の教育観に本稿で議論したような観点を組み込むという戦略がさしあたって有効であると考える。それらは以下の3点である。

ではないかと懸念している。

(1) コミュニケーションの不成立に目を向ける：目的を達成するまでのプロセスを味わわせる
(2) 受信側に目を向ける：メッセージの解釈の多様性を実感させる
(3) 居場所を与える：さまざまな役割を分担させる

コミュニケーション能力観は、コミュニケーションの伝達モデルに依拠しているのであった。そこでは、コミュニケーションは目的を達成する手段としてのみ捉えられている。しかしながら、実際のコミュニケーションでは、コミュニケーションをすることと目的が達成されることは、必ずしも結びつくわけではない。言い間違いや聞き間違い、誤解などを含めて、コミュニケーションが不成立におわることもある。それでも、現状の英語科教育において「目的を達成する」ことを完全に拒否することは現実的な選択肢ではないと考える。そこで、「目的を達成する」ことを念頭におきながらも、そこへ至るまでのプロセスによりフォーカスした言語活動を考案すべきではないか、という主張が (1) である。

次に、(2) である。「伝え合う」コミュニケーション能力観では、メッセージ／情報の発信者側の意図が、単純に受信者側の理解／解釈とイコールであると捉えられているのであった。これもまた、現実にはなかなかあり得ない都合の良さである。それでも、「伝え合う」ことや「自己表現」といったコミュニケーション能力の育成は求められる。そこで、それらをいかしつつも、「自己表現」によって「伝え」た内容が、受け手によってさまざまな解釈があり得るという体験をさせる言語活動を考案するべきである、と考える。

最後に (3) であるが、学習者にはさまざまな個性がある。その個性に応じた役割を、言語活動の中に仕込む、という考え方である。例えば、グループで英語のスキットを作成する際、日本語で台本／脚本の案を考える者、それを英語に直す者、スキットを演じる者、ナレーションをする者など、ひとつのスキットを完成させる際に、さまざまな役割を設けることで、可能な限り学習者の個性に応じられるようにする、ということである 。

以上は、わたしのこれまでの教育実践のほんの一例である（例えば、仲2009, 2011)。本稿では詳述できない上に、そもそも教育実践という点でも、その基本となる哲学においても不十分であることは自覚している。それでもあえて記述したのは、本稿で取り上げた問題が、まさに教育実践そのものにかかわるからである。つまり、教育実践で生じ得る問題を批判するだけではなく、それらをふまえた方向性を示すべきであると考えるが故である。方向性／理念の不備に加え、具体的な授業実践例／案については、機を改めて論じたいと思う。

なお、本稿を考える契機となったのは、小学校や中学校でのコミュニケーション活動／言語活動のあり方に違和感を覚える現役の教師や、わたしの大学におけるセミナーの学生たちの、「コミュニケーション能力の育成」に関する肯定派・否定派の議論である。本稿での議論が、「コミュニケーション」一辺倒の教育観に疑問を抱く者にとっては、ひとつの解決の糸口を、抱かない者にとっては自らの教育観を問い直す契機となることを願う。

［付記］

本稿は、『社会言語学』12号掲載論文を改稿したものである。また本研究は、日本学術振興会科学研究費補助金の助成を受けている（若手研究（B）課題番号 22720211、平成22–24年度）。

［参考文献］

あべ・やすし（2004）「漢字という権威」『社会言語学』4号、pp.43-56

――――――（2006）「漢字という障害」ましこ・ひでのり（編）『ことば／権力／差別――言語圏からみた情報弱者の解放』三元社、pp.131-163

――――――（2011）「言語という障害――知的障害者を排除するもの」『社会言語学』別冊I、pp.61-78

池田理知子／E.M. クレーマー（2000）『異文化コミュニケーション・入門』有斐閣アルマ

板場良久（1999）「「機械」としてのコミュニケーター――現代コミュニケーション論再考」先端的言語理論の構築とその多角的な実証 COE形成基礎研究費08CE1001 研究成果報告（3）URL [http://coe-sun.kuis.ac.jp/public/paper /outside/itaba2.pdf]

――――（2001）「言語道具論」石井敏／久米昭元／遠山淳（編著）『異文化コミュニケーションの理論――新しいパラダイムを求めて』有斐閣ブックス、pp.189-200

――――（2011）「コミュニケーションという力」板場／池田（編著）『よくわかるコミュニケーション学』、pp.2-21

板場良久／池田理知子（編著）（2011）『よくわかるコミュニケーション学』ミネルヴァ書房、

pp. 136-137
内田樹（2007）『下流志向――学ばない子どもたち 働かない若者たち』講談社
大谷晋也（1997）「Self-disempowermentのための英語教育を――日本の中等教育における多文化／グローバル教育の主眼として」『言語と文化の対話』刊行会（編）『言語と文化の対話』英宝社
貴戸理恵（2011）『「コミュニケーション能力がない」と悩むまえに――生きづらさを考える』岩波ブックレット
熊谷由理／奥泉香／仲潔／丸山真純（2014）「「コミュニケーション」：コミュニケーション研究とことばの教育におけるコミュニケーション概念の変遷と現状」佐藤慎司（編著）『異文化コミュニケーション能力とことばの教育』ココ出版
古賀文子（2006）「「ことばのユニバーサルデザイン」序説――知的障害児・者をとりまく言語的諸問題の様相から」『社会言語学』6号、pp.1-17
小山亘（2012）『コミュニケーション論のまなざし』三元社
齋藤純一（2000）『公共性』岩波書店
サヴィニョン、サンドラ（2009）『コミュニケーション能力――理論と実践』法政大学出版局
数土直紀（2001）『理解できない他者と理解されない自己――寛容の社会理論』勁草書房
牲川波都季（2011）『戦後日本語教育学とナショナリズム――「思考様式言説」に見る包摂と差異化の論理』くろしお出版
高田明典（2011）『現代思想のコミュニケーション的転回』筑摩書房
田中望（2000）『日本語教育のかなたに：異領域との対話』アルク
寺沢拓敬（2009）「「ことばのちから」というイデオロギー」『社会言語学』9号、pp. 43-61
土井隆義（2008）『友だち地獄――「空気を読む」世代のサバイバル』筑摩書房
――――（2009）「フラット化するコミュニケーション――いじめ問題の考現学」長谷・奥村（編）、pp. 271-289
仲潔（2002）「英語帝国主義は英語教育にどう対処するか――英語教育の座標軸」森住衛監修・言語文化教育研究論集編集委員会（編）『言語文化教育学の可能性を求めて』三省堂、pp.246–263
――（2006）「英語論の構図――英語帝国主義論と国際英語論の包括的理解のために」『言語政策』（日本言語政策学会）第2号、pp.1-20
――（2009）「〈ことば〉について考えるための〈外国語コミュニケーション（英語）I〉授業」『岐阜大学教育学部研究報告』第11巻、pp.201-216
――（2010）「学習者を〈排除〉する教授法――「客観的な」教授法への批判的まなざし」『社会言語学』10号、pp.87-108.
――（2011）「言語観を豊かにするコミュニケーション活動」『岐阜大学　教育学部研究報告　人文科学』60（1）、pp.103-124.
仲潔／大谷晋也（2007）「中学校英語教科書に見られる価値観――「夢の実現」を迫られる学習者たち」「言語と文化の展望」刊行会（編）『言語と文化の展望』英宝社、pp.129-143
長谷正人／奥村隆（編）（2009）『コミュニケーションの社会学』有斐閣アルマ
ハドソン、R. A.（1988）『社会言語学』未来社

村野井仁／渡部良典 ほか（2012）『統合的英語科教育法』成美堂
安田敏朗（2003）『脱「日本語」への視座』三元社
吉武正樹（2011）「コミュニケーション能力と現代社会」板場良久／池田理知子（編著）『よくわかるコミュニケーション学』ミネルヴァ書房、pp.136-137
米山朝二（2011）『新編 英語教育指導法事典』研究社

第6章

原発と英語

——日本における普及過程、問題構造および対策の共通性

木村護郎クリストフ

1. はじめに：比較のなかの原発

2011年3月の福島原子力発電所事故の後、原子力（核エネルギー）利用を批判的に問いなおす動きが続いている。原発に関する多様な議論のなかには、原発を他の社会現象と関連づけたり比較したりする論もみられる。原発が科学技術をこえて社会現象の一つである以上、他の社会現象との関連性が議論されるのは当然のことである。そのような、個別領域をこえた議論が、日本社会の今後のあり方を考える基盤を提供することを期待したい。

本稿ではそのような営みの一環として、原発をめぐる議論を英語論と接続することで両者に共通する論点を抽出することをめざす。電力を言語と結びつけるのは一見唐突であるが、どちらも現代文明の運営をささえる基本的なシステムとして位置づけることができる。シューマッハー（1986: 160）は、エネルギーと物的世界の関係を、意識と人間界の関係にたとえてその重要性を述べているが、エネルギーにおいて電力、また意識においてことばが果たす働きには、格別なものがある。その点、電気とことばを、単なる一技術ではなく人間の環境と経験の全体に影響を及ぼすものとしてとらえたマクルーハンの洞察はするどい（マクルーハン 1987［2001］: 60）。なかでも、膨大な規模の電力供給を可能にする原子力と膨大な規模の言語情報交換を可能にする媒介言語としての英語は、いずれも人類史上、前代未聞の境地を切り開いたものであり、近代文明の到達点の象徴的存在といっても過言ではない。その意味で、電力に関して原子力を、また言語に関して英語をそれぞれ斯界の代表とし

てとりあげることはあながちまとはずれではないだろう。しかし管見の限り、原子力と英語を関連づけて論じることはこれまで行われていない。本稿は、両者をあわせてとりあげるはじめての試みである。

具体的には、日本における原発普及と英語普及に関する言説にみられる類似性を指摘し、そこで浮かびあがる課題にどのように対処できるかの考察につなげたい。はじめに、原発論でしばしば持ち出されてきた自動車との比較をとりあげて、異なる領域の社会現象間の比較がどのように成立しうるかを考える。そのうえで、原発と英語に関する研究者の考察をてがかりにして両者の共通性を探っていく。本稿の焦点は、原発や英語がそれぞれ日本社会で果たしてきた役割や問題点の考察自体ではなく、両者をめぐって展開されてきた言説の比較・関連づけにある[1)]。

2. 原発と自動車

原子力利用の賛否をめぐる議論でしばしば目にするのが、自動車利用との比較である。原発と同様、リスクがあるが必要であることがらの例として、原発推進論者は以前からこの比較を使ってきたが、福島原発事故のあとも、原発容認の論をたてる際に自動車が持ちだされることがある。例をいくつかあげてみよう。武田清（2011）は、原発が危険性をはらむことをもってその廃止を主張する人に対して「いつもその場合にあげる例として、自動車による交通事故死について説明してみる。」（武田 2011: 94）と述べて自動車事故の方が原発事故より死者が多いことをあげ、「それにもかかわらず、交通事故を減らしましょうとは言うけれども、事故が減らないから自動車をなくしましょうとは決して言わない。」（同上: 95）と、そのような反原発論の問題点を指摘する（類例として長浜 2013: 212-213）。

このように、もっぱら「例外的な」事象としての事故に注目する比較論が多い中、原発や自動車に依存する社会の問題を視野にいれた議論として藤井聡（2012）がある。藤井は、地域の生活・自然環境を破壊するクルマ社会の問題を考察したうえで、「「原発を使い続けるかどうか。」という問題は、先ほど紹介した「クルマを使い続

1　異なる領域の現象の類似や関連性を探っていくという点で、本稿は、本書の姉妹編での言語論と通貨論の比較検討（木村 2012）に続くものである。

けるかどうか」という問題と、少なくとも「基本的な問題構造」という点では、寸分違わぬ構造を共有している」(藤井 2012: 79) と明言する。藤井によれば、

> 両者［クルマと原発の問題］の違いは、その問題構造を見て取る容易さ難しさにあるだけなのであり、原発にせよクルマにせよ、日本に残された守るべきものを保守し続け、生きるに足る人生を日本人が日本人として生きていくためには本来ならば「脱」や「減」が望ましいにもかかわらず、既に、日本の根本的な構造そのものが“原発”や“クルマ”が存在することそれ自体を前提とするものへと完全に変質してしまっている、という点において両者はその構造を共有しているのである。(同上: 91)

こうした認識から、藤井は、構造をかえないままで脱原発や脱自動車を言っても問題解決にならない、できることはとりあえずは原発にしても自動車にしても「安全運転」しかないとする。

このような原発推進・容認論における自動車との類似性の指摘への反論として、脱原発論においては、原発と自動車の相違点が強調されることが多い。たとえば池田清彦／養老孟司 (2011) では、原発の方が危険であるうえ、自動車は事実上、田舎などでは代替がないが原発は代替があるという発言がみられ、大澤真幸 (2012) は、原発事故の方が規模が大きいこと、また原発は事故がなかったとしても放射性廃棄物の問題など恒常的な問題があることをあげている。また安冨歩 (2012) は、効用のある自動車 (や電車) とちがって、プルトニウムには何の効用もないので「プルトニウムの危険性と、自動車や電車の危険性とを、同列に論じるのは欺瞞です。」(安冨 2012: 65) として、プルトニウムの危険性を気にするようであれば自動車にも電車にも乗れないという (3.11以前の) 原発推進論に反駁している。

しかし、自家用車が完全に代替不可能かというと、そうではない。実際、コミュニティバス・タクシーや自動車の共同利用などの代替が提案、また地域によっては実践されている。また池田・養老対談では、田舎だけをとりあげているが、自動車問題はむしろ都会の問題である。都会で、自動車の利用を制御するような都市計画 (中心部への乗り入れ制限や公共交通の再整備) を行えば、渋滞の緩和・解消や大気汚染の軽減など、多大な効果がみこまれる。規模の問題も、自動車事故は分散してい

るから目立たないだけで、上の武田の指摘のとおり死傷者の数からいうと自動車事故のほうがはるかに規模が大きいともいえる。恒常的な問題に関しては自動車の排気ガスによる健康被害や騒音の問題を看過することはできない。仮に事故の危険性がないとしても、自動車は「効用」があるだけではないのである[2)]。ここではこれ以上論じることができないが、総じて自動車と原発の類似性を否定する論は説得力が足りないように思われる。これらの反論は、原発にのみ批判的であって自動車への批判的観点が欠落しているところに問題があったのではないだろうか。原発批判論は、原発と自動車の比較に関するかぎり、両者の違いを力説するよりも、自動車の問題をも自らの生活のあり方に直結する課題として認めてこそ説得力をもつだろう。

その点、自動車への批判的な観点が原発反対論と結びついている興味深い例が小林和彦（2011a, b）である。小林（2011a）は、「排気ガス規制がかなり強化された現在でもクルマからは窒素酸化物や硫黄酸化物、粒子状物質などの有害物質が大量に排出されているのである。しかし、放出された放射性物質についての説明と同様に、クルマから排気される有害物質も大気中では希釈され、「ただちに健康に影響を及ぼすものではない」ものとして見過ごされ続けてきた。」（小林2011a: 15）と、原発と自動車の問題の類似性を指摘する。さらに小林（2011b）は、クルマの生産が電気を大量に必要とすることから、クルマは「電気の結晶」ともいえるとしたうえで、大量の電力の供給のために原発が建てられてきたことを論じ、「原発なしに今日の日本の自動車産業の隆盛とクルマ社会の進展がなかったことは確かであり、まさにクルマは「原発の結晶」と呼ぶこともできそうである。」として、「「脱原発」を標榜しながら依然としてクルマを乗り回す人は少なくない。それはクルマ社会が原発大国を築いたことに気付かないからであろう。」（以上、小林 2011b: 17）と述べる。この論は、原発と自動車の直接の関係を立証するものではないが、両者が並行して普及・推進されてきたことを指摘している点、注目に値する。

2　一方、プルトニウムの抽出にも、原子炉の燃料にする（「プルサーマル」や高速増殖炉での利用）という「効用」があげられている。その有効性が疑わしくともプルトニウムの利用推進が放棄されない背景には、核兵器製造の潜在的可能性という安全保障上の「効用」をねらう論もある。プルトニウムは原発の稼働によって生じるものであるが、何の効用もない無用物ではなく、一部の推進論者にとっては、膨大な費用をかけてでも抽出するに値する多大な「効用」があるとみなされるのである（注2も参照）。

このように、原発という施設と自動車という製品がそれ自体、なんらかの点で似ているということが比較の前提となっているわけではない。日本においてこれらが使用されることに伴う問題に構造的な同型性があり、実際の普及・推進過程にも並行性がみられることが、原発と自動車の比較、関連づけを成り立たせているといえよう[3)]。その際、比較する事項のどちらか一方にはひたすら批判的観点を適用し、他方は手放しで肯定するという姿勢が妥当ではないことも確認した。この点をふまえて、次章以下では、原発という施設と英語という言語をそれ自体として比較するのではなく、「3.11」後に広くみられるようになった、日本における原発のあり方への批判的な見解を、日本社会における英語のあり方に批判的な研究者の言説とつきあわせて、日本社会における「原発」と「英語」という現象の比較可能性を考えていきたい。はじめに、両者の時代的な並行性を検討したうえで、問題構造の同型性に注目する。

3. 原発と英語の普及過程の並行性

まず、原発と英語の普及に関して並行性をみいだすことができるかを検討しよう。原発推進については「経済性」や「効率性」、エネルギーの「自給」が動機として挙げられることが多いが、批判的な観点からはアメリカ合州国（以下、アメリカ）との関連があげられている。吉岡斉（2011a）は、日本が「原子力発電大国」になった「歴史的プロセスにおいて決定的に重要な役割を演じてきたのは日米関係である。そのことは日本の商業用発電炉がすべて米国型軽水炉であることだけをみても明らかである。そうした日米関係には軍事利用に関する両国の利害関心が投影されてきた。」(吉岡 2011a: 1293）として、こうした事態を「日米原子力同盟」と呼んでいる[4)]。

3　言説レベルでの比較を行う本稿では、直接の関連性の検討までは立ち入らないが、上岡直見（2012）のように、脱原発と自動車使用抑制を実質的に関連づける論考もある。上岡は、脱原発によって火力発電の燃料コストが増える分、国内の原油消費を他分野で減らせば全体として費用節減になるとして、乗用車の利用を1～2割控えるだけで、運転中の原発分の原油が捻出できるとする（上岡 2012: 132-133）。

4　太田昌克は、原子力利用の両面性をより明確にすべく、この関係を「日米〈核〉同盟」と呼び、「平和利用」と「軍事利用」が技術的にも、実質的な意図としても表また佐伯啓思（2012）はこの関係性に別の角度から言及し、日本における核の平和利用が前提とする「「平和」なるものは、実はアメリカの核の傘によって与えられていたのだ。アメリカの核という前提のもとに、原発は核から切りはなされて「平和利用」が可能となっていた」(佐伯 2012: 187）と指摘している。すなわち、戦後日本は、核の傘（安全保障）のもとで平和を享受してきたが、これに付随する現象として原発があったというのである[5]。

英語についても同様に、ドルの傘（日米貿易）のもとでの経済成長に付随する現象として位置づけることができよう。このことは、1945年以降の貿易のなかで大きな比重をしめてきた日米貿易において主に英語が使われてきたことが戦後日本における英語の実際的な機能の代表的なものであったことを想起するだけでも明らかである。英語は「国際化」との関連で語られてきたが、戦後の日本においてはなかんずくアメリカとの密接な関係のなかで推進されてきたのである。そして英語の学習・使用が社会のさまざまな領域において「アメリカ化」とむすびついてきたことが指摘されている（津田／浜名 2004)。政治的には、英語はアメリカ主導の施策を伝達する導管の役割をも果たしてきた。矢部宏治（2014）は、日米間の主要な取り決めはすべて英語が正文であり、日本語は「仮訳」(外務省）しかないことを紹介し、天皇の人間宣言や憲法を含む日本の国家体制を決める重要な文書がいずれも最初は英語で書かれた占領期から今日まで、「まずアメリカ側が基本方針を決める。それにあわせて日本側がアレンジする。」(矢部 2014: 187）というやり方が続いていることを指摘している。こうして、戦後日本における原発と英語の比較的順調な受け入れはいずれもいわばアメリカとの紐帯のしるしないしアメリカへの依存のあかしとしてとらえることができる。

世界的にみても、両者はともに第二次世界大戦後に拡大していったが、その際、

裏一体にあることを掘り下げている。原爆被害にあい、核兵器に拒否反応を示す日本国民に、原子力の肯定的な力を見せて、アメリカの冷戦戦略としての核配備を受け入れる環境醸成をはかる意図があった（太田 2014: 9, 19)。一方、日本政府側には、核兵器開発技術を手に入れることによって核武装の可能性を保有するねらいがあった。そのために必要なのがプルトニウムを利用する核燃サイクルであり、日本が、一向に発電に貢献しないままのこの方針を堅持し続けている背景となっている。

5　アメリカ軍の核の傘なしでは、日本の原発は、軍事的には、日本が自らとりつけた容易な攻撃対象としての「役割」を担う。その意味でも原発は、アメリカへの依存を担保する装置なのである。

アメリカの影響力があったことは見逃せない。原子力については、アメリカのアイゼンハワー大統領が1953年12月8日に国連総会で行った「平和のための核」(Atoms for peace) 演説が原発の国際的普及の出発点としてよくあげられる。英語も、戦勝国アメリカの覇権とともに、旧大英帝国植民地地域をこえて急速に国際的に普及が進んだ (クリスタル 1999)。アメリカとの密接な関係のもとに歩んだ戦後日本は両者がアメリカの直接の影響のもとで推進された代表例といえよう。

ただしとりわけ近年の原発と英語をめぐる動きには、アメリカとの関係をこえる側面がより強くみられるのも事実である。日本政府は、トルコなど海外への原発輸出を、3.11後も進めようとしている。一方、英語に関しては、企業の英語社内公用語化の動きと小学校における英語必修化 (2011年) を近年の代表的な動きとしてあげることができる。前者はアジアなどへの進出を念頭においたものであり、後者も「グローバル化」を念頭においた経済界の働きかけと後押しのもとに進められた。これらの動きは、アメリカとの関係という、従来の原発と英語推進に共通する背景を相対化するようにみえるが、内需拡大の限界をふまえた「新成長戦略」のなかで軌を一にした動きである。アメリカとの密接なむすびつきをこえた国際的な文脈のなかでも両者の推進はひきつづき並行しているのである。

このように、世界的にも、またとりわけ日本で、原発と英語の推進・普及は同じような国際政治経済的な文脈の、異なる領域における現れとして並行して進んできた面がある。

4. 原発と英語の問題構造の同型性

では、両者が並行して普及されてきたとしても、それ以上の共通点はあるのだろうか。日本 (語) で原発と英語についてこれまで行われてきた議論を参照すると、同様な論点が双方に登場することに気づく。代表的なものとして「批判精神の欠如」、「植民地主義」、「欲望の開放」があげられる。それぞれみていこう。

4.1　批判精神の欠如

3.11後に盛んに言われたのが原発の「安全神話の崩壊」であった。そこで問題視されたのは、以前から地震・津波による事故の危険性が指摘されてきたにもかかわらず、これらの声が原発推進を「村是」とする「原子力村」において事実上、無視されてきたということである（添田孝史 2014）。

電力会社は原発推進広告やPR館などで原発の「必要性」、「安全性」を一方的に強調してきた。本間龍（2016）は、福島第一原発事故以前の、日本での原発への高い支持率の背景に巨費を投じた原発広告があったことを指摘している。また文科省の「原子力・エネルギー教育支援事業交付金」においては交付額の3割以上を原子力に使うことが求められ、しかも原発の危険性を学ぶ教材は対象外だったという（朝日新聞 2012.3.21）。また批判精神を売りとするはずの学問分野においても、原子力関連の学界では批判をうけつけない「欺瞞的な言葉」が蔓延していたことを安冨歩（2012）が指摘している。

ここで英語に目を転じると、似たような、あるいはそれ以上ともいえる現象につきあたる。首都圏で電車通勤する筆者のばあい、英会話学校の車内広告を見ない日はない。またそれらの「英語推進広告」にみられる英語礼賛はかつての原子力礼賛広告が控えめにみえるほどである[6]。英語教材も英語の有用性以外の側面（後述）には目を向けないものが多い。そして「原子力村」は批判的外部からの呼称であるのに対し、日本には英語推進を村是として自ら「英語村」と名乗る空間が実際に存在することは象徴的である[7]。ここでは、それらを含む日本の「英語村」の総体への批

6　「世界中どこにいたって自由に羽ばたける」、「Help!　息子が宇宙飛行士になりたいと言っている。ハイ、そこで○○○○［英会話学校の名］」といった、最近みかけた広告は、「英語→世界中」、「英語→宇宙飛行士」という、あまりにも短絡的な発想がほほえましいほどである。一方、英語ができなくて困っている状況をみせる「脅迫」系の広告も少なくない。これは、（反対運動のせいで）原発が作れないために人々が電気がなくて困っている状況を描いたかつての原発推進広告を想起させる。一方、英語広告は、英語産業の競争のうえに成り立っているため、競争相手のない電力会社などが電気料金を原資として独占的に展開した原発広告とは根本的に異なる性質をもっている。

7　「英語村」は韓国が有名であるが、近年、日本でも、近畿大学、鳥取環境大学、九州

判をいくつかみてみよう。[ ] 内は、筆者が書き加えてみたものである。

> 英語ができないと困る［原発がないと困る］という「剥奪の恐怖」のメッセージを入れることにより、このメッセージを受け取った者が英語［原発］の必要性、緊急性、絶対性を認識するようなメッセージを暗に伝えているのであります。 (堀部秀雄 2002: 117)

> 英語［原発］の有用性とその問題点をマクロ社会的な視点から捉え、公教育における言語教育政策［エネルギー教育政策］に意見を具申し、広く日本国民に正確な情報を提供し、そして同時に学習者個人に英語学習［原発利用］の意義と在り方を考えさせていくことは英語教育学［原発教育］の重要な役割であろう。(…) いたずらに英語［原発］の有用性を喧伝することは、動機づけではなく、単なる扇動ではあるまいか。 (同上: 124)

> 根本的批判をそれなりの問題として受け止める風土の欠如こそがディスクールの作用によるものである。英語教師［原発研究者］による諸論が英語［原発］ディスクールを再生産し、それによって自由な批判精神が宿ることが阻止され、思考の硬直化が起きてくると考えられる。 (中西満貴典 2002: 16)

ここであげられていることは、まさに安冨 (2012) で批判された「原子力村」(およびその周辺) の体質と同じ問題である。[ ] 内に示したように、実に、そのままおきかえることができる。安冨は、「原子力のように、大金の流れこむ分野に身を置いている人々が、自分たちの置いている恣意的な前提を否定するような言葉を、受け入れることは決してあり得ません。」(安冨 2012: 47) と、批判に目をむけようとしない背景には、利害関係があると述べる[8)]。英語の問題点が議論されない背景として

保健福祉大学といった大学付属の常設「英語村」から、「浜松英語村」のような定期会合、「あずき王国英語村」のような合宿、福岡などでの催しとしての「特設英語村」、「Kazuko 英語村」のような学習塾など、実にさまざまな「英語村」がみられる。

8 原子力関係の予算がいかに大規模であるかについては、文科省関連の研究予算だけをみても、原子力関係予算（その大半が研究関連費）2441億円が学術振興会の全分野の予算総額2917億円と互角の規模であることからもうかがえる。(平成23年度文

別府晴海は同様の指摘をしている。

> 英語圏の知識人はいろいろな形の差別に対して非常に敏感（[である。] …）ところが、言語、英語の支配ということに関しましては、彼らはほとんど何も発言していない。(…）背後には当然、彼らの利害関係が潜んでいます。先ほど申し上げましたように、英語が世界の共通語であるということは、英語を母語として話す人たちにとって非常に有利です。(…）そういった自分にとって有利な立場を批判するということは、知識人にとっては致命傷です。
> （津田（2005）所収「英語支配にどう対処したらよいのか」における別府の発言、75-76）

この指摘は、英語を母語としない「英語知識人」や「英語業界人」、さらには英語を使用する私たち一人一人にもあてはまるだろう。このように、英語と原発に関して、推進一辺倒によって批判的な観点に目を向けてこなかったという共通する問題が指摘されている。

そして、批判的観点の欠如が決して無害ではないことも共通している。英語に関しても、その力を過信することによる「安全神話」があったと考えることができる。原発の「安全神話」が崩壊したのが「3.11」だとすると、英語の「安全神話」が崩壊したのは2001年のアメリカでのテロ事件「9.11」であったといえよう。この事件に関してアメリカ政府・議会が設置した委員会による「9.11委員会報告書」(National Commission 2004）には、言語への言及が散見され、テロ情報を事前に把握することができなかった背景にはアラビア語など現地語能力の欠如があると指摘されている。英語ではない言語で情報が提供されても現地のFBI（アメリカ連邦捜査局）係官が理解できなかったために見逃していたということも具体的に記されている。そしてすでに「9.11」以前にCIA（アメリカ中央情報局）には異言語能力の欠

部科学省原子力関係予算案 http://www.mext.go.jp/a_menu/kaihatu/gensi/__icsFiles/afieldfile/2011/01/14/1289598_1.pdf、学術振興会予算http://www.jsps.go.jp/aboutus/index5.html)。なお、英語業界も一大産業である。外国語学校などでつくる「全国外国語教育振興協会」の推計によると、外国語教育産業の市場規模は約8千億円で、うち9割以上を英語が占めるという（産経新聞2012年6月28日http://headlines.yahoo.co.jp/hl?a=20120628-00000519-san-soci; 2012.6.29検索)。

如を解消するための提言がなされていたにもかかわらず、実行されていなかったとのことである。その背景には、アメリカにおける異言語能力の意義への理解のなさと、それに起因する異言語教育の貧弱さがある。同報告書には、中東言語が専攻できる大学課程がアメリカに非常に少ないことが問題としてあげられている。アメリカ政府は、英語で十分情報を得られると、英語の力を過信していたといえよう。このような、英語さえできれば世界の情報がなんでも手に入るので安全（安心）であるという「安全神話」が2001年のテロ事件で崩壊したのである。これは、「国際理解」を英語にたよりがちな日本にとっても、他人事ではないはずだ。日本では、英語さえあれば海外では問題がない、英語さえやっておけば大丈夫とする英語に関する「安全神話」はまだ健在にみえる（注6の英会話学校の広告参照）。

英語と原発の「安全神話」は、異なる事象を扱っており、その事象自体は比較できるものではないが、どちらも、一つの「便利な手段」に過度の信頼をおいてその限界を看過する点が共通している。一つの技術や言語が完全ではありえないことを認識し、その限界をしっかりみすえておけば、「3.11」の原発事故も「9.11」のテロも起きなかったのではないだろうか。

4.2　依存と従属による「植民地主義」

日本においては、英語に関しては依然として批判的観点がほとんどかえりみられない一方、3.11後、原発に批判的な観点は一気に脚光を浴びることとなった。そのなかに、立地をめぐる問題がある。原発は、電力消費地域も発電所立地地域も双方ともに利益を得るということが言われてきた。しかし実際には、負担やリスクの一方への事実上のおしつけがみられることが白日のもとにさらされた。3.11でわたしたちが経験したのは、電力を消費しているのは東京であるのに事故で避難することになったのは福島の人であったという不条理であった。長谷川公一（2011）は次のように述べる。

> 都鄙感覚と地域間格差を前提に、とくに過疎的な地域に立地されてきたのが原子力発電所であり、核燃料サイクル施設をはじめとする原子力施設である。フクシマ事故が例証したように、放射能汚染などの不利益を集中的に被るの

は過疎地の立地点であり、電力の恩恵に浴するのは首都圏という差別的な構造がある。（長谷川 2011: 45）

事故があっても東北は人が少ないからいい、という立地の論理は、長谷川の言うように差別と言われても仕方がないだろう。また長谷川は、「後進地域の財政的・精神的な中央政府依存を積極的に利用して［原発の］立地がすすめられてきた」（同上: 49）ことを指摘する。

格差をもとに依存関係をつくりだし、一方の都合のよいように他方を従属させるという中央と地方の関係は、「内なる植民地化」という表現が示すように、宗主国と植民地の関係になぞらえられてきた。そして原発は日本においてまさにそのような関係性に乗じて普及されてきたのである。こう考えると、原発立地地域がたびたび「植民地」としてとらえられるのも（赤坂憲雄ほか 2011、高橋哲哉 2012など）誇張とはいえない。開沼博（2011）は、「コロナイゼーション（植民地化）」、とりわけ「内へのコロナイゼーション」が日本の近代化と原発の関係に関する考察の軸となるとさえ述べている。開沼によれば、原発が極めて重要な役割を担ってきた「内へのコロナイゼーション」において、

結果として、地方は一見、近代化を進めたように見える。しかし、内実を見れば、例えば何らかのリスクを背負わされたり、経済的な豊かさを達成しているようでいて実際にはモノカルチャー経済的な構造の中で自由に意思決定できない状態にあったり、まさに「外へのコロナイゼーション」ほど可視的ではないにしても、それと同様か、可視的ではないが故により深刻とも言いうる、中央／地方間の「支配／被支配を前提とした宗主国／植民地関係」に向かっていっていると言ってよいだろう。（開沼 2011: 1302）

宗主国／植民地関係による普及という経緯は、英語にもあてはまる。というより、英語は文字どおりイギリスの植民地支配によって世界的に普及した代表的なことがらである。しかしこのことは日本における英語普及にはうまくあてはまらないようにみえる。日本は英米の直接の植民地になって英語の学習・使用を余儀なくされたわけではなく、自ら英語を学んできたからである。ところが、日本における英

語の地位に関しても「植民地」という観点がしばしばみられるのである。田中克彦 (1993) は、日本でみられるような一方向的な外国語教育の現状を「植民地主義」と呼んでいる。英語教育によって学習者は利益を得るということが言われてきたが、実際には英語母語話者に比べて負担の不均衡が前提になっている。すなわち非英語人が言語学習の費用を負担し、意思疎通がうまくいかなかったらこれも非英語人の責任とされる。すでに膨大な時間を費やしているのに「もっと英語勉強しなきゃ」となるのである。これはあまりにも当然のこととされて意識されないが、宗主国言語に対する植民地人の関係と基本的にかわらない。その意味で、英語の普及がそもそも植民地化とむすびついたものであり，地域間格差をもとに普及してきたのみならず、日本の文脈においても、英語のあり方をもって「植民地」になぞらえることが可能になると考えられる。

また自発性の問題について、鈴木孝夫 (1995) は、日本がかつては中国、近代以降は欧米を「宗主国」として「自己植民化あるいは自己改造型の国際化」をしてきたとしている。鈴木 (1999) は、日本の製品名の大多数が当然のごとく英語名であることを「自己植民地化」の例としてあげている[9]。また別府春海 (2005) は、英語の権威を無批判に受け入れることで日本人が自らを英語圏のものの見方に従属させて英語母語話者の特権を受け入れていると指摘して、これを「セルフ・オリエンタリズム」と呼ぶ。これらの議論は、英語圏が直接的に支配するわけではなくとも日本人が自ら英語を高級、先進的とみなしてありがたがることで事実上の上下関係、従属関係が生じることを指摘しているといえよう。自発性と従属性が矛盾しないということは、自らを従属させているという自覚がほとんどないまま多くの原発立地地域の自治体が自ら (新たな) 原発を誘致していることからも明らかである。

このように英語普及のあり方を植民地化になぞらえる場合、原発における植民地論が国内の格差を問題にするのに対して英語の場合は英語圏との関係での国際的な側面であるため、植民地といっても意味合いが異なるという反論があるかもしれない。これに対しては、原発にも国際的な意味での「植民地」的構図があるという応

9　これは英語圏からみても興味深い現象であるようだ。クリスタル (1992: 497-498) では、「外国のものが最高であるとき」と題した節において「商業活動の一環として外国語を最も多用しているように思われる文化」として日本の例がとりあげられている。

答が可能だろう。日本における原発がアメリカ依存のあかしという機能をも担ってきたことは上述（3節）のとおりである。西川長夫（2013）は次のように、植民地主義を重層的にとらえることを主張する。

> 現代のエネルギーの中心をなす原発の問題は、新植民地主義の典型例である。新しい植民地主義の最も単純明快な定義は私の考えでは、「中核による周辺の支配と搾取」であるが、これは「中央による地方の支配と搾取」と言いかえてもよいだろう。中核と周辺はアメリカと日本のような場合もあれば東京と福島のような場合（国内植民地）もある。この二種の植民地の関係は複合的であり、また中核による支配と搾取を周辺の側が求めるという倒錯した形をとることもありうるだろう。（西川 2013: 249）

原発に関する東京と福島の関係は、アメリカと日本の関係につながるのである。

また英語の場合、上述の国際的な格差のほか、国内的な格差の問題もあることを確認しておきたい。植民地における宗主国言語の導入がエリートと民衆の間の格差を構成する要素の一つとなり、独立後も国内での格差の維持と結びついてきたことは社会言語学においてつとに指摘されてきたことである（クルマス 1987）。日本国内における英語の主要な機能が、受験におけるふるいわけにあることを考えると、威信をもった特定の異言語の能力が教育における選別に不可避に組み込まれている点で、日本における英語は、旧宗主国家語がエリートの証として必須である旧植民地諸国と、深刻さの度合いは大きく異なるとはいえ、同じような構図をもっているといえる。小学校の英語教育必修化や英語社内公用語化にみられるように、英語を国内的にもより深く浸透させようとする動きは、――その動機とは裏腹に――国内的な英語格差の本格化に道を開くものとなりかねない（施光恒 2015）[10]。

このように、英語に関して「植民地主義」とされることは、特定の民族語が国際語になる際に生じる「第一言語話者と非・第一言語話者の格差」や「非・第一言語

10　Terasawa 2012は、日本において、英語の役割が限られている現状では、経済格差の再生産という意味での「英語格差」は直接には検証できないが、入試や就職における英語の重視がさらに高まれば、日本においてもその可能性があることを示唆している。

話者の間の言語運用に関しての格差」(かどや 2012) にほかならない。日本における英語普及のあり方に批判的な論者が「植民地」を持ち出すのは、古典的な実際の植民地関係をさすものではなく、構造的な差別や(自発的な)上下関係、従属関係を指す表現としてであり、その意味で、むしろ原発論における「植民地」の使われ方と類似している。普及によって関係者がすべて「利益を得る」半面、負担において不均衡が前提であり、受け入れによって依存や格差が構成・維持されること、さらには受け入れをよりいっそう進めることがそのような関係を縮減・解消するどころかむしろ強化することにつながるという共通する含意を、両者において「植民地」概念が使用されることから読みとることができよう。

福島の原発事故がおきて避難民が発生するまで、わたしたちの多くは、原発が「僻地」にあることを当然のこととして受けとめ、さらには原発の設置は現地の人のためにもなると正当化しつつ、その立地の前提にある「植民地主義」をほとんど意識してこなかったのではないだろうか。そのような心性は、原発に関しては3.11以降、ゆるがされたかにみえる。しかし英語についても「植民地主義」になぞらえうる前提があることは、依然としてほとんど意識されていない。英語を使えるようになるように努力すべきは非英語圏の人々であることを当然のこととして受けとめ、さらには英語学習は本人たちのためにもなると正当化しつつ、「利益を得る」という誘因のかげで格差の存在が覆い隠されるか仕方のないこととして是認される英語推進の構図は、3.11以前の原発推進と何が異なるのだろうか。

4.3 原動力としての「欲望の開放」

そして、「欲望」をめぐる言説に原発と英語の3つめの共通点が見出される。原発推進については、通常は電力の安定供給上の意義や石油以外のエネルギー源の確保の必要性があげられている。しかし、原発をつくりつづけるとともに電力供給量をどんどん増やしてきたことは、こうしたエネルギー安全保障上の理由だけでは説明がつかない。実のところ原発は、原発をつくったり電気を売ったりして利益を拡大しようとする経済界、電力業界のねらいに、さらに快適で便利な生活を得ることを歓迎する消費者が呼応する形で推進されてきた。こうした経緯をふまえて山折哲雄は、原子力を豊かさや利便性への「欲望」という観点からとらえなおすことを主張し、「果てしない豊かさへの欲望を保証する電力。それを生む原子力発電に、賛成する、あるいは反対する、そのいずれの場合においても、今回の危機的な状況を機に、われわれの欲望の問題をどう考えるか。ここに行かないと根本的な議論にはなっていかないような気がします。」(山折ほか 2011: 46) と提起する。

また佐伯啓思 (2012) は、近代文明が人間の欲望を解き放ったとして、次のように述べる。

> ギリシャの哲学にせよ、中世のキリスト教にせよ、日本思想にせよ、富の蓄積や自由の拡大といった人間の生の無限拡張に対してその限界を与えるものであった。文明とはそのような制約のもとでようやく安定した形をとるのである。(…) 欲望や富の無限拡張は、まさしく、「原罪」の意識がいちじるしく弱体化した近代にはいって生じた (。…) まさに神も仏も見失い、「原罪」などという贖罪意識のなんたるかをほとんど忘却したまさにその時に、原爆やら原発やらの脅威がふりかかってきたのだ。 (佐伯 2012: 200-201)

大澤真幸 (2012) は、「「原子力の平和利用」は、必然的に、アメリカ (…) への心理的な依存を伴ったものになる。それは、アメリカのようになりたい、アメリカに認められたいという欲望の一つの現れだからである。」(大澤 2012: 85) と、欲望をより限定的にアメリカへのあこがれと結びつけているが、そのようなあこがれが生じたのは、戦後日本においてアメリカがまさに「果てしない豊かさ」(山折)、「富の蓄積や自由の拡大」(佐伯) を体現したからであろう。

前節で扱ったように、英語もアメリカと密接に結びついてきた。「アメリカ」がなんらかの価値を体現するとすれば、英語へのあこがれも、アメリカという特定の国への関心をこえて理解することができよう。そしてここでも「欲望」との関連が提起されている。たとえば津田幸男 (2005) は、以前から「英語普及パラダイム」と呼んできたことを発展させて、資本主義とグローバリゼーションを推し進める「西洋 (近代) 文明パラダイム」について論じる。それと対置させられるのが「ことばのエコロジー・パラダイム」である。この二つを区別するのは「欲望」に対する考え方であるという。津田によれば、前者は「欲望の開放」を推し進めるのに対して、後者は「欲望の抑制」を推し進めようとする。津田は、「世界の有限な資源と環境を守るには、このまま欲望を開放しつづけていくことはできません。」（津田 2005: 158）と、後者へのパラダイム転換の必要性を主張する。

しかし英語はどのような「欲望」とむすびつくというのだろうか。津田（2005: 158-160）は、一方では、英語話者が「自分たちの言語を使いたいという欲望を制御できていない」ことが他の言語の話し手の言語権の侵害をもたらしており、他方で、非英語圏においても「自分を、そして自分の国を大きく強くしたいという「欲望」に英語が利用されているわけです。(…）英語は富と権力への近道なので、みんなそれに近づきたいのです。ここにも欲望の問題があります。」と述べる。

「欲望の開放」がもたらす問題について、津田とともに論陣をはるイ・スンヨル(2004）は日本よりも「英語熱」が高いと言われる韓国において生じている格差などの問題を具体的にとりあげたうえで次のように結論づけている。これは、直接的には韓国をとりあげているが、日本にもあてはまりうる問題として提起されていると言えよう。

> 英語は、国内的にも国際的にも支配－従属関係の深化と強化に関わっており、開発主義言説の典型的な主張である「だれもが豊かになれる」という約束の基盤になっていると私は考えている。しかし、この英語支配により、われわれ韓国人ははたして数多くの弱者の犠牲や抑圧の下に本当に繁栄することができるのかという大きな問題が残る。(…）英語はたしかに韓国人が自己をそしてその文化を他者の目から見るのに役立っている。しかし、その一方で実は英語は、他者の幸福を犠牲にして物質的繁栄を約束する開発至上主義の功利主義的言説を強化するイデオロギー手段なのだ。　（イ 2004: 170）

これらの論では、上にみた原発論と同様、英語が推進されるありさまも「富や権力」、また「物質的繁栄」への欲望とむすびつけられている。英語力が果たして直接にこういったご利益をもたらすかというと、そう簡単ではないだろう。だが、英語が主に経済的な利益の拡大とつなげて提示されているというイデオロギーを指摘する点でこれらの問題提起は首肯できるものである。

異言語の教育や使用は、一般的には職業上の必要性や異文化を理解するための意義によって根拠づけられる。しかし、たとえば英語を全面的に社内公用語にすることを仕事上の必要性として説明できると考えるのはあまりにもナイーブだろう[11]。仕事上英語が必要な業種や部署では、わざわざ「公用語化」の宣言をしなくても英語を当然のこととしてすでに使っている。また小学校に導入された「外国語活動」は、言語や文化について体験的に理解を深めてコミュニケーション能力の素地を養うことが目標とされているが（「小学校学習指導要領」）、このような目標を掲げたすぐあとの箇所に、なぜ原則として英語を取り扱うこと（英語必修化）が指示されるのか、指導要領からは読みとれない。この目標を実現するための具体的な内容としてあげられた事柄、たとえば、外国語の音声やリズムに接して言語の面白さ・豊かさに気付くことや多様なものの見方や考え方があることに気付くことなどは、むしろ対象を英語や英語圏に限らない方が可能性が広がる。実際の必要性や掲げられた目的をこえてまで英語が推進されることは、利益を拡大しようとする経済界、英語業界のねらいや、メディア・広告などをとおして英語学習意欲をかきたてられて社会でよりよい立ち位置を得ることをめざす学習者・保護者の思い抜きには考えられない。自らの利益を拡大してより豊かな生活をおくることをめざすことを「欲望」というならば、英語のこれほどまでの普及に、欲望に支えられてきた側面を見出すのはそれほどうがった見方ではあるまい。

もちろん利益を拡大してより豊かになりたいという欲望は必ずしも否定されるべきものではない。経済的な困窮状況においては生きるという基本的欲求にもつながるものだろう。しかし現在の日本の、世界的にみれば既に過剰ともいえる豊かさを、格差に依存したり格差をひろげるような形で維持することで、さらにはこれ以上豊かになることで、もっと幸せになるのだろうか。自然環境や社会環境を犠牲にしてでも、これまでのような経済成長のあり方をつづけていくのだろうか。ここでとりあげたさまざまな論者が言うように、日本において原発や英語を推進してきた原動力にあくなき豊かさや富の拡大への「欲望」が含まれているとするならば、その欲望を今後もこれまでどおり追求していくのかどうかということが、次なる問いとしてうかびあがってくる。原発や英語のもたらす利益の大きさに目をうばわれるあまりに問題点に目をつぶってこれまでどおりひたすら邁進してよいのだろうか。「必要だから」という答えに満足して、本当にそこまで必要なのか、なんのために必要

11　食堂のメニューを含む徹底した英語公用語化で注目を集めた楽天では、これまでのところ、大多数の業務が国内向けであるとのことだ。

なのかを問うことを忘れていないだろうか。

5. 対策の類似点：脱原発依存と脱英語依存

本稿ではもちろんこのような、資本主義社会の前提にもかかわるような大きな問いに答えを出すことはできない。しかし日本における原発と英語に関して問題点が共通するということは、対処の方向性も共通するのではないかという仮定をいだかせる。これまでの路線への代替案として考えうる脱原発依存と脱英語依存にも類似性がみいだせるのだろうか。

5.1 多角分散型へ

まず、脱原発依存に関してはエネルギー源の多角化が提起されている。政府は3.11前は、原発を増やして電力供給の50％以上を原子力にする計画であった。このような、一つの手段に依存する度合いを高める方針に対して提案されてきたのが、さまざまなエネルギー源、とりわけいわゆる再生可能エネルギーの複合的な活用である。一つ一つの発電力が小さく不安定な再生可能エネルギーに比べて一つの大きなエネルギー源に集中して一定量の電力を持続的に供給する原発は経済的、効率的、安定的とされてきた。しかし大島堅一（2011）のように、事故補償費、電源開発促進費、使用済燃料処理費などもふくめれば原発は必ずしも安いわけではないという試算もある。吉岡斉（2011）も、「日本の政府・電力会社は原子力発電が火力発電・水力発電などに比べて経済性に優れていると主張しているが、この主張はいささか曲芸的である。もし原子力発電の経済性が優れているならば、政府が支援する根拠がなくなるからである。」（吉岡 2011ロ: 7）と、原発が経済的であるという論拠を否定している。現在、電力にとって原発が経済的とされるのは、既に発電所ができあがっており、新たな設備投資なしで発電ができるということが大きいのである。また大規模集中型の発電を前提としたエネルギーシステムは、長距離送電による損失のほか、発電時の廃熱がむだになるため、実は効率が悪いことも指摘されている（小澤 2012: 121）。点検による停止の必要や事故が起こったときのことを考えると、原発の不安定性もきわめて大きい。このことは、原発が止まったときのために火力発電所などが待機状態にあることからも明らかである[12)]。全体的、長期的に考えると、むしろ再生可能エネルギーを含む多角分散型のエネルギーシステムの方が経済的、効率的、安定的ということになろう[13)]。

言語に関しても、一見、外国語教育を、圧倒的に世界に普及している英語に集中することが経済的、効率的に思われる。しかし単一の共通語にのみたよることは、上であげた情報収集の偏りや従属関係、またこれらの結果として世界各地域との長期的な相互理解や関係の深化の限界などの問題がある。このような問題に対処するため、多言語教育体制をめざしていくことが、代替的な方向性として提起されてきた（森住／古石／杉谷／長谷川編著 2016）。

多言語ないし複言語教育に関してはしばしばヨーロッパが先進的事例として参照されるが、本稿の文脈では、英語の「安全神話」崩壊後のアメリカの異言語政策に言及することが有意義だと考えられる。上記の9.11報告書で述べられたような言語能力の不足が効率的な情報収集を妨げてきたとの反省から、アメリカ国防総省は異言語教育の強化に乗り出した。2005年には「国防言語改革への道程」(Defense Language Transformation Roadmap) が出され、国防言語室 (Defense Language Office) が設置された[14)]。さらに、2006年には幼稚園から職場まで異言語教育を強化する国家安全保障言語構想（National Security Language Initiative）が開始された（船守 2006)。その趣旨説明では、「9.11後の世界」において「アメリカ人は他の言語でコミュニケーションがとれなければならないが、この挑戦に大部分の市民はまっ

12　だから原発が止まっても電力供給は続けることができた。

13　「かつてエネルギーは大規模集中型で供給することが、最も効率的と考えられてきました。しかし、自然エネルギー技術の開発、コージェネレーション技術の進展などにより、小規模分散型でも十分に効率的なエネルギー供給が可能になってきました。(…) 少数の独占企業によるエネルギー供給から、多様な主体が担う分散型システムへの転換により、強靭で効率的な、また地域社会の活性化にもつながる持続的なエネルギーシステムを実現することができるのです。」（自然エネルギー財団 2015: 16）

14　同室は2012年2月、冷戦終結後の1991年に開始された「国家安全保障教育プログラム」と統合して「国防言語及び国家安全保障教育室（Defense Language and National Security Education Office)」となり、言語教育を地域研究と絡めた教育の重点化を進めようとしている。

たく準備ができていない」ことを認めている（NSLI [2006]: 1)。重点言語としてはアラビア語、中国語、ロシア語、日本語、韓国語、ヒンディー語、ペルシャ語などがあげられた。この構想は政権交代後、オバマ政権においても引き継がれている[15]。アラビア語に堪能なジョン・ブレナンが2013年にCIA長官に任命されたこともその一例といえる。自国の安全保障の確保という一方的な動機づけのため、対象が戦略的に重要な言語に限られているという限界をかかえるものの、英語一辺倒の限界にほかならぬアメリカが気づきつつある（ようにみえる）ことは日本の異言語教育にとっても示唆的であろう。

5.2　節度をもって使う：「節電」と「節英」

しかし多角化といっても、どこまでどのようにするかは困難な課題であり、エネルギー問題や異言語教育問題への対処を多角化のみに頼ることはできないだろう。水野和夫（2012）は、3.11前、電力の供給力は過剰であり、「3.11［福島第一原発事故］はエネルギーの過剰な「蒐集」によって起きた事故」(水野 2012: 373）だと述べている。数百キロ離れた福島に原発を作って東京まで運ぶという無理をするところにそもそもの問題があるという指摘だろう。原発は「必要」とされてきたが、これらを「必要」とするのはどのような社会なのかをむしろ考えるという提起としてうけとめることもできよう。水野は、これを近代社会の問題としてとらえている。

> 近代の理念は、「膨張」とその結果として必然的にたどり着く「過剰」なのであるから、近代を終わらせるプロセスは「収縮」と「節約」である。これをくぐり抜けないと、近代の次へ到達できない。　　　　（水野 2012: 374）

この指摘を原発と英語にあてはめて考えてみよう。

電気に関して提案されているのが、「節電」である。電力消費を減らすことで、発電に伴って生じる問題を減らすというのがねらいである。これは通常は、使わない電気機器のスイッチを切ったりより電力消費の少ない機器に換えることとして理解

15　National Security Language Initiative for Youth (http://exchanges.state.gov/youth/programs/nsli.html)

される。いわば「節度をもった電気使用」といえる。しかしより根本的に、エネルギーのなかの電気エネルギーへの依存度の見直しも提言されている。現在、最終エネルギー消費で電力が占める割合は約4分の1（家庭部門や業務部門で5割、産業部門で2割）とのことである（小澤 2012: 120）。電気はなんらかのエネルギー源からつくりださなければならない二次エネルギーであり、その過程で投入エネルギーの多くは排熱となる。日本の一次エネルギー供給に比べて最終エネルギー消費は45%も少なく、発電時の廃熱として失われる分が多いという（同上: 120）。となると、エネルギーを効果的に投入するためには電力比率を低くすることが有効である。電気は光として使うのがもっとも効率的で、熱源として使うのは非効率であるから、原発が生み出した剰余電力の使い道として推進されてきたオール電化はきわめて非効率的な方法ということになる。むしろ「非電化」製品の可能性をみなおす方向がうかびあがる（藤村 2012）[16]。

英語についても、英語使用を減らすことをめざすべきだという梅棹忠夫（2004）の提案がある。

> 今後、国際化がどんどん進んでゆきますが、国際化とは英語を使うことではない。むしろ英語を使わなくすることが国際化への道だと、わたしは考えています。英語を使えば使うほど、国際化から離れてゆくのです。
>
> （梅棹 2004: 24）

上述したように、外国人はみな英語を話すと思いこんだり、カタカナ語を使うことがかっこいいと思うような傾向がみられる。梅棹は、必要以上に英語をありがたがることをやめることが国際化の第一歩だと言いたいのではないだろうか。節電にならって、節度をもって英語を使う方向性を「節英」と呼んでみたい。節英とは、むやみに英語の学習や使用を制限するということではなく、どのような目的のためにどのような英語が必要かを冷静にみきわめる態度である（木村 2016）。日本は節電の余地もたっぷりあるが、節英の余地も、それに劣らず大きいだろう。節電については「構造の節電」と「行動の節電」が区別されるが、英語についても、小学校

16　藤村靖之が主催する非電化工房も参照。http://www.hidenka.net/

の英語教育必修化や英語社内公用語化にみられたような国民（社員）全員への歯止めのない英語学習強化路線をみなおすことのような「構造の節英」から、「コミュニケーションの隠語化」をもたらす外来語使用をひかえること（山田 2005）のような「行動の節英」まで、国の政策から個人の言語行動までさまざまなレベルが考えうる。

大きく社会的には、英語に過度に依存しない社会・経済のあり方を模索することが長期的な課題として浮かびあがる。英語を多く使う国際貿易に大きく依存するということは、地球環境への負荷が高いということでもある。持続可能な社会のためには、国際貿易や長距離物流の総量を抑えることが不可欠である。そして、国際貿易が縮小すれば「誰も彼もが英語を使う必要もなくなる」(松久編著 2012)。施（2015: 227-230）も、英語を頂点とする国際的な言語的不平等をのりこえる「棲み分け型多文化共生世界」のために内需中心型の国づくりをめざすべきだとしている。

より身近な個人レベルでは、海外旅行やアジアでの取引のための実務英語が必要なのに英米文化にもとづく慣用表現を覚えることに躍起になるといった過剰な対応をしないことも節英に含まれる[17)]。英語力が不可欠な職種などでは節英は考えられないと思われるかもしれない。しかしたとえばもっとも英語を必要とする職業の一つであるパイロットは、誤解が生じないように決まったパターンの英語を話すことが求められるし、発音も 3（three）をトゥリーと読むなど、合理化されている。英語が必要な現場ほど既に実際に節英が行われていることもあるのである。

さらに、エネルギー分野における非電化と同様、情報のなかの言語情報への過度の依存の見直し、すなわちコミュニケーションにおける「非言語」的要素にしかるべき評価を与えることも課題となる。言語研究は、言語の重要性をしばしば自明の前提にしてきたが、コミュニケーションは言語が中心で、非言語は周辺的、という言語観は、言語研究の外側では、非言語コミュニケーションの研究によってつとに否定されている。二者間の対話でことばによって伝えられるメッセージ（コミュニケーションの内容）は全体の35パーセントにすぎないというバードウィスルの見解が知られている（ヴァーガス 2002: 15)。

非電化が脱原発依存と結びつくように、非言語的要素が果たす役割を認識するこ

17　いうまでもなく個人の趣味や関心で電気を使うことが否定されないように、英語や英語文化を好きで学ぶことが否定されるわけではない。

とは、「英語ができなければ外国人とコミュニケーションがとれない」といった思いこみをうちくだく脱英語依存にもつながるだろう。筆者はしばらく前に、「劇団1980」[18]の『バス停』という劇をみた。これはバス停で偶然出会った日本人とモルドヴァ人が、お互いに共通語がないまま45分間コミュニケーションをとるという内容であるが、はじめはぎこちなかった二人が次第に気持ちをかよわせていくさまは感動的であった。この劇は、二人の俳優の名演によって、ヴァーガス（2002）のあげる9つの非言語メディア（人体、動作、目（目つき、視線）、周辺言語《パラランゲージ》（話しことばに付随する音声上の性状と特徴）、沈黙、身体接触、対人的空間、時間、色彩）が総動員されており、言葉の意味内容以外の要素がどのように発揮されうるかということをこれ以上ないほど雄弁にものがたっている。

6. おわりに：英語・原発比較論の限界と意義

以上、原発と英語に関する言説の比較をとおして、普及過程の並行性および問題構造の同型性、さらには対処案の類似性を明らかにすることを試みた。このような、共通点に注目する論の限界は、相違点を考慮していないことである。言うまでもなく、そもそも異なる領域の現象であり、相違点には事欠かない。最後にあげた対処案に関してとりわけ大きな違いと思われるのは、電力に関してはさまざまな電力源の中から原発を除外すること（原子力発電全廃）も現実的かつ望ましい選択肢として議論しうるのに対し、日本での多言語教育・使用の中に英語を含まないこと（英語教育・使用全廃）は現実的でもなければ望ましいことでもないということである。

しかし、そのような相違点がもたらす比較の限界にもかかわらず、両者の共通性が、決して周辺的なことの寄せ集めではなくそれぞれの現象に関する主要な論点にみられるということは、両者の比較を牽強付会として片付けることをためらわせるのに十分である。とりわけ、多くの人が、原発という一つの問題にきわだって批判的な見方を示すようになった3.11後の日本の現状と英語の「安全神話」や「必要神話」がますます強まっている観のある傾向をあわせて考慮すると、これまでまった

18　http://gekidan1980.com/

く別個に論じられてきた原発と英語をあえてつきあわせることには、英語に関する議論にとっても原発に関する議論にとっても触発的な意義があると考える。

英語論に関しては、次のように考える。英語は、2節でとりあげた自動車と同じく、利点が明確であるだけに、問題構造に目が向けられにくい。しかし現在、英語をめぐる議論に参加する多くの人々が原発に批判的な見方をするようになっている。原発現象と英語現象における共通点を認識することは、原発で見出された批判的観点を英語にも適用することをうながすものである。エネルギー教育において、原発礼賛ではなく、多面的な見方が必要になっているように、言語教育においても、英語の可能性と限界をみきわめて、より節度をもって英語と向き合うとともに他言語にも目を向けることが、その帰結として考えられる。効果的な節電にそれなりの知識や技術が必要なように、効果的な節英の技術を開発し、共有することも英語の教育・学習・使用者の課題となろう[19]。

一方、原発論に関しては、次のように考える。英語という、原発と一見なにも関係がない事象にも同様の問題構造があるとすれば、原発事故で明るみに出たような課題は、「脱原発」すれば解決するものではないことが示唆される。その意味で、原発と英語のような異なる現象の比較によって共通点を探ることは、より問題の根源へとみちびく手がかりにもなりうるのである。そこに至ってはじめて、原発の問題も根本的に対処することができるのではないだろうか。裏をかえせば、原発のみを問題視し、自動車や英語といった、日本社会を形成する他の現象にも類似する課題がみられることに気づかなければ、原発をめぐる問題も解決されないにちがいない。原発の問題に真剣に向き合いたい人は、英語の問題にも目を向けなければならない。

最後に、今後の展望について。将来、エネルギーや言語の領域でこれまでとは異なる方向性が模索される場合、似たような発想にもとづく方策である「エネルギー源の多角化」や「多言語教育」の推進をめざす動きが——おそらく相互に意識しな

19　ネーティブの話し方や英語圏の文化を基準としないような「共通語としての英語」(English as a Lingua franca) をめぐる議論には、——不定冠詞 “a” に表されるような、英語を可能性の一つとみなす謙虚さが備わっている限り——、節度をもった英語使用への手がかりが多く含まれていると考えられる。ただし、英語がそのことによって「中立化」されるという幻想に陥らないように気をつける必要がある。国際語としての英語の威信がアメリカの覇権と結びついていることは率直に認めなければ誠実とはいえない。

いまま——並行して進むことも考えられる。その際は、「批判精神の欠如」や「植民地主義」、「欲望の開放」に起因する問題がこれらの方策に転移しないように十分注意することが肝要である。多言語学習や再生可能エネルギーといった個別の課題以前に、批判的精神をもって、植民地主義と呼ぶことができるような世界的な格差に敏感になること、そして格差の解消のためにも健全な節制の意義をみなおすことがなければ、9.11や3.11の出来事から本当に私たちが学んだとはいえないだろう。

［付記］

本稿は、『社会言語学』第12号所収の同名論文に加筆修正を加えたものである。

［参考文献］

赤坂憲雄／小熊英二／山内明美（2011）『「東北」再生』イースト・プレス

イ・スンヨル（津田幸男訳）（2004）「アメリカナイゼーションと韓国」津田幸男／浜名恵美編、155-171

マジョリー・F・ヴァーガス（石丸正訳）（2002［1987］）『非言語（ノンバーバル）コミュニケーション』新潮新書

池田清彦／養老孟司（2011）『ほんとうの復興』新潮社

梅棹忠夫（2004）『日本語の将来』NHKブックス

大澤真幸（2012）『夢より深い覚醒へ —— 3.11後の哲学』岩波新書

太田昌克（2014）『日米〈核〉同盟 —— 原爆、核の傘、フクシマ』岩波新書

大島堅一（2011）『原発のコスト』岩波新書

小澤祥司（2012）「エネルギーと地域主権 —— なぜ「脱電気」が必要なのか」『環』48号、113-125

開沼博（2011）「内へのコロナイゼーション」『科学』12月号、1300-1302

かどや・ひでのり（2012）「言語権から計画言語へ」ましこ・ひでのり編、107-130

上岡直見（2012）『脱原発の市民戦略』緑風出版

木村護郎クリストフ（2012）「「言語＝通貨」論再考——地域通貨論が言語の経済学に問いかけること」ましこ・ひでのり編、79-106

——————（2016）『節英のすすめ　脱英語依存こそ国際化・グローバル化対応のカギ！』萬書房

デイヴィッド・クリスタル（風間喜代三／長谷川欣佑訳）（1992）『言語学百科事典』大修館書店

——————（國弘正雄訳）（1999）『地球語としての英語』みすず書房

フロリアン・クルマス（山下公子訳）（1987）『言葉と国家』岩波書店

小林和彦（2011a）「放射能も怖いが地球温暖化も怖い」『クルマ社会を問い直す』64号、14-15　http://boat.zero.ad.jp/simi/tnk/kaihobn/64.pdf　（2012.9.5）
――――（2011b）「クルマ社会が築いた原発列島」『クルマ社会を問い直す』65号、16-17　http://boat.zero.ad.jp/simi/tnk/kaihobn/65.pdf　（2012.9.5）
佐伯啓思（2012）「現代「文明」の宿命」西部邁／佐伯啓思／富岡幸一郎編『「文明」の宿命』NTT出版、183-202
自然エネルギー財団（2015）『日本のエネルギー転換戦略の提案―豊かで安全な日本へ―』　http://www.renewable-ei.org/activities/reports_20150218.php
E.F.シューマッハー（1986）『スモール イズ ビューティフル』講談社学術文庫
「小学校学習指導要領」(2008)　http://www.mext.go.jp/a_menu/shotou/new-cs/youryou/syo/index.htm（2012.10.5）
鈴木孝夫（1995）『日本語は国際語になりうるか』講談社学術文庫
――――（1999）『日本人はなぜ英語ができないか』岩波新書
施光恒（2015）『英語化は愚民化　日本の国力が地に落ちる』集英社新書
添田孝史（2014）『原発と大津波　警告を葬った人々』岩波新書
高橋哲哉（2012）『犠牲のシステム　福島・沖縄』集英社新書
武田清（2011）「ドイツ、イタリア「脱原発」のトリック」『WiLL』11月号、88-97
田中克彦（1993）『国家語をこえて』ちくま学芸文庫
津田幸男編著（2005）『言語・情報・文化の英語支配――地球市民社会のコミュニケーションのあり方を模索する』明石書店
津田幸男／浜名恵美編（2004）『アメリカナイゼーション　静かに進行するアメリカの文化支配』研究社
Terasawa, Takunori（2012）: “The “English divide” in Japan: A review of the empirical research and its implications.” *Language and Information Sciences* 10, 109-124.
中西満貴典（2002）『「国際英語」ディスクールの編成』中部日本教育文化会
National Commission on Terrorists Attacks upon the United States（2004）: The 9/11 Commission Report http://www.9-11commission.gov/report/911Report.pdf（2012.9.5）
National Security Language Initiative［NSLI］　http://www.aplu.org/NetCommunity/Document.Doc?id=50（2012.9.5）
長浜浩明（2013）『「脱原発」を論破する』東京図書出版
西川長夫（2013）『植民地主義の時代を生きて』平凡社
長谷川公一（2011）『脱原子力社会へ――電力をグリーン化する』岩波新書
藤井聡（2012）「議論以前に「安全強化」すべし」西部邁／佐伯啓思／富岡幸一郎編『「文明」の宿命』NTT出版、73-96
藤村靖之（2012）『非電化思考のすすめ』WAVE出版
船守美穂（2006）「米国の国家安全保障言語構想」　http://dir.u-tokyo.ac.jp/Archives/kaigai/files/D-3-NSLI.pdf　（2012.9.5）
別府春海（2005）「英語支配とセルフ・オリエンタリズム」津田幸男編著、36-43
堀部秀雄（2002）『英語観を問う　英語は「シンデレラ」か「養子」か「ゴジラ」か？』渓流水社
本間龍（2016）『原発プロパガンダ』岩波新書

M.マクルーハン（栗原裕・河本仲聖訳）（1987［2001］）『メディア論　人間の拡張の諸相』みすず書房
ましこ・ひでのり編（2012）『ことば／権力／差別――言語権からみた情報弱者の解放』（新装版）三元社
松久寛（2012）『縮小社会への道』日刊工業新聞社
水野和夫（2012）「「近代」の終焉」藤原書店編集部編『3.11と私　東日本大震災で考えたこと』藤原書店、371-374
森住衛／古石篤子／杉谷眞佐子／長谷川由起子編著（2016）『外国語教育は英語だけでいいのか――グローバル社会は多言語だ！』くろしお出版
山折哲雄／赤坂憲雄（2011）『反欲望の時代へ　大震災の惨禍を越えて』東海教育研究所
山田雄一郎（2005）『外来語の社会学――隠語化するコミュニケーション』春風社
安冨歩（2012）『原発危機と「東大話法」』明石書店
矢部宏治（2014）『日本はなぜ、「基地」と「原発」を止められないのか』集英社インターナショナル
吉岡斉（2011a）「日米原子力同盟の歴史と構造」『科学』12月号、1292-1299
吉岡斉（2011b）『原発と日本の未来－原子力は温暖化対策の切り札か』岩波ブックレット

第7章

「言語権的価値」からみたエスペラントとエスペラント運動

かどや・ひでのり

1. 問題の所在

エスペラント運動は、言語としてのエスペラントを学習・使用・普及することを目的としている。この運動に従事するひとびと、エスペラントの学習・使用・普及に時間と労力をさいているひとびとの行動の背景には、そうすることに価値・意義があるという判断がはたらいている。完全に個人的な快の充足だけを目的に、たとえば、言語としてのおもしろさやその享受だけを動機としてエスペラントにかかわるひとをのぞけば、それらのひとびとがエスペラントに見出している価値・意義とは、社会的な性格をもつものである。たとえば、日本エスペラント協会による「エスペラントとは？」という解説によれば[1)]、エスペラントは「中立公平で学びやすい国際共通語」であり、「それぞれの言語や文化の橋渡しの役目を果たすことを目的」としている。こうした解説がなされるのは、「中立公平」であることや、「言語や文化の橋渡し」をすることには社会的な価値があり、それゆえエスペラント運動が社会内でおこなわれるべき根拠があるという判断がなされているからである。このように、エスペラント運動の基礎には、価値にかかわる明確な判断があり、それはおおくのエスペラント使用者、運動従事者に共有されている。本稿は、そうした価値判断の存在を確認することによって、エスペラントとその普及運動の記述が、ことばと社会の接点をフィールドとする社会言語学の課題のひとつであることをしめ

1　www.jei.or.jp/hp/esp_kai.htm

し、さらにそこから現在のエスペラント運動のありようを理論的に再検討することを目的としている。具体的には、エスペラント運動の核ともいえるエスペラントの学習・教育や、現在のエスペラントのありかたに注目する。

そうした検討が必要であるとかんがえるのには理由がある。現在のエスペラント運動は、それに社会的根拠をあたえているはずの価値とははなれたところで展開する傾向があり、それが現在のエスペラント（運動）のありかたに根本的なゆがみ・矛盾をもたらしているのではないかとおもわれるからである。いいかたをかえると、現在のエスペラント運動は理論的基礎の確立、それへのめくばりを十分におこなわないまますすめられており、その結果、運動の内部に、本稿でしめすようなねじれが生じているのである。

エスペラント運動の理論上の根拠をもとに、社会言語学的な視点から運動のありかたを検証したとき、どのようなことをいいうるか。これを部分的に確認することによって、エスペラント運動における理論の重要性に注意をうながし、言語権論やエスペラント運動に資する知見をもたらすことがここでの目的である。

2. 言語権とエスペラントの関係：理論的根拠としての言語権

21世紀にはいる直前に、エスペラント運動におこったおおきな変化をひとつあげるとするなら、「言語権」概念をエスペラント運動が正面からその理論的根拠としてとりこんだことをまずあげるのが適当であろう[2)]。言語権とは、多言語社会・複数言語社会において、社会的不利益の甘受をしいられてきた少数言語話者の運動の結果として、ある種の言語にかんする権利、コミュニケーションを社会生活において十分にとることのできる権利が概念化されたものである。下でみるように、その権利概念がエスペラント運動の社会的正当性をしめすためにもちいられている。

ただし、言語権概念にあたえられた内容は論者によってちがいがある。たとえば、R.フィリップソンらは、第一言語（母語）に焦点をあてて保障されるべき言語上

2　エスペラント運動の主流では、ながらく「相互理解にもとづく平和主義」がかかげられてきたが、これは運動の根拠に普遍性をあたえるものとはならなかった。

の権利の内容をしめしている（げんごけんけんきゅーかい編 1999: 123）[3]。その定義では、「第一言語を使用する権利」が第一に想定されており、第一言語の使用とその社会的承認が個人のアイデンティティを確保するための条件であることが重視されている。人間が生後はじめて世界を概念化していくときに、その手段となる第一言語は[4]、尊厳をもって人格の一体性を保持するための手段となるものといえる。そのことが、言語権を権利として主張する根拠とされている。あるいは、すずき（2000: 8）は、暫定的に「言語権とは、自己もしくは自己の属する言語集団が、使用したいと望む言語を使用して、社会生活を営むことを、誰からも妨げられない権利である」と定義している。鈴木の論は、第一言語に限定せず、「望む言語」で「社会生活を営むこと」を権利の内容としてかんがえている。

いずれにせよ、言語権は、ながらく社会的に差別されてきた少数・劣勢言語（使用者）が多数・優勢言語（使用者）と、アイデンティティや社会生活のありかたにおいて、同様な立場を回復することを目的としている。しかし、こうした言語権の構想は、理論上は矛盾がないとしても、実際の権利保障のための政策的対応をかんがえようとすると、とたんに困難な壁につきあたる。なぜなら一般的にいって、言語は、その性質上、人間ひとりや極小集団では存続・機能が困難で、つねに不特定多数の「相手」を必要とするため、権利回復の対象言語を使用しないひとびとがその言語の積極的使用にむかわないかぎり、言語権保障は実現しないからである（いわば、言語権は「個人」のうちにではなく、「個人間」においてのみ、実現する）。

たとえば、日本社会におけるアイヌ語使用者の言語権を完全に保障するためには、

---

3 A. 人はだれでも
1. 母語（1つまたは複数の）と自己同一化し、その自己同一化を他の者から承認され、尊重されることができる。
2. 母語（1つまたは複数の）を完全に、（身体的に可能な場合）口頭で、また書き言葉として（ということは少数者が母語を使って教育されることを前提としている）学ぶことができる。
3. 母語を大部分の公的な場面（学校を含めて）で使用することができる。

B. 居住国において母語が公用語ではない人はだれでも母語と公用語（のうち本人が選択したいずれか一つ）との二言語話者（母語が複数の場合は三言語話者）になることができる。

C. 母語の変更は全て自発的であって強制されてはならない。

4 第一言語の定義や機能についてはSkutnabb-Kangas（2000: 104ff.）参照。

アイヌ語で医療・行政サービスをうけたり、アイヌ語で大学にまでいたる公教育をうけることができる環境を整備しなければならないだろう。そのためには、多数・優勢言語使用者である日本語人が相当程度の規模でアイヌ語を学習し、あるいはその通訳・翻訳のための費用をしはらうことに同意しなければならないが、それは物理的にも実現困難である[5]。現実には、少数言語使用者はアイヌ語だけにとどまらないし、たとえば海外からの移民の増加・多様化があれば、対応に必要な労力・費用は爆発的に増加せざるをえないということもある。権利概念が要求する、権利保障の普遍性という性質上、言語権の保障に例外はありえないから、たとえ対象がひとりであっても政策的対応をとらなければならない。このような、多言語環境における（上の意味での）言語権保障の不可能性は、加盟国の諸言語を平等にあつかうことをめざしているEUがかかえている問題でもある（その言語政策の破綻は必然である）。この「絶対的な不可能性」があるために、エスペラントが権利保障の役割に関して、意義をもちうる余地がうまれるのである。

エスペラント運動の主導的立場にあるといってよいひとびとが言語権概念の登場にたいしていかに反応したかは、1996年の「国際語エスペラント運動に関するプラハ宣言[6]」にあらわれている。日本エスペラント学会の訳にしたがえば、「5. 言語上の権利」において、「いずれの言語にも平等な取り扱いを保障する旨が多くの国際的文書に表明されているが、言語間の力の大きな格差はその保障を危うくするものであると、私たちは主張する。私たちの運動は言語上の権利の保障を目指すものである」とのべられ、「7. 人間の解放」において、「全世界的なコミュニケーションの道具として立案されたエスペラントは、人間解放の大きな実際的事業の一つである。すなわち、すべての人が各自の地域文化や言語的独自性にしっかりと根差していながらそれに制約されず、人類の共同体にその一員として参加することを可能にする」と、エスペラントの意義づけを、「権利」によっておこなっている[7]。つまり、

5 ただし、こうした劣勢言語への対応に関しては、対応すべき順序をかんがえる必要があろう。たとえば、劣勢言語のなかでも、非音声言語である手話言語の使用者は、多数派をしめる手話言語の非使用者がコミュニケーション媒体とする音声言語へのアクセスから完全にとざされている。これは優先的な対応をとるべき根拠となる。

6 www.jei.or.jp/hp/materialo/prago_j.htm（原文と日本語訳）

7 この点については、かどや（2006a）においてより包括的な議論がおこなわれている。ただし、エスペラントが言語権の保障に有効なのはかぎられた範囲においてである

エスペラントが「全世界的なコミュニケーションの道具」、つまり日常的な使用言語を異にするひとびとのあいだのコミュニケーションにおいてつかわれることによって、「言語間の力の大きな格差」は縮小され、多様な言語（話者）間の不平等が解消の方向へむかい、その結果、言語権の保障に貢献することができる、という立論である。その論理構成に破綻はないとおもわれるが、上でみたような言語権の定義とプラハ宣言の言語権保障構想のあいだにはかなりのずれがある。

フィリップソンらの立場では、すべてのひとびとが第一言語を優勢言語使用者と同等の水準でもちいて公共サービスをうけることが重視されているが、プラハ宣言では、多言語的な環境で第一言語のかわりにエスペラントを使用することが想定されている。前者では、劣勢言語を優勢言語とひとしい位置まで「もちあげること」がめざされるが、後者では、多言語話者が共存する場で優勢言語をつかわず、橋わたし言語（エスペラント）におきかえることによって、優勢言語の使用範囲を劣勢言語と同様の範囲に「限定すること」が意図されるのである。上でみたように、「もちあげること」は絶対的な不可能性をのがれられない以上、優勢言語の通用範囲を限定する方法に理がみとめられよう（かどや 2012）。

プラハ宣言の立場では、すべての言語を同等に尊重しながらコミュニケーションを実際にとることができるならば、複数言語環境において、つねに「自らの第一言語をつかうこと」に拘泥しないことがのぞましい／するべきではないとかんがえられている。これは、「使用したいと望む言語を使用して社会生活を営むことを誰からも妨げられない権利」とは矛盾すらする内容ともいえる。つまり、プラハ宣言が根拠としてすえているのは第一に「平等にコミュニケーションをとる権利」なのであって、「使用したいと望む言語を使用する権利」ではないのである。これは、言語のありかたを権利という面からみる視角をうみだした言語権概念を一歩発展させたものといえる。「使用したいと望む言語をつねに使用する権利」をすべてのひとびとが主張するなら、人間の移動がはげしい現代にあっては、その実現には、常時通訳を用意するか、「あらゆる言語」をすべてのひとびとが習得するしかなくなるだろう。しかし、それでは言語権は画餅にすぎなくなる。プラハ宣言は、その権利の内容を「平等にコミュニケーションをとる権利」へと創造的に「ずらす」ことに

ことに注意されたい。

よって、先にみた「絶対不可能性」を克服しているのである[8]。この「ずらし」は、第一言語とアイデンティティの関係をそこなうこともないであろう。社会的に十分な承認があり、他の言語とくらべて相対的に不利益をしいられているのでなければ、社会的な使用範囲が現在よりかぎられたとしても、アイデンティティが傷つけられる事態は想定しにくいからである。

3. 価値の基準としての言語権：「言語権的価値」について

エスペラントが言語権・コミュニケーション権の保障にとって有用であるという、エスペラントが普遍的にもつ価値のことを、ここではとくに「言語権的価値」とよぶことにする。エスペラントがその使用者に供与しうる価値はきわめて多様であって、そのなかにはたとえば、個人的な快の充足機能といった価値（私的価値）もある。「言語権的価値」という概念を導入することによって、エスペラントがもつ多様な価値の意識的弁別をおこなうことができるとかんがえられる[9]。

エスペラントに言語権的価値を付与している、つまりエスペラントを言語権の保障にとって有用なものとしているのは、計画言語であるエスペラントには第一言語話者（母語話者）がいないことと、その計画性に由来する学習容易性である[10]。学習容易性とは、学習をつうじて運用能力をえるために個々人が準備・投下しなけれ

8　言語権をコミュニケーション権へとずらしながらよみかえる必要については、かどや（2006b）を参照。また、一般的に「コミュニケーション」とよばれている意思疎通のありかたも再検討を要する課題である。「言語」はコミュニケーションの一要素にすぎないため、「適切な言語の選択」は平等なコミュニケーションを達成するための一必要条件でしかないのである。

9　たとえば、エスペラント運動においてエスペラントに肯定的評価があたえられ、推奨されるとき、多様な価値がランダムに提示されるのがつねである（「エスペラントは権利保障に益する」「エスペラントはたのしい」「エスペラントでやすく旅行ができる」など）。言語権的価値という概念は、それらの諸価値を弁別させる機能をもつ。

10　単純化された文法や機能的な造語法によって学習に必要な暗記量がひくくおさえられているといった要因のために、エスペラントは他の言語とくらべ、格段に学習が容易であることは経験的にしられている。しかし、どの程度、どういった意味で学習が容易なのかについての包括的・実証的な研究が今後必要であろう。

ばならない学習コストが、他の言語とくらべてちいさいということを意味する。学習コストはさらにいくつかの要素に区分することができる。すなわち「能力、時間、金銭」である。言語の学習成果は、その学習者がもっている言語学習能力、学習そのものに必要な時間、学習にながい時間をさくことを可能にし、同時に言語学習環境を整備できるだけの金銭的準備の有無によって影響される。学習コストがひくいということは、その言語の学習が一定程度の達成をみて、学習者が運用能力をみにつけるにいたるかどうかが、学習コストの準備・投下の有無・多寡によって影響をうけにくいということを意味する。最低限の学習コストは、生活のための最低必要物資とおなじく、だれにとっても平等に必要であり、またすべてのひとびとではないにせよ、多数のひとびとが準備可能である。したがって、要求される学習コストのひくい言語は、その達成の度合においても平等である可能性がたかくなる。

エスペラントがもつ言語権的価値は、より平等なコミュニケーションを達成する機能をエスペラントにあたえている。その機能は「第一言語話者の不在」と「ひくい学習コスト」に由来する。そして、重要なことは、学習にさいして必要な学習コストがひくければひくいほど、エスペラントの平等主義的機能はたかい水準で発揮されることになり、同時にたかい水準でエスペラントの言語権的価値が実現されることである。こうしたエスペラントの属性は言語権充足的なコミュニケーションがおこなわれるための必要条件を準備している[11]。

こうしたエスペラントの社会的な存在根拠、エスペラントが普遍的価値をうむメカニズムはきわめて単純である。意識化されていないこともおおいであろうが、エスペラント運動の従事者にとってはほとんど自明といってもよいであろう。しかし、筆者のみるところ、現在のエスペラント運動の実態、エスペラント運用の実際のありかたと、これらのエスペラントの理論的基礎のあいだには相当な距離がある。エスペラント普及に社会的・倫理的な根拠をあたえている言語権的価値とそれがうまれる機序に、つねにめくばりをしたうえで運動が展開されているわけではないということである。いいかえると、「現実」は「理念」と矛盾をきたしている。この矛盾がもっともあからさまになっているのが、エスペラントの学習をめぐるエスペラ

11　あくまで、必要条件であることに注意されたい。言語権充足的なコミュニケーションはエスペラントを使用することだけでは実現しない。使用言語以外にも言語権充足に必要なコミュニケーション上の要素がある。

ント運動のありよう、エスペラント使用者のエスペラント学習観である。次節ではこの点について検討をくわえよう。

4. 言語権的価値からみたエスペラント学習観：発展段階論的学習観というおとしあな

前節でしめしたエスペラントの理論的な根拠と矛盾するエスペラント学習観とはいったいどのようなものだろうか。簡単にいえば、「エスペラントを学習することには価値がある。したがって、エスペラントを学習すればするほど、たかい運用能力をみにつければつけるほど、たかい価値が達成されることになる」というかんがえかたである。このかんがえかたのもとでは、相対的にたかいエスペラント運用能力は評価・尊敬・あこがれの対象となり、相対的にひくい運用能力は、克服の対象として意識されることになるだろう。このきわめて一般的とおもわれる思考のどこに問題があるのであろうか。

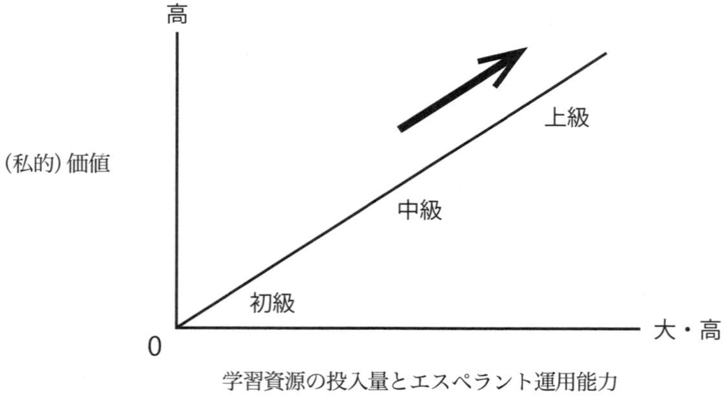

図1　発展段階論的エスペラント学習観

「より懸命にエスペラントを学習して、よりたかい運用能力をみにつけることはよいことだ」という思考は、「たかい強度の学習」「学習コストの大量投下」によって「たかい運用能力」をみにつけたエスペラント使用者を「運用能力のたかさ」

に比例させる形でより肯定的に評価するという行動様式となってあらわれる。これは発展段階論的学習観とよびうる性質のものである（図1）。たとえば、エスペラント団体の主催のもとで恒常的におこなわれている検定試験や文芸コンクールは、エスペラントの運用能力のたかさをためし、きそうもよおしをおこなうことによって、たかい運用能力の達成者を顕彰する（それによって、よりたかい強度でのエスペラント学習をうながす）ことをめざしているとかんがえられる[12)]。この背景にあるのも発展段階論的学習観である。しかし、こうしたかんがえかたと行動は、エスペラントの社会的存在根拠である言語権的価値を最大化することを第一にかんがえる立場をとるならば[13)]、自家撞着におちいっている。

「できるだけ懸命にエスペラントを学習する」ということは、「最低限の必要学習コスト」をはるかにこえた量の学習コストを準備・投下することをいとわないということを意味するとかんがえられようが、そのような場合、達成される言語権的価値は逆にひくくならざるをえないのである。学習資源の投下量がおおく（過剰に）なればなるほど、いかにたかい運用能力を実現したとしても、その言語権的価値は低下するのである。

エスペラントの学習開始時点（図2の原点）では、達成された言語権的価値は0である。0から学習を開始し、エスペラントの運用能力を獲得するにしたがって、達成される言語権的価値もたかくなる。しかし、学習資源の投下量がある点Vに達するとそこで言語権的価値は最大化し、それ以降、学習資源消費がふえるにしたがって、達成される言語権的価値は低下をつづける（次の段でしめす「過剰な権力性」のためである）。具体的にかんがえてみる。エスペラントにはじめてふれ、徐々にエスペラントをつかえるようになったひとは、自分がコミュニケーションをとれる

12　エスペラント文学が「平易な表現とふかい文学的価値を共存させること」をめざすものであったとしても、「文学的であること」に価値をおくという、言語権保障とは無関係な立場がエスペラント運動・学習にもちこまれている。「文学的であるエスペラント」と「そうでないエスペラント」の弁別・価値づけをおこなっているのが「文芸コンクール」である。

13　ここで検討の対象としているのは、エスペラント運動の一般的なありかたであって、エスペラントを学習する個々人のエスペラントへのかかわりかたではない。個人がエスペラントになにを期待し、どう行動するかはさまざまであろう。エスペラント運動が標榜しているエスペラントの社会的根拠にてらして、エスペラント運動の問題性を指摘しているのである。

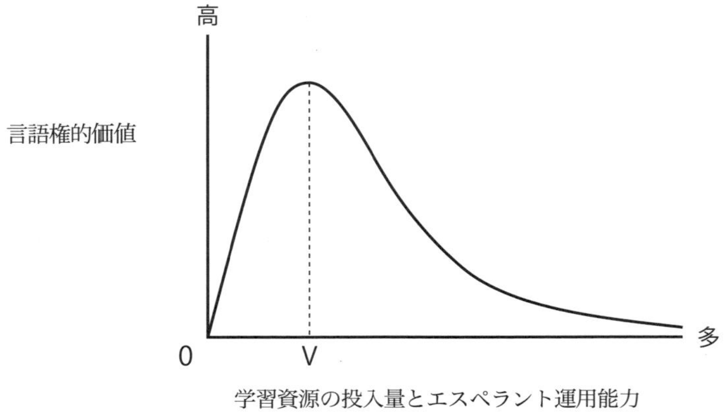

図2　言語権的価値と学習資源消費量／運用能力の関係

対象が拡大していくこと、多言語環境下における平等なコミュニケーションというものを、つよい感動とおどろきをもって体感するであろう。これは言語権的価値の達成がもたらす現象である。そのとき、「一般的な異言語学習」で想定される「「学習資源の投下量」と「達成可能なコミュニケーションの質・量」の比率」とエスペラントにおける「比率」が、まったくことなることの発見もなされる。しかし、学習コストの消費量が図2の点Vをこえると、そうしたひろがっていく感覚をもつことはなくなるとおもわれる（一般的異言語学習との「比率」の差が減少・消滅するためである）。何十年間か地道に学習をつづけ、あらゆるエスペラントの古典を読破、L.L.ザメンホフの用例に通暁し、という状態にいたったとしても、それは言語権的価値にとっては、なんの意味もないことなのである。なぜなら、そうした大量の学習コストを準備・投下できるひとびとはごく一部にかぎられており、その点においてエスペラント運動が追求しているはずの平等性をうらぎっているからである。

またこれとは別に、「たかい運用能力」そのものに付随する問題もある。エスペラントの「たかい運用能力」は、その保持者がコミュニケーションにおいて有利な立場を確保することを可能にする。初学者には不可能なレトリックをもちいたり、「ゆたかな」表現、語彙、流暢さを動員することによって、みずからののぞむかたちでコミュニケーションを展開させることができるようになるためである。これは、コミュニケーション上のおおきな権力獲得にほかならない。話者間の運用能力の格差はコミュニケーション上の権力格差であるが、その格差がおおきくなり、「有利さの程度」がいちじるしくなるにしたがって、その保持者は潜在的にコミュニケーション上の「過剰な権力」をおびることになる。そうした権力の存在は、言語権を充足するためのはずのコミュニケーションにおいて、言語権充足を阻害しうる[14)]。換言すれば、言語権的価値実現のためであったはずの「たかい運用能力」は、言語権的価値の実現を困難にするという逆の機能をもたざるをえないのである。点V（図2）を超過して以降、言語権的価値が単調に低減せざるをえないのは、そのためである。

これは、第一言語話者をまえにして非第一言語話者が萎縮してしまい、コミュニケーション上、一方的に不利な立場にたたされるという現象と同質である。背景には、第一言語話者の意志とは無関係におこる、潜在的な権力格差がある（かどや2006a)。また、エスペラントはすべてのひとびとが学習を必要とする計画言語であるから、その使用者間では、非計画言語の使用者間に生じるような権力関係が生じないというかんがえは、現実にエスペラント使用者間にある権力関係を隠蔽してしまっている。たしかに、エスペラント使用者間において、非計画言語使用者間にあるような権力関係は存在しえないが、「運用能力の差」だけによっても別種の権力関係がつくられているのが現実であろう。たかい運用能力をもつエスペラント使用者をまえにして、ひくい運用能力しかもたないエスペラント使用者が萎縮することはないであろうか[15)]。エスペラントによるコミュニケーションにおいて、前者は後者とくらべ、よりたかい水準で自分の欲するコミュニケーションを実現するという

14　もちろん、「過剰な」エスペラント運用能力をもつ人材は、エスペラントの教材開発やエスペラント運動全体において重要な役割をはたしており、その意味では言語権的価値に貢献している。こうした面での貢献を無にしないために、かれらはコミュニケーションの場において、自らの権力性をつよく自覚し、それを不当に発動してしまわないように細心の注意をはらわなければならないのである。

15　筆者の経験では、komencanto（初学者）という語を嘲笑的にもちいる言語行為はけっしてまれではない。これは、エスペラント運用能力によるエスペラント使用者の価値づけという差別行為であり、エスペラント運動の理念と根本から矛盾する。しかし、そうした批判は筆者のしる範囲では皆無である。これは、「初学者であること」をひくく価値づける発展段階論的学習観がエスペラント運動の場で支配的であるためとかんがえられる。

利益を享受することが可能なのである。この非対称な関係は言語権的価値の達成をさまたげる要素となる。したがって、エスペラント運動においては、点V（図2）をめざすエスペラント学習の構想をたてることが必要となるだろう。「学習すればするほどよい／うまく運用できればできるほどよい」というおもいこみをすてること、そのようなおもいこみは、エスペラントの言語権的価値と矛盾することを念頭におく。そして、エスペラントの学習達成をいそぐあまり、「エスペラントの学習にはいかなる価値があるのか」という出発点をわすれてしまうことのないようにすることが肝要なのである。

くりかえすが、個々人が言語権的価値以外の価値（たとえば、可能なかぎりたかい運用能力をみにつけることによる自身の満足感）を優先させ、膨大な学習コストをエスペラント学習につぎこむことは、その個人の自由である。しかし、もしその当該人物が膨大な学習コストの負担によって達成したたかい運用能力を、エスペラントの「言語権的価値の達成」であるかのように認識するとすれば、すなわち、「普遍性ある価値」を体現したとかんがえるとすれば、それはきびしく批判されなければならない。「エスペラントの価値」が多様であることを無視し、なんら普遍性のない価値（私的価値）の追求と言語権的価値の実現を混同することは、言語権的価値を否定するにひとしい行為といえるからである。

したがって、エスペラント運動が言語権的価値の達成をめざすことに根拠をおくならば、大量の学習資源の投下が肯定的にみられてしまうことのないように、また、エスペラントの学習が「言語権的価値の追求」の名のもとで「言語権的価値以外の価値追求の場」とされてしまわないように、不断の批判的自己検証を、理論的根拠にたちかえりながらおこなわなければならない。この「多様な価値」の混同は、悪意なしに、無意識のうちにおこなわれるのがつねである。すべてのエスペラント学習者はエスペラント運動を搾取する、つまりエスペラント学習を「私的価値の追求」に転化させたいという潜在的欲求をもっているといってもいいすぎではないだろう。そうした誘惑の存在をエスペラント学習者に対して啓蒙する必要もあるのではないだろうか。いってみれば、言語権的価値にとって「きまじめな善意のエスペラント学習者」は警戒すべき存在なのである。

もちろん、エスペラント運動の過程において、エスペラントに固有な文化的達成（たとえばエスペラント文学の振興、エスペラント運用の洗練）をめざすこと自体は否定されるべきではない。しかし、その達成が自己目的化するとき、副産物（文化的達成）と目的（言語権的価値の達成）はねじれ、副産物が本来の目的を侵食することがおこりうるのである。個々のエスペラント使用者によるたかい文化的達成に「価値」はあるが、それはかような達成を享受できる一部のめぐまれたひとびとにとってのみの私的価値にすぎない（エスペラントの初学者・未熟者にとって「たかい文化的達成物」はただあおぎみるだけのものであろう)。「たかい文化的達成」の結果、言語権充足的なコミュニケーションを阻害するような環境（過剰に権力をおびたエスペラント使用者の存在）がつくられたのではまったく意味がないのである。この点の自覚を欠くことは、十分な理論的準備をおこたってきたエスペラント運動が克服すべき課題といえよう。

以上をふまえるなら、エスペラント運動・教育においてまずおこなわれるべきことは、エスペラントの理論的根拠を出発点として、現在のエスペラントのありようを検証すること[16)]、学習にかんしていうならば、言語権的価値をできるだけ最大化したうえで、学習コストを可能なかぎりひくくおさえるということを模索する態度をつねにもつことであろう。その場合、必要なのは、言語権的価値と学習コストの均衡点をさぐることである。それをぬきにしたやみくもなエスペラントの学習および学習の奨励は、エスペラント運動の基礎をほりくずすきわめて危険な行為なのである。

このようなエスペラント学習観の検証は、言語権的価値にもとづいてエスペラントのありかたをみなおす実践のうちのごく一部にすぎない。ここでは学習観以外にも検討すべき論点をふたつあげておきたい。

ひとつは、優勢な国民国家語の侵食による、慣用的な表現・難解語の使用という問題である。再度確認するなら、エスペラントには特権的な第一言語話者がおらず、その計画性のために学習が容易という性質がある。これらがエスペラントの言語権的価値をうみだしており、つまりエスペラントに普遍的・倫理的な存在根拠をあたえている。したがって、容易性・低コスト性ができるかぎりそこなわれないということに十分配慮して、エスペラントの運用・普及をおこなう必要がある。しかしながら、現状ではそうなっていないのである。たとえば、現代ヨーロッパ諸語は、ラ

16　かどや（2004: 8-9)、同（2001: 83-88）参照。

テン語・ギリシア語から派生した抽象語のおおくを共有しているが、そうしたことばがエスペラントにほぼそのまま導入されているという現状がある。それらは基本語による造語でないために、個別の学習が必要な「高級語」になっている[17]。たとえば、etnografio（民族学）、diplomatio（外交）、filozofio（哲学）、diskriminacio（差別）、kilometro（キロメートル）といったことばがそれにあたる。これらのことばは、対応語義がせまいために造語への応用可能性がひくいこと、つまり使用頻度のひくさゆえに、一単語あたりの学習効率がいちじるしくひくくなっている。すなわち「高級語」は、エスペラントの学習容易性・低コスト性をそこなう要因となっているのである。こうした現代ヨーロッパ諸語の影響は、単語レベルにとどまらない。慣用表現や、コミュニケーションのとりかたにおけるさまざまな規範がエスペラントにはいりこんでおり、それもエスペラントの学習に本来なくてもすむはずの負荷をあたえているのである（かどや 2001: 87-88）。あいさつのしかた（握手にあたえられた機能など）や、一部の優勢言語からもちこまれたとおぼしき慣用表現（de tempo al tempoを「ときどき」の意とするなど）がこれに該当する[18]。

言語権的価値にてらしてエスペラントのありかたを検証しようとするとき、もうひとつ目をむけなければならない側面として、言語権は権利（人権）のひとつであり、言語権以外の諸権利との矛盾をきたさないようにすることがあげられる。エスペラント運動が権利の保障に資することにその根拠をもとめるなら、どのような権利であれ、その侵害を放置・再生産することに加担することは、「権利の保障」に自身の価値をみいだす立場とあいいれないからである。もし言語権に根拠をもとめつつ、言語権にかかわらない権利侵害に無関心であるとすれば、言語権という権利の保障をおこなうことに価値をみいだす立場自体がなりたたなくなる。こうした前提からみちびきだされる課題のひとつが、エスペラントの脱ジェンダー化という

17　「使いたくないエスペラント単語集」http://gthmhk.webcrow.jp/trmnr.htmlを参照。いいかえの案もしめされており、当該問題の情報源として貴重なサイトである。言語権的価値をエスペラントのありかたにかかわる基準として提示した本稿の議論にそっていえば、これらは「使うべきではないエスペラント単語集」ということになる。

18　“de tempo al tempo”を「ときどき」の意としてもちいないならば、「ときどき」を表現できないではないか、という疑問は反論として成立しない。この表現をもちいずとも、“unu aŭ du fojojn semajne”（週に2、3回）、neofte、nemultfoje（頻繁ではなく）など、表現の可能性はいくらでもあるからである。そうした可能性の実践的追求をおこなわずに、言語権的価値と矛盾する選択にとどまることが問題なのである。

問題である。現在のエスペラントはジェンダーについて「女性」を有徴としており、また性別二元制を前提としている[19)]。すべての人間はいわゆる「女」と「男」にカテゴリー化できるというイデオロギー（おもいこみ）[20)]を内包しているのである（やまうち 2000，さくら 2006などを参照)。これは、ジェンダー平等（平等権）と矛盾する性格であり、上の難解語と同様のいいかえを模索する必要があろう。このことは、三人称単数代名詞 ŝi/li（彼女／彼）や性指定語 patrino/onklino（母／おば）といった基本語についても例外ではない（かどや 2001: 84-86)。ちなみに、「性を指定しなければ、これらの概念（彼女／おば）などはいいあらわせないではないか」という疑問は、問題のありかをみあやまっている。問題は、「彼女」をどのように表現するか、ではなく、「なぜわれわれは「彼女」という表現をおこなおうとするのか」ということにあるのである。すべての人間を「女／男」に区別できるというイデオロギーをもち、かつ「女」を有徴であらわす。これは二重に問題であり、ともにジェンダー差別という人権侵害の基礎の一部をなしている。現代の社会は性別二元制と異性愛中心主義によってなりたっているためにこうした差別をうみだし、社会のもつこれらの問題は言語にまでもちこまれてしまっているのである。権利によってエスペラントを根拠づけ、エスペラントにたかい倫理性と普遍性をあたえる。そうすることは、エスペラント運動にかかわるひとびとが、現代社会のかかえるさまざまな差別にめをむけ、自分自身の言語生活以外のありかたまでを批判的に検証することを必然的に要請するのである。

19　極度にジェンダー化された言語をめぐる議論については、いといがわ（2005）が参考になる。

20　トランスジェンダーやインターセックスの存在、「性」の複雑な多層構造などを想起されたい。性的マイノリティは絶対少数であるから無視してよいという思考は、ある属性をもつ人間を社会的に存在しないものとしてあつかうという点において差別的である。

5. 言語民主主義と言語規範の一般的関係

以上のように、言語権的価値にてらしてエスペラント運動、エスペラントのありかたを検討してみるとき、そこからみちびきだされることは、ひとことでいえば、エスペラント運動は、言語としてのエスペラントに関して「規範提示的」でなければならない、ということである。これは、言語権や言語民主主義に関する一般的な議論の文脈では意外ともおもえる点であるが、さきに確認したエスペラントの言語権的価値とそれをうらづける学習容易性・低コスト性をかんがえればあたりまえのことともいえる。「規範提示的であること」はエスペラント運動における言語権的価値がエスペラント（運動）にもたらす性質でもある。この「規範提示的でなければならない」というのは、どういうことだろうか。

言語における規範はさまざまな要素からなりたっている。語彙、文法上のきまりごとのほかに、それぞれの言語をもちいたコミュニケーション行為がおかれる社会的文脈を「適切に」参照することなどもある。しかし、言語行為はそれぞれの行為者がもつ属性（社会階層、被教育経験、ジェンダーなど）のつよい影響下にあり、すべてのひとびとが、つねにおなじ規範にしたがっているわけではない。そうした差異が当事者によって認知されると、そこに言語規範をめぐる対立が生じる。とくに、社会経済的・政治的に権力を配分されていないひとびとの言語規範が他の言語規範にとってかわりはじめたときに、その対立はもっとも先鋭化する。権力のある集団が、権力のないひとびとや少数集団の言語規範に対し、「逸脱」＝「言語規範たりえないもの」というレッテルをはることによって無視することが可能であるかぎり、言語規範は対立の場として社会的に顕在化しないが、「逸脱」とされたものが慣用として定着しはじめたという認識がひろまると、どの規範が「ただしい」「正統・正当な」ものなのかというはげしい議論がなされることになる（議論は、メディアを支配できる側による一方的中傷の様相を呈しがちであるが）。

言語がどうある「べき」か、いかに運用される「べき」かという判断をおこなおうとするとき、すなわち、規範の設定をおこなおうとするとき、そこにはかならず「価値の問題」がからんでいる。なんらかの価値の基準なしに「べし」に関する判断は不可能であるが、そうした基準は判断をおこなう当事者に意識されていないのが通常である。この点に関して、まずエスペラントなどの計画言語以外の非計画言語について、規範意識のありかたと、その背景にある価値の基準についてみてみよう。

非計画言語の規範について論じられるとき、とられる立場はおおきくふたつにわけることができる。ひとつは価値中立を標榜する記述主義的な立場である。この立場では、絶対的なことばの「ただしさ」の基準は提示できないとされ、実際に運用されていることばすべてに同等の価値がみとめられる。現につかわれ、通用していることばはただしく、それぞれの規範にのっとっているととらえられる。ことなる規範のあいだに優劣・正誤の関係はない。この立場は、たとえば「規範とは政府筋あるいは一部の識者が決めるものではない」(くにひろ 2000: 26-27) といったことばに典型的にあらわされているが、それがよってたつ「価値の基準」は民主主義といってよい。すべてのことば、話者を同等にあつかい、価値づけしないという意味において、平等主義的・民主主義的だからである。言語は、政治権力者や知識人といった一部のひとびとのものではなく、「みんな（大衆）のもの」であるというかんがえかたは、平等主義を「正当な基準」とする思想を内包している。ここで注意しなければならないのは、この民主主義という価値が、言語そのものとは本来無関係のものであるという点である。近代社会における共同体内において、集団がなんらかの選択をおこなうときに参照され、普遍的価値があるとみとめられている基準を言語規範観の構築に際して外部からもちこんでいるのである。

非計画言語の規範意識にみられるもうひとつの立場は、権威主義的な規範主義、すなわち「ただしく」設定された規範にすべてのひとびとがしたがうべきである、というものである。このかんがえかたでは、さまざまな「権威ある規範」がつねに「ただしさ」の基準として参照され、それにそぐわない言語実践は「まちがい」「みだれ」として指弾される。有名な「国語」辞典や日本語研究者、文豪、古典の用例をひきあいにだして「ただしさ」を判断する行為はすべてこうした権威主義的規範主義といえる。記述主義的にかかれた記述文法が「権威ある規範」に転化させられることもあろう。言語の「うつくしさ」を問題にし、ある種の言語実践を「うつくしい」として称揚する行為もおなじである[21)]。しかし、この場合の「ただしさ」には、

21　たとえば、「純粋な日本語」を恣意的に措定し、「ただしい日本語」「うつくしい日本語」の振興などを標榜する言説はすべて言語論的・論理的に破綻している。かわぐ

記述的立場	言語の恣意性／可塑性／相対性を前提	言語民主主義的
規範的立場	言語の恣意性／可塑性／相対性を否定	言語統制的・権威主義的

表1　非計画言語における規範

恣意性をのがれることができないという特徴がある。たとえば、辞書や「国語審議会」、アカデミーなどでしめされる言語規範は、基本的に「従来の用法」や「本来の語義・語法」を根拠にしているが、従来とは過去のいつの時点をさすのかを判断する客観的指標はなく、そこには権威者・機関による一方的裁定という性格があきらかである（やすだ 2006: 99）。

このふたつの立場をくらべてみた場合、どちらがよりのぞましいかに議論の余地はないであろう。言語のもつ公共財としての性格をかんがえた場合、言語規範が社会内の一部集団の恣意にまかされるなら、ひとびとが日常的におこなっている言語実践に「ただしくない」とのレッテルがはられ、矯正の対象とされることもおきうるし、実際、そうした史実（たとえば「方言」とされた言語の「矯正」、「標準化」強制）もあるからである。

しかし、実際にどうつかわれているかを問題とする慣用主義や規範の価値を相対化する記述主義の視点による言語民主主義も、個人の立場にたってみるなら、その規範は、権威主義的規範主義とおなじように、上からふってくるがごときものである。たとえば、個々人の言語実践の集積の結果として慣用が成立し、それが規範のひとつとなるとしても、そこに個人の創意や意図がはいりこむ余地はほとんどない。無数の流行語のうち、一部は死語となり一部は定着することによって規範化する。マスコミや政治権力が介入できる余地も、独裁的政治体制下などの例外をのぞき、それほどはおおきくない。つまり、規範に対して言語民主主義的態度をとるとしても、言語規範は言語使用者の「外部」で集団的に成立し、個人はその規範を受容することをしいられるのみである。

ち／つのだ（2005）の、さいとー・たかし（齋藤孝）批判など。

6. エスペラントにおける言語規範の位置

前節で非計画言語の規範における言語民主主義のありようをみた。すべての話者を対等にみるその立場は、言語帝国主義や言語差別への批判を生みだしたが、上述のように、エスペラントは、そうした批判のツールとなった言語権・言語差別概念に対応できる機能を部分的であれもつという点――異言語使用者間でおきる言語差別を解消できること――においてのみ普遍的な存在根拠・価値をもっている。

こうしたエスペラントの価値をささえているのが、第一言語話者（母語話者）が存在しないことによる計画性・論理性と相対的な学習容易性、低コスト性であり、これらの特徴が、限定的であるにせよ、エスペラント使用による言語権保障の実現を可能にしている。したがって、エスペラントの言語規範について、言語民主主義的に判断するなら、その基準は「学習容易性」「低コスト性」の維持に資すること、という一点にあるべきことをみちびきだせる[22)]。したがって、前節でみた記述主義的な態度、「一般的につかわれているかどうか」を「ただしさ」の基準としてもちいることは、エスペラントに関しては、言語民主主義と矛盾することになる。「用例の一般性」「慣習化の度合」を規範の根拠とするならば、エスペラントは日本語などの非計画言語と同様の複雑化をとげ、言語権保障を可能にしているエスペラントの属性はなくならざるをえないからである。

この点がエスペラントの規範が内在的にもつ第一の特徴である。また、エスペラントが非計画言語とことなる点は、その規範の検証可能性にもみとめられる。エスペラントの規範として採用するべきかどうか、エスペラントの規範にてらしてただしいとみとめるべきかどうかは、非計画言語とことなって、一個人に判断可能なのである[23)]。非計画言語の場合、「ただしさ」は「慣習化の程度」または「権威による

22　エスペラント運動・研究においては、ザメンホフの用例を規範の根拠とする例がみられるが、そうした行為もエスペラントに普遍的価値をあたえているその言語民主主義的性格をそこねる可能性がある。ザメンホフの用例を規範化することによって学習容易性が減じる可能性もあるからである。エスペラント界にあるザメンホフの「用例信仰」は批判的に検証されなければならない問題である。

23　この特徴こそが、エスペラント使用者がエスペラントを「創造的」に発展させることを可能にしている。かどや（2004）参照。

承認」という個人の外部にあった。しかし、エスペラントの規範は、いわば個人の「内部」にあるといえる。こうしたエスペラントの規範がもつ特性は、エスペラント運動において、ほとんど認識されておらず、ある種のねじれをエスペラント運動にもたらしている。具体的にみてみよう。

エスペラント学習者に有用な教材を提供しているものに、日本エスペラント協会の機関誌『エスペラント *La Revuo Orienta*』に長年連載されている、さかただし(阪直)著「やさしい作文」がある。これはもっとも読者がおおい教材のひとつであろう。言語学習教材の役割は「規範の提示・説明」にあるから、機関誌上のこの連載は、エスペラント界の一般的な規範意識をはかるうえでもっとも適当な材料といえる。この連載では、まえもってだされた課題に読者が解答をおくり、それを講師が添削・解説するという形式ですすめられる。その際、誤答例の解説では、「……とは言えません」「……は誤りです」といった指摘とならんで、「……は普通に使われる表現ではありません」「……のようには言いません」という表現が散見される[24)]。前者はエスペラントの文法に違反したり、論理的に破綻している表現の説明につかわれるのに対し、後者は「一般的にそういう表現はとらない」ということをつたえているとかんがえられよう。「一般的でない」ことを根拠にして「ただしくない」という判断をくだす態度は、すくなくとも権威主義的ではなく、慣例主義的である。これは言語民主主義に即しており、いっけん、のぞましい規範理解であるようにおもわれる。しかし、そこには、計画言語と非計画言語の特徴の差異を無視し、後者にかんしてのみ言語民主主義的であるといえる規範意識をそのまま計画言語にも適用してしまっているという問題がある。上述のように、エスペラントに慣例主義をもちこむことは、エスペラントの普遍的価値の源泉——学習容易性——をそこなうのであり、厳につつしまなければならない行為なのである。以上のエスペラントの

24　たとえば、「mezuras sian korpan pezon, mezuras sian korpopezonとも言えますが、mezuras sian pezon, pesas sian korpan pezonのようには言いません」(さか 2006b: 14、投稿者名略、以下同)、「sentiは喜怒哀楽や苦痛、寒暖、匂いなどを感じる意味に使うのが普通ですから、senti libron interesaは聞き手に奇妙な感じをあたえるでしょう。mi sentis grandan interesonも同じ理由で、普通に使われる表現ではありません。mi estis tre interesaは誤りです」(さか 2006a: 31) といった規範の提示のしかたをここでは問題にしている。「～のようには言わない」「普通に使われる表現ではない」ことから、「のぞましくない表現である」という判断をみちびきだすことの意味をかんがえる必要がある。

記述的立場	言語の恣意的な変化・慣習の蓄積を許容	計画言語の特長を無化／非言語民主主義的
規範的立場	言語の恣意的な変化・慣習の蓄積を許容しない	計画言語の特長を維持／言語民主主義的

表2　計画言語における規範

規範理解にかんする立場の特徴をまとめたのが表2である（表1とのちがいに注目されたい）。

言語の規範はいかにあるべきかという問いに簡潔にこたえるなら、「言語民主主義」がひとつのあるべき返答であろう。しかし、「言語民主主義的であること」は、エスペラントなどの計画言語と非計画言語ではまったくその内容を異にする。計画言語は学習によって習得され、はしわたし言語として機能することによって言語民主主義の達成に寄与することが期待されている存在である。それに対し、非計画言語には、意識しない学習によって習得され、第一に日常の生活言語として機能することが期待される。この差異が、言語民主主義的な規範のありかたを措定しようとするときに重要となるのであり、その結果、記述主義・慣用主義がそれぞれにとってもつ意味は正反対となる。その差異に無自覚なまま両者を混同し規範を設定するなら計画言語はその性格をかぎりなく非計画言語へちかづけることになり、同時に前者は言語権保障を可能にする条件、その言語権的価値をうしなうことになる[25)]。

25　「言語権的価値を維持するために規範主義的であること」からは、安易な新語や慣用表現の導入・使用をつつしむべきことがみちびきだされる。しかし、これはエスペラントの言語としての成長、文学的・文化的発展とは矛盾しない。文学的表現などの欲求はエスペラントのたかい造語能力や既存の語彙・文法体系のなかで十分に充足可能とかんがえられる（たとえば、L.L.ザメンホフの一部の文章はその先駆的こころみといえるのではないだろうか。また、差別語のいいかえや日常のコミュニケーション過程でうまれるあたらしい表現についてもおなじことがいえる）。その枠内での試行錯誤をつうじて創造性を発揮し、それによって言語権的価値の上昇に貢献することこそが、エスペラント（運動）に固有な文芸のありようといえる。たとえば、新鮮で鑑賞にたえ、かつ学習・理解の容易な表現の可能性を追求するのである。この「言語権的価値の維持という枠」を逸脱する文学は、（エスペラント運動の一環としての）エスペラント文学とはよべないだろう。「文学的追求」や日常的コミュニケーションで発揮された「創意」の結果、エスペラントに故事成語のような慣用表現や新語があふれ、それが規範化されることをゆるせば、エスペラントの学習コストは単調に上昇し、同時にその言語権的価値は減少する。そして、言語権的価値がな

<table>
<tr><td></td><td>計画言語（エスペラント）</td><td>非計画言語（民族語・国民国家語）</td></tr>
<tr><td rowspan="4">規範の根拠</td><td colspan="2">民主主義的・言語権的</td></tr>
<tr><td>言語権・コミュニケーション権（規範主義的）</td><td>習慣の蓄積による用例・慣用・運用実態の尊重（記述主義的）</td></tr>
<tr><td colspan="2">非民主主義的・非言語権的</td></tr>
<tr><td>習慣の蓄積による用例・慣用・運用実態の尊重（記述主義的）</td><td>権威（辞書）・権力による承認・強制（規範主義的）</td></tr>
</table>

表3　計画言語・非計画言語の規範

本稿でおこなったエスペラント（運動）の批判的検討は、そうならないための基礎作業のひとつなのである。

エスペラントを言語権的価値によって根拠づけるということは、エスペラントの学習・普及に際して必要となる「規範の確定・記述」のありかたをさだめる基礎となる。これまでのエスペラント、エスペラント運動のありかたを検証するのみならず、言語権の保障の一環として、今後のエスペラント運動がどう展開されるべきであり、エスペラントがどのような言語として運用されていくべきか。そのための理論的支柱として、言語権的価値を出発点とした検討はさらにふかめられていく必要があろう。

[付記]

本稿は『エスペラント研究』第3号（日本エスペラント学会）に掲載された同名論文を改稿したものである。

[参考文献]

いといがわ・みき（糸魚川美樹）2005「ジェンダー化された言語のゆくえ」『社会言語学』5号、pp.85-103

かどや・ひでのり 2001「言語差別とエスペラント」『社会言語学』創刊号（2001年）、pp.83-88

―――――――― 2004「エスペラント運動の陥穽―「あしき規範主義」から「エスペラントの再創造」へ―」『2004年度日本エスペラント学会研究発表会予稿集』（2004年）、pp.8-9

くなれば、エスペラント運動はその倫理的・普遍的存在根拠をうしなうのである。

―――――― 2006a/2012「言語権から計画言語へ」、ましこ・ひでのり編『ことば／権力／差別　言語権からみた情報弱者の解放』三元社、pp.107-130
―――――― 2006b「言語権からコミュニケーション権へ」『人権21　調査と研究』第183号、pp.78-83
―――――― 2012「識字／情報のユニバーサルデザインという構想　識字・言語権・障害学」『ことばと社会』第14号、三元社、pp.141-159
かわぐち・りょー／つのだ・ふみゆき（河口良／角田史幸）2005『日本語はだれのものか』吉川弘文館
くにひろ・てつや（国広哲弥）2000「規範主義と記述主義」『月刊言語』5月号、pp.24-31
げんごけんけんきゅーかい（言語権研究会）編 1999『ことばへの権利　言語権とはなにか』三元社
さか・ただし（阪直）2006a「やさしい作文」『エスペラント La Revuo Oerienta』6月号
―――――― 2006b「やさしい作文」『エスペラント La Revuo Oerienta』8-9月号
さくら・ともみ（佐倉智美）2006『性同一性障害の社会学』現代書館
すずき・としかず（鈴木敏和）2000『言語権の構造　英米法圏を中心として』成文堂
ましこ・ひでのり2006「辞書の政治社会学序説－近年の俗流言語論点描（その4）－」『社会言語学』6号（2006年）、pp.77-94（＝ましこ『知の政治経済学』7章、三元社、2010年）
―――――― 2014『ことばの政治社会学』三元社
やすだ・としあき（安田敏朗）2006『辞書の政治学　ことばの規範とはなにか』平凡社
やまうち・としお（山内俊雄）2000『性の境界　からだの性とこころの性』岩波書店

Skutnabb-Kangas, Tove（2000）*Linguistic genocide in education- or worldwide diversity and human rights?*, Routledge

第8章

多言語化の多面性

——言語表示から通訳ボランティアまで

糸魚川美樹

1. はじめに

日本語運用能力が不十分な住民への情報提供手段のひとつとして、またコミュニケーション支援のひとつとして、それぞれの住民の言語で発信することにある程度の社会的な理解がえられ、情報の多言語化がすすむ。多言語化は情報弱者への情報保障のあり方のひとつと考えられる。しかし、日本社会の公共空間でみられる多言語化は情報保障というよりは情報提供側の都合に大きく左右されるものとなっており、情報を受け取る側の視点が欠如しているのではないか、という疑問が本研究の出発点である。本稿では、情報が多言語化されている背景と多言語化の目的を確認したのち、インターネット上で公開されている情報およびフィールドワークによって収集した資料や聞き取りをもとにして、なるべく例示をおこないながら、公共的空間における多言語化のありようを概観し、その問題点と今後の多言語化のありかたに必要な諸要素を提示する。

2. 多言語化の背景

1990年出入国管理及び難民認定法（以下では、入管難民法）の改定により、3 世までの日系人とその配偶者に職種制限のない定住資格が認められ、日本社会における外国籍住民、なかでも南米出身者が再急増した。入国管理局の2005年12月末のデータによれば、日本における外国人登録者数はその時はじめて200万人を超え、2008年まで過去最高を更新し続けた。世界的な経済不況により2009年から2012年までは一旦減少し、その後2013年から再度増加してきている。2016年6月現在の「在留外国人」数は2,307,388人と過去最高となった。国籍別にみると、中国（677,571人）、韓国（456,917人）、フィリピン（237,103人）、ブラジル（176,284人）、ベトナム（175,744人）、ネパール（60,689人）、米国（53,050人）、台湾（50,908人）、ペルー（47,670人）、タイ（46,690人）の順になっている[1]。入国管理局によれば「平成18年まで最大構成比を占めていた特別永住者数は、年々減少して」いる。また「「特別永住者」の地位に相当する外国人の割合」は、「戦後間も無くから昭和30年代までは90%近くを占めいていたが、「特別永住者」の数自体が減少していることに加え、様々な目的を持って新たに来日した外国人（いわゆるニューカマー）の増加[2]」がみられ、在日外国籍住民の国籍による内訳は近年大きくかわってきている。

日本語運用能力が十分でない住民も増えていると考えられる。文部科学省によると2004年度「公立小・中・高等学校、中等教育学校及び盲・聾・養護学校に在籍する日本語指導が必要な外国人児童生徒数−母語別」では、ポルトガル語7,033人、中国語4,628人、スペイン語2,926人、その他の母語5,091人となっており、ポルトガル語、中国語及びスペイン語の3言語で全体の7割以上を占めていた。同省の2014年度「日本語指導が必要な児童生徒の受け入れ状況等に関する調査[3]」によれば、受け入れは「10年前に比べ約1万人増加」しており、29,198人となっている。児童母語別でみるとポルトガル語8,340人、中国語6,410人、フィリピノ語5,153人、スペイン語3,576人、ベトナム語1,215人、英語が777人、韓国・朝鮮語614人、その他の母語 3,113人となっている。先にあげた入国管理局のデータによればブラジルやペルー籍者はこの間大きく減少しているが、「日本語指導が必要な児童生徒」のうち、ポルトガル語母語児童とスペイン語母語児童は増加している。また、先述のように2004年のデータではポルトガル語、中国語及びスペイン語の3言語で全体

1　http://www.moj.go.jp/content/001204549.pdf を参照。 なお、2005年末のデータ（http://www.immi-moj.go.jp/）では、韓国・朝鮮（598,687人）、中国（519,561 人）、ブラジル（302,080人）、フィリピン（187,261人）、ペルー（57,728人）の順になっている。

2　法務省入国管理局編（2015）「平成27年度出入国管理」、21-24ページ http://www.moj.go.jp/content/001166752.pdf を参照。

3　http://www.mext.go.jp/b_menu/houdou/27/04/1357044.htm を参照。

の7割以上を占めていたが、2014年度にはフィリピノ語（タガログ語）母語児童の数がスペイン語母語児童数を上回っている。児童の母語の内訳にも変化があることがわかる。

1990年の法改定は、血統主義的な性質をもち[4)]、日本語運用能力など日本で労働・生活するために必要な条件は問題にしなかった。さらに、そのような人びとを大量に受け入れる態勢も整えなかったために、人権を無視した労働・日常生活を外国籍者は余儀なくされることになった。日本語を理解しない多くの外国籍者が転入してきた地域では、もともとの住民とのあいだでコミュニケーションがとれず混乱が起きることは当然予想される。しかし、地域住民と新渡日者とができるだけ衝突の少ない生活ができるよう、また衝突があったとしてもその解決をサポートするような政策・対策を、受け入れた国家も労働力により多大な利益を得る企業もとらなかった。その結果、起きる問題は地域住民と自治体が引き受けなければならなくなったのである。外国籍者の多数転入による生活環境の変化から、その地域を離れた人びとすら存在する。まず「外国人の生活態度」を第一の問題とすることが一般的だが、受け入れ態勢を整えないまま受け入れた国家や企業の不作為が問題の根本にある。

3. 多言語化の目的：「公共圏」における言語権

外国籍住民を多く抱える自治体では、日本語の運用能力が十分でない外国籍住民にも理解されるよう、生活一般に関するパンフレットなどが新渡日者の言語で作成され、自治体による生活・行政相談や情報提供が日本語・英語以外の言語でも実施されるようになった。

確認しておかなければならないことは、1990年の法改定により日本社会が一挙に単一言語社会から多言語社会になったわけではないということである。社会は常にさまざまな場面でさまざまな言語（手話を含む）を使用しながら生活する人びとにより構成されている。問題は、公共的な空間で、第一言語（母語）の使用を事実上禁じられてきた人びと、その言語での発信を拒絶される人びとの存在があり、生

4　1990年の入管難民法改定の「政策意図」については、ななころび（2005）など。「日系人」というくくりがブラジル人に与えた影響については、ハタノ（2011）を参照。

存権としての言語権が保障されてこなかったということである。一方で、日本社会の多数派が日常生活で使用してもいないのに、公共的な空間で使用が事実上認められてきた言語もある。たとえば英語使用は、英語人人口の有無に関係なく、日本社会の至るところで認められている。このような状況から、本稿では多言語化を、日本語以外の言語が使用される現象ではなく、日本語・英語以外の言語が使用される現象ととらえる[5]。

多言語化という現象をとらえる際、誰のための、何のための多言語化なのか、という多言語化の目的を確認しておく必要がある。そこでは、言語に関する権利である言語権への視点が不可欠である。木村（2011: 13）では、「言語権の問題になる事柄には、ふたつの柱がある」として、「自らが帰属意識をもつ集団の言語を習得・使用する権利」と、「当該地域や国で広く使われる言語を学習・使用する権利」をあげている[6]。言語権は、「だれがどこでも好きな言語を使ってよいという権利ではなく、ある言語の話者に対して不平等・不都合がある場合に問題になりうる」(同: 14)。この点を確認した上で、言語権が、私的領域だけでなく公共的な空間で保障されることが強調されなければならない。木村も論じているように、「公共性」(「公共圏」）という概念が鍵となる。ここでいう「公共性」とは、齋藤(2000: 6)がいうそれを指す。

> 何らかのアイデンティティが制覇する空間ではなく、差異を条件とする言説の空間
>
> 同化／排除の規制を不可欠とする共同体ではない。それは価値の複数性を条件とし、共通の世界にそれぞれの仕方で関心をいだく人びとの間の言説の空間

以上のことから、多言語化の目的は、住民自らが帰属意識をもつ集団の言語を使用し、市民として日常生活をおくれ、また市民としての活動に参加できる条件を整えること、と本稿ではとらえる。

5　後述するように1990年の入管難民法改定による外国籍住民の増加は、英語が「外国人」とのコミュニケーションで万能ではないことを関係者に気付かせたことを強調したい。

6　木村（2015)「言語権」も参照。

4. 地域社会における情報の多言語化

先述したように、外国籍住民が多くなった地域で生じた課題に対しては、それぞれの自治体が対応してきた[7]。外国人集住都市会議[8]や多文化共生推進協議会[9]がよく知られている。集住地域では情報の多言語化の必要性がいち早く認識され、多数派を形成する外国籍住民の母語や出身国の公用語による通訳・翻訳サービスが提供されるようになる[10]。多言語で「就学ガイド」「進学ガイド」などが作成されたり、就学説明会が開かれたりするのである。次節で述べるように医療通訳事業をすすめる自治体も増えている。また、神奈川県国際交流協会[11]や自治体国際化協会[12]などによるインターネット上の多言語情報の充実化もあり、所属自治体に関係なく公的機関による様々な情報が入手できるようになってきた。ただし、多言語化される情報は必ずしも住民の権利擁護を目的としているわけではなく、また多言語化に対応する通訳者や翻訳者もボランティアであることが多い。本節では地域の多言語化について、公共空間における多言語化表示と、ボランティアに頼る地域の多言語化事業について、事例を示しながら考える。

4.1 街頭の多言語化

ブラジルをはじめとする南米出身者がもっとも多い愛知県では、1990年ころから街頭にポルトガル語やスペイン語による表示が目立つようになったことを筆者は記憶している。愛知県の「外国人住民」は2016年6月現在21万7千人で、東京都

7　内閣府は「定住外国人施策ポータルサイト」を開設して自治体や各省庁の取り組みや「定住外国人」および支援者向けの情報を紹介している。http://www8.cao.go.jp/teiju-portal/jpn/ を参照。

8　http://www.shujutoshi.jp/ を参照。

9　http://www.pref.aichi.jp/syakaikatsudo/kyogikai/kyogikai.html を参照。

10　入管難民法改定の翌年に出版された田中（1991: 181）において、東京都豊島区の広報の中国語版、愛知県豊橋市教育委員会による「日本語・ポルトガル語会話手引き書」が紹介されている。

11　http://www.kifjp.org/ を参照。

12　http://www.clair.or.jp/ を参照。

についで第2位である[13]。全国「在留外国人」の10%弱、愛知県人口の2.9%を占めている。国籍ではブラジルがもっとも多く約5万人、続いて中国約4万6千人、韓国・朝鮮約3万4千人、フィリピン約3万2千人、ベトナム約1万6千人、ペルー約7千5百人という順になっている。参考までに1985年では韓国・朝鮮籍がもっとも多く56,532人、中国籍1,077人、フィリピン国籍524人、ブラジル国籍64人、ペルー国籍8人であった。1990年にはブラジル出身者は1万人を超え、1995年には3万人弱に達した[14]。2007年には8万人をこえるが、世界的な経済不況と「帰国支援事業」により減少する。

南米出身者が多い理由として、トヨタをはじめとする自動車産業の存在を挙げることができる。1990年代にいわゆる「出稼ぎ」としてこの地域で働き始めた人びとは、現在は定住化の傾向にあると言われる。なお、フィリピン籍登録者数が全国でもっとも多いという点も愛知県の特徴である[15]。市町村別でみると名古屋市、豊橋市、豊田市、岡崎市、小牧市の順で、この5市に外国籍県民全体の55.5%が登録しており（2015年末現在）[16]、一部の地域に集中する傾向がある。「日本語指導が必要な児童生徒」が100人以上在籍する小学校は県内に5校（全国で小中学校が7校）と報告されている[17]。知立市立知立東小学校では、児童数全体の4割強がブラジル国籍で[18]、外国籍児童の割合は2017年度には70%に達するみこみである[19]。

本節冒頭で述べたように、1990年代以降街頭における言語表示の多言語化がすすんだ。街頭に限らず多言語化されている情報全体を考えると、前述したように最近では権利擁護を目的とした多言語化が少しずつではあるが進んでいる状況を確認できる。しかし、街頭でみられる多言語化された情報の中には、一部に多言語情報の一般的充実を意図していると解釈できるものもある[20]が、次にみるように依然注

13　http://www.pref.aichi.jp/soshiki/tabunka/gaikokuzinjuminsu-h28-6.html を参照。
14　http://www8.cao.go.jp/teiju/hearing/h23/pdf/s4-1.pdf を参照。
15　法務省のデータを参照。
http://www.moj.go.jp/housei/toukei/toukei_ichiran_touroku.html
16　愛知県の「外国人住民」数の詳細については、以下を参照。
http://www.pref.aichi.jp/soshiki/tabunka/gaikokuzinjuminsu-h27-12.html
17　朝日新聞2017年2月9日付け「いま子どもたちは」
18　同上。
19　朝日新聞2017年2月16日付け「いま子どもたちは」
20　たとえば、愛知県内鉄道駅構内など。

意文・警告文が多い。たとえば写真１、写真2は、愛知県内にある、外国籍住民が多い公営住宅や都市再生機構の賃貸住宅[21)]周辺に設置されている看板である[22)]。表示内容は大きくわけて3種類あり、すなわち騒音、駐車、ゴミの出し方に関する注意書きである。日本語よりもさきにポルトガル語で書かれているものや、ポルトガル語のみの表示もある。

写真1

無断駐車禁止
店舗専用駐車場の為、それ以外の方の車は一切
駐車を禁止とします。
駐車した者には、罰金30,000円を頂きます。
管理人
PROIBO ESTACIONAR
ESTACIONAMENTO EXCLUSIVO DAS LOJAS.
USO PROIBIDO MULTA DE 30,000MIL YENES

写真2

DURANTE A NOITE PELA MANHÃ
・É PROÍBIDO DEIXAR O MOTOR DO CARRO LIGADO.
・É PROÍBIDO OUVIR SOM EM ALTO VOLUME.
・É PROÍBIDO FALAR EM TOM ALTO DE VOZ.
CONTAMOS COM SUA COLABORAÇÃO.
近隣の方のご迷惑になります、下記の行為はご遠慮願いします。
・アイドリング
・大音量でのカーオーディオ
・大声での会話
ご協力よろしくお願いします。

2言語表示であっても、日本語とそれ以外の言語で書かれた内容の異なる看板が

21　県内の都市再生機構の住宅では、ポルトガル語による案内をおこなっている。
https://www.ur-net.go.jp/chintai/tokai/aichi/counter/nagoya/portuguese/

22　写真１と2は2017年2月に筆者が撮影した。両写真には誤記がみられる。写真1の日本語表示では「罰金3万円」となっているがポルトガル語では3千万円となっている。写真2のポルトガル語PROÍBIDOはPROIBIDOとなるはずである。

ある。写真3（2013年、三重県）[23]において、日本語では海水浴場でのバーベキューを禁止することが書かれているだけであるが、ポルトガル語ではそれに加えてゴミを捨てないこと、水着着用、海水浴場を清潔に保つこと、駐車場以外での駐車禁止が書かれていると理解できる。2言語によるメッセージの内容には大きな違いがある。

写真3

・PROIBIDO ACAMPAR FAZER CHURRASCO E JOGAR LIXO NA PRAIA
・POR FAVOR USAR OS BANHEIROS
・PROIBIDO DEIXAR CAPRO FORA DO ESTA CIONAMENTO
・POR FAVOR MANTENHA A PRAIA LIMPA

志摩の国漁協　御座支所

御座白浜海水浴場において浜辺でのバーベキューは、全面禁止です。

志摩の国漁協　御座支所

過去にはつぎのようなものも見られた。写真4の看板は、筆者が1999年に名古屋市中区・中村区のラブホテル街で記録し、2006年4月当時もそのまま表示されていることが確認されたものである[24]。注意してこの内容をみてみると、スペイン語と英語では「売春の誘い・客になることはやめよう」という文句はない。日本語とそれ以外の言語では伝達内容が異なっていることがわかる。この看板のなかで、日本語人へのメッセージとスペイン語人・英語人へのメッセージは異なっており、それぞれ異なった意図をもって発信されているのである。その発信者が選択した視点を考えれば、ここには、売る側はスペイン語人・英語人、買う側は日本語人という前提が見えてくる。この看板ではスペイン語の下に、同様の内容が英語で書かれている。街頭の看板で英語より先にスペイン語がおかれていることは珍しく、注目に値する。

23　かどや・ひでのり氏撮影。ポルトガル語表示のCAPROはCARRO、ESTA CIONAMENTOはESTACIONAMENTOであろう。

24　なお、2016年8月には、当時看板が立てられていた場所に同じものを見つけることはできなかった。

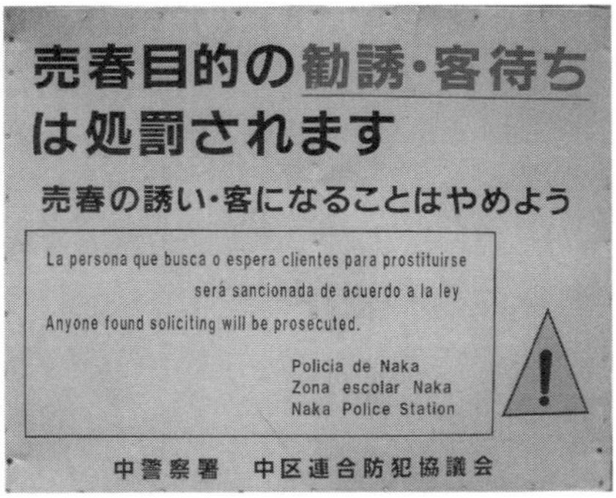

写真4
売春目的の勧誘や客待ちは処罰されます。売春の誘い・客になることはやめよう。
La persona que busca o espera clientes para prostituirse será sancionada de acuerdo a la ley.
Anyone found soliciting will be prosecuted.

中警察署　中区連合防犯協議会

外国籍住人（厳密に言えば、日本語運用能力がないと想定されており、看板等での使用言語の使用者）を取り締まりの対象としてのみ扱っている表示は少なくない。

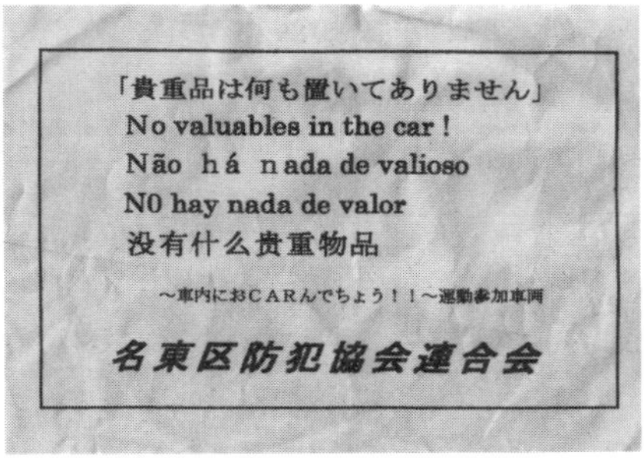

写真5
「貴重品は何も置いてありません」
No valuable in the car
Não há nada de valioso
N0 hay nada de valor
没有什么贵重物品

～車内にはおCARんでちょう!!～運動参加車両

名東区防犯協会連合会

たとえば、2005年愛知万博開催地付近で、駐車されている自動車のワイパーに挟まれていたチラシに次のようなものがある（写真5）。日本語の「貴重品は何も置いてありません」とそれを英語・ポルトガル語・スペイン語・中国語に訳したと思われるメッセージである[25)]。車上荒らしを防ぐ防犯対策用に作成・配布されたものだと解釈できるだろう。5言語によるこの情報のみであれば、「この車には貴重品は何もないから荒らしても無駄である」というメッセージを、車上荒らしをしようとする者に対して送ろうとしていることになる。しかし、この5言語の後に小さく

25　第2文、第3文は文字間隔が均等になっていない。第4文の2文字目はローマ字「o」がアラビア数字の「0」になっている。また、ポルトガル語ではNão há nada de valor またはNão há nada valioso となるはずである。

「〜車内におCARんでちょう!!〜運動参加車両[26]」とあり、さらにその下に大きく、「名東区防犯協会連合会」と書かれている。つまり、この2行により「車内に貴重品を残したまま去るな」という情報をもこのチラシは発信しているが、その情報の受け手は日本語がわかる者だけである。日本語以外の言語の使用者は車上荒らしとしてだけ想定されていることになる。

同じ内容がそれぞれの使用言語で同様に表示されていれば問題はないといえるかというとそうではない。たとえば、2000年代初頭から愛知県内のコンビニエンスストア（以下では、コンビニ）の入り口に、

特別警戒中　ビデオ画像電送システム稼働中

という文句が、日本語・英語・中国語・ポルトガル語・朝鮮語・スペイン語で表記されていた（2006年4月には確認できなかった）。この掲示だけを取り上げれば、6言語で同じ情報が発信されており、日本語人も同等に「犯罪者予備軍」としてあつかわれている。しかし、コンビニのなかに一歩入れば、そこでは、それ以外の大量の情報が日本語で表示されている（たとえば、ポイントシールを集めることにより景品交換があるなど）。つまり、日本語以外の言語ではそうした情報が提供されておらず、これらの言語使用者には、日本語人と同等な「客」としての視線は向けられていないのである。ほかにも、1990年代以降、スーパーマーケットのレジに「両替はご遠慮ください」という内容の掲示が多言語で表示されることが一般的となっている。この掲示が置かれた文脈と、その文脈からよみとれる非対称性も上とおなじ例としてあげられよう。

集住地域の住宅敷地内では、外国籍住民と受入側住民がよりよい関係を築こうというメッセージが表されているものもある。子どもたち用の日本語教室、NPOによる母親支援活動もあり、それらの街頭表示も住民の言語になっている。また、周辺の地域住民が利用するスーパーマーケットには南米系やアジア系の食材が売られており、セール品の情報がポルトガル語で表示されている。どのような情報を多言語化するかについて、一般的に通用している基準や理念は存在しておらず、その結

26　この地域の表現「おかんでちょう」（おかないでくれ）とかけたものと考えられる。

果、受け入れ社会が外国籍住民に対して望むありかた、つまり受け入れ社会が彼らにむける視線のありかたにより多言語化の内容が決定されている。近年は、国外からの観光客の急増により、観光地における街頭表示の多言語化もすすんでいる。観光客向けの多言語情報と住民向けの多言語情報を詳細に比較することで、日本社会の多言語化状況と、そこに映しだされた日本社会がうちにもつ視線を明らかにできよう。

4.2　多言語情報提供とボランティア

外国籍住民が多く暮らす自治体では役所等における通訳の配置や、行政による生活相談での通訳の配置、また一定の外国籍児童数を抱える学校の語学相談員の配置や巡回など、多言語人材の雇用と情報の多言語化がすすめられてきた。一方で、自治体の国際化協会ではボランティアによる通訳翻訳事業も実施しており、その活動は「外国人住民」の「生活支援」にまで及んでいる。

4.2.1 「語学ボランティア」

地域の国際化協会の多くが、日本語ともう一言語の運用能力がある人をボランティアとして募集し、登録派遣する事業を実施している。「語学ボランティア」「通訳・翻訳ボランティア」「人材バンク」「サポーター」などと呼ばれている。このようなボランティア活動が広がりをみせたのは1980年代後半から1990年代にかけてと考えられる[27]。事業目的は、地域の国際イベントへの協力、国際交流、外国籍住民支援における通訳派遣である。各団体のウェブサイトの情報で確認すると、都道府県レベルでは42の国際化協会でボランティア通訳を派遣／紹介する事業を実施している[28]。そのうち20地域の事業において住民支援が活動目的／内容に含まれている。住民支援の場合の主な活動内容は、公的機関での担当者と住民のあいだの通訳、災害時の通訳・翻訳、書簡文の翻訳である。営利目的での通訳・翻訳は受け付けな

27　『朝日新聞』「聞蔵II」で検索すると、1988年8月25日に初めて「語学ボランティア」という語が使用されている。

28　都道府県レベルでは実施していなくとも、区や市の国際化協会でおこなっているところもある。

いことと、通訳上のトラブルについては協会側が一切責任を負わないという点が共通している。通訳者の登録条件や活動範囲は事業により異なる。通訳ボランティアとしての登録に研修受講が義務づけられているところもあれば、「日常会話」が可能という自己申告のみで登録できる事業もある。役所、学校、医療機関、法律相談など公的機関すべてを活動範囲とするところもあれば、医療機関、法律関係を対象外とするところ、医療分野を活動範囲としながら「医療行為」の通訳を対象外とする事業、学校や役所、医療機関が対象となっていながら「専門的内容の通訳は対象外」という条件を付しているものもある。派遣「対象外」の範囲がもうけられるのはボランティアであることによる。依頼内容を協会側で審査するという事業もある。経費については、通訳者に対して多くが交通費のみの支払いで「無報酬」であるか、報酬が支払われる場合1時間1000円程度および／または交通費実費支払いが一般的である。負担は依頼者の場合がほとんどであるが、協会の場合もある。個人でも通訳派遣依頼可能な事業と、機関（団体）からの依頼のみ受け付ける事業がある。

市単位でも同様の事業が実施されている。たとえば愛知県において2016年7月現在22市の国際化協会等の公益財団法人で「語学ボランティア」、「通訳／翻訳ボランティア」を募集・派遣していることが確認できる。おもな活動分野はつぎのようになっている。

（国際交流）事業における通訳：13
外国籍住民支援としての通訳：8
観光を含む訪問者との間の通訳：6
刊行物（生活情報誌）の翻訳：5

ウェブサイトには具体的な活動内容が明記されていない場合が多い。現状を明らかにするためにはより詳細な調査と、多言語化の目的をふまえた上での考察が必要である。たとえば、ボランティアによる通訳であることから通訳者に過剰な負担がかからぬよう条件をもうけることは理解できるが、それならば何のための通訳サービスであるのかという疑問も生じる。これらの事業の登録者のなかには、通訳を職業としている人も登録されており高度な通訳が実践されていることも確かである。しかし一方で、たとえば愛知県国際交流協会の「語学ボランティア」のつぎの注意書き[29]からは、求められているレベルに達しない通訳実践が過去にあったのではないかという想像が可能である。

> ボランティアといえども、活動に関しては、主催者の一員として同じ責任を担います。当協会でも依頼の段階で内容を確認しますが、ご自身でもご判断いただきますようお願いします。内容によっては、無責任に引き受けず辞退することも必要です。

ボランティア通訳の利用者に対するまとまった調査研究は、管見の限り存在しない。しかし、通訳者に対する調査のなかで利用者からの不満が吐露されていたり、熟練通訳者から漏れ聞こえてくる話から想像すると、質が不十分な通訳実践が存在しているのは事実であろう[30]。とくに、外国籍住民支援としての通訳の正確性や質はどのように保障されているのか、だれが保障すべきなのか、という問いとともに「ボランティア通訳」は考えられるべきである。

4.2.2 医療分野の多言語化

この間、多言語化がもっともすすんだ分野の一つが医療である。外国籍住民が多い地域では独自に通訳者を雇用している医療機関[31]もある。神奈川県や京都市では2000年代始めに民間非営利団体が医療通訳者派遣事業を自治体との協働により開始している。また国際化協会などの公益財団法人では三重県国際交流協会が同時期

---

29 http://www2.aia.pref.aichi.jp/topj/indexj.html を参照。

30 たとえば浅野ほか（2017）を参照。糸魚川（2015: 222）では、あいち医療通訳システムについて「医療機関から高い評価」を受けていることのみ紹介されているが、その逆の例がないということではない。推測の域を出ないが、通訳の質に関する不満の声が利用者からあがってこないことの理由のひとつに、利用者側に「ボランティアだからしかたない」という感覚があるのではないか。

31 たとえば、豊田市にあるJA愛知厚生連豊田厚生病院（旧加茂病院）はすでに1992年から通訳を配置している。そのほか、豊橋、豊川、小牧、岡崎などの市民病院で通訳を雇用している。2016年度厚生労働省が「医療通訳等の配置及び院内資料の多言語化等の整備事業を実施する医療機関」を公募する補助金事業（http://www.mhlw.go.jp/stf/seisakunitsuite/bunya/0000127658.html）を実施したが、地域住民に対応する医療機関ではすでに25年前から通訳配置や資料の多言語化などをおこなっている。

に医療通訳研修事業を開始した。医療機関に通訳を派遣する業者もあるが、多くの場合医療通訳は地域のNPO等によって養成・育成され、その派遣システムもNPOと自治体が構築してきた。通訳者の身分はほとんどの場合ボランティアである。本節では、全国で医療通訳派遣数が最多と推測されるNPO法人多言語社会リソースかながわ（通称、MICかながわ）[32)]を例としてとりあげ、医療通訳とボランティアのあり方を概観する。

MICかながわには2015年現在12言語187名の通訳者が登録している。「神奈川県医療通訳派遣システム事業」として2015年度は5,820件、MICかながわ独自の医療通訳派遣事業として879件、合計6,699件の通訳派遣をおこなっている。14人ほどの医療通訳コーディネーター（多くが医療通訳者）が平日毎日3人体制で派遣依頼に対応する。6,699件の派遣依頼に187人の登録通訳者が派遣されるので、年間1人あたり平均35件程度の派遣となる。ただし言語により偏りがある。2015年度派遣件数が最も多い中国語では、年平均派遣数が約55件（登録通訳者37名、両事業派遣実績2,038件）になる。受け取る報酬は3時間3,240円（交通費込み）である。

通訳登録には24時間程度の研修受講が必要である。24時間のうち言語別シミュレーションが10時間程度ある。研修の内容と教材は独自のものを使用し、講師もMICかながわの理事を含むスタッフが担当する。研修の受講をもって自動的に登録されるのではなく、選考がある。また、登録後の初回派遣ではコーディネーターに同行しコーディネーターの通訳を見学する。2回目の派遣ではコーディネーターが同行して新規登録者の通訳実践を観察する。これによりコーディネーターも登録者のレベルをより正確に把握し、その後の派遣コーディネートの参考にする。さらに登録後は、年に3回のフォローアップ研修と各言語の勉強会も実施され、質の維持または向上と保証につとめる[33)]。一般的に派遣通訳の利用にあたっては医療機関に

32　http://mickanagawa.web.fc2.com を参照。なお、本稿におけるMICかながわのデータは、ウェブページで公開されている「2015年度事業報告書」と、2014年10月に実施した聞き取り調査をもとにしている。「2015年度事業報告書」も含めた他地域との対照については糸魚川（近刊）を参照。

33　そもそも医療通訳派遣は重篤な疾患に対し依頼されることが多い。2015年度神奈川県医療通訳派遣システム事業において利用数がもっとも多かった医療機関が横浜市立大学付属市民医療センター（1,085件、実績全体の18%）であることからも明らかである。同じく医療通訳派遣システムを2011年度に開始（本格稼働は2012年度）した愛知県においても、国立名古屋医療センターと名古屋大学附属病院で通訳利用が

対し数日前までの派遣依頼の提出が求められるが、MICかながわでは当日であっても可能な限り対応する[34]。このようにみると、MICかながわは完成度の高い医療通訳システムを構築したといえるだろう。養成と派遣の15年の実績により、MICかながわには医療通訳関連シンポジウムや他地域の通訳者養成事業からも講師派遣の依頼がある。2015年度講師派遣先は27件となっている。それ以外にも2015年に出版された『医療通訳学習テキスト』(沢田2015[35]) の作成にMICかながわのスタッフが協力している。

完成度の高い医療通訳システムを構築した地域がある一方、全国で統一された医療通訳制度は存在しておらず、したがって、共有されている医療通訳の目的や理念もない。必要だと思った人ができることをやっているという状況が続いている。提供言語、通訳の質、通訳利用の機会、利用料、利用料の負担者、通訳者の報酬・責任など医療通訳をめぐる状況は地域により様々である。統一した制度と目的が存在しないことは、通訳者のボランティア依存が続いている理由のひとつと考えられる。現状では通訳の質と機会が保障されない場合が多々あることは明らかであり、問題がおおい。わかりやすい例が少数言語の通訳である。ボランティアであることで、少数言語通訳者の確保が難しいことはよく耳にする話である。結果、通訳が提供される言語と提供されない言語という線引きがうまれる。通訳者のボランティアによる実践があること自体は否定されるべきではないが、医療を提供する側の義務、住民の権利として位置づけた制度の整備が必要といえる。

4.3 多言語化への関わり方

ここまで、情報の多言語化について街頭表示とボランティア通訳にわけてみてきた。どちらにも共通することは、多言語化の共通目的や理念がないまま多言語化

もっとも多い。

34　医療通訳の分野では、「ボランティア＝善意」なのだからやりたいときにやればよいと考えられているわけではないようだ。逆に「プロなら割り切って断れるが、ボランティアなので断れない」という言説さえ存在する。つまり、「ボランティア」は用語としても都合よく使用される。日本社会のおける「ボランティア」の概念の変遷については，中山（2007）を参照。

35　2017年2月に第2版が出版されている。

がすすめられているという点である。スペイン語のケースについていうならば、入管難民法改定から25年以上経過した現在でもなお、スペイン語をよく知らない人物が作成したとすぐにわかるもの、ポルトガル語人によって作成されたものと予測がつく情報に出会う。こうした状況をひとつとっても「何のために、誰のために」多言語化をすすめるのかを考えずに、コストの問題を回避させてくれるボランティアの「善意」に頼り、「国際化」、「多文化共生」というスローガンに通じるものをすべて無条件に是としてきたのが、これまでの「国際化」、「多文化共生」の実態であることがありありとわかるだろう。本来、多言語化はその多言語化された情報を受けとる人びとの利益をはかることによって、社会全体の利益を実現するのが目的であろう。しかし、日本社会ではそうした理念的基礎を欠いたまま、つまり言語権の保障を多言語化の目的としてこなかった結果、本稿で挙げたような街頭の多言語化、通訳のボランティア化が起こっているのである。提供する側の満足にとどまっている面があるという点も否定できない。国家や企業がボランティアの活動に依存し、不作為を貫いた結果として、もっとも基本的な情報さえ多言語化されていない状況もうまれている[36)]。

ボランティアによる多言語化を専門家や研究者が批判することは簡単である。しかし、このような状況には、高等教育機関であり研究機関でもある大学が組織として加担していることも、自戒をこめて指摘しておきたい。近年、外国籍住民の増加、外国人観光客の増加、オリンピックの開催予定などにともない、国や自治体の要請により、外国語学部学生がボランティア（単位認定がある場合もある）の通訳・翻訳人員として派遣されている実態がある[37)]。職業としての通訳や翻訳養成の役割を担う大学（外国語学部）自らが通訳翻訳のボランティア化を促進しているのである。

36　たとえば、危険性が説明されないまま原発の廃炉現場でブラジル人が労働に従事している（『毎日新聞』2016年11月7日「廃炉に外国人」とその関連記事）。これは日本の情報保障がいかに遅れているかを示している。

37　たとえば、
http://www.huffingtonpost.jp/2016/07/07/rio-volunteer-tufs_n_10873796.html を参照。
外国語学部生にも通訳に対するあわいあこがれがあることも一因として考えられる。

5. 言語の選択

外国籍住民に対する情報保障という点で多言語化の必要性は認識されつつある。しかし、そのときに突き当たる問題のひとつに、何語でかたるか、何語で情報を発信するかという問題がある。地域社会の多言語化に対し「外国語といえば英語」、「英語は国際語だから」という言説はすでに時代錯誤的である。日本社会における外国籍住民の増加により、異母語間コミュニケーションにおいて英語は万能ではないという現実が経験されたことは強調されるべきであろう[38)]。当然ながら、英語使用が役に立つのは英語を話す人にとってである。自治体の国際交流協会などが相談窓口対応に必ず英語人をおくが、スペイン語やポルトガル語、中国語による相談件数がより多いという状況が往々にしてみられる。また英語通訳の利用があったとしても、「ほかに選択肢がないから」、「ないよりまし」という理由によることもある。地域の医療通訳事業では、すでに英語を通訳対象言語にしていないところもある[39)]。

愛知県の外国人登録でもっとも多いのはブラジル国籍者である。そのことにより、愛知県内のブラジル国籍者集住地域ではポルトガル語による情報が充実してきている。ある地域では、ポルトガル語のみで問題なく生活できる環境が形成され、すでに日本語は必要ないという声もきく。そこでは、スペイン語人もポルトガル語で情報を得る。愛知県には、同じ南米のペルーをはじめとするスペイン語圏出身者が1万人程度生活している。両言語はラテン語から派生したロマンス諸語であり、類似点が多い。実際、日本にきてポルトガル語を理解するようになったスペイン語人は多く、またスペイン語を理解するポルトガル語人も多い[40)]。したがって、言語能力と必要性に応じてポルトガル語とスペイン語の両言語を使用し、ときには日本語もまぜながらコミュニケーションを成立させるということもある。在日期間が長いスペイン語人は、スペイン語を話していてもポルトガル語と混ざった使用をしたり、子どもたちのなかには、日常生活のなかでポルトガル語を習得し、スペイン語・ポ

38　「やさしい日本語」の概念と実践の誕生も同様に強調されなければならない。

39　たとえば、岐阜県医療通訳ボランティア斡旋事業
http://www.gic.or.jp/foreigner/interpreter/ を参照。

40　ただし理解度はさまざまな要因により個人で異なる。

ルトガル語・日本語を使いこなす者もいる[41]。このようにあらたな生活環境に適応する過程で、未知の言語を習得することは否定されるべきではない。しかし、こうした状況を知った情報を提供する側の人びとには、「スペイン語圏の人もポルトガル語でなんとか我慢してほしい」という姿勢がうまれてしまう。すなわち、ポルトガル語による情報提供場面を増やすことにより、外国籍住人のなかに多数派－少数派という分断が生み出されるのである。多数派のポルトガル語による情報提供を充実させていく過程には、つねに少数派にだけあゆみよりを強いる構造が再生産される様子をみてとることができよう。「自分の言語で情報を提供される人」と「そうではない人」というふうに、少数派のなかに「多数派と少数派」という対立が作られる。

ポルトガル語人はスペイン語が、スペイン語人はポルトガル語がわかると言っても、両言語にわたる読み書き能力があるとは限らない。その相違は小さくないからである。上述の「おそらくスペイン語のつもりで書かれた内容なのだろう」という情報は、「ポルトガル語とスペイン語はよく似ている」という、多言語化をすすめようとする情報提供側の意識だけで、ポルトガル語母語話者に、スペイン語訳を依頼するなどした結果つくられたものであろう。また、ポルトガル語能力に問題はないというスペイン語人も、はじめからポルトガル語がわかるわけではなく、生活のなかで必要にせまられて身につけている。その学習・習得はそれ以外に可能な選択肢が事実上ないのだから、なかば強制されたものであるという見方も可能である。日本語を習得するという選択肢もあるが、ポルトガル語とくらべ、その労力の違いは桁外れである。それはスペイン語とポルトガル語が同じラテン語から派生した言語であるということだけによらない。漢字仮名交じり文という習得困難な表記法のために、たとえ7、8歳で日本の小学校に転入したとしても、学習についていけない状態が長く続く子どもたちを筆者も見てきた。外国籍者の裁判等に関わってきた弁護士ななころびやおきは、「現場で地道に努力を重ねる関係者に対して心からの敬意を表するとともに、教育現場にかかわらない人でも、今すぐできることを提案したい」とし、それは、「イロハ文字や、アルファベット文字で書いても、よくわか

41　ブラジル籍児童が多く通う小学校では日本語を母語とする児童も生活の中でポルトガル語の語彙を身につけるようだ（朝日新聞2017年2月9日付け「いま子どもたちは」を参照）。

るような書きことばを作り出す方向に加勢することだ」(ななころび 2005: 155-156)と述べている。

当然のことであるが、外国籍住人はポルトガル語でなんとか必要な情報を理解できる人たちだけではない。「その他大勢」にされてしまう外国籍住人は、基本的な言語権を保障されないまま、生活し続けなければならない。外国籍住人のなかの多数派の言語問題を解決した／することで、多言語化が終わってしまっては意味がなく、住民として認められた外国人と認められない外国人という構図をつくることにもなりうる。「病院にポルトガル語通訳をおくことができた」という事実は、ポルトガル語人には、よい結果として受け入れられるが、たとえばベトナム語人にとっては、状況は何も変わらない。1か0かの問題なのである。

6. おわりに

本稿では、公共空間での多言語化の目的を言語権の保障として確認したのち、街頭の多言語化と自治体や公益財団法人による多言語人材のボランティア化をとりあげた。おそらく多言語化されている情報や多言語サービスが受けられる空間は10年前と比べて増大しているだろう。しかしながら、街頭の多言語化された情報にみられる非対称性や、ボランティアに頼る通訳事業などからは、多言語化が、情報を提供する側の都合に大きく左右されている現状を確認できる。そこからは、情報を多言語化すればよいというものではないということを結論できよう。多言語化の内実をより詳細に検証する作業が引き続き求められるゆえんである。それは、流通している多元化された情報の翻訳や、通訳（医療・司法・教育など）の質的検証とならんで必要な作業であり、こうした検証と理念の模索を欠いた「多言語化」はかえって「共生」をさまたげるであろう。

[付記]

本稿は「公共圏における多言語化―愛知県の事例を中心に―」(『社会言語学』第6号)を大幅に加筆修正したものである。

［参考文献］

浅野輝子ほか（2017）『あいち医療通訳システム認定医療通訳者の派遣実績調査報告書』名古屋外国語大学

糸魚川美樹（2015）「あいち医療通訳システムの現状と課題」『ことばと社会』17号、三元社、214-223

――――（近刊）「分担研究報告書　日本の医療通訳養成の現状の調査研究」『厚生労働行政推進調査事業費補助金地域医療基盤開発推進研究事業 医療通訳の認証のあり方に関する研究　平成28年度 総括・分担研究報告書』

植田晃次／山下仁 編（2011）『新装版「共生」の内実――批判的社会言語学からの問いかけ』三元社

木村護郎クリストフ（2011）「「共生」への視点としての言語権――多言語的公共圏に向けて」植田／山下編、11-27

――――――（2015）「言語権」斎藤純男ほか編『明解言語学辞典』三省堂

齋藤純一（2000）『公共性』岩波書店

沢田貴志医学監修／医療通訳教科書編集委員会編（2015）『医療通訳学習テキスト』創英社／三省堂書店

沢田貴志医学監修／西村明夫編（2017）『医療通訳学習テキスト』創英社／三省堂書店

田中宏（1991）『在日外国人――法の壁、心の溝』岩波新書

中山淳雄（2007）『ボランティア社会の誕生～欺瞞を感じるからくり～』三重大学出版会

ななころびやおき（2005）『ブエノス・ディアス、ニッポン～外国人が生きる「もうひとつのニッポン」～』ラティーナ

ハタノ、リリアン・テルミ（2011）「在日ブラジル人を取り巻く「多文化共生」の諸問題」植田＋山下編、55-80

第9章

障害をもつ身体が性暴力被害にあったとき
——マイナー・マイノリティの「つたわらない」困難

すぎむら・なおみ

1. はじめに

兵庫県にすむ森崎里美さんは実名を公表したうえで、JR西日本を相手どり裁判をおこした人物である[1]。原因は2007年におこった上司による性暴力事件にある。この事件においてもまた他の多くの「セクハラ」事件と同様、訴えられた「大企業」の対応や「世間」の性暴力被害者に対するまなざしが、大きな問題となっている。しかし、里美さんは、脳性マヒのため不随意運動、言語障害など身体にさまざまな障害をもっている。「障害」という「マイノリティ」要素に、「性暴力被害」という「マイノリティ」要素が重なった場合、どうなるのか。「障害者[2]」「性暴力被害

1　この事件については、ドキュメンタリー「誰も聞いてくれない〜レイプ被害を告発した障がい者〜」（朝日放送、2012年1月23日放送）が簡潔にまとめている（http://www.tv-asahi.co.jp/telementary/contents/backnumber/0439/）。同番組についてのといあわせ先は「森崎里美さんを支える会」（http://satomiheart.cocolog-nifty.com/）。

2　従来障害者は、「健常者」に依存した存在であり、「生きづらさ」の根源である障害を軽減すべく医療やリハビリを積極的にうけるのは「個人的責務」と考えられてきた。これに対し「生きづらさ」を障害者が感じるのは、障害者に配慮しない社会のあり方に不備があるからであり、障害者の「生きづらさ」をなくすよう努力するのは「社会的債務」であるとする考え方が生まれてきた。1990年にアメリカにおいて公布された「ADA（障害のあるアメリカ人法）」は、後者の考え方に基づいており、障害のある人がその能力を十分発揮できるよう環境等に社会が配慮することを「合理的配慮」という言葉で示した。以来、日本においても「合理的配慮」という言葉が脚光をあびるようになる。日本では、こうした考えがもりこまれた障害者権利条約に署名したのが2007年であり、文科省が特別支援教育にこうした考えをもりこもうと

者[3]」は、現代の日本でもまださまざまな「生きづらさ」があることは、「自明」とすら言いうる。

筆者が里美さんにはじめてあったとき、彼女は以下のように語った。

> 障害者としては、ずっと、そりゃいろいろありましたよ。でも「女性」としては「幸せ」やと思ってきたんです。一回は結婚もしたし、こどもも二人おるしね。この事件で私、はじめて「女性で障害者」ってことは、「健常な女性」とのあいだにへだたりあるし、「健常な男性」とはもっとあるんやって、身にしみましたわ。

その「身にしみた」内容とはなんであったのか。里美さんへの3回にわたるききとり[4]から、具体的に紹介し、検討を加えていく。

2. 「事件」の概要[5]

里美さんは2006年に障害者枠でJR西日本に契約社員として雇用されている。「障害者」「女性」であることで差別的な扱いもうけるが、「明るく元気に出社する」「た

したのが2010年である。一般に浸透するためには、学校だけでなく、障害者が暮らそうとするあらゆる場所で、「合理的配慮」のあり方が具体的に検討される必要がある。それには、まだ時間を要するであろう。

3　従来、女性の感じる「生きづらさ」は個人的問題だとされてきた。そのため「性被害」も、被害者である女性の個人的「落ち度」が指摘されてきた。フェミニズムはこうした現状を「女性の生きづらさ」は「社会的な問題である」と捉えなおし、「性被害」は「暴力的な人権侵害である」ことを積極的にアピールしてきた。「性暴力」という言葉は、この概念をうちだすためにうまれた言葉である。日本では、1984年に宮淑子が本のタイトルとして用いたのが最初である（『岩波女性学事典』2002年、p.289)。1993年には「フェミニストカウンセリング」も誕生しているが普及しているとは言い難く、医療、司法、教育の場などあらゆる場所で、依然として「被害者の落ち度」を問題にされるケースは少なくない。

4　2013年1月20日（赤とんぼ文化ホール／たつの市)、2013年3月30日（ウィルあいち／名古屋市)、2013年4月28日（ホテル日航／姫路市）の3回である。

5　詳細は本稿末尾の資料参照。

のまれた仕事はすべてひきうける」「親睦のための職場での誘いは断らない」をモットーに日々努力[6)]したため、会社の広報にもその存在をとりあげられ、社内外で評価されるようになる。性暴力事件は、社員旅行の帰り、上司に誘われて居酒屋に行ったあとでおこった。2008年に裁判に訴え、最終的に最高裁に上告するも棄却、2012年から新たな裁判をはじめる。

3.「被害」後の困難

【医療現場で】

被害にあってから心身に不調がではじめた里美さんは、まず、ヘルパーに被害についてうちあける。しかし、かかりつけの心療内科の医師には、当初はたんなる職場における上司とのトラブルとして相談している。

> 心療内科の医者って男ばっかりですやん。男の人にわかってもらえるんかな思ったし…。でも、どんどんしんどくなるし、それ訴えてたら「なんで、そんなにしんどい」ってきかれるから、思い切ってゆうてみましたん。けど、「ついてくおまえがわるいんじゃ」「障害者は障害者らしくしとけ！ 派手なかっこして、どこにでもついていくからそんなことになるんや」とかね、もうぼろくそですわ。かってにIQのテストされてたりね。診察中に、なんやおかしいな思て、「これIQテストですか？」きいたら、「そうや。医者としてしっとかんとあかんからな」とかゆうて。「最初に言えよ」思いましたわ。まったく。障害者やったら、なんでも黙ってしていいと思ってますねん。で、あとで「おまえのIQ大丈夫やぞ」て。「どういう意味ですか？」って聞いた

6　これについて、里美さんは「障害者はかわいがられなあかんって教え込まれてきましたやんか。いやいやと思っても、ついかわいがられるように努力してしまうし、いやなときほど顔が笑ってしまうんですわ」と語っていた。この「努力」が、この事件では「加害者」との距離をちぢめ、裁判においても「恋愛関係」と認定されてしまう要因となっている。特別支援学校における「かわいがられる障害者育成指導」の現状については、詳細に調べ、検討すべき問題であろう。

ら、「あほちゃうってことやん」ていいはりますねん。ほんま言葉の障害があるってだけで、あほとか、意味わかってないんちゃうかと思われたり、こっちはめっちゃストレスですわ。でも、眠りたいし、おちつきたいしで薬ほしいから、ひらすら我慢。具合ようなりたいと思って病院いって、かえって具合がわるくなるっちゅう（笑）。医者かわればいいと思わはるでしょ。都会の人はそれできるやろ思いますよ。でも、ここは田舎ですやん。心療内科の医者は2人しかいてませんの。予約とるゆうても、時間はかかるし、かないませんわ。

以上が、里美さんの病院での経緯である。ここでは逡巡の末、被害を訴えた医師に二次被害ともよべる以下のような扱いをうけている。

①「ついていくお前が悪い」と罵倒される。
②状況の認知能力をうたがわれて、知能検査をされる。
③知能に問題がないとわかると、「障害者らしさ」を問われる。

①は「被害者落ち度論」にのっとった発話であり、「性暴力」において被害者があびせられやすい言葉のひとつである。②と③は、里美さんが「障害者」ゆえの反応であろう。「不随意運動」がおこったり「言語障害」がある場合、「知的障害」も併発しているとみなされやすい[7)]。障害者は「健常者にかわいがられる存在であるべき」といった一般に流布している「障害者観」がある。医師の発話は、「医療専門家」としての知見にもとづくものではなく、「一般論」で状況を判断していることがうかがえる。

里美さんは、ここでは「性暴力被害」に対するケアは一切うけることができなかった。彼女が性暴力被害にあった人特有の症状について説明され、PTSD、トラウマといった言葉を知るのは、一審の後半で「支援の会」の発起人の一人、フェミニストの支援者Xさんと出会って以降である。

7　ひろい意味での言語能力から知的能力が類推されてしまう現象は一般的にみられる。たとえば、北米社会で英語がうまくつかえないことが知的な劣位の推定根拠とされるといった現象である。日本語環境であれば、漢字知識の多寡も同様の位置にある。

なお、この医師に対しては2審時の弁護士が「被害当時の状況を知る証人」として出廷するよう依頼するが、「書面ならまだしも、なぜ裁判までいってやる必要があるのだ」と憤慨したため、トラブルとなったという。結果的に、弁護士は脳性マヒの専門医に依頼し、不随意運動など脳性マヒに特徴的な症状を法廷で説明してもらうことで、「逃避困難」な状況を裁判官に理解してもらうべく奔走したという。「支援」を求めてむかう「医療現場」において、「障害」についても「性暴力被害者へのケア」についても無知な心療内科の医師にあたってしまった「不幸」な例であろう。これについては里美さんは、「都会であれば、医師を選ぶことができた」と残念そうであった。

さて、医療の場で適切な「支援」をうけられなかった里美さんは、「出口」を求めて相談窓口をさがしはじめる。

【性暴力の相談窓口】

ホットラインとかありますやん。警察とか民間とかやってる。電話しましたよ。私、しゃべりがこんなんで、ききとりにくいですやろ。いたずら電話や思われて切られますの。そんなとこに電話するだけでも勇気いるのに、相手知らん人やから。めいっぱいがんばって電話して切られるってな〜。意気消沈するわ。切られへんかってもね、イタ電と思われへんかったとしても、聞くのがめんどくさいんかしらんけど、どんどん話、つくられたり。「わたしは障害者なんです」っていう説明からはいらなあかん。そんな話しに電話してるんじゃなくてな〜って思いながら。そっからして、無知なんやね。たとえホットラインていうても。ホットラインのひとも、障害者の人はわたしの専門じゃない…とかいうんです。障害者の方を理解する専門家がいないんですとか。こっちはただ障害のあることを理解してもらって、その上で相談したいだけ。たとえば、なんで逃げられなかったのかね。一般の人と一緒にできないことをものすごく理解してもらえない。なんで走られへんのか、走れたら苦労せんわ、とか。なんで抵抗しんかったってのも、わたしら不随意運動あるから、倒されてしまったら、一回おきあがるにはころーんてうつぶせになって、膝立てて、腹筋がないから、そっから手ついておきなあかん。

特徴的な起き上がり方ですね。だから、押し倒されて馬乗りになられてしまうと、ぜったい動かれへん。わかってもらいにくいと思うけど、緊張がはいりすぎても声がでにくくなる。たとえば、何百人の前に立つとかしたらすごい緊張しますやんか。そしたら、おなじ現象おこります。手が勝手にうごいたり、汗はかいてるわ、極度の不随意状態。その状態を知ってるひとは医者ぐらい。医者っていっても脳外科か整形外科とか、脳性麻痺の人をみたことがある人。支援学校の先生でもわかるとおもう。そんな状態であることからして、むこうは「はあ」ていう状態ですやんか。そのうち、話はしょって作られたりね。ホットラインて、わたしら障害者にとっては遠い存在のもんやなと。ひとつのことを話したいだけやのに、えらい遠回りせなあかん。聞いてもらえへんかった、つたわれてへんかったっていう思いが。なんでこんな苦労してるんだっていう。

ここでは里美さんの「障害」ゆえに以下のことがおこっている。

①発話がスムーズでないゆえに、いたずら電話とみなされて切られてしまう。
②先方が正確に聞き取る努力を放棄し、推測で話がつくられてしまう。
③先方が「周知」しているはずの性暴力の内容についても、「障害特有の困難」について了解されず、理解がえられない。

結果として、「ケア」はもちろん、有効なアドバイスもうけられないまま、「障害者むけの相談窓口」などで相談することをすすめられてしまう。里美さんはここで「性暴力被害の支援」って「健常の女性用」だと確信したという。彼女は同様の例として、消防署の対応についても語った。以前、家族がたおれたときに消防署に電話をするも、いたずらだと思われて電話をきられてしまい、当時小学3年生だったお子さんに電話してもらったら救急車がきたというエピソードである。「発話、発声」に障害がある場合、必要な「支援」にたどりつけないという代表的事例であろう[8]。

8　「聞き取れないのであれば、仕方がない」と考える人もいるかもしれない。しかし、カスタマーサービスやホテルのフロントなどでは「わかってもらえた」経験をして

【障害者むけの相談窓口】

それでも、障害者仲間だったらどっかでつながれるかもと思って、障害者自立支援センターに連絡した。二箇所。一箇所は姫路、わたしよくしってるところ。で、相談したら、まず、「働いてる障害者、一般就労の人からの相談はすくないんです」っていわれた。「一般の企業のなかでおこったことは経験ないから、わからないんです」って。で、もうひとつ神戸にあるんです。そこでは「里美さん、わたしら障害者いうて、作業所とか訓練所とかそういうところからの相談は山ほどうけてるけど、一般就労の人の相談はうけたことない」。「ふつうはな〜、どうやったら生活できるかとか、ヘルパーさんはどうやって使ったらいーかとかな〜、そういう相談。それならいくらでも相談にのれるけど、セクハラとかの話になったらまったくわからへん、経験がないしな」っていわれた。わたしのなかで、オーマイゴッド、なんでってかんじ。障害者対象のとこにもはじかれたんですよ。自分のこと、ようしってくれてる「障害福祉課」とか相談したらどうなん、とも言われましたけどね、そんなん怖くて、相談なんかできますか？ 私ら小さいときから、役所の世話になってますやんか。「障害福祉課」なんて、私のことも家のことも全部しってはりますわ。匿名性なんて、ないもん。私ら、障害者には。「こうする！」とかはらきまってたら、ともかくね。どうしょかなーみたいなときに、相談なんかできませんよ。

ここでは、障害の特徴については理解があっても「企業内トラブル」「セクハラ」などについての「知識」がないことを理由に支援対象外とされてしまった。里美さんは、どこに電話をしても「ホットラインがあるから」「障害者雇用の相談窓口は」など、どうどうめぐりで、適切な支援をうけられなかったとなげく。また、あまり

いる言語障害者はすくなくない。近年、顧客満足に重点をおく企業にとって「消費者」とは「権力者」であるため「聞き取る努力」をおしまないが、「相談機関」や「役所」にとっては、「要支援者」とは「非権力者」であるがゆえに「聞いてほしければ、聞いてもらえる努力をせよ」といった態度にでやすくなるのだろう。

に地元と密着している相談窓口は、プライバシーがたもてないために、迷っている段階における相談窓口としては不適切だとの指摘もなされた。

現実には、「知的障害」をもつ女性が、学校、施設、作業所、職場などにおいて性的虐待をうけるケースはすくなくない[9]。それにもかかわらず相談窓口が充実していないこと自体が、障害者への「合理的配慮」がいまだ不備である証左といえるだろう。

DPI女性障害者ネットワークが2011年に障害のある女性87名に対しておこなった調査[10]では、回答者の35%が「生きにくさ」の経験として性被害をあげている。証言者たちは里美さんと同じように「障害のために逃げるのが困難」「被害を訴えても判断力がないとみなされてしまう」など「障害ゆえの弱み」につけこまれたとも強く感じているようである。だからこそ、行政への提言として「障害のことを知ってほしい」「性の知識を教えてもらいたかった」「相談窓口を充実させてほしい」などをあげているのであろう。さらにDPI女性障害者ネットワークは、この結果をうけて、全国の都道府県における男女行動参画基本計画とDV防止計画における障害者への言及の有無とその内容についても調査している。結果、概ね障害者について多少の記載はあるものの、その位置づけがあいまいであること、実際にも障害者の相談件数や支援件数もごくわずかであることからも「計画」がうまく機能していないことが報告されている。行政は制度化するにあたり「障害のある人にもめくばりを」という思いはあるものの、具体的に障害を想定しておらず[11]、ゆえに広報も行き届いていないのが現状なのだろう。

さて、里美さんは医療機関でケアをうけられず、相談窓口で支援につないでもら

9　ニュースで報道されるよりもその暗数は多く、おそらく「健常女性」の性暴力被害者数以上に、明るみにでてこないであろう。その理由として、杉浦ひとみ（「知的障がいのある者が性的被害をうけた場合の刑事手続における諸問題」『福祉労働』132号、2011年9月）は、「被害を相談する場所がない」「被害を信用してもらえない」「被害であるという判断に本人が自信をもてない」「保護者が被害をかくしたがる」などをあげている。

10　DPI女性障害者ネットワーク『障害のある女性の生活の困難―人生の中で出会う複合的な生きにくさとは―複合差別実態調査報告書』（2012年3月）。具体的な事例がおおくのっている。

11　もっとも調査報告の一覧からは、「視覚障害」「聴覚障害」に対しては比較的詳細な記述がある都道府県も散見された。

うこともできないなかで、加害者のみならず会社から組織的な「二次被害[12]」をうけ、警察にも相談している。

【警察】

もう、あかん。被害届けだしたろ思って警察にもいったんですわ。もう、ここも同じ。「障害のことはわかりません。脳性マヒってなんですか？」。こっちは、またかよ〜って、事件の話するまえに、自分の周辺のこと話すのにほんま疲れ切るゆうかんじ。やっと説明した、おもたら「調書に名前だけかいといて」って、それ白紙ですわ。「なんも書いてないですけど」ゆうたら、「悪いようにはせんから」て。なにかかれるかわからへんのにこっわいわあ。障害者おもうて、なめとんのか、もうやってられませんわ。

裁判はじまってからもなー、何度も電話かかってきましたよ。「取り下げろとかゆわんから、名前だけ書いてや」とか、「示談にしといてや」とか、「やっぱ、取り下げとき」とか。JRとつるんでるんかと、ほんまに思いたくなりますよ。大きい会社は、得やわあ。

やりきれない気持ちをかかえて訪れた警察で、里美さんはさんざん障害について説明させられたあげく「白紙の調書に署名せよ」とせまられている。その行動は、里美さんが解釈したように「障害者やと思ってなめている」「大会社相手に争うのは無駄だと考えている」可能性もある。では、警察は里美さんに障害がなければ、また相手がJR西日本ではなく、小さな企業であったならば積極的な対応をとったのであろうか。残念ながら、そうではないであろう。警察の内部告発をした元警察幹部の原田宏二[13]は警察が住民からの相談や「恋愛がらみ」の問題に適切な対応をしない理由を「相談業務や被害者保護などの業務に消極的であることもある

12　事件から半年後、里美さんは会社に対し被害について訴えた。直後から、セクハラ相談室による聴取がはじまるが、その聴取自体が「セクハラ」であった。里美さんはその聴取の状況をすべて録音しており、2審ではそれを書き起こしたものを裁判所に提出している。

13　原田宏二『警察崩壊——つくられた“正義”の真実』旬報社、2013年、p.188。

が、加えて、警察の現場に困難で複雑な事件・事故の捜査を回避しようとする潜在意識があるからだ」としている。たしかに「セクハラ事件」は密室で行われることがおおく証拠収集が難しい上に、被害者自身も精神的に不安定になっているケースが大半である[14]。警察にとって「セクハラ」は、「明確な事件」というよりは、「不安定な人の話を聞かされるだけの立証も困難な民事事件」というイメージがあるのかもしれない。さらに、警察官が「被害者落ち度論」をはじめとする「レイプ神話」を「常識」だと考えて、被害者に接するケースもいまだすくなくない。警察もまた、「性被害」の被害者に対する対応も、「障害者」への対応も、十分に教育されているとはいえない状況である[15]。里美さんがうけた兵庫県警[16]の対応は、特別なことではなく警察にとっては「常識的な対応」なのかもしれない。

4.　「裁判」における困難

警察の対応にも納得できず、里美さんのいらだちはつのっていく。

> 世の中おかしいやん。「こんな相談窓口ありますよ〜」なんてゆうてるくせに、実は「健常の女性」だけが対象とか、「障害者もはたらけるように」

14　水谷英夫（『セクシュアル・ハラスメントの実態と法理――タブーから権利へ』信山社、2001年）ははやくからセクハラに着目している弁護士であるが、多くの事例をあげて、加害者が「恋愛感情」を訴えることで、それが職場における「公の問題」ではなく「個人的な問題」であり、「恋愛に応じた被害者にも責任がある」と自らの責任回避をもくろむことが一般的であり、かつこの主張が広く世間にもうけいれられてしまう状況を指摘している。

15　警察や裁判所が、「一般的」な「レイプ神話」をもとに被害者の訴えに疑義をさしはさんでいる実態は、第二東京弁護士会司法改革推進二弁本部ジェンダー部会編『事例で学ぶ　司法におけるジェンダー・バイアス』（明石書店、2003年）に詳しい。また、「障害者」への対応のまずさについては、山本譲二『累犯障害者』（新潮社、2009年）や、佐藤幹夫『自閉症裁判――レッサーパンダ帽男の「罪と罰」』朝日新聞出版、2008年）などが参考になる。

16　兵庫県警の警察組織としての状況については、飛松五男『なぜ警察官の犯罪がなくならないのか　元熱血刑事がテレビで言えなかったこと』（インシデンツ、2013年）がわかりやすい。

とかゆうて「企業の話はわかりません」とか。警察もわけわからんし。こんなん「制度の不備」ですやん。日本なにしとんやっちゅう。そんなんも正してもらうためにも、裁判せんととおもいはじめたんです。

そして、里美さんは弁護士をさがしはじめる。

【弁護士をさがす】

最初は、おかあさんに相談したんです。「JR西日本ってそんなおおきな会社訴えるなんて、あんたなにかんがえてるん」て大反対。でも、どっこも私のこと助けてくれませんやん。まずは弁護士探さんととおもっても、関西の弁護士はJR西日本とつながってるんちゃうやろかとかね。もう、なに信じていいかわからへんくなってて、ネットで検索しまくりましたん。関東で、性とかマイノリティについて理解がありそうな関東の弁護士さんみつけて、一回会ってみたんです。でも、「交通費だけでも、ばかにならへんから。関西でみつけ」ってすすめられて。その頃はね、加害者のことも、いろいろ知りたくて興信所たのんでたんです。結局、そこでセクハラ裁判したことのある弁護士さん紹介してもらったんですけどね。この人がな〜、「裁判官にあんたみてもらったら、わかる」っゆうんです。「なにをわかってもらえるんですか」きいたら「恋愛じゃないことぐらい、常識でわかるわ」って。めっちゃ言いますやろ。体のこといっこもきいてもらわれへんし、この人、めっちゃ障害者を差別してるわとおもいましたけど、まーセクハラには詳しいらしいからいいんかなとおもって。でも、一審は加害者と会社の言い分とおってボロ負けですわ。

わたし感音性難聴があるんですよ。たとえば、法廷みたいな四角い小さい部屋があるでしょ。そこでどうなるかというと、音が反響して聞こえなくなるんですよ。わたしは感音性難聴があるって弁護士さんにいってたんですよ。音が反響したり、高かったりするときこえないて。頭の中でワンワン響いて、何を言われてるんかわからなくなるって。わざわざ自分の弁護士にいっているのに裁判所にそれ、出してくれてなかった。どうなったかっていうと、本

> 人尋問のときに、加害者の弁護士にあのときこうだったんじゃないですかとかってきかれたとき、とっさにききかえしますやん？「え？」「はい？」って、それがおおくなるじゃないですか。それを「認めている」というふうに解釈されてしまった。裁判官に認めてるとおもわれてしまったんですよ。一審でめっちゃ失敗ですわ。あとでしったんですけど、医者が入ってくれてたら、きっちりそういうデータをだせるんですよ。でも、私の弁護士はしらんかったのかなんなのか、「体みてもうたら、わかるから」って。すべてが弁護士次第って状況が、おかしいと思いませんか？

結果として、裁判官は加害者と会社側の言い分を全面的に認め、里美さんは敗訴してしまう。里美さんはその理由を「やっとセクハラ裁判経験のある弁護士に出会うものの、その弁護士は「障害」認識がまったく不足しているうえに、障害があるがゆえに見下していた。そのため、たとえば「裁判官に障害ゆえに逃げられないとわかってもらえるだろうか」という危惧は「あんたみてもらったら、わかってもらえる」と一笑に付され、「法廷の場で、聞き取りにくかったらどうしよう」という不安も、とりあってもらえなかった」。つまり「障害者への無理解と障害者蔑視」に起因した敗訴だと解釈している。その認識はまちがってはいないであろう。しかし、先にも述べたようにセクハラ裁判は被害者の弁護側に周到な用意がなければ、勝訴することは難しい[17]。「障害のある身体をみてもらえば、勝てる」という認識は甘すぎる。その弁護士がセクハラ裁判を経験しているのが事実であったとしても、「セクハラ問題」に精通してはいなかったのであろう。それは、以下の里美さんの語りからも推測できる。

> ほんま、一審で八方ふさがりになったんです。準備書面とかありますやん。裁判所に特有の書面ですよ。それを作る際に、いまだにそうなんですけど、読めなくなるときがある。フラッシュバックをおこす。とくに相手方からおくられてきたものは、ようこんなウソばっかかくなと。心身がもちませ

17　前述の水谷英夫に詳しい。また、最近では牟田和恵が『部長、その恋愛はセクハラです！』（集英社新書、2013年）の終章において、セクハラ問題に理解のない弁護士が裁判を紛糾させた事例をいくつか紹介しており、興味深い。

ん。その上、読んでるうちに当時のことを鮮明におもいだしてしまいますやん。過呼吸になったり、もうほんま頭おかしくなりそうになるんです。忘れてたことまで思い出すしね。そういうのがPTSDっていうんやってのも、いまは知ってますけど、その頃しらんしね。つらかったですわ。

セクハラ問題を理解する弁護士であれば、被害者におこりがちな精神状態も把握しているのが「ふつう」ではないだろうか。

いずれにせよ、警察に続いて「性暴力」にも「障害」にも理解のない弁護士によって、里美さんの思いはくじかれる。「制度の不備を裁判によって指摘したい」との里美さんの思いは、裁判所でも了解されず、さらにおいこまれる。

5. 「支援者」との出会い

「誰にもわかってもらえない」と孤独感にさいなまれた里美さんは、ネットに頼るようになっていく。

裁判やっててもね、ちがうちがうって頭のなかでずっと思ってる。それでやけくそになってネットでさがしまくったんです。「障害のことをわかってくれ」と。だれかにきいてほしかったんですよ。裁判をどうしてほしいとかじゃなくて。裁判やのに、ちゃんと答えられなかったって悔しさがね、あるわけです。それでさがしてたら「怒りネット」というのがでてきた。なにかっていうと、精神障害者の人がつくってる書き込みサイトだった。そんなんもしらんかった。とにかく、それで書いたんです。書いてええんやと思って。もうね、私、もろわかる文章かきました。「わたしは現在たつの市在住で、J○西日本と裁判をやっています。現在一審の後半なんですけど、まったく自分の主張が認められず困っています。どなたかいいアドバイスいただければ」ってね。「セクハラ裁判やってます。助けてください」って書いた。J○って、もろですやろ（笑）。

そしたら、ネットを監修してたYさんっていう精神障害者の方が反応してくれた。それがなかったら、八方ふさがりでおわってたかもしれない。恐ろしい話です。で、連絡してきてくれて、「男性やし、ガタイがでかいので、いきなり会ったらびっくりしはるかもしれんから、Xさんっていう女性の人と一緒に行かしてもらいます」って連絡をくれた。Xさんは女性差別解放運動（ママ）をやってはる活動家やった。で、話きいてくれて「そらいかん！なんでこれ世に出てない！」って怒ってくれましたん。でも、わたしに言われても…なぁ（笑）。もう一審終わりかけやった。でも、その人らが加害者の本人尋問に5人くらいできてくれたんです。そこから「支援の会」とかたちあがって、やっとですわ〜。私の思いをわかってくれる人にであえた。

でも、結局、一審は全面敗訴。裁判所ってめっちゃおそろしいところだと、しみじみ思いました。でも、それと対面して闘わんと、わたしの人生は一生悔いが残るとおもって。で、控訴したん。Xさんが、一審が全面敗訴だったのに控訴をうけてくれる弁護士さんがおるんかなあって悩んだ。Xさん、手当たり次第に連絡してくれはった。大阪近郊の女性問題あつかってる弁護士事務所に、あてもなく。「とにかく、行ってみましょ」と三つくらい話にいった。そんなら、二つ断られて。「難しいとは思いますけどやってみますか」といってくれたのが三つめ。

女性問題とかやってる弁護士さん。ほんまここではじめて「裁判の闘い方」をおしえてもらえる人に出会えたんです。

里美さんは、1審も後半になってやっと「支援者」とよべる人たちに出会う。そして、この出会いは、里美さんの「健常」な部分、彼女が得意なパソコンを使用し、「文字を介した言葉」でつかんだものである。

6.「身にしみた」こと、とは

里美さんは、裁判をとおして、さまざまな社会制度の不備を世間に訴えたいと語っていた。「性暴力の救済機関が「健常女性」のみが想定されていること」「障害をもつ女性は、支援情報だけでなく、性教育からも疎外されており、性を語る言葉をもたないため、性被害を訴えられない[18]」「コミュニケーションに障害のある人（言語障害だけでなく、手話、筆談、音声変換機器をつかっている人、さらにそれも使えない人）が、救済を求めにくいこと」などである。彼女のこの「思い」は「ことば」の問題に総括できるのではないだろうか。

里美さんは、裁判をおこすまでに、医療機関、相談窓口、警察とさまざまなところに接触した。もし、それらのどこかから適切なケアをうけることができたり、支援につなげられていれば、里美さんの「いま」はずいぶん違っていたのではないかとあらためて思う。彼女はその通過点の全てで、「障害者ゆえ」「性暴力被害者ゆえ」の「困難」を経験していた。しかし、里美さんにとってもっともつらかったのは、「ことばが伝わらない」という現実であったのだろう。相談機関において「相手に「ことば」をききとってもらえない」。病院や警察で「「ことば」はききとられても、障害をもつ外観ゆえに「ことば」をストレートにうけとめてもらえない」。相手に「ことばが届かない」ゆえに必要な「支援」につながらない。彼女の「ことば」がやっと伝わったのは、パソコンに入力した「文字情報」となった「ことば」である。ようするに彼女の中の「健常部分」でしか、「支援」を得ることができなかったと言い換えることもできる。だからこそ、彼女は「社会制度の不備」として「ことばの問題」を掲げるのではないだろうか。里美さんに「いま、いちばん訴えたいことはなにか」と問うたときの答えは以下である。

> いまでは、障害者の人もようけ傍聴にきてくれるようになったんですわ。障害者ってゆうたかっていろいろで、なかには耳がきこえへん人もおりまっしゃろ。あるとき手話通訳の人が傍聴席のほうむいて、手話をはじめはったん。そしたら、裁判官が法廷にケツむけるとはどういうこっちゃ、すみで前向いて通訳せーみたいなことゆーたんでっせ。手話通訳の人の背中みてなにがわかるっちゅうん。ほんまあほかと思いましたわ、裁判官。日本の法廷、

18　前述の杉浦ひとみも同様の事例を紹介している。また、障害者にとっての性教育の必要性をとく著書も多くでている（たとえば、谷口明広『障害をもつ人たちの性――性のノーマライゼーションをめざして』（明石書店、1998年）、“人間と性”教育研究協議会障害児サークル編『障害児（者）のセクシュアリティを育む』（大月書店、2001年）など）。しかし、2003年におこった七生養護学校事件のように、「障害者への性教育は行き過ぎである」といった見解も依然根づよい。

こんなんでっせ。しかも、手話通訳の立つ位置とか、全国で統一もされとらんらしいですわ。障害者への合理的配慮もなにもないでしょ。裁判からしてこれやとおもったら、ほんまやってられまっかいな。

「社会制度の不備」を訴えられると思ったはずの「裁判所」で、「情報保障」が行き届いていないという現実は、里美さんの「ことばが伝わらない」という思いと、通底しているがゆえの怒りだと考えられる。

本来、「支援」する側にあり、かつそれを「職業」としている人々／組織が、支援を求めてやってき人に「障害」がある場合、その「ことば」を受け止められず、結果として機能停止状態に陥っている状態について、本稿で記述してきた。里美さんは「いまの社会システムでは、「ことば」をもたないものは「支援」にいきつけない」と語った。過去、社会は、「健常男性」の「ことば」に耳をかたむけてつくられてきた。フェミニズムや障害者運動の成果もあり、「健常女性」「障害男性」の「ことば」は、過去とくらべれば、とどきやすくなってきている。しかし、「障害女性」の「ことば」は依然とどかない。

7. おわりに

通常、私たちは「ことばを発信する→ことばが理解される→支援につながる」という経験をしている。しかし、里美さんは「ことばを発信する→ことばが理解されない→支援につながらない」という経験を重ねた。その「ことばが理解されない」理由はさまざまである。第一段階として、相手方の「言語障害ゆえのききとり放棄」「言語障害＝知的障害という誤解にもとづく矮小化」がある。「言語障害」の部分がクリアできても、第二段階として「その他の障害特性に対する無理解」「性暴力に対する無理解」の重なり合いがよこたわり、「支援」にいきつかない。最終的に「ことばの発信」形態を「発声」（アナログ）からパソコンを介した「文字」（デジタル）に変えたことで、「通常」の「経験」をすることが可能となった。彼女は、デジタル情報の扱いに関しては「健常」である。つまり「障害者」といえど、「健常」な部分を駆使しなければ、「支援」にたどりつけない。逆にいえば、障害属性が多重であるほど、「支援」から遠ざけられているのが現状である。

本稿において、「障害者支援」「性暴力被害者支援」の現場においても、その支援提供者が要支援者の属性を「他の部分ではマジョリティ」／「単発マイノリティ」に限定することで、「複合的なマイノリティ」が支援から排除されている現状を明らかにした[19)]。「支援のユニバーサル化」をおしすすめるためにも、支援者はつねに「複合マイノリティ」の存在を意識し、制度からこぼれおちている存在として、その姿を可視化していくことが重要である。そして、支援を制度化する際には、不可視化されたマイナー・マイノリティの「発見」・意識化作業を網羅的におこなう必要があろう。

[付記]

本稿は『社会言語学』第13号所収同名論文に加筆・改稿したものである。

19　本稿においては「障害」と「性暴力被害」の複合であるが、「マイノリティ」属性はそれ以外にも、「ニューカマー」「在日」など多様にある。たとえば、「性暴力被害」の相談窓口において「男性被害者」が対象外とされる、「障害支援」の窓口で国籍を理由に支援がうけられない、「性同一性障害」の相談窓口において「精神障害」を理由に支援を拒否されるケースなどを筆者は見聞きしてきた。たしかに制度上の「枠」のため、そうした「複合マイノリティ」に実際的な支援をするのは不可能なのかもしれない。しかし、支援する側が「複合マイノリティ」の組み合わせがさまざまあり、そうした人が支援を求めてコンタクトをとってくる可能性があることを念頭におくだけでも、対応のあり方は変化する／できるのではないだろうか。

資料①　森崎里美さんの被害とたたかいの経過

2006年2月1日	JR西日本神戸支社　姫路鉄道部入社。
2007年11月22日	社内主催の「かにかにツアー」参加。係長Aからセクハラ行為を受ける。（解散後「話がある」と誘われ、酒を飲まされた上ホテルに連れ込まれ、剃刀を手にしたAに性的暴行を受ける）
23日	Aは、朝まで暴行を繰り返した。
23日	午後Aに電話で謝罪を求めると「なかったことにせいや」「会社に言ったらお前の契約更新もないぞ」と脅される。
12月6日	ヘルパーと共に心療内科受診。核心は言えなかったが、セクハラの事実は伝える。※事件後もAは、「誰にも言うな」と繰り返し、性的関係を強要。同時に、Aは周囲に交際をほのめかし、事件をごまかそうとする。
2008年3月26日	雇用継続契約更新。※この前後から、Aによる監視とも思えるつきまといを受け、精神的に疲れ果てていく。
4月17日	極度の精神的疲労と、Aへの怒りからリストカット。
5月3日	会社は、Aから事情聴取。（※控訴審の中で判明）
6日	意を決して事件を会社（工務科長）に話す。
9日	セクハラ相談室から第1回聴取　部長同席。セクハラ相談員と部長は、「Aとつきあっていた」というストーリーを認めさせようとする質問に終始。部長は「男女の問題」「2人で解決を」と繰り返す。同日、姫路警察へ被害相談。
23日	セクハラ相談室から第2回聴取。JR西日本からは3人出席。※「逃げなあかんところで逃げてない」「串カツとあなたの身体とどっちが高い？」等の質問を笑いながら繰り返される。
6月18日	過労とストレスで入院。
26日	退院。その後、自宅療養に入る。
7月15日	職場復帰。
17日	「セクハラの事実は無かった」とセクハラ相談室室長から口頭通告。※この間、社内での執拗なイジメ。警察からは再三電話があり、繰り返し示談を迫られる。
10月20日	第1審たつの地裁に訴状提出。21日訴状受理。※社内でのイジメが激しくなる。
2010年6月4日	第1審たつの地裁判決。客観的な証拠がないと地裁は訴えを退けた。
9月21日	控訴理由書提出。
11月4日	控訴審第1回口頭弁論　同日支える会結成。※途中、裁判所から和解勧告を受けるも決裂。
2011年11月4日	大阪高裁判決。内容は一部勝訴。しかし、JR西日本の責任は問えず。
11月14日	最高裁へ上告。
2012年1月18日	上告申立理由書、上告受理申立理由書提出。
2月29日	JR西日本神戸支社より、3/31をもって雇い止めの通告。
6月15日	最高裁から上告棄却通知がとどく。
6月19日	大阪地裁に「地位確認提訴」の訴状提出（性暴力告発報復解雇の撤回を要求）※同時期に「仮処分申請」を申し立てる。

10月10日	大阪地裁第5民事部にて、仮処分申請「第1回審尋」が行われる。※仮処分申請においては、会社側に「本訴係争中につき、直ちに生活を保障せよ」と要求。
2013年3月8日	仮処分申請最終審尋は終局。
3月18日	地位確認訴訟第6回公判が大阪地裁にて行われる。
5月7日	仮処分申請、「欠勤は会社のせいではない」として棄却される。
5月9日	地位確認訴訟第7回公判。
9月12日	地位確定訴訟本人尋問。
2014年1月23日	地位確認訴訟棄却。控訴を検討するが、新しい論点みつからず断念。
8月3日	JR西日本セクハラ裁判報告集会を尼崎市小田公民館ホールにて開催。報告集『閉ざされた扉を開けるまで―JR西二村のセクハラ解雇と闘う！里美さんと仲間の記録』を刊行。

資料②　「事件」の背景と、その後の被害

【「事件」の背景】

◎里美さんについて

・生まれつきの脳性まひで四肢に不随意運動の障害がある。

・子ども2人を育てるシングルマザー。

・得意なパソコン入力の能力を生かして、子どもたちのためにも働こうとした（障害者の就職は厳しく、100社受けて全部だめという状態のなか、偶然行った職安でJRを紹介される。面接をうけ、JR西日本神戸支社に、障害者雇用枠で採用される）。

・「障害者は嫌われては生きていけない」と、にこにこ、明るく元気にふるまい、飲み会や職場旅行にも積極的に参加。

◎JR姫路鉄道部について

・総務課で1年契約の契約社員として雇用。実際は、男ばかりの工務課のなかでの事務仕事が総務課の仕事となっていた。

・里美さんを雇用した2006年2月現在、女子トイレもなし。

・同僚のなかには、気遣ってくれる人もいたが、女性や障害者を差別する発言を「当然」のようにする社員もいた。

【「事件」について】 2007年11月22日

・入社から1年数ヶ月の秋、里美さんが、売り上げ向上のための企画、「かにかに

ツアー」に社員ばかりでいくことに。

・工務課の係長Aも参加（日常的に、権威的にふるまい「部下」をどなりつけるタイプ。人望なし。酒癖がわるい。旅行中も、里美さんにキスを強要するなどしていたが、誰も止めない。旅行解散後に「話しがある」と飲み屋に誘い、なかなか帰してもらえない。やっと「帰ろう」とタクシーに乗ると、ホテル前につけられた）。

・ホテルでは、カミソリを片手に性行為を強要。「不随意運動のために勝手に手足が動いてしまう、大けがをするかもしれない。抵抗してもみ合いなったら「頸椎症」の首がどうにかなるかもしれない。そうなれば、身体が一生動かなくなる…殺されるかもしれない…」といった恐怖から抵抗できず。

【「事件」直後】

・帰宅後、おこったできごとについてAに問いただそうと電話をすると「なかったことにしろ」「誰にも言うな」「言ったら、会社におれんようにしてやる」などと脅迫。

・その後も「誰にもいうな」と脅しつつ、「1回も2回も同じ」と性行為を強要。

・里美さんが、耐えきれずリストカットなどをするようになると、今度は、一点「好きだ」「愛している」というメールを日に何度もおくってくるとともに、行動監視をするようになる。

・里美さんは、Aに怒りをぶつけ謝罪を求める一方、仕事を失う恐怖とAのつきまといから逃れるため、わざと機嫌をとるようなメールを送るなどして、一人で「解決」しようとする。

【会社への告発】2008年5月

・会社に告発することを決定（メールでは愛の言葉をかさねる一方、職場では「障害」をみんなの前で笑いものにする態度にたえかねて）。

・会社側は、3回、計10時間もの詳細な聴取をするが、これがセカンドレイプに等しいものであった（職場での席の配置換えを「感謝せよ」と強要されたり、「自分から抱いてほしいと思ったことはなかったのか」、断り切れずに行った外食を「あんたの体とどっちが高いん？」とたずねられたりした）。

☆聴取の状況は、すべて里美さんによって録音されており、裁判では証拠として提出している。

【その後の会社の対応】

・「セクハラ」の事実はなかったと結論づける（里美さんサイドの「証人」「日記」は拒否）。

・警察に訴えるも、警察は会社の話を聞き、里美さんに「取り下げ」を繰り返し迫る。

【裁判に訴える】 2008年10月

・一人で弁護士を探し、裁判に訴える。

【職場の態度】

・会社への告発と裁判提訴の後、仕事を与えられなくなり、これまで普通に話していた同僚からも無視されるように。「森崎菌」などという言葉を浴びせられたり、使っているパソコンのコードを隠されるなど、様々な嫌がらせを受ける（里美さんは同僚に事件や裁判のことを話しておらず、会社から悪意のある情報が社員に流されたことが推測される）。

【一審全面敗訴】 2010年6月

・Aとのメールのやりとりなどを根拠に「合意」とみなされる。

・一審の過程でしりあった人の協力をえて、「支援する会」がたちあがる。

・弁護士もみつかり、フェミニストカウンセリングの存在をしる。障害者特有の問題についての陳述書も作成される。

【控訴審判決】 2011年11月

・Aの最初の暴力行為を事実認定し、100万円の損害賠償を命じる

・継続した暴行については、メールなどを根拠に「恋愛関係に移行した」とみなされる。

・会社の責任については「勤務時間外」「不適切な対応があったものの調査に尽力した」と棄却。

・仕事量の減少は「体調に配慮」との会社主張を採用。
・PTSDについても、「事件について話すことができている」等として、却下。
→さとみさん、自分の顔をだして社会に訴えることを決断。
・棄却された部分について、上告および上告受理申立を提出。

【雇い止め通知】2012年2月

・JR西日本神戸支社から、「勤務日数等を勘案し、2012年3月31日をもって、これ以降の雇用契約を更新しない」との通知（PTSDとうつのため、長期間やすんでいたため）。
・兵庫県人権擁護委員会に訴え、さらに労働災害の訴えもおこす。

【地位確認訴訟とその後】

「雇い止め」の通知を「不当解雇」として、同年6月、大阪地裁に「地位確認提訴」の訴状を提出するが、2014年1月に棄却が決まる。控訴を検討するも、以下の理由により断念（以下、里美ドットコム（http://satomiheart.cocolog-nifty.com/）より抜粋）。

①仮処分申請の審判と、今回の地位確認訴訟の判決文がほぼ同様の中身であること。
②控訴するにあたって、新たな論点を見つけることが困難であること。
③司法の場で争うには限界があること。
④この一連の闘いを、これまで以上に意味あるものにしていくことが大切であること。
⑤闘うべき相手は「JR西日本」だけではない、ということ。

第10章 左手書字をめぐる問題

なかの・まき

1. はじめに

左手利き[1]は、右手利きに比べて日常生活で不利益をこうむっていることは、よくしられている。たとえば、電車の自動改札の切符の投入口は右側にしかない。自動改札機は、右手で切符を投入しやすくなっている。逆にいうと、左手では投入しにくく左手で切符をもつ左手利きには不便な道具である。また、自動改札機だけではなく、衣服のボタンやホック、アクセサリーの金具、ドアノブ、水道の蛇口、ボトルのキャップ、彫刻刀、ネジ、パソコンのキーボード、などおもいつくだけで右手に都合よくできている道具は無数にある。こうした道具を、左手利きは日常的に不便にたえながら使用している。

しかし、もし、左手では使用するのが非常に困難であり、しかもその道具を毎日のように日常的に使わなくてはならないとしたら、左手利きとはいえ、そのやっかいな道具については、右手を使うことを選択するだろう。たとえば普通のハサミを左手で使うことは非常に困難である。もし左手利き用のハサミがこの世に存在しなかったら、左手利きもハサミは右手で持つ訓練をするか、もしくはぎこちない動作でハサミを使い、不器用という印象をいだかれることを覚悟しなくてはならない。

実際に左手利きとよばれる人のおおくが、利き手が左手であるにもかかわらず、使用するときに右手を使うことを選択しているものがある。それは右手でつかうた

1　「左利き」とすると、利き目・利き足が左側である者も含む。本稿では利き手だけを問題にするので、「左手利き」とする。

めにつくられているにもかかわらず、ハサミのように左手利き用の道具は開発されていない。そのような左手利きへの配慮が欠如しているものとは、日本語の晴眼者用の文字である。

文字が左手利きへの配慮を欠落させていることを証明するには、1982年に上智大学でおこなわれた利き手に関する大規模調査[2)]の結果が参考となる（西川／師岡 1983）。この調査は、上智大学の学生3065人にたいしておこなわれたアンケート形式による調査である。報告によると、自分が右手利きであるか左手利きであるかという利き手意識の回答は、2826名が右手利き、151名が左手利き、35名が両方の手を利き手とし、わからないと答えたものが13名であるという。1984年当時、上智大学の学生約93%の利き手意識が右手利きであったということである。そして、ペンをもつ手は右手か左手かという設問にたいして、2994名が右手でかくとし、32人が左手でかくと答え、両手でかくと回答したのは1人であった。ここで気がつくのは、左手利きであるという意識をもっている人間が151人いて、実際に左手で文字をかいているのは35人なのである。自分を「左手利き」と思っている人間151人中かなりおおくの者が右手で書字をおこなっていることになる。意識が右手利きにもかかわらず左手で文字をかく者がいないということはこのデータからはいえないが、アンケートでは利き手意識とペンをもつ方の手以外の質問項目として、テニス・ラケットをにぎる手、カミソリ・口紅をもつ手、バスケットボールのドリブルをしやすい手、マッチの軸をもつ手など、様々な道具をどちらの手であつかうかということがあげられている。その結果をみると、ペンをもつ手以外では、左利き手意識をもつ者と左で道具を扱う者の数はちかい。おしピンをおす側の手が左手の者が111人とすくなく、けしゴムをもつ手が左の者は186人とおおくなっているという差異はあるにしろ、ある道具を左手であつかうとこたえた者は、110人から190

2　この調査は年代がややふるく、またサンプルが大学生のみとかたよりがあるという問題がある。が、ぎゃくにいえば利き手矯正が今よりもさかんだったであろう時代に、矯正をくぐりぬけて左手利きとしていきた者であっても、文字はやはり右手でかいた方がかきやすかったものと言うことができる。また、もし四年制大学に在籍するだけの学力と利き手との関連があるというなら、それは別に検討すべき問題となる。パソコンが普及していなくて、論文やレポートをてがきする機会がおおかった当時の大学生にとって、左手書字は今以上に勉強の障害となっていたことはかんがえられる。また、現在でも義務教育中は主要五科目のなかの国語に、書写の成績がふくまれていることを考慮する必要がある。

人の間にあり、左手利き意識をもつ151人とわりと近い数値であるといえるのではないだろうか。この結果をみると、左手書字者35人というすくなさはきわだっている。この調査では、左手を利き手意識に持つものは5%ほどである。しかし、ペンをもつ手が左手のものは全体の1%までおちこむ。この報告から、左手利きがマイノリティであることは明確である。そして左手書字をおこなうものは、マイノリティである左手利き意識を持つ人間のなかでさえも少数派であり、ましてや全体からみると、ごくすくない数値であるのかもしれない。この調査がおこなわれた時点では、「左手利き」の大学生は、左手で字をかいてはいない。右手書字をおこなっているのは左手利き者のなかでも多数派である。なぜこれほどに、左手による書字をおこなうものがすくないのであろうか。その理由は、左手利きが社会のマイノリティであり、日本の文字はほかの道具とくらべていちじるしくマイノリティである左手書字者への配慮がされていないからだとかんがえられる。

しかし、現在、左手利きを右手利きに「矯正」する習慣が次第にうすれ、日本語文字を左手書字する者が増加していることが予想される。また、日本語教育の分野においては左手利きの日本語学習者の存在がきづかれ、その書字教育方法について言及されるようになってきている。そのような状況のなか、右手専用道具である日本の晴眼者用文字について、左手書字という観点から再検討する必要があるだろう。

2. 「左手利き」はどのようにかたられてきたか

左手書字についてかんがえるにあたって、「左手利きとは何か、左手利きはどのようにかたられてきたか」について考察する必要がある。なぜなら、「左手書字についてかんがえなくても、左手利きは右手利きに矯正をすればそれですむ」という意見がでてくることがあるからである。また、それに対して「生まれつきのものを無理に変えさせてもよいのか」と反論がある。しかし、どちらも左手書字をめぐる問題をかんがえるときには意味のない発言である。

左手利きは「矯正」できるものか、そして「矯正」するべきであるのか、というといをたてることが、そもそも差別なのである。それは以下にあげた「左手利き」についての先行研究をみていくことでわかる。「なぜ左手利きの人間が生まれるのか」そのようなといに答えようとする論文はいくつもみつけられる。このような左手利き研究で、日本で手にはいるまとまった本としては、八田（1996）があげられる。八田のまとめたところによると、利き手の（詳しくいうならば、「左手利き」の）「発生」説としては以下のようなものがあるという。

（1）社会的要因説

左手利き「発生」説ではなく、左手利きが少数派であることの説明として、社会要因説がとなえられる。うまれおちたときには人には利き手がない。しかし、おおくの人々が右手利きである社会のなかで、左手をつかうのは不便である。左手でものをもつ習慣をとりいれようとした子どもは大人によってそれを阻止される。そして社会はますます右利きに偏向し、人間は「左手利き」には成長しにくくなる。故に左手利きは抑制され、少数派となる、という社会要因説がある。しかしこの説は、世界中のどの民族からも「左手利き」に偏向した社会がみいだされないことを根拠にした批判がなされる。利き手はうまれたあとに修得するものであり、「たまたま」右手利きに偏向した社会において左利きの数がすくなくなるのだとしたら、左手利きに偏向した社会がこの世のどこかに存在していてもおかしくはないはずである。しかし、いまだかつてそのような社会は報告されていない。それ故に、複雑な作業をおこなうとき、人間は宿命的に右手を使う、人間は生まれついて右手利きなのであるという結論が出る。右手をおもに使うのが人間の「本能」であり、「自然」であり、「あるべき姿」であるという観点から、この社会的要因説は批判されている。そこで、（2）以下の左手利き「発生」説があげられることとなる。

（2）遺伝説

遺伝子による左手利きの「発生」を説明する。人類に右手利きがおおいのは、右手利きが遺伝的に優性であるからという理由により利き手のかたよりを説明する。つまり、利き手はうまれた後に修得するものではない。左手利きと右手利きはうまれながらにして全ての人間が有する生得的な差異であるという立場をとる。

（3）病理説

人類は通常右手利きであり、左手利きの人間を病や障害とかんがえる。左手利きの人間が生まれるのは、脳やホルモンの異常によるものとみなす説である。この病理説には大きくわけて、ホルモンの異常と脳の異常にわけられる。

A. 脳損傷説

胎児が産道を通る途中で脳を傷つける、などの出産時の脳の損傷により左利きが発生するという説がある。この説は、精神障害や言語障害、学習障害をもつ子どもに左手利きがおおいのはそのためであると説明する。

B. 脳内異常説

I. 脳梁欠損説

脳梁と呼ばれる脳の部位の欠損と、左手利きをむすびつけようとする説もある。この説では脳梁における神経細胞の軸索がなんらかの原因により欠損することで、左利きが発生すると説明する。この説では、脳の発達が十分でない状態で産まれる未熟児と、左手利きとをむすびつけ、未熟児には左手利きがおおいことをいう。

II. 脳内ホルモン異常説

左利きの発生には、胎内で浴びる男性ホルモンがかかわっているという説がある。男性ホルモンが大脳の左半球の発達をおくらせ、知的機能の障害や、左手利きの発生をうながすとする。また、この説では性ホルモンがかかわるために、セクシャリティに影響をおよぼすとかんがえられ、ホモセクシャルと左手利きとの相関が調べられている。その結果、男も女も、ホモセクシャルはヘテロセクシャルに比べて左手利きがおおいとのべる。

以上の学説をみると、病理説は未熟児やホモセクシャル、言語障害や精神障害、学習障害などと左手利きとの関連を積極的にみいだそうとしているのがわかる。しかしながら、現状では、左手利きの「発生」について定説はないようである。

しかしこれらの説の真偽を確かめるまえに、そもそもこのような仮説は右手利きを「正常」とし、左手利きは、「正常」であるところの右手利きから「発生」する、「異常」「欠損」であるという前提にたってつくられたものであることを指摘し、その前提が妥当なものであるのか、といただす必要があるのではないだろうか。未熟児・障害児・セクシャルマイノリティと左手利きの関連をみいだそうとする論の展開方法は、左手利き・未熟児・障害児・セクシャルマイノリティのすべてに対して

「異常である」とかんがえる前提を共有していなければならない[3)]。

またもし、左手利きが「異常」であることが発覚し、そして左手利き「発生」の原因がつきとめられたところで、その後、その研究はどのようにいかされるのであろうか。日常生活で不利益をこうむりがちな「かわいそうな左手利き」の子どもがこれ以上「発生」しないようにという、善意の努力がなされるのであるのであろうか。そのような目的に、この種の研究は活用できそうである。優生思想との関連を連想せざるをえない。

このような、いままでさかんにおこなわれてきた「発生」の原因をしらべるという左手利き研究は、実際に生活している左手利きにとってなんの益にもならない。このように、利き手を人間の身体の問題としてとらえるだけでは、左手利きの研究としては不十分である。「エディンバラ利き手テスト[4)]」をはじめとするアンケート形式による利き手の判定テストでは、文字をかく、ボールを投げる、ハサミをもつ、歯ブラシをつかう、など、すべて、道具をどちらの手で持つかをとう。このように利き手の問題は、身体そのものではなく、手と道具の関係にある。左手利きが日常で不利益をこうむりやすいのは、左手利きの人間に何か身体的な問題があるからというよりは、左手利きであるか右手利きであるかにかかわらず、人間が右手用道具を左手であつかうときにのみ、おこる問題であるとかんがえる。てがきの字をかくときは、おもに手をつかってかく。このとき、字形・筆順・書字方向などもふくめた現行の日本の晴眼者用文字とその運用方法についても同様の問題がおこる。以下で、具体的に左手で字をかくときの困難な面についてまとめる。

3　左手利きとホモセクシャルの関連づけをおこなおうとする言説にくわえて、左手利きがうまれつきかうまれつきでないか、病気か病気でないかというといが、ちょうどホモセクシャルの「発生」をめぐる議論と酷似していることは注意すべきだろう。ともに「異常」な人間が「発生」するその「原因理由」をかんがえるから、おもいつく結論がにかよってくるのである。そして左手利きはうまれつきだから矯正してはいけない、という発言はよくきくが、うまれつきでなかったら矯正してもかまわないのだろうか。これに関してはセクシャルマイノリティに関する伊野（2005）の考察が参考になる。「同性愛の原因と差別は関係ない。「性的指向」か、「性的志向」「性的嗜好」かという二者択一の問いに答えることこそが差別の論理であり、その問いに答えようとする者が、差別の共犯者となる」（伊野 2005: 52）とあるが、左手利きについてもおなじである。うまれつきかうまれつきでないかが、利き手矯正の是非についてこたえるときの根拠となっていいはずがない。

4　Oldfield（1971）を参照。

3. 左手書字の問題点[5]

左手書字にとって現行の日本の晴眼者用文字は非常につかい勝手のわるいものとなっている。そのため、左手書字者がこうむる不利益は大きく分けて3点ある。1つは、左手書字をおこなう場合文字をかきにくいこと。そしてもう1つが、文字の書き方についての教育をうけられないこと、最後に、「美しいてがきの文字」から排除されやすいことと、「美しいてがきの文字」が本人の人格とむすびつけられる場合がある点がある。以下に、ひとつずつのべていく。

3.1 文字がかきにくいこと

書字行為が右手でのみやりやすくなっていること、日本語の晴眼者用文字が右手専用につくられていることは、尾崎（1977）ですでに示されている。

> 左利きの者にとって生理的に最も書きにくい線は、左から右への水平の線である、とくに他の線の延長としてそういう線が出て来るのでなく、その水平の線だけを引かされる場合がそうだと言えると思いますが、アラビア文字では、右から左へ横書きの文字体系といいながら、そのような書きにくい線は注意深く避けられているということです。右から左への横向きの線は適当に円みをもたされていたり、そうでなくてもそれが起筆になる、つまり、そういう書きにくい線が文字の始まりになるということは無いのです。
>
> （尾崎 1977: 168）

尾崎がのべるように、文字は原則として、縦線は上から下へ、そして横線は左から右へとかくのが前提となっている。そして、左手書字をおこなうとき、問題となるのは水平の線である。書字行為とは、基本的には紙の上に置いたペン先をおして

5　左手書字者＝左手利きではない。「生まれつきの左利き」でなくても事情により左手書字をおこなうものもいるし、いまだに文字だけは右手でかく左手利きもおおい。区別してかんがえるべきであろう。

かく動作ではなく、ペン先をひく動作である。しかし、左手書字を定められた筆順どおりにおこなうと、水平の線をかくとき右手とは逆に水平の線は左から右へとペン先をおしてかく動作になるから、余計な力が入り、ペン先を制御しきれずに線がぎこちなくなる。そのために左手書字はむずかしいという説明は、大野（1979）・尾崎（1977）等によってなされている。

アラビア文字のみならず、漢字、そして漢字をもとにつくられたかなにおいても、右から左への水平の横向きの線は、注意ぶかく、そして執拗にさけられている。たとえば、「水」という漢字は、左右対称ではない。第3画は右から左へはいる画であるが、これは線を斜めにして、右から左への線を水平にしないようにと配慮がなされている。また、筆順による配慮もある。たとえば、「骨」字の3画目、4画目は、右を起点し、左へと筆線し、そのままその筆を垂直におろせば1画でかけるものを、1筆ではかかずに、わざわざ筆をおきかえて2画にしている。3画目の水平の線を、左側を起点とするための工夫である。水平の線の、左端に垂直、あるいはななめの線がくるとき、必ず2画でかくようになっている。しかし、水平の線の左端に垂直、あるいはななめの線がある場合はかならず1筆でかく。簡体字での「骨」字は、画数を1画省略するために、3画目は左から右へとはじまり、垂直に折れる形となっていて、ちょうど日本の「骨」字の鏡文字のような形となっている。

このように、日本語文字では、横画は必ず左側から右側へとかく。その原則は、筆順を工夫するなどして、決してみだされることはない。もし、右側から左側へと線をかく場合、その線はななめの線となり、上から下へ、といううごきを利用してかかれる。このような原則は、なぜ存在するのかというと、右手で文字をかくためにである。これはつまり、左手で文字をかくことを考慮にいれていない文字であるということである。左手書字がむずかしいのは、水平の線が右手書字に都合のよいように調整されているためである。そして水平の線は、日本語の漢字、ひらがな、カタカナでは多用されている。水平の線が字の中にふんだんにあること、そしてその水平の線を、右手でかくのに都合のよいように字形や筆順によって工夫されていることが、左手書字をやりにくくしている原因なのである。

3.2　左手書字と教育

右手用の文字は、水平の画線は左から右へとひく前提で構成されているために、左手でペンをもつとき、かきにくい。そのかきにくさの原因は字形にあることはすでにのべた。そしてさらに、書字教育の場では、ただでさえ左手書字者にとってはかきにくい字形である日本語晴眼者用文字を、さらにかきにくい書字ストロークでかくように強要する指導法がある。それは「筆順（かき順）」と呼ばれるものである。実際にどのような強制が左手書字者におこなわれているかについてみていくこととする。

3.2.1　国語（書写・書道）教育の筆順について

「ただしい筆順」というものは明確にさだめられてはいない。学校教育では、文部省『筆順指導のてびき』（1958年）によってその基準がしめされている。そこで提示された筆順は「はやく、ただしく、きれいに」かくためのものであって、その根拠は「先人の知恵」という慣習によるものであるという。ただし、ここで示された筆順は「学習指導上に混乱を来たさないようにとの配慮から定められたものであって、そのことは、ここに取り上げなかった筆順についても、これを誤りとするものではなく、また否定しようとするものでもない。」とあるように、絶対にただしいものを示すという姿勢ではない。しかしながら、そこで示された筆順のみがただしいと信じられ、それ以外の筆順でかくことを誤りと指導されることもよくある。筆順をとりあつかうのは、義務教育中であれば国語科の「書写」の時間になる。たとえば、文部省検定済の書写の教科書を見ると、『新編新しい書写（6）』（東京書籍）では手本となる字にはいちいち筆順がしめされていて、「○の中に筆順を書こう。」「正しい筆順で書けたかな？」などと「ただしい」筆順の指導がある。また、『書写六年』（光村図書）でも「正しい筆順でかくことも、字形を整えるために大切だよ」と、筆順の有用性をといている。

実際には、「ただしい」筆順は右手でかかれることを前提としてさだめられているため、それをまもると左手ではむしろ字がかきにくくなる。しかしこれらの教科書では、左手で字をかくときの注意点などはのせられていない。また、教科書のなかで文字は右手でかくようにという記述こそないものの、教科書のなかの写真や、イラストをみても全員が右手で文字をかいている。教科書をみるかぎり、国語科書写や芸術科目である書道教育の世界では、左手書字者は存在していないことになっているようである。ただし、左手書字者にとって書字が困難であることは現場の書写・書道教育者のなかではきづかれている。これは、塩苅（1997）がくわしい。塩苅は、左手書字者にとっては特に毛筆書道がやりにくいという問題提起をしている。そして左手書字をおこなう子どもに対して、現場の教師がどのような対応をしているのかアンケートをとり、その結果をまとめたうえで考察している。アンケートは長野県下の小・中・高69人に対しておこなわれている。アンケートの結果、「左利き」の子どもの書字を、「右手で行うのが望ましいが、左利きなのだから仕方ない」とするのが24人、「せめて毛筆によって書字行為を行うときだけは右手を使うことが望ましい」と答えたのが21人、「書字行為を利き手で行うことが望ましい」と答えたのは9人であった。書道教育の教師のおおくが、意識のうえでは、文字は右手でかくのがのぞましいとかんがえているようである。しかし実際には、左手利きをむりに右手に矯正することもしない。塩苅の報告によると、実際に右手矯正をおこなっている教師は、1名しかいない。それ以外の教師は、左手書字をおこなう生徒と接して、左手による毛筆書写の指導をおこなっていることになる。実際にどのような指導をしているのか知るため、「左手でかくよう指導をする際に、どのような点に配慮していますか？」という設問の回答をみると、「特になし」10人、「筆順」5人、「姿勢」3人、「用具や手本の置く位置を使いやすいようにした」2人、「横画を左から右にかくように指導した」1人、「右払いなどはゆっくり書くように励ました」1人とあった。

ここで気になるのは、「横画を左から右に書くように指導した」という回答である。左手書字者にとって、わざわざかきにくいようにかくように指導していることになる。また、左手書字指導のなかで、一番おおくの回答が「特になし」であることも問題であろう。前項の質問に「右手利きと左手利きの字に、書字行為における違いはあると思いますか」というものがあるが、それにたいしては「ある」と回答しているものが46人であるにもかかわらずである。このアンケートの結果を、塩苅はこのように考察している。

七十七パーセントの教師が左手による書字と右手による書字には違いがあると答えている。ところがこのような状況にも関わらず、左手利きの児童・生徒に書写指導する際に何らかの配慮をしていると答えた教師は全体の約三十三パーセントにすぎない。左手による書字は右手によるものと字形や線質、姿勢などが違うと感じながらも、それについて指導していない教師が少なくないのである。　(塩苅 1997: 59)

塩苅の指摘するように、左手書字をおこなう子どもは、字の形や字のかき方が左手書字者にとっては不都合な面があるにもかかわらず、特別な指導をされないまま放置されているのが現状であるとかんがえるべきであろう[6)]。

右手矯正はしない、しかし指導もしない、という現状を教師はどのようにとらえているかというと、「家庭、本人の意思を尊重しているから」「学校で強制すべきではないから」などの意見が目立つ。「左手利きの子どもを矯正するのはかわいそう」であるのなら、「子ども本人・家庭の意志を尊重」するのは一見、右手矯正とくらべると寛容なようにみえる。しかし、左手でかきやすい字のかき方を提案できないのなら、教育を職業としている立場の人間が、左手書字をおこなっている子どもが適切に文字をかく訓練をするための指導をしていないということになるのではないか。塩苅の報告するような、「子どもやその家族に任せる」という教師の態度が指導であり、教育とよべるものなのであろうか。現行の文字体系が右手専用のものであればなおさら、左手でその不具合な文字をつかわなくてはならない人々のためには、注意ぶかい書字教育・指導が必要なはずである。しかし、現状としてはそのための配慮はあまりされてはいない[7)]。学校という場では、左手書字者も、右手書字者も一律に「書写」の授業を受ける[8)]。右手でかくことしか前提にしていない「書写」

6　もしくは「横画を左から右にかくように」といったたぐいのまとはずれな指導がおこなわれているのかもしれない。

7　ただし、左手書字児童への書写教育の問題については、松本仁志による科学研究費補助金を受けた研究「左利き児童のための書字教材開発に関する基礎的研究」(萌芽研究・2006～2008年度)などがあり、書写教育関係者からはこれからの課題として認識されている。研究成果の発表がまたれる。

8　書写教育、とくに毛筆書写は右手書字・縦書き書字にしか対応していない。毛筆書写が義務教育の必修科目でおこなわれることの不都合については、なかの(2010)で論じた。

の時間は左手書字をおこなう子どもにとって意味があることのようには思えない[9]。むしろ、右手書字にのみ「ただしい」筆順、ペンの持ち方、かくときの姿勢などを強要されるのであれば、かえってかきにくい書字方法がしいられていることとなる。左手書字をおこなう子どもは、「左手で文字をかく権利」のみ、ようやくみとめられつつあるが、「左手で文字をかく方法を学習する権利」は十分にみとめられているとはいいがたい。おのおの独自の工夫で、右手専用道具を使いこなすすべを身につけなければならない。

3.2.2 日本語教育の筆順教育について

日本語教育での筆順指導は、筆順や画数については、きちんとさだめられたものはない。ただ、国語教育でしんじられている筆順指導を流用しているのが主流であるとかんがえられる[10]。「ただしい」筆順をまもることの効能は、国語教育と同様に日本語教育においてもいわれている。たとえば、日本語教育での書字指導に関してくわしいものに石田（2007）がある。

> 正しい筆順は字形の間違いを防ぐだけでなく、速く書ける、将来辞書を引くのに必要な画数の数え方を知る、崩して書かれた字の判読に役立つなどの利点もあるので、原則をしっかり習得するまで、すなわち少なくとも初級の前半を終えることまではきちんと指導したほうがいいでしょう。
>
> （石田 2007: 47-48）

9　これに関しては、小林（2005）が、左手書字者にたいして箱崎（1972）による書字法をとりいれるように提案している。しかし、『左利き書道教本』は書道用紙を45度傾斜させる斜めがき筆法、用紙を90度右回転させる横書き筆法など、左手書字者が毛筆で右手書字者ににせた字をかくためのものである。義務教育における書写教育が、学習指導要領において「日常生活における硬筆による書写の能力を高める基礎となる」（文部科学省 2008: 108）と規定されていることをかんがえると、毛筆のさいに用紙を傾けて字を斜めにかいたり真横から書いたりする筆法が導入されるのであれば、硬筆のときにもノートをななめやたて方向におき、横画を縦や斜めの線としてかく筆法が許容されるべきである。しかしそれは「字をかくときのただしい姿勢」からは逸脱する。

10　たとえば国立国語研究所（1988）に、「文部省が、小・中学校の漢字指導の統一のため、『筆順指導の手びき』（昭和33 年3月31 日）を刊行した」とあるように、日本語教育の書字教育においても『筆順指導の手びき』が参照されているようである。

> めちゃくちゃな順序で平仮名や片仮名や漢字を書く中級学習者をよく見かけますが、その多くは筆順に関する指導も受けず、筆順の大切さを意識していません。 （同上: 48）

このように、石田も日本語教育における筆順指導の大切さをうったえている[11]。それでも、学校教育とはことなり、日本語教育の分野では、左手書字についての言及があるものがおおい。石田（2007）でも、以下のようにのべられている。

> ただ、現行の筆順は右手で書くことを前提としています。欧米人には左利きも多く、この人たちは筆順に従うとむしろ書きづらくなります。このような場合は、原則を一応示し、形に響くような極端に逸脱した書き方は避けるように指導すればいいでしょう。 （同上: 48）

左手書字者の存在すら感じさせない国語科書写教育の教科書・教材とはちがって、日本語教育の世界には、左手利きの存在が認められる。しかし前段で熱心に筆順の大切さをときながら、最後に申し訳程度につけくわえた、石田の左手書字者への配慮には疑問がある。右手書字者には「ただしい」筆順の指導の必要性をいうが、左手書字者にたいしては規範だけをおしつけて、具体的な指導をせず、あとは「個人の自由」「自己責任」でと放置してよいという姿勢にみえてしまう。石田はこのあと、2 ページにわたり、筆順について説明をしているが、左手書字者は無理に筆順をまもる必要がないのであれば、そもそも筆順とはそれほど重要なものなのであろうか。左手書字者が無理に筆順をまもらなくてもよいのだとしたら、石田のいう「めちゃくちゃな筆順」の中級学習者も、無理に筆順を習得する必要はなく、「形に響くような極端に逸脱した書き方は避けるように指導」すれば、それでことたりるのではないか。そうでなく、もし切実に筆順が学習者の日本語書字になくてはならないものであるのならば、左手書字者用の筆順を、日本語教育者は確立するべきではない

11　『筆順指導の手びき』の筆順は松本（1998）のなかで「右利き縦書きに沿ったあり方」であり「今日の規範的筆順は、縦書き向けのものであり、横書きという書式のなかでは書きにくいということは当然起きているはずである」（松本 1998: 4）とすでにいわれている。

か。やはり、日本語教育も国語（書写・書道）教育と同じ問題をかかえている。左手書字者に対して適切な書字教育をおこなえていない。左手書字者への筆順の教授は、「個人の采配」にまかせた放置という方法がとられていることがほとんどであろう。左手書字専用筆順の提案としては、内山（2013）がある。ただしこれは「筆順の提案」とはいうものの、基本的に既存の規範的な漢字の字形や画数や筆順には一切改変がくわえられず、縦画と接合しない横画のみ、右から左へペンを引いてかくという動作を許容しただけのものである。左手書字のさいに、おしてかくという右手ではあらわれない動作を排除し、左手でかいてもかきやすい筆順を追求していくのであれば、筆順には大幅な変更が必要であろうし、画数もかえる必要がある。その結果字形にも一部変化が生じていくことも予想されるが、そこまでの改変は「誤読につながる字形の逸脱」（内山 2013: 26）として許容されない[12)]。

3.2.3　なんのための筆順か

国語（書写）教育・日本語教育の筆順指導には共通点がある。まず、右手書字者にたいしては、文部省『筆順指導の手びき』をよりどころとした「ただしい」筆順が推奨される。ただし、その筆順は左手書字者にとってはあまり便利ではない。そこで、教師は右手書字者には筆順の大切さを熱心にとくのに、左手書字者には「個性の尊重・個人の自由」という名目のもとに筆順指導を放棄する。じっさいには、筆順は絶対にまもられないといけないというほどのものではないだろう。小林（1998）では以下のようにのべられている。

> 筆順は、学習者が初めて習う漢字について覚える際に、一斉学習型で空書きしたりノートに練習したりして、正しく整えて書くための便宜的なよりどころなのである。先ず初発に、一字形一筆順で学習し合うためのものぐらいに思った方がよい。（1 章、漢字「字体」の学習指導　5 章、漢字はいろいろあって

12　「誤読につながる字形の逸脱」という観点にかんしては、そもそも現にあるてがき文字は個人ごとに多様であり、縦画と横画の接合部がくっついているかはなれているかという程度の視覚上の差異は、そうそう誤読にはつながらないだろう。むしろここでは「ただしいてがき文字」の形からの逸脱への違和感や嫌悪感として議論されるべきであろう。くわしくはなかの（2014）を参照。

当たり前）　　　　　　　　　　　　　　　　　　　（小林 1998: 69）

筆順は書字のさいのストロークをしめすという程度のものであり、実際には厳密にまもらなくても、かきやすいようにかけばそれでよいものであろう。ただし、やはりはじめて文字をならう児童や、日本語学習者にとって一応の基準が必要となる。問題は、教育者が「ただしい筆順」を規範としてしめすことにこだわるあまり、左手書字者のまなぶ権利を侵害している事実に無頓着であるという点だ。たとえば日本語教師のガイドブックとして刊行された川口／横溝（2005）には「ライティングの指導」として左利きの書字についてふれられている。

・慣れてしまえば楽なので、はじめから右利きで書く練習をすればよい。
・両手を上手に使うことができれば、両方の脳の活性作用にもつながるので、右利きで書けるようにするほうがいい。　　　　（川口／横溝2005: 180）

はたして、左手利きが「右利きで書く練習をする」のは、誰にとって「よい」ことなのだろうか。「脳の活性」にいたっては、おためごかしとしかいいようがない。もし脳の活性のために左手利きが利き手ではない方の手で字をかくほうがよいのであれば、右手利きも脳の活性のために左手で字をかくほうがよいだろう。

「ただしい」筆順は誰のためにあるのか。それは学習者のためではない。もし本当に学習者をおもって筆順について検討するとすれば、教室にかならず何人かはいるであろう左手書字者の都合を無視した現行の「ただしい」筆順がまかりとおるはずがない。むしろ、筆順に一定の規範性をもとめるのは教師のためである。『筆順指導の手びき』は、その名のしめすとおり、あくまでも指導のための手びきであって、それは学習者のためというより、教師のおしえのまよいを軽減するための便宜とかんがえたほうがよいだろう。筆順は、指導のための便宜である。学習者のためにあるわけではない。

問題は、国語（書写・書道）教育や日本語教育の分野で、そこで示された筆順を「ただしい」ものとしているところにある。「ただしさ」があれば「学習者ひとりひとりの個性にあわせて」の工夫などといったわずらわしい作業も必要でない。学習者ひとりひとりを、きめられた「ただしさ」にあわせる方がよっぽど楽な仕事である。そして、「ただしさ」から排除される左手書字者についてなにか指導めかしたものいいをする場合であっても、教師にとっては『筆順指導の手びき』は都合がよい。右手書字者にたいしては、さだめられた筆順の機能性が強調され、「ただしい」筆順でかくことが推奨されるが、左手書字者にたいしては一転して、『筆順指導の手びき』はそれを強制するものではない、という文言が強調される。そして利き手の問題は「個人の自由にまかせる」とものわかりがよさそうに一言いえばそれで左手書字者への指導がおわる。それ以上かんがえなくてもよい。現状の、左手書字者への配慮を欠いた『筆順指導の手びき』にしたがって「ただしい」筆順をおしえるということは、国語（書写・書道）教育でも日本語教育でも、それは学習者のためではなく、おしえる側の都合によるものだということを自覚するべきであろう[13)]。

3.3 「美しい」文字の問題

　左手書字者にとっての文字のかきにくさというのは、文字のうつくしさやととのいやすさとも関連してくる。左手書字者のかく文字は、一般的に「うつくしい字」とされる形からは逸脱しがちである。字がうつくしくかけないことをはずかしいと感じさせられることはおおい[14)]。また、字をかくときのペンの握り方や姿勢がただしくないとか、うつくしくないとかいわれることもある。さらに、字とその字をかく人間性とのむすびつきについて関連があるという風潮がある。これについては、あべ（2003）で詳しく述べられている。あべは、てがきの文字が「ひだりきき」や「不器用なひと」といった文字をかく側の「からだの多様性」を考慮せず、上手・下手という規範に縛られていると指摘する。さらに、その字の上手・下手が人格の評価にまでつながっていることを問題提起している。左手書字にかかわる実際例としては、たとえば夏目（2007）では、

13　国語科書写教育・日本語教育の左手書字者への書字教育については、とくに筆順の問題を中心になかの（2010）でくわしくのべた。

14　そのため、うつくしいペン字をかくための参考書などが書店にならんでいる。またNintendoが販売している3DSというポータブルゲーム機にも、「美文字入門」というゲームソフトがある。

> また、石原慎太郎の文字はいかにもせっかちに、太い線で右上がりに叩き付けるように書かれて、ほとんど読めない。(略) この、右上がりの強いリズムに権力志向の強さを感じるのは気のせいだろうか。明治の評論家・政治家の原稿にも似た感じをうけるものがある。石原は左利きらしいが、まるで刀で斬るかのような斜めの力を感じるせいかもしれない。
>
> (夏目2007: 368，下線筆者)

とある。このように、夏目は右上がりの線を石原の文字の特徴としている。左手書字者がかきにくい筆順で水平の線をかくとき、上から下へ、または下から上へという力をかりてななめの線で筆画することはめずらしくはない。結果的に、「右上がりの文字」というような印象がうまれることとなる。それを、石原本人の人柄とむすびつけて「権力志向」とよみとかれてしまうこととなる。

このような問題への対処としては、ワープロの導入は意義がある、とあべは言及している。手をつかわずに字をかけるのであるから、左手書字者は「てがきコンプレックス」からは自由になれる。しかし、ここで注意しなければならないのは、「自由になれる」のはあくまでもワープロ機能のついたパソコンや端末を使いこなすことができる大人にかぎられることだ。小学校や中学校の教室にパソコンをもちこむことは可能か。パソコンを使って漢字のテストや書写・書道の時間の授業を受けることは可能か。学校を卒業すれば一生てがきの文字をかかなくても不自由なくくらしていくことはできるのだろうか。

パソコンやタブレット端末等の導入は左手書字者の生活を多少楽にはするだろう。しかしそれはあくまでも生活の一部であり、完全にてがき文字から解放されることはない。以前よりてがきの機会を減らすことができる状態になるだけである。

同時に、字がうつくしくかけないひとは、てがきの字をかいてはいけないのだろうか、というといかけが必要であろう。「字がうつくしくかけないなら、パソコンでかけばよい」というのであれば、一部の書道家などの字がうつくしいとされている人々によっててがき文字が独占されて、それ以外の人がてがき文字から排除されるおそれはないだろうか[15)]。「左手利きはパソコン等で文章をかけばよい」というと

15　筆者は大学院の演習発表の時間の発表資料をつくるにあたって、同期の大学院生から、「字が汚い人はレジュメをてがきでつくってはいけない」といわれた。その理由

き、それは、「字がきたない」人間は、「きたない」という社会的評価によって、てがきの文字から排除され、「字が美しい」(右手利きにうまれ、文字をうつくしくかく練習をする機会にめぐまれ、その努力がみのった）人間は、てがき文字でかくかパソコンでかくかを自由に選択できるのにたいして、左手利きなどの理由で「字がきたない」人間はパソコン等でしか字をかいてはいけないことになる。しかし、はたしててがき文字とパソコンでかいた文字はまったくの等価のものであるといえるのだろうか。実際にはてがき文字とパソコンでかいた文字を場面によってつかいわけている人がおおいことが、文化庁国語課でおこなわれた世論調査でわかる[16]。この調査で、恩師に手紙を出す場合にてがきにするとこたえた人が71%で、年賀状のあて名をてがきにするというのは36.2%、仕事の手紙をてがきにするのは18.1%であるとの結果がでている。公文書や仕事の書類などの信用が大事な場面ではきちんとしてみえるようにパソコンでかき、年賀状や個人的な手紙にはしたしみやすさを感じるてがきにしている。パソコンでかいた文字とてがきの文字には、つかわれ方にちがいがある。

また、てがきの文字のほうが丁寧であるという価値観もあるだろう。なぜなら、てがき文字の方が、手間がかかっているということがわかりやすいからである。子どもが親しい友達と「交換日記」や「おてがみ」のやりとりをしているとき、たくさんの色のペンをつかいわけて文字をかき、装飾をしていることがある。これは、「あなたのためにこれだけ手間をかけて文字をかいた」というしたしさのあらわれであり、大人になればそれが「丁寧」に名前を変える。わざわざ毛筆を使うのがよいなどいうのは、毛筆のてがき文字をかくのにはペンで文字をかくより手間がかかっているというおもいがあるからであろう。そしてこのような手間は、丁寧さをしめすと同時に、かきて自身の「てがき文字のたのしみ」でもあるだろう。「左手利きはワープロで文字をかけばよい」といわれたとき、「それでは左手利きはてがきで文字をかいてはいけないのだろうか」というとまどいを感じるのは、こういったてがき文字とワープロ文字の価値の差をまったく考慮に入れないまま、左手書字者にてがき文字を禁止しているようにおもえてしまうからである。そして、「字がき

は、「汚い字はレジュメを読む人間にとって苦痛であり、指導教授に対しても失礼である」というものであった。

16　文化庁（2007: 72-74）参照。

たない」人間をパソコンへとおいやるうごきは、かえっててがき文字の希少性をたかめ、「うつくしい」てがき文字の価値を高騰させることになる。

「左手書字者はてがきの文字をかかなければいい」では、問題解決にはならない。うつくしかろうがきたなかろうが、手（やほかの体の部位）を使って字をかくことをあきらめる必要はない。それと同時に、日常生活のさまざまな場面でてがきの字をかくことを強要したり、てがき文字と比べてパソコン等でかいた文字を「心がこもってない」とおとしめたりすることはあってはならない。左手書字者の「てがきで字をかく自由」と「てがきで字をかかない自由」それぞれについて保障していかなければならない。

あべ（2003: 25）では点字という文字体系について、「みぎきき／ひだりききの差別がうまれにくい」としている[17]。「文字の美醜」への拘泥と、てがき文字の必要性がなくならないかぎり、晴眼者が使っている現行の文字にこだわらないというのも、左手書字の問題をかんがえるとき、検討すべき可能性のひとつといえるだろう。

4. 左手書字者をめぐる問題

日本では伝統的に左手利きを右手利きに矯正し、左手書字者の存在をみとめなかった。これにより右手書字者にとってのみ都合のよい日本語晴眼者用文字体系が維持されてきた。近代学校教育のなかでも、子どもの親や教師がその伝統をひきついで矯正をおこなってきたこと、そして時としてそれは虐待といえるようなはげしいものであったり、子どもの心に傷をのこす行為となっていたことは、大路（1998）にくわしい。それでも左利き者としていきる者のために、左手用ハサミなどの用具が開発されるようになってきた。しかしながら文字は、左手書字用の文字が開発されず、左手書字者への書字教育も確立されないままであったため、左手利き自認の者のなかであっても、文字を左手でかく者は少数派であった。しかし近年、利き手を変更するのは「子どもがきのどくである」「不自然である」などの理由で矯正を

17　ただし、点字書字教育では、右手でペンをもち、左手でのこりのマス目をかぞえる必要があるから、という理由で左手利きであっても点字書字用のペンを右手でもつように指導される場合もあるようである。

しない教師や保護者もふえてきた。また、利き手矯正の習慣がない文化を持つ左手利きの日本語学習者が、普段文字を左手でかいていた場合、「日本の伝統」の名目のもとに日本語文字を右手でかくように指導するというのは人権侵害にあたるだろう。また、利き手とは関係なくなんらかの理由で右手でペンをもつのが困難であるからという理由で左手書字をおこなう者もいる。

いずれにしろ、「矯正」によって左手利きを撲滅しようというかんがえは、当然のことながら妥当ではない。それよりは、左手でも右手でも問題なくかける文字と、そして右手でかくときも左手でかくときも問題なくうけられる教育を用意することが現実的ではないだろうか。しかしまったくあたらしい文字体系をつくりだすのは大変な労力を必要とする。既存の文字としては、ラテン・アルファベットを使用したローマ字文は、漢字かなまじり文と比較すると、左手書字に対応がしやすいといえるだろう。すなわち、紙を縦におき、文字を90度かたむけてかくという方法がある。これにより、文字の横線を縦の線に、縦線を右から左へとひいてかくことになり、横線を左から右へおしてかくという動作をさけることができる。漢字かなまじり文ではなくローマ字文により日本語をかきあらわすという選択は、左手利きにとっては「よりまし」な選択であるとはいえる。また、日本語晴眼者用文字である漢字カタカナひらがなのなかで、一番字形が複雑でかくのがむずかしい漢字をつかわずに、かな専用文をかくというのもひとつの案である。そしてさきに紹介したように日本語点字は、書字のさいに左手右手の区別がなくできる文字である。点字をつかって日本語をかきあらわすという選択肢もある。実際に点字は行政サービスや学校教育でももちいられる日本語文字である。そしてローマ字論者やかなもじ論者とよばれる人々によるローマ字文やかなもじ文の蓄積がある。とはいうものの、現状としては日本の学校に入学した視読者は、そのような選択肢をおしえられることもないまま、強制的に漢字かなまじり文をあたえられるのが実状である。そして左手による書字についての指導はほとんどおこなわれていない。左手書字にはなじまない「ただしい筆順」をおしえられ「個人や家庭の意志を尊重」と指導を放棄されている。左手書字者はおのおのが工夫をして文字に順応しようと努力するしかない。しかし、右手書き用に発達してきた文字は、いくら工夫をこらして左手で快適にかく方法をかんがえようとしても、限界がある。特に画数がおおく形の複雑な漢字を筆頭に、ひらがな、カタカナの字形そのものが、左手書字のさいの障害となっている。しかしながらその問題化は十分にすすんでいるわけではない。左手書字児童生徒のための書字教育に関する論文でさえも、あいかわらず、左手利きが発生する理由が取りざたされ、左手利きを右手利きに矯正する是非が議論となっている[18)]。つまり、左手書字の困難さは左手利きの個人の能力に原因があり、宿命的なものであり、努力でその障害を軽減する方法が模索されてはいるものの、左手書字のさいの障害そのものである文字の構造についてといなおすことはない。既存の漢字かなまじり文を維持することを疑いもしないのが現状である。

左手書字は、世の中の人数のおおい方である「右手利き」にはどうでもよい話題であるかもしれない。むしろ、国語・書道・書写・日本語教育にかかわる人々にとっては、そんなことまでかんがえていたら仕事の効率がおちる、わずらわしい話題であるといえよう。そうであるから、国語・書写・書道の時間には左手書字者は存在しないことになっていて、「個人の意思を尊重」という名目で学習者が放置されている。こういった現状は、「いまどきはパソコンで文字をかけばいいんだから」の一言で解決がつく問題なのだろうか。そして左手書字は「右手利き」にとっては、本当にまったく関係のないことであるだろうか。自分は右手利きでも、子や孫が左手利きになることもあるだろう。また、けがや病気などによって、左手利きでなくても左手書字をすることもありうる[19)]。また、どの分野でも教育にたずさわればかならず、左手書字をおこなう学習者とかかわることになるだろう。右手利き者をふくめててがきで晴眼者用日本語文字を使うことがある人は、左手書字をめぐる問題を自分が属する社会のこととしてとらえ、日本語の文字、とくに漢字が左手書字者にとっては「あきらめる」以外に手立てがないほどに融通がきかないまったくの右手専用の文字であることは認識しておく必要があるだろう。また、そうであるにもかかわらずてがき文字をかく場合には漢字かなまじり文でかくのが当然であるというようなおもいこみとそれを疑わないままでいること、そしててがきの「うつくし

18　書写教育の専門家による左手書字教育法に関する論文、小林（2005）でも、章をさいて左利きの「発生」の理由についてのべている。左手書字はけが等の理由で右手利きの者であってもおこなう可能性はある。利き手の強制の可否とは本来関係のない情報であるはずだが、やはり現在でも「左手利きは右手利きに強制するべきではないか」との意見もおおくみられるため、このような章をもうけざるをえないのではないだろうか。

19　山下／大竹（2004）参照。

い」文字をかくことに必要以上の価値をおき、てがきの字をかかない自由が保障されていない社会を疑わないままでいることが、左手書字者の書字生活を困難なものにしているという面をしっておくべきである。

［付記］

本稿は『社会言語学』第8号所収論文を改稿したものである。

［参考文献］

あべ・やすし2003「てがき文字へのまなざし　文字とからだの多様性をめぐって」『社会言語学』3号

石田敏子（いしだ・としこ）2007『入門書き方の指導法』アルク

伊野真一（いの・しんいち）2005「脱アイデンティティの政治」『脱アイデンティティ』（上野千鶴子（うえの・ちづこ）編著）勁草書房

内山和也（うちやま・かずや）2013「左利き日本語学習者への漢字指導に関する少考―左手書字専用筆順の提案―」『別府大学日本語教育研究』3号

大路直哉（おおの・なおや）1998『見えざる左手――ものいわぬ社会制度への提言』三五館

大野俶嵩（おおの・ひでたか）1979「「鳥獣戯画」の画家鳥羽僧正は左利き」『芸術新潮』30-6

尾崎雄二郎（おざき・ゆうじろう）1977「文字と左利き　架空講演」『展望』219-3

川口義一（かわぐち・よしかず）／横溝紳一郎（よこみぞ・しんいちろう）2005『成長する教師のための日本語ガイドブック（上）』ひつじ書房

国立国語研究所（こくりつこくごけんきゅうじょ）1988『日本語教育参考指導書14　文字・表記の教育』大蔵省

小林一仁（こばやし・かずひと）1998『バツをつけない漢字指導』大修館書店

小林比出代（こばやし・ひでよ）2005「左利き者の望ましい硬筆筆記具の持ち方に関する文献学的考察：書写教育の見地から」『書写書道教育研究』20号

塩苅有紀（しおかり・ゆき）1997「左手利きの児童・生徒に対する書写指導について」『信大国語教育』7

夏目房之助（なつめ・ふさのすけ）2007『直筆で読む「坊っちゃん」――読めなかった祖父の直筆原稿』集英社

なかの・まき（2010）「書字教育と書写教育―書写・書道教育の社会言語学的序説―」『社会言語学』10号

西川泰夫（にしかわ・やすお）／師岡文男（もろおか・ふみお）1983「手と足の一側優位性（利き）についての調査研究」『生活の場における右と左報告書』

箱崎惣一（はこざき・そういち）1972『左利き書道教本』左利き友の会

八田武志（はった・たけし）1996『左ききの神経心理学』医歯薬出版
文化庁（ぶんかちょう）2007『情報化社会と漢字使用　平成18年度国語に関する世論調査』
堀田純子（ほった・じゅんこ）1997「漢字の筆順」『講座日本語と日本語教育8　日本語の文字・表記（上）』（武部良明（たけべ・よしあき）編）明治書院
松本仁志（まつもと・ひとし）1998「筆順史研究の構想」『広島大学学校教育学部紀要（第二部）』
文部科学省（もんぶかがくしょう）2008『小学校学習指導要領解説』東洋館出版社
山下光（やました・ひかり）／大竹明美（おおたけ・あけみ）2004「右利き者の左手書字能力の検討」『障害児教育研究紀要』27

Oldfield, R.C.（1971）“The Assessment and Analysis of Handedness: The Edinburgh inventory”, *Neuropsychologia*, 9

第11章

だれのための「ビジネス日本語」か

――言語教育教材としての「ビジネス日本語マナー教材」にみられる同化主義

なかの・まき

1. はじめに

日本語教育のなかに、「ビジネス日本語」[1)]といえる分野がある。現在出版されている多くの「ビジネス日本語」教材は、会議や会社内のやりとりの会話などといった「ビジネス場面」に特化した場面別の会話教材のかたちをとる。「ビジネス日本語」教材分野の特色として、「ビジネス日本語マナー教材」が刊行されていることがあげられる。これらのビジネス日本語マナー教材は、これまでの日本語教育教材とはややことなった内容・性格をおびているようにおもえる。もちろん、言語教材のなかでポライトネスなどの言語のていねいさにかんする待遇表現・行動（それは、ほぼ「マナー」と表現してよいものであろう）がとりあげられることは、何語であってもめずらしくはない。しかし、言語教材の一冊として、マナー教材がつくられるのは、ビジネスにかかわる言語教材にかぎられるのではないか[2)]。また、その内容についても、言語事項とはかけはなれたものについても言及がある点が特徴といえる。その一例を以下で紹介する。

---

1 「ビジネス日本語」を冠した日本語教育の研究会には、「ビジネス日本語研究会」（http://www3.grips.ac.jp/~BusinessJapanese/ ）がある。

2 このように、言語教材としてのマナー本がだされるのは日本語教育にかぎらず、ビジネス英語においても、上野（2013）がある。

第1問

鏡を見たら、鼻毛が見えました。どうしますか？

1…体に必要なのでそのままにしておく

2…洗う

3…前から見えないように切る

第2問

朝食としてふさわしくないものは、どれですか？

1…白いご飯

2…甘い味のパン

3…ニンニク入りのおかず　（釜渕 2008: 22）

このように、言語教材と分類される本のなかで、朝食の内容や鼻毛や鼻くそ[3)]のあつかいについてまで言及されるのは、このビジネス日本語教材に特有の事例であるといえるだろう。ビジネス日本語教材に特有の「マナー本」について、分析することでビジネス日本語の性格について、といなおす作業をおこないたい。

2. ビジネス日本語マナー教材の諸要素

ビジネス日本語マナー教材には、言語教材であるにもかかわらず言語とは直接かかわらない要素がおおくふくまれていることについては、先にのべた。ただし、「日本の文化」「日本の伝統」「日本人の特徴」「日本人のかんがえ方」などといった言語現象外の事項にかんする記述はこれまでの日本語教材にも、言語の学習と一体のものとしてもりこまれてきた。このような日本語教育・教材にもみられる文化本質論ついては、「イデオロギーとしての「日本」」として、社会学的に批判的分析がおこなわれている[4)]。

戦後から現在まで時代とともに変容しながらもかたられつづけてきた日本語教育

3　鼻くそについては、同書の86ページで言及されている。

4　その代表的なものとして、ましこ（1997=2003）がある。

における「日本語＝日本人の思考様式」言説を分析した牲川（2012）では、90年代のおわり以降にあらわれる「日本人の考え方の理解から異質性・多様性を理解させようとする教育理念」（牲川 2012: 177）についてこう批判している。

> 異質性や多様性の理解という目標を根拠に、日本人と○○人の考え方の実体的発見をよしとする言説は、包摂と差異化というナショナリズムの二つの原理に適合する。こうした言説にもとづく教育実践は、日本や日本人の考え方とはこういうものであり、自らの出身国民国家のそれとは異なるのだという認識を、学習者に抱かせる。そしてこの認識は、日本人一人ひとりとの相互変容的なコミュニケーションや、日本・日本人に変化を迫るような批判的コミュニケーションの可能性を、学習者の想像力から奪うであろう。先の言説は、日本・日本人に変化を与えない者として位置づけることで、非日本人を別なる存在として排除しつつ、声をあげない者として既存の日本・日本人の中に埋め込むことを正当化する。（同上: 177-178）

このような、「日本の文化」「日本人の考え方」を規定するような文化本質主義への批判は、ビジネス日本語マナー教材にもあてはまる部分があるが、このような批判の範疇におさまらない部分もおおくみられる。

まず、ビジネス日本語マナー教材でとりあげられる事項について、分析してまとめる。閲覧したビジネス日本語マナー教材は、岩澤／海老原（2009）、釜渕（2008）、堀内／足高（1989）の3冊である[5]。これらでとりあげられている「マナー」については、おおきく4つに分類することができる。

2.1　言語事項にかかわるマナー

これらの「マナー本」のなかでも、いちばんおおく分量をさかれているのは、敬語・あいさつ行動・メール文書のかきかた、電話の応対、会議でのやりとりなど、

5　釜渕（2008）は2011年に3刷がだされている。また、堀内／足高（1989）は2005年に6刷がだされている。これらの「ビジネス日本語マナー教材」はひろくつかわれているといえるだろう。

比較的言語にかかわりがふかい「マナー」の記述である。これは他の日本語教材にもよくみられるものであり、ビジネス日本語マナー教材に固有のものではない。ただし、一部、一般的な日本語教材ではありえないような、特徴的な記述がある。

ワンポイントアドバイス

●タメ口《ぐち》きくな！

課《か》　長《ちょう》：李《り》さん、さっき頼《たの》んだコピーもうできたかな？会議《かいぎ》まであと15分《ふん》だよ。

李　　：ゴメン。まだできてない。

課　長：……。

映画《えいが》やドラマで見聞《みき》きした、いわゆる話《はな》し言葉《ことば》が、自然《しぜん》で上手《じょうず》な日本語《にほんご》だと勘違《かんちが》いしていませんか。ビジネス場面《ばめん》ではビジネスレベルの話し方《かた》をしましょう。

●言《い》い訳《わけ》はいいから早くやれ！

課　長：李さん、さっき頼んだコピーもうできたかな？　会議まであと15分だよ。

李　　：本社《ほんしゃ》から今夜《こんや》、急《きゅう》に出張《しゅっちょう》で来《く》る人《ひと》がいるんで、車《くるま》とホテルをすぐ手配《てはい》してほしいというメールがあったんですよ。

課　長：……。だから、コピーは？

李　　：まだ時間ありますよ。会議は3時《じ》からでしょう。

課　長：いいから、今すぐコピーして！

言い訳よりまずおわびですね。課長が頼んだコピーはまだできていません。この場合《ばあい》は「申《もう》し訳《わけ》ありません。本社から急《いそ》ぎの用《よう》が入《はい》ってしまって。今すぐやります」と言ったほうがよいでしょう。また、基本《きほん》ルールとして、上司の指示《しじ》や命令《めいれい》は、他《た》の業務《ぎょうむ》より優先《ゆうせん》させなければなりません。

図1　「ワンポイントアドバイス　タメ口きくな！／言い訳はいいから早くやれ！」（岩澤／海老原 2009: 30）

図1は、岩澤／海老原（2006: 30）のなかの、2例の「マナー違反」がかかげられた「ワンポイントアドバイス」というコラム欄である。ここでは、日本人上司にたいして「タメ口」をきいている外国人部下の会話例がのせられているが、その見出

しとして、ややおおきくてふとい強調されたフォントで「タメ口をきくな！」とかかれている。

2.2　みだしなみ関連項目

ビジネス日本語マナー教材での、「みだしなみ」の重視は特筆すべき特徴であるといえる。今回参照した教材のなかでは、岩澤／海老原（2009）では第一章「社会人としての基本」の冒頭に、「みだしなみ」という節をもうけている。また、釜渕（2008）では、第1章「日本人のマナー」の全10Unit中、Unit2とUnit3をあててみだしなみについての解説をしている[6]。以下に、具体的な例を紹介する。

図2　「顔や手の身だしなみについて　どこがダメか、考えてみよう！」（釜渕 2008: 23）

これは、さきほどのべた釜渕（2008）の「Unit3　みだしなみ（2）」のなかの1ページである。男性と女性のイラストがあり、「顔や手の身だしなみについて　どこがダメか、考えてみよう！」というタスクが課せられる。

回答は、男性については（1）長い前髪（2）後ろ側に寝癖（3）鼻毛が出ている（4）頬に一本、毛が生えている（5）小指だけ爪を伸ばして尖らせている（6）爪の

6　　堀内／足高（1989）はみだしなみ項目についての言及はない。

中が黒くて汚い（7）無精髭（8）口臭が「ダメ」と判断されている。女性については、（1）茶髪（2）爆発したようなパーマ（3）厚化粧（4）派手なネイルについて注意されている。このうち、体毛にかんするものは体質や年齢にもかかわるものである。「茶髪」については、「その人の元々の髪色は別ですが、アジアの黒い髪の女性が金髪のような明るい色に髪を染めているのは、あまりビジネスシーンには似合いません」（釜渕 2008: 25）とあり、なぜここで「アジア」の「女性」の髪色についてのみ、とりたてて述べているのか、不可解である。また、うまれもった髪質は多分に遺伝に左右されるため、ある遺伝情報が連続している集団への差別記述ともなりうる。

そして、「口臭」についてとくにとりあげられるのは、ニンニクである。「日本人は口臭にとても敏感です。なので、ニンニクなどを習慣的に食べる場合は、歯磨きなどで口臭予防に注意してください。もしくは、出勤前はニンニク入りの食事をしない、というのもいい方法です」（釜渕 2008: 24）とある。口臭の原因[7)]は、歯垢や舌苔など、はみがき等で緩和できるものもあるが、もともとの体質にも左右されるであろうし、口腔内や内臓の疾患によって生じる場合もあり、個人の努力だけではコントロールしきれるものではない。また口臭の原因として、ニンニクだけをとりたてる理由は不明であるが、「出勤前はニンニク入りの食事をしない」という指示は、ある個人の食文化への介入である。そしてまた、日本社会で生活する人間がかならずしも出勤前や勤務中のニンニク摂取に禁欲的であるとはいえないだろう。スーパーマーケットにいけば、冷凍のからあげが「お弁当用に」とうられている。原材料名の欄をみると、ニンニクがつかわれているものがおおい。カレーもニンニクがはいっている場合がある。また、ラーメンスープにも、一部のものにはニンニクが使用されている。パスタなどにも、ニンニクがはいっているものがある。からあげ、カレー、ラーメン、パスタ、いずれも昼食のメニューとしてありうるものであろう。一部の商品や、店ではめだつところにニンニクの使用／不使用の表示がある場合もある。しかし、そうでない場合もおおい。

岩澤／海老原（2009）でとりあげられるみだしなみ項目もだいたいにかよっており、体臭・フケ・ひげ・鼻毛・目やに・化粧くずれなどをいましめている。また、

7　口臭については、中江（2004）、渋谷（2005）を参照した。また、ニンニク臭についてはハミガキでは解決できない。

「あかぬけない例」として、男性は「ダークスーツ＋白い靴下」、女性は「スカート＋くるぶしまでの肌色のソックス」をこのましくない例としてしめしている。

このように、「身だしなみ」の項目のなかには、遺伝的な要因までふくむ体質や、個人の嗜好や文化にくちだしをしている場合がある。

2.3 日本企業文化について

日本企業に特有の文化についての解説にも、おおくのページがさかれている。名刺のわたしかた、上司へのお辞儀の作法、「ほう・れん・そう」(報告・連絡・相談)という慣習の重要性、ドアのあけ方、会議室やエレベーターやタクシーの上座下座の情報など、比較的業務に直接影響しそうな場面での注意事項から、退社後の「つきあい」をふくめた飲み会でのふるまいかた、客へのお茶のだしかた、給湯室の掃除の際の注意点などという、業務と関係あるのか微妙なもの、そして社内恋愛の節度のたもちかた、同僚とのお金のかしかりのさいの注意、出産祝いや結婚祝いはたとえあまり知らない人であっても、もちかけられたらこころよくおうじるべきであることなど、業務内容とはほとんど関係ないことにまではばひろく指示の範囲はおよぶ[8)]。

以下に、例をいくつか紹介する。

図3は、出社・退社のあいさつや上司へあいさつ、礼やわびをいれるときと、場面やあいてによっておじぎの角度を指定したうえで、おじぎのやりかたには、男女にちがいがあることをイラストいりで解説したものである。このように人間を男と女におおきく二分し、それぞれにことなった規範をおしつけることは、性差別につながる。とくに、ジェンダー規範に違和感をもつひとびとにとっては、性別によって動作の規範が区別されるという慣習が言語教育教材のなかで規範化され、そしてそれを日常的におしつけられることは、深刻な苦痛と感じられる場合もあろう。

それと関連して宴会の席での女性のふるまいについて、看過できない記述がある。

8　ただし、このなかでは岩澤／海老原（2008）では、企業文化にかかわる記述はほとんど業務に関係するものにしぼられており、個人のプライベートにまで言及はしていない。

②おじぎ

おじぎの種類と角度

日本式のあいさつとおじぎはセットです。場面に合ったおじぎをマスターしましょう。
おじぎには、男女の違いや、場面ごとの角度の違いがあります。

〈男女の違い〉

d. 男性のおじぎは、手を足の外側につけましょう。指先も軽く揃《そろ》えると美しいです。ただし、場今によっては女性と同じ形でのおじぎをする場合もあります。例）デパートの店員など

e. 女性のおじぎでは、手はお腹の前に持ってきて軽く両手を重ねましょう。一般的には普通に手を伸ばした位置（お腹の下のほう）で重ねます。

図3　おじぎの種類と角度　男女の違い！」（釜渕 2008: 12）

図4では、にこやかにほほえんだ、髪の毛が肩の下にまでのび、スカートをはいたひと（女性をあらわしているとみえる）がおおきなとっくりをもちあげて、ちょこに液体をそそいでいるコミカルな絵がそえられ、以下のようにかかれている。

女性がお酌をすることについて

日本では、女性が男性にお酒を注ぐ（お酌をする）ことをよしとする考えがあり、こうした習慣は、最近だいぶなくなってはきましたが、会社によっては、それがまだ当たり前になっている所もあります。新入社員や女性社員は、お酌をするように注意されたりする場合もあるでしょう。もしも、上司や先輩から、接待や会食のときにお客さまなどにお酌するように言われたら、皆さんの国の習慣と違って戸惑うこともあるでしょうし、少し嫌だと感じるかもしれませんが、男女差別というよりはただの習慣なので、あまり深く考えなくてもいいでしょう。

図4　女性がお酌をすることについて（釜渕 2008: 89）

日本では、女性が男性にお酒を注ぐ（お酌をする）ことをよしとする考えがあり、（略）新入社員や女性社員はお酌をするように注意されたりする場合も

あるでしょう。もしも、上司や先輩から、接待や会食のときにお客様などにお酌するように言われたら、皆さんの国の習慣と違って戸惑うこともあるでしょうし、少し嫌だと感じるかもしれませんが、男女差別というよりはただの慣習なので、あまり深く考えなくてもいいでしょう。　（釜渕 2008: 89）

そこには「男女差別というよりはただの慣習」とかかれているが、ふかくかんがえる余地もなく、男女差別である。そして上司が部下に「女性である」という理由で酌を強要するのであれば、それはセクシャルハラスメントである[9]。

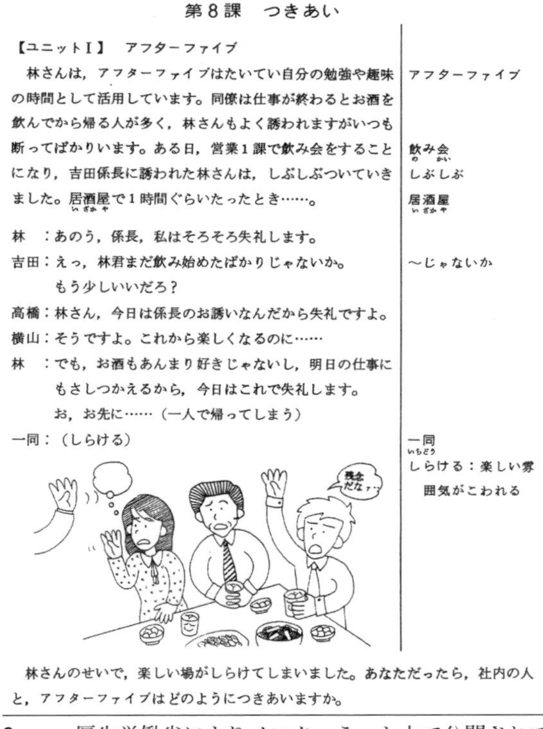

第8課　つきあい

【ユニットⅠ】　アフターファイブ

林さんは，アフターファイブはたいてい自分の勉強や趣味の時間として活用しています。同僚は仕事が終わるとお酒を飲んでから帰る人が多く，林さんもよく誘われますがいつも断ってばかりいます。ある日，営業1課で飲み会をすることになり，吉田係長に誘われた林さんは，しぶしぶついていきました。居酒屋《いざかや》で1時間ぐらいたったとき……。

林　：あのう，係長，私はそろそろ失礼します。
吉田：えっ，林君まだ飲み始めたばかりじゃないか。
　　　もう少しいいだろ？
高橋：林さん，今日は係長のお誘いなんだから失礼ですよ。
横山：そうですよ。これから楽しくなるのに……
林　：でも，お酒もあんまり好きじゃないし，明日の仕事にもさしつかえるから，今日はこれで失礼します。
　　　お，お先に……（一人で帰ってしまう）
一同：（しらける）

アフターファイブ
飲《の》み会《かい》
しぶしぶ
居酒屋《いざかや》
～じゃないか
一同《いちどう》
しらける：楽しい雰囲気がこわれる

林さんのせいで，楽しい場がしらけてしまいました。あなただったら，社内の人と，アフターファイブはどのようにつきあいますか。

図5　林さんのせいで、楽しい場がしらけてしまいました。（堀内／足高 1989: 77）

9　厚生労働省によりインターネット上で公開されているパンフレット「セクシュアルハラスメント対策に取り組む事業主の方へ　事業主の皆さん　職場のセクシュアルハラスメント対策は　あなたの義務です!!」（http://www.mhlw.go.jp/general/seido/koyou/danjokintou/dl/120120_01.pdf）の27ページのアンケートでは、職場の宴会でお酌やカラオケのデュエットの強要はセクシャルハラスメントにあたることが示唆されている。

同様に、宴会の席でのハラスメントにあたるものと考えられる例がある。

図5は、堀内／足高（1989: 77）からの引用である。林さん（香港出身という設定）は、宴会にさそわれてもいつもことわっていたのだが、ある日上司にさそわれ、ことわりきれずに宴会に出席する。居酒屋で一時間すごしたあと、退席をつたえる。ひきとめられ、「お酒もあんまり好きじゃないし、翌日の仕事にもさしつかえるから。今日はこれで失礼します」といってかえってしまう。それにたいして、「林さんのせいで、楽しい場がしらけてしまいました。あなただったら、社内の人と、アフターファイブはどのようにつきあいますか」と問題提起がある。

ここで、酒がすきではない林さんをむりやり宴会にさそい、一時間も拘束し、退席を希望してもしつこく残るようにという上司にはなんの責任追及もせず、「楽しい場がしらけた」のは、翌日の仕事にさしつかえるからという賃労働者として正当な理由でかえった林さんの「せい」であると一方的にきめつける描写をしている。お酒をすきではないひとやお酒を体質的にうけつけないひとにまで宴会の席への出席を強要してもかまわない、というアルコールのハラスメントの許容につながるだろう。

このように、ビジネス日本語マナー教材には、職場での深刻なハラスメントにつながるような記述が、したしみやすくかわいらしいイラストをそえてなされている場合がある。

2.4 「日本人」の文化

最後に、企業文化というよりは、「日本人」がもっているとされる文化についての記述がある。分量はそうおおくはない。これは、はじめにでのべた、「文化本質論」とかかわるものであるが、いままで批判対象とされてきた「文化本質論」の典型的な例である「日本の歴史・伝統」「日本の文化」「日本人の考え方」などという抽象的なものについての記述はほとんどなく、「日本人は携帯メールが大好き」（釜渕 2008: 57）、「日本人は仕事の延長として会社の人と酒をのむ」（堀田／足高 1989: 79）、「日本では電車にのるとき、女性はスカートをはいていなくても脚をひらいてすわってはいけない」（釜渕 2008: 33）などという具体的な行動を紹介する例がめだつ。

日本人《にほんじん》は
ココを
見《み》ている!

食事編《しょくじへん》①

ほかの人《ひと》と同《おな》じペースで食《た》べる

お昼休《ひるやす》みに職場《しょくば》の仲間《なかま》4人《にん》で近《ちか》くのレストランへ行《い》きました。4人はそれぞれ定食《ていしょく》を頼《たの》みました。最初《さいしょ》に定食が運《はこ》ばれたのはAさん。お盆《ぼん》がテーブルに置《お》かれると、何《なに》も言《い》わずに食《た》べ始《はじ》めました。黙々《もくもく》と食事をするAさんの姿《すがた》をほかの3人はしばらく無言《むごん》で見守《みまも》りました。

⇒一緒《いっしょ》に食事に来《き》たのですから、全員《ぜんいん》の料理《りょうり》が並《なら》ぶまで待《ま》ちましょう。ただし、ほかの料理が出《で》るまでにまだ時間《じかん》がかかりそうで、料理を待っている人《ひと》に「お先《さき》にどうぞ」とか「冷《さ》めないうちに召《め》し上《あ》がってください」とか言《い》われたら、「では、お先《さき》に」と一言《ひとこと》言ってから、ゆっくり食べてもかまいません。その場合《ばあい》でも、食べ終《お》わる時間は大体《だいたい》みんなとそろえるようにしましょう。

日本人
所关注的
地方!

図6　日本人はココを見ている!　ほかの人と同じペースで食べる（岩澤・海老原 2009: 102）

図6は、昼休みに職場の仲間と近くのレストランに行き、定食をたのんだところ、先にはこばれてきたAさんが何も言わずに食べ始めるという状況説明がされる。そして、「全員の料理が並ぶまで（引用注：食べ始めるのを）待ちましょう」と注意がされ、さらに「食べ終わる時間は大体みんなとそろえるようにしましょう」とかかれている。また、イラストでは、ひとりで食事を始めているひとを、ほかの3人があきれたような表情でみているさまがえがかれていて、それが「非常識」なおこないであるという情報を、イラストで補足している。しかし、「日本人」社員と食事をして、「外国人」社員がひとりでさきにたべおわったからといって、ビジネスにさしつかえるものではないだろう。

3. 「ビジネスマナー」の規範化

前節で紹介した内容を、言語教材に掲載されたものであるとしてみたとき、かんじるつよい違和感はなにに由来するのであろうか。これまで、日本語教材では「日本語では……」「日本では……」「日本文化とは……」「日本人とは……」といったかたりが多用されてきた。しかし、それではいったい、「日本語・日本・日本文化」とはなにかがとわれることはなかった。ひとつのゆるぎない日本語というものがあるという前提で、日本語の多様性をすてさったかたちで、日本語教材は作成されてきた。それは、初級から段階をふんで展開される教材のなかでは、「日本語という言語はこのような言語である」と定義しておしえる必要があるという、教授法上の便宜によるところがおおきいといえるだろう。また、それと並行して、日本語学習のたすけになるとして、教材のなかにあらわれる「日本とは……」「日本文化とは……」「日本人とは……」などというかたりについても、その多様性がすてさられ、ある特定のひとびとに都合のよいような形に単純化される。そして、「日本（日本文化・日本人）とはこのようなものである」という定義づけがなされて教材に掲載される[10]。

いままでも、そのような教材のありかたやイデオロギー性への批判は、おこなわれてきていた。この批判は、日本語教材における日本・日本語・日本人・日本文化などの「記述」の妥当性をといなおすものである。ところが、ビジネス日本語マナー教材のなかで「みだしなみ」「企業文化」「日本の文化」としてしめされるものは、「記述」をさらにこえて、「こうしてはいけない」「こうしなければならない」などと、全面的に「規範」の提示をおこなっているのである。そしてまた、ビジネス日本語マナー教材は、「イデオロギーとしての「日本」」への関心がうすいという特徴がみとめられる。そこでは、「日本の伝統」「日本の歴史」などといったナショナリズム

10　日本語教育教材のなかで登場する「日本語話者」という設定の人物は、かならず日本人名をなのっており、「日本の家族」は異性カップルとそのこどもで構成されており、家族内の苗字は全員同一のものである。そこでかたられる「日本人」「日本の家族」には、日本国籍をもっていないが日本社会でくらし日本語を第一言語としているひとびとや、法律婚を利用しないで家族を形成しているひとびと、同性カップルの存在などが排除されている。

をおしだそうとする要素はない。これらの特徴は、いままでなされてきた日本語教育のイデオロギー批判の想定の範囲をこえるものであるといえる。

このように、ビジネス日本語マナー教材が、ほかの日本語教材とくらべて特異な性質をもっているのは、ビジネスという経済・営利行動に特化した言語教育であるという点に理由がありそうである。それではいったい、ビジネス日本語とはなんであり、ビジネス日本語学習の最大の受益者とはだれなのか。そこに、ビジネス日本語マナー教材の特異性を解明するためのてがかりがある。

このようなビジネス日本語マナー教材は、いったい「だれのために」つくられているのか。今回分析した3冊の、まえがきを引用する。

> 本書は、仕事で日本語を使う外国人のために作成した教材である。仕事に必要な日本語力を高めると同時に、日本人と仕事をする上で生じる摩擦を認識し、解決していく能力の養成を目的としている。本書では、日本企業に入社した外国人新入社員「林学誠」を主人公として登場させている。学習者が主人公の職場で生じた問題を客観的に観察する過程で、文化の差異に着目し、その摩擦を回避するための日本語教育、ビジネスマナーを習得できるように構成されている。
> （堀内／足高 1989: 3）

> 日本企業で活躍しようと思っている皆さんへ
>
> 皆さんが、日本企業で実力を発揮し、仕事に取り組んでいこうとするときに、どうしてもぶつかってしまうのが日本人との習慣の違いという壁でしょう。「こんなに頑張っているのに、日本人の習慣やマナーがわからないことが障害となっている」と感じることがありませんか。もし、そう感じることがあるなら、是非このテキストを読んでください。
>
> 日本人の習慣やマナーを理解し、身につければ、仕事を円滑に進めることができるだけでなく、あなたへの信頼をきっと高めてくれることでしょう。また、一口に日本人と言ってもいろいろなタイプの人がいますので、基本的なマナーを身に付けることは、（小さな摩擦を防ぎ）職場の雰囲気を明るくすることにもつながります。マナーはあなたを守る心強い道具です。
> （岩澤／海老原 2009: 2）

皆さんは、日本や日本企業で仕事をしている中で、不思議に感じたり、疑問に思うことはありませんか？ もしくは、今から、日本や日本企業で働くので不安がいっぱい！ という人もいるでしょう。本書は、そんな皆さんのために、日本の一般的なマナーや日本人が習慣的に行なっているビジネスマナーを紹介しているテキストです。

本書は、日本式ビジネスマナーを皆さんに押しつけるものではありません。皆さんが日本のマナーを知らないことで、誰にも聞けずに緊張したり、知らないうちに損をしたり、日本人からの印象が悪くなったり、そんなことが起こらないよう、本書の内容を知識としてしっておいていただきたいのです。その上で、皆さんそれぞれが選んだスタイルで、日本や日系企業で楽しく働いていっていただければ幸いです。　（釜渕 2008: 3）

ここで共通するのは、日本や日本企業で働く「外国人」の「ため」のビジネスマナーと明記されている点である。ビジネスマナーをしることで「仕事の場での摩擦を回避」し、「職場の雰囲気を暗くしない」ようになり、「日本人からの印象がわるくなる」のを防ぐことができるととく。学習者がビジネスマナーを修得することは、学習者自身の利益につながることが強調される。

しかし、1節で確認したように、本文中でのべられている内容は、「日本人社員」の立場からの「これはだめ」「あれはいけない」といった禁止事項の伝授が中心であり、徹底した同化主義となっている。なかには図4のように深刻なハラスメントにつながるような記述まである。

もちろん、これはたんなる知識の伝授であり、このような「ビジネスマナー」を強制する意図はないというみかたもあろう。実際、釜渕（2008: 3）では、「日本式ビジネスマナーを皆さんに押しつけるものではありません。」とわざわざことわりがきがされている。また、本文中でも「特別な理由がないかぎりは、〜するほうがよいでしょう」というようなことわりがくりかえしおこなわれ、「特別な理由」があればそのマナーをむりにまもる必要はないという余地をのこしているようにみえる。しかし、実際にそれは可能なのであろうか。

図7は、中国人新入社員李さんが、先輩社員の木村さんに給湯室の掃除を女子社

納得いかない李さん、どうすればいいでしょう？

図7　納得がいかない李さん（釜渕2008: 48）

員が順番でやることをつげられ、「えぇ？　それっておかしいと思います。私の仕事は掃除じゃありません！」と躊躇するというシーンをえがいたマンガである。そして、「納得がいかない李さん、どうすればいいでしょう？」ととといかける。みひらきの次のページには、以下のようにしるされている。

a.　日本の会社では、社員が順番で共有部分の片付けなどを担当する「当番」がある場合があります。

b.　古くて大きい会社ほど、何かしら当番があることが多く、それを担当するのは女性社員か、新入社員の場合が多いです。

c.　こうした当番は慣習の一つで、男女差別のような深い意味はない場合がほとんどです。

d.　いろいろな意味で、日本人ではない皆さんには納得できない、理解できないことも多いと思いますが、とりあえず特別な理由がないかぎりは、最初のうちは我慢して当番をしてみましょう。

e.　外国人だからということで、あなただけが当番をしないことを、日本人社員は許すかもしれません。でも、同僚たちとはいい関係になれないかもしれません。

（釜渕 2008: 49）

「ポイント」としてだされた助言では、「最初のうちは我慢して当番をしてみましょう」であるとか、「外国人だからということで、あなただけが当番をしないことを、日本人社員は許すかもしれません。でも、同僚たちとはいい関係にはなれないかもしれません。」などと、当番をすることをすすめる。「日本式ビジネスマナーをおしつけるものではありません」と、まえがきにはかかれているが、もし李さんが、自分の違和感の原因は、女性だけが業務外の不当な行為をなかば強制されている慣習にあると確信して、当番をやらないことを選択したとき、「日本人」社員にはどういうコミュニケーションをとれば「摩擦」がふせげるのか、そしてもし、その選択により同僚たちと「いい関係」になれなかったばあい、信念をまげずに関係を修復する方法はどうすればいいのか、具体的にはしるされてはいない。「日本式ビジネスマナー」を「おしつける」ものではないが、もしそれにしたがいたくないとかんがえるばあい、どのように「日本人」社員と交渉をすればよいのか、という計略についてはのべられていない。「自分できめたのだったら、自分でかんがえるべきであるし、その結果は自己責任」とばかりに、放置されるのであろうか。

そして実際に、「日本式ビジネスマナー」を、「おしつけられない」ことは可能なのだろうか。「自分のもつ信念や文化を大切にして、すべてを日本式にあわせるということはしないが、できるところは柔軟に対応できる外国人社員」とは、いったいだれのことであろうか。今回分析したビジネス日本語マナー教材のなかの登場人物や、人物関係にはある共通点があった。舞台は使用言語を日本語としている「日本の会社」もしくは「日系企業」であり、「日本人」社員の数がおおく、「新入社員」としての「外国人」社員が登場する。そして「外国人」社員は部下をもたず、上司は「日本人」社員である。その結果、教材の全体をとおして上司＝「日本人」、部下＝「外国人」という図式はいっさいくずれない。つまり、「外国人」社員は「日本人」と「外国人」の対比でいえば、「外国人」は数の上でも少数派であり、社会的地位でも、「部下」という比較的弱者の位置におかれている。なにより、「外国人」を採用しながらも、「日本式ビジネスマナー」が支配的な会社が場面として設定されている[11]。そのような権力・勢力関係の不均衡のあるなかで、「同僚たちとはいい関係になれないかもしれません。」というのは、「職場の雰囲気をあかるくたもつ」などという観念的なはなしではなく、「日本人」社員のきげんをそこねることで、給与査定にひびいたり、労働環境が悪化するという具体的な不利益がおこる可能性を示唆するものである。

ビジネス日本語マナー教材は、日本語・日本文化・日本企業文化が支配的な会社で、少数派・社内での地位が比較的低い立場のひとで、「日本人社員といい関係」をたもちつづける必要があるひとのためにつくられているのである。いいかえるならば、「日本人」社員とともにはたらく場合でも、日本語・日本企業文化の支配のつよくない職場を選択できるひとや、日本語・日本企業文化に支配された企業ではたらいていたとしても、「同僚たちといい関係」にならなくても給与や地位や労働環境がおびやかされない立場にある「外国人」社員であれば、ビジネス日本語マナー教材のアドバイスを「おしつけられない」ということも可能なのであるが、そもそもそのようなひとにとってはビジネス日本語マナー教材はそれほど必要なものなのであろうか。

ビジネス日本語マナー教材は、日本型ビジネス文化が優勢な場面で、被雇用者・部下としてはたらく人間への規範の提示となっているのが現状である。ビジネスという営利行動が円滑におこなわれることを最優先とするため、その記述に既存の日本型企業文化への同化志向はとてもつよく、他の文化・社会のありかたを否定し、基本的な人権を侵害するようなハラスメントにつながる記述までみられる。

11　もちろん、「マナー本」にかぎらなければビジネス日本語教材であれば、「日本人社員」が少数派である会社が舞台であったり、部下が「日本人社員」であり、「外国人社員」が「日本人社員」に指示をだしたり業務上の注意をしたりする教材も存在することは把握している。

4. だれのための・なんのためのビジネス日本語か

以上で、ビジネス日本語マナー教材では日本型ビジネス文化への同化がおしすすめられることを確認した。しかしながら、もともと「ビジネス日本語」は「外国人」社員の日本企業文化への同化を志向しているわけではない。たとえば、1994年に、雑誌『日本語学』13巻11号で、ビジネス日本語についての特集がくまれた。そのなかに掲載された水谷（1994）では、「ビジネス日本語」についてこうのべている。

> 今、「ビジネス日本語」を取り上げて検討することの意味は、ひとつには国際化の激しく進展する中で、外国人がビジネス社会の中で直面している問題点を明らかにすることで外国人学習者に対する支援ができるということであるが、それとともに、逆に日本人の日本語に対する見方に反省の機会を作り、日本語観の再構築に貢献する可能性がある。　（水谷 1994: 14）

また、最近のものでは奥田（2013）が以下のようにのべている。

> これからのビジネス日本語教育は、言語をコンテクストから切り離さず、コンテクスト要因が意識される教育／学習に向かう必要があります。（略）
> コンテクストの意識化は、日本企業の仕事の進め方、いわゆる企業文化を教え、それに沿った行動ができるようにするために行うのではありません。（略）言語や背景の異なる専門家同士や異なる専門分野の人たちが、共同して業務を遂行する際に生じる意思疎通の問題を、関係者がコンテクストの意味付けの違いに気付き、違いを違いとして認め、どう調整し、問題を乗り超えていくかに、焦点を当てるためです。　（奥田 2013: 90）

このように、「ビジネス日本語」は、基本的には「ビジネス日本語や日本企業文化を学習者に教えてやる」というよりは相互にはたらきかけるビジネスの場でのコミュニケーションを重視しているようである。

そうであるならば、「外国人」社員とともにはたらく「日本人」社員も、日本企業文化を共有しないひとびとともにはたらくさいにそれにおうじたコミュニケーションの工夫をしているはずである。しかしながら、ビジネス日本語マナー教材に登場する「日本人」社員である上司はしばしばあきらかに理不尽な要求をし、ちがう文化をもつ可能性のある「外国人」社員と「よき人間関係」をつくるためのこころみを一切せず、同化をせまる存在としてえがかれる。また、「外国人」社員の同僚にあたる「日本人」社員も、「外国人」社員のいいぶんにとりあわず、慣習にしたがうべきであるとか、その場の空気をよむようになどのアドバイスをするものばかりである。これは、「日本人」社員のステレオタイプ化につながるおそれがあるのではないか。

このような傾向は、ビジネス日本語マナー教材のみならず、ほかのビジネス日本語教材にも、しばしばあてはまる。たとえば、近藤ら（2013）には、以下のような記述がみられる。日本の通販会社で働いている中国人の黄勇氏が開発した、業務作業用のウェブ・アプリケーションが、ある日つかえなくなる。原因を調査したところ、トラブルの原因はアプリケーションではなく、サーバーに問題が起きていることが判明した。黄さんがインフラチームと調査中に、調達部門の田中さんがやってくる、という設定である。そして黄さんの視点で以下のようにかたられる。

> 田中さんは、アプリケーションがしばらく使えず、業務に支障が出たためひどく怒っていました。私は「アプリケーション側の問題ではなく、サーバー環境に問題があると考えられますので、今インフラチームと連携しています」などと説明しましたが、田中さんは聞いてくれませんでした。「言い訳はいらん！」と言って、さらにひどく怒りました。私は言い訳をするつもりはなく、事実を伝えようとしただけだったのですが、聞き入れてもらえませんでした。
>
> そのあと、一年上の先輩の坂田さんからも怒られ、「こういうとき、ちょっと、空気を読んだほうがいいよ」と言われました。私は、その意味がわかりませんでした。私は、どう対応すればよかったのでしょうか。
>
> （近藤ら 2013: 74）

この件は、田中氏は黄氏にたいして普通体ではなしかけ、黄氏はそれに丁寧体でこたえているため、社内での地位は田中氏のほうが上であるとかんがえられる。黄氏は田中氏に、アプリケーションが動かない理由として、有用な情報を提供しているにもかかわらず、それを「言い訳」としてききいれなかったということは、アプリケーション不調の原因の説明をうけることが田中氏の目的ではない。ただ、いらだちをぶつけるのににふさわしい相手として、アプリケーションの開発者という責任をおしつける名目があり、なおかつ自分より社内的立場のひくい黄氏のもとにやってきたのではないか。そうであればもし、黄氏が「空気をよんで」もうしわけなさそうなそぶりで謝罪なりをしたところで、やはりなんらかの攻撃をうけ、黄氏の弁明はききいれられなかった可能性もある。そうであれば、黄氏の「私は、どう対応すればよかったのでしょうか」というといかけに、どれほどの意味があるのかは疑問である。むしろ、田中氏が、社内的立場の低い相手にたいして「言い訳はいらん！」などとつよい口調でいうことはパワーハラスメントにつながりかねないことを自覚して、自分自身の怒りに自分自身が「どう対応すればよかったのでしょうか」といいかけるほうがまだ、有益なのではないかとさえおもわれる。

この例は、近藤ら（2013）であげられている例のなかでも、とりわけ極端に「日本人」社員が理不尽にふるまっている例であり、ほかのおおくの例は、どちらかにとくに非があるというわけではなく、日本企業文化をもつひとと、もたないひととのあいだで生じるくいちがいや摩擦についてさまざまに分析したうえでつくられた教材である。そうであるからこそ、これをよんでかんじることは、「文化を共有しないために社内でおこる摩擦」の解消法として、「外国人」社員であるところの学習者個人の「ビジネスマナー」の習得の努力にのみ、たよってしまっていいのだろうかということである。「外国人」社員であるところの学習者が、日本企業に特有の文化をしることは、ある程度は「外国人」社員をまもるために有効であるかもしれないが、やはり「日本人」社員からの「外国人」社員への配慮も不可欠であろう。

近藤（2013）は、「外国人」社員のためだけではなく、「日本人」社員の研修につかわれることも想定されて編集された「ビジネス日本語」教材となっている[12)]。また、

12　近藤ら（2013）の「はじめに」には、「日本人と外国人が一緒にケース学習に取り組み、普段の仕事ぶりを振り返ったり、将来遭遇するであろう困難や衝突について、相互に話し合っておいたりすることに本シリーズを活用していただくこともできま

「外国人」社員のための「ビジネス日本語」を開講している日本語学校のなかには、「日本人」社員を対象とした「外国人」社員とすごすための「ビジネス日本語」の講義をもうけているところもある[13)]。

また、「外国人研修生」と「日本人」社員との仲介・調整役として日本語教師をいちづけ、「外国人研修生」うけいれにかんしての「日本人」社員へのはたらきかけをおこなう実践例の紹介として、中河（2008）がある。ここでは「日本人」社員が、日本語がふなれな「外国人研修生」にたいしてはできるだけやさしいことばづかいで、みじかい文ではなしかけることを提案したり、「研修の成否の原因を、研修生側だけでなく日本人も含んだ「総合的な多文化環境の問題」として捉える視点を持ってほしい」（中河 2008: 35）と企業側にうったえたりするこころみについての報告がされている。

さらに、「ビジネス日本語」ではなく、「ビジネス英語」という分野において、「日本人」社員のふるまいはとわれる。「外国人部下」に英語で指示やフィードバックや業績評価をあたえるための英語の習得を目的としたカップ／益田（2005）では、部下を大声でどなることにたいして、以下のように評価している。

> （引用注：部下をどなる上司にたいして）鈴木氏は日本人の部下の男性ならば構わないだろうと思って、日本にいる時と同様に振る舞ってしまいましたが、実際そのような態度を目にするだけでほとんどの外国人社員は会社に対して否定的な気分になります。なぜなら「軍隊式」「命令調」のマネージメントが通用するのは唯一、日本だけだからです。外国人社員は、オフィスで大声をあげたり、部下に対してぞんざいな口調で話したりする上司を決して尊敬しません。
>
> 日本では「軍隊式」「命令調」のやり方を「体育会系の体質」と呼び、肯定する傾向があります。先輩や上司のほうが偉いので絶対服従という発想で

す。あるいは、これから海外に駐在する日本人の研修の教材としても用いることができます」とかかれている。

13　たとえば、日本語学校コミュニカ学院では「日本人社員向け」として「外国人社員を円滑に受け入れるための異文化コミュニケーション講座」を開講している。http://www.communica-institute.org/

す。しかしそれを外国人社員に対して要求したり、または彼らのオフィスで行えば「野蛮」と受け取られることは間違いありません。

（カップ／益田 2005: 83）

この、「ビジネス英語」と「ビジネス日本語」の日本人社員のありかたを、いちがいに比較するのはやや乱暴といえるだろう。「ビジネス英語」では、「外国人」社員とは「欧米人」であるとされている[14)]。また、社員同士の使用言語は英語である。一方、「ビジネス日本語」での使用言語は日本語であり、「外国人」社員は「アジア」圏のひとを中心としているとかんがえられる[15)]。そして、「ビジネス英語」教材の学習者は、「日本人」社員であり、「ビジネス日本語」教材の学習者は「外国人」社員であるという視点のちがいがある。しかしながら、その点を考慮したとしても、両者にあらわれる上司である「日本人」社員と部下である「外国人」社員のふるまいは、あまりにもかけはなれている。

「ビジネス英語」教材に登場する「外国人」社員は、上司にたいして、自分の業績の公正な評価をもとめ、自分の業務内容外の雑用をやらされることに不満をうったえ、給与面や福利厚生面での自分の現状の会社の評価に不満をうったえ、セクシャルハラスメントなどの労働環境の不備をうったえる。つまり、労働者の権利を自覚し、それが十分にまもられていないと感じれば、当然のこととして改善を要求する。そして「日本人上司」は、「外国人」社員のやる気や業績を客観的な基準をもちいて評価し、業務外と感じられる雑用にもじつは重要な役割があることをすじみちだてて説明し、部下の業務内容と類似する他企業の給与の相場を正確に把握したうえで自社の給与が適性であるかどうかを判断し、それを部下に丁寧に説明する必要がある。また、セクシャルハラスメントなどのうったえがあればただちに状況を把握して、部下をまもる義務をおう。

14　カップ／増田（2005）には「欧米では最終的に会社のためになっても、短期的に自分のためにならないことはしたくないという考え方の人が多いので、このことが日本人を悩ませる理由のひとつとなっています」（カップ／増田2005: 43）のように「欧米人は〜、日本人は〜」という対比がよくでてくる。

15　岩澤／堀田（2009）は、中国語の対訳がついている。また、釜渕（2008）は英語と中国語の対訳がついている。堀内／足高（1989）には他言語での対訳はないが、登場人物の主役となる林学誠氏は、香港出身であるという設定である。

一方、「ビジネス日本語」に登場する「日本人」社員の上司はしばしば理不尽である。そして、「外国人」社員は、たとえパワーハラスメントやセクシャルハラスメントに相当しそうなふるまいを上司や同僚からうけたとしても、「私の対応のどこがいけなかったのでしょうか」となやみ、せいぜいうでをくんで「納得いかないなあ」としぶるのみで、上司にハラスメントをやめるようにうったえかけるという場面はない。

しかしこれは、たとえば「「ビジネス英語」の「外国人」社員が「欧米人」をさし、「ビジネス日本語」の「外国人」社員は「アジア人」であり、文化のちがいである」などという説明をしてすませられるものなのであろうか。

「ビジネス英語」にあって「ビジネス日本語」にないものは、労働環境の保守や適切な給与の保障などといった「労働者の権利」というかんがえかたである[16)]。「ビジネス日本語」「ビジネス英語」に登場する「外国人」社員はほぼ全員、賃労働者である。現在、正規雇用者であれば、一日のうちの多くの時間を職場に拘束される。そしてえられる賃金が、金銭的な生活基盤となっている場合はとてもおおい。そうであればのぞまぬ離職や減給、労働環境の悪化は、賃労働者の生活そのものの質をおおきくさげる可能性がとてもたかい。労働法について解説する西谷（2008）では、労働者についてこのようにのべる。

> 労働者は、一面では自由な自律的個人である。労働者は、自らの自由な意志にもとづいて労働（力）という「商品」を使用者に売るために労働契約を締結する。労使は、市場における「商品」の売り主と買い主として対等である。この点で、労働者は民法などの想定する市民と同一であり、労働法は民法（市民法）と共通の基板にたつ。
>
> しかし、他面、労働者は現実には二重のしかたで使用者に従属している。第一に、労働者が所有する商品たる労働（力）は、その性質上慢性的に過剰となり、また売り止めがきかない。しかも、労働者は個人として大きな経済力をもつ使用者に対峙しなければならない。こうして、労働者は通常、労働契約において圧倒的に不利な地位にあり、労働条件の内容は事実上、使用者

16　ただし、「ビジネス英語」のそれは「外国人社員のため」というより、社員の離職や、訴訟等をふせぐというリスク管理の観点からの言及であるとはいえる。

によって一方的に決定される（いわゆる経済的従属性）。

第二に、労働契約にもとづいて労働者が負う義務は、使用者の下に身を置きその指揮命令に服することであり（いわゆる人的従属性）、そのことから肉体的・精神的疲労やさまざまな人格支配の危険性が生じる。労働は、ひとつの「商品」と擬制されてきたが、実際には決して労働者の肉体・精神から切り離すことのできない人間的な営みである。労働者にとって労働とは、生活の手段であると同時に、生活そのものである。そして労働者は、以上の二つの従属性の結合によって、独特のしかたで使用者に従属するのである。

（西谷 2008: 3-4）

このような労働者の自立性を保持し、従属性に配慮し、労働者の生活を保証するために、各国で労働条件の最低基準をもうけ、その基準の保障を使用者に義務づける労働法がおかれ、他方、労働者自身の運動として、労働組合運動が継続されている。

日本では、日本国憲法27条で労働権の保障が宣言されており、労働条件の基準の法定が規定されている。また、28条で勤労者にたいしての団結権、団体交渉権、団体行動権を保障することを宣言している。労働法としては「労働基準法（労基法）」「労働組合法」などの労働者保護法がもうけられている。さらに、国連やILO（国際労働機関）などの条約のうち、日本が批准している場合には国内法とおなじ効力をもつ[17)]。

このような労働者の保護や労働者の権利のためにつくられた法令をながめていると、ビジネス日本語マナー教材がそれらを尊重しているとはおもえない例もみられる。たとえば、1節でとりあげたみだしなみに関するこまかな指図は、労働者の権利をまもろうという視点からは、十分な配慮がいきとどいているようにはみえない。就業中の服装については西谷（2008）で、以下のようにのべている。

労働者は、一市民としては、服装、ヘアスタイル・ヘアカラー、ひげ等については基本的に自由である（自己決定権）。それが、就業時間中に制約さ

17　西谷（2008: 21-31）

れるとすれば、その根拠は労働義務以外には考えられない。たとえば、職種によっては労働者に制服・制帽の着用を義務づけることが業務上必要とされ、違反者に制裁を課すことが認められる。しかし、それを除けば、労働者の選択した服装やひげなどが労働義務に抵触するのは、それが著しく非常識であるとか当該業種における一般的慣行に反するなどの理由により、業務に支障をきたすおそれがある場合に限られる。こうした例外的事例に該当しない限り、評価・査定にあたって服装等を考慮にいれることも許されないと解される。 (西谷 2008: 190)

ビジネス日本語マナー教材は、「学習者のため」「外国人社員のため」とかきながら、「ビジネス日本語学習者」であるところの「外国人」社員が賃労働者であり、労働法の保護をうけ、労働者としての権利がまもられるべき存在であることにあまり留意がされていない。「学習者のため」「外国人社員のため」とかきながら実際には、「日本企業」の空気をよみ、「日本人」社員がとりまく場に摩擦をおこして業務に支障をださず、労働者の権利など主張しないという、「日本企業文化」「日本人」社員にとって都合のいい存在であることを要求しているのが現状である。

5. 「学習者・外国人社員」の「ため」の「ビジネス日本語」はどうあるべきか

「ビジネス日本語マナー」教材は、日本語教育の言語教材としてかんがえるのであれば、言語にかかわらないようなマナーの紹介がおおいという特徴があり、それは日本企業・「日本人」社員への同化をつよくうながすものであることを確認した。

言語教材が、言語事象のみならずその言語をつかって生活しているひとびとの文化を紹介することは「ビジネス日本語」にかぎったことではなく、また言語教育であればおおかれすくなかれ同化教育をまぬがれることはできないし、それをいちがいに否定することはできない。しかし、たんなる文化の紹介をこえて、言語とは直接かかわらないマナーという規範をおしつける点がビジネス日本語マナー教材に独特の性質であるといえる。そして、「外国人社員のためのビジネス日本語」としながら、それをまなぶ学習者を労働者とみなすことをせず、労働者の権利をないがしろにしがちな記述がある点を批判してきた。

とはいうものの、日本企業文化にはとしわかく勤務年数のすくない社員や女性社員のことばづかいやみだしなみや行動にきびしく制限がかかるという現状があり、「外国人」社員がそのことにかんしての知識をもたないまま入社してくれば、「空気がよめないひと」とみなされ、不利益をうける場合があるだろう。「外国人」社員が「日本人」社員との摩擦をできるだけ回避するという目的でビジネスマナー教材はつくられている。そうであれば、1節でしめした「日本式ビジネスマナー」にかんする一部の人権侵害にもあたる記述についての批判は、ビジネス日本語マナー教材の記述にではなく、現状の日本企業文化にたいしてこそ、なされるべきであるといえるかもしれない。日本企業文化としてあたりまえのようにおこなわれているものでも、日本の労働法の観点からみると争点となるものもあることはすでに確認ずみである。「ビジネス日本語」関係者は、「ビジネス日本語」が同化のためにあるわけではなく、「外国人社員のため」にあるとくりかえしのべてきた。そして実際に、先に紹介した中河（2008）のように日本語教師が「外国人」社員との仲介・調整役として日本企業や「日本人」社員にはたらきかけをするという実践の報告もある。それでもなお、「外国人社員のため」というには、あまりにも配慮がかけている面もある。

それでは、「ビジネス日本語」はどうあるべきか、かんがえていきたい。なんどもくりかえすように、「ビジネス」とは労働の場でもあり、「ビジネス日本語」教材のなかに登場する学習者像は、日本企業文化のつよい会社で、「日本人」社員の上司や「日本人」社員の取引先の相手をもつ「外国人」社員であり、賃労働者である。

3節で確認したように、労働者は自律的な存在であるとともに、使用者に従属されるという側面をもつ存在であり、使用者にたいしては権力関係の不均衡がある。さらに、「ビジネス日本語教材」のなかの「外国人」社員は、日本語が使用言語である日本企業文化のつよい企業を職場とし、日本人社員にかこまれて勤務をしているというマイノリティでもあり、二重によわい立場におかれているということである。そうであるならば、マジョリティである「日本人」社員でありかつ、組織内での地位のたかい「上司」は、「外国人」社員がマイノリティであるがゆえの不利益をこうむらないための配慮をする必要がある。

日本語教育でも、多文化共生というかんがえかたがうったえられるようになってひさしい。営利が優先される「ビジネス」の場でこそ、弱い立場におかれがちな労働者であり、それにくわえて日本企業文化のつよい会社でマイノリティとしてはたらかなければならない「外国人」社員が自律性を尊重され、尊厳をうばわれないためのしくみをつくる必要がある。しかし、これまでのビジネス日本語マナー教材には、そのような配慮は観察できず、むしろ髪型や服装などまで制限して当然というような、労働者の権利という視点をないがしろにしているともとれる記述がめだった。

「ビジネス日本語」のなかでの「ビジネス」とはおおくのばあい賃労働であり、おおくの賃労働者にとって労働は生活とふかくかかわっている。「学習者のため」というのであれば、「ビジネス日本語教材」には、労働者としての「外国人」社員という視点が不可欠であり、日本企業文化のなかでわたりあうための労働者としての権利についての説明が記載されるべきであろう。たとえば労働法にかんする国際条約のうち、日本が批准しているのはどれか、日本の労働法はどのようになっているのか。給与の交渉や解雇の要件はなにか、労災の範囲、有給休暇の取得方法、産休育休の取得条件はどのようになっているのか、ハラスメントをうけたらどうすればよいのか、労働組合運動に参加する場合はどうすればいいか、などとしらべようとしたら難解な法律文書や法律用語とむきあわなければいけない場合もでてくるだろう。これらを「ビジネス日本語」の範疇外とするのは妥当ではなく、むしろ言語問題とも関連する事項でもある。

また、「ビジネス日本語」の学習者には、ビジネス経験のあるひともいるが、近年大学などでも「ビジネス日本語」のクラスが開講されるようになってきている。まだはたらいた経験のあまりないひとでビジネス日本語をまなんでいるひとにとっても、労働にたいする基本理念の確認や、労働法についての説明は有用であろう。これは、最近さかんに高校や大学でおこなわれている「キャリア教育」とも関連している。キャリア教育についても、ビジネス日本語マナー教材ととてもよくにた問題点が指摘されている。

> キャリア教育が「自覚的職業選択／就職／職業上の成功」をめざすものとして理解され、それがほぼ唯一の焦点になっている。具体的には、円滑な就

> 職活動のための情報、スキル獲得、その前提としての職業資格修得が学生の目標になり、それに有用ではないと判断された教育上の要素は捨象されるか、極少化される（「キャリア教育の矮小化」)。これをおしすすめると、「キャリア教育とは、企業が必要とする能力を身に付けさせることなのである。これは何も新しい話ではない。本来学校とは、知識や技能を身につけて経済的活動を可能にする手段だったからだ。……端的に言えば「お客を怒らせないコミュニケーション能力」となる」（森 2010: 134）というような、「企業労働者の養成＝キャリア教育」観にいたる。べつの角度からみれば、キャリア教育観は同時に学校観・教育観を凝縮したかたちで表出したものになっている。
>
> （かどや 2013）

これはほぼ、「日本人社員上司・取引先をおこらせないコミュニケーション能力」をもとめるビジネス日本語マナー教材にもあてはまる。

とはいうものの、大学・高専・高校等でおこなわれているキャリア教育のなかには、企業文化に順応した人材をつくりあげることを最終目的とするのではなく、生活者として必要な知識をみにつけ、労働者としての権利をまなぶ教育でもあるという視点もあり[18]、教材として、大阪府立西成高等学校（2009)、小森（2007)、橋口ら（2010）が作成されている。このうち橋口ら（2010）は、日本語教育教材でもよくみかける会話型の形式をとる教材であり、「ビジネス日本語」のいっかんとして労働者の権利についてとりあげるさいには、参考になるだろう。

また、「しかし、ビジネス日本語の学習者は日本ではたらくとはかぎらない。日本の労働法なんかをおしえても意味がないのではないか。それよりは敬語のマスターに時間をあてるほうがよいのではないか」などという意見もあろうが、「ビジネス日本語」を学習するひとにとっては、日本にかぎらず、各国の労働法の知識をもつことで、不利益をまぬがれる場合もあることは、アジア各国の労働法について比較できる安西ら（2011）が参考になるだろう。

> 日本、インド、インドネシア、シンガポール、タイ、ベトナム、マレーシ

18　かどや（2013）や餅川（2013）などが参考となる。

アの労働法制を比較した場合、会社に最も有利に設計されているのが、シンガポールである。(略)

さらに、労働組合の組織率も低く、ストライキも多くない。したがって、日系企業にとって、比較的柔軟に労働者の再編成を行うことができるといえる。会社の形態によっては、積極的にこのような会社に有利な労働法制を利用し、経済状況に応じて柔軟に労働者の数を調整したり、シンガポールを準拠法として雇用契約を締結した上で当該労働者を他国の子会社・関係会社に出向させる形式を取り入れることが有効であるといえよう。

(安西ら 2011: 1-2)

ここでは、企業の立場から、より有利な条件での雇用契約をおこない、他国に「出向」させることを日系企業にすすめている。ここから、すでにおおきな企業にとっては労働法がひとつの国のなかで完結したものではなく、たえず他の国と比較され、より「企業にとってつごうのよい」労働法をもつ国がさがされていることがわかる。このことをしらなければ、日系企業にはたらく「外国人」社員は不必要に搾取されかねないこととなる。このように、国際法をはじめ、各国の労働法の現状をしっておかなければいけない状況にまでなっているといえるだろう。

また、労働者の生活保障のために、労働法整備とならんでおこなわれる労働組合運動のなかで、外国人労働者のための労働組合としては、「APFS労働組合[19)]」、「首都圏移住労働者ユニオン[20)]」や、関連組織として「RINK すべての外国人労働者とその家族の人権をまもる関西ネットワーク[21)]」などが存在する。

そして、労働者個人では法的トラブルを解決する場合が困難となり、専門家の知識が必要となることもあろう。とくに雇用されている企業という組織をあいてどって裁判をおこすさいに、おおくの困難がともない、そのなかのひとつに企業側からのいやがらせがあることは、すぎむら(2013)であきらかになっている[22)]。たとえば

19 http://apfs-union.org/

20 http://www.geocities.jp/lumworkers/

21 http://www.ne.jp/asahi/rink/rink/index.html

22 ここで紹介されている事例は、言語障害をもつひとが勤務先の上司からの性暴力被害にあった場合の例であり、「外国人労働者」の問題とはいちがいに同一のものとみなすことはできない。しかし、「性暴力の相談窓口」では「障害者であるから」とい

「外国人労働者法律相談　Migrant Worker　マイングラント研究会」といった法律の専門家による相談組織[23]の紹介や、「法的トラブル解決のための総合案内所」とする「日本司法支援センター　法テラス[24]」は、相談窓口で日本語だけではなく英語・中国語・スペイン語などの一部の言語に対応していることや、通訳派遣の案内をしているなどの情報の提供は有用であろう[25]。そのほかに、仕事をするうえでの困難や心配ごとを相談したいというときには、各地域の労働局などで「外国人労働者相談コーナー」といったものがもうけられている場合がある。また、地域の自治体でも相談窓口[26]がもうけられているところもある。「外国人」社員の「ため」の「ビジネス日本語」教材であるのなら、これらについての紹介があってもよいだろうし、「相談窓口で相談員に労働相談をおこなう」などの課をもうけてもよいだろう[27]。

しかしながら、「ビジネス日本語」を開講するさい、かかる費用の出資者は、「外国人」社員がわではなく、企業である場合もある[28]。労働者と、使用者である企業はしばしば利益関係で対立することもある関係である。直接業務とは関係なく、さらに企業にとっては不利な情報をもたらす場合もある、たとえば「労働組合での団

う理由で十分な情報の授受が困難であり、「障害者相談窓口」では、窓口の企業内トラブルや性暴力についての知識不足から十分な支援がうけられなかったことがかたられている。すぎむら（2013）はこの「複合的なマイノリティ」が現状では、支援制度からこぼしおとされている存在であると指摘している（本書第9章参照)。同様に、もし外国人労働者が企業内トラブルにまきこまれた場合、「外国人」というマイノリティ属性が、支援をはばむ要因となる可能性もかんがえられる。

23　http://www.migrant-worker.org/

24　http://www.houterasu.or.jp/

25　ただし、どの言語に対応しているかということや、通訳の派遣が可能かどうか、その通訳費用はだれが負担するのかということは地方事務所によってもことなりがある。

26　たとえば、東京都による「雇用就業に関する総合WEBサイト　東京はたらくネット」にも「外国人労働相談」の案内がある。
http://www.hataraku.metro.tokyo.jp/index.html

27　これらの相談窓口には多言語対応をしているところもふえてきているが、それでも一部の言語にかぎられており、日本語で労働相談をしなければいけない場面も、現状ではでてくることもかんがえられる。

28　たとえば、釜渕（2008）の筆者である釜渕優子氏が代表をつとめる「YUMA Teaching Japanese Firm」は、サイト内の事業案内をみると企業を「サービス対象」として、「日本語能力評価サポート」「ビジネス日本語トレーニング」をおこなっている。 http://www.yuma-japanese.com/

体交渉のやりかた」などというレッスン内容を、企業が出資する教室内でやろうということはむずかしいだろう。企業を顧客とした営利目的の「ビジネス日本語」教室には、どうしてもその限界はあろう。

企業文化からは独立して自治をおこなっている大学等の教育機関でのキャリア教育をそのうけざらとして期待することもできるだろうが[29]、かどや（2013）で指摘されるように、おおくの大学・高専・高校などでは、企業の教育コスト削減のための、企業が必要とする能力の育成がキャリア教育の目的となっている現状もある。

今後は、外国籍労働者や日本語を第一言語としない労働者への支援運動の一環として「労働者のためのビジネス日本語教育」を展開していくことも重要となっていくであろう。そしてまた、「日本語教育」をこえた移住労働者支援運動と連携していくことも肝要である。

[付記]

本稿は『社会言語学』13号所収論文を改稿したものである。

[参考文献]

安西明毅（あんざい・あきたか）／栗田哲郎（くりた・てつお）／小山洋平（こやま・ようへい）、塙晋（はなわ・すすむ）2011『アジア労働法の実務Q＆A』商事法務

岩澤みどり（いわさわ・みどり）／海老原恭子（えびはら・きょうこ）2009『改訂新版　日本企業への就職――ビジネスマナーと基本のことば』アスク

上野陽子（うえの・ようこ）2013『ネイティブに伝わる英語のルールとマナー　〈ビジネスいらすとれいてっど〉』日本実業出版社

大阪府立西成高等学校（おおさかふりつにしなりこうとうがっこう）2009『反貧困学習――格差の連鎖を断つために』解放出版社

奥田純子（おくだ・じゅんこ）2013「教育現場から考える―グローバル時代のビジネス日本語第4回　ビジネス日本語教育のチャレンジ―」『日本語教育ジャーナル』2013年春号

釜渕優子（かまぶち・ゆうこ）2008『しごとの日本語　ビジネスマナー編」アルク

カップ・ロッシェル／増田真紀子（ますだ・まきこ）2005『外国人部下と仕事をするためのビジネス英語』語研

29　おおくの大学では市民講座が開講されており、大学に所属する学生でなくても、講義をうける機会はある。

かどや・ひでのり2013「キャリア教育とはなにか―変数としてのジェンダー―」『科学研究費補助金成果報告書　女性技術者のキャリア継続・再構築に関する研究―工学系女子学生のキャリア教育確立―（2010～2012年度、研究代表者：内田由理子）』

小森陽一（こもり・よういち）2007『理不尽社会に言葉の力を――ソノ一言オカシクナイデスカ？』新日本出版社

近藤彩（こんどう・あや）／金考卿（きむ・ひょぎょん）／ムグダ・ヤルディー／福永由佳（ふくなが・ゆか）／池田玲子（いけだ・れいこ）2013『ビジネスコミュニケーションのためのケース学習――職場のダイバーシティで学び合う【教材編】』ココ出版

渋谷耕司（しぶや・こうじ）2005「口臭を科学する―口臭の原因と予防について―」『産衛誌』43号

すぎむら・なおみ2013「障害を持つ身体が性暴力被害にあったとき―マイナー・マイノリティの「つたわらない」困難―」『社会言語学』13号

牲川波都季（せがわ・はづき）2012『戦後日本語教育学とナショナリズム』くろしお出版

中江次郎（なかえ・じろう）2004「口臭の原因について」『奥羽大歯学誌』32号

中河和子（なかがわ・かずこ）「企業における日本語教師の新たな役割―R社との協働を通して―」『AJALT』31号

西谷敏（にしたに・さとし）2008『労働法』日本評論社

橋口昌治（はしぐち・しょうじ）／肥下彰男（ひげ・あきお）／伊田広行（いだ・ひろゆき）2010『〈働く〉ときの完全装備――15歳から学ぶ労働者の権利』解放出版社

堀内みね子（ほりうち・みねこ）／足高千恵子（あしだか・ちえこ）1989『日本でビジネス――日本語表現とビジネスマナー』専門教育出版

ましこ・ひでのり1997『イデオロギーとしての「日本」』三元社（増補新版2003）

水谷修（みずたに・おさむ）1994「ビジネス日本語を考える――公的話ことばを求めて」『日本語学』13-11

餅川正雄（もちかわ・まさお）2013「学校における職業教育とキャリア教育に関する研究(1)」『広島経済大学研究論集』35-4

森真一（もり・しんいち）2010『「お客様がやかましい」』（筑摩書房）

あとがき

前作の出版前後から最近にいたるまで（10年少々）の社会的環境の変容をふりかえっておこう。まず、当然のことながら、関連文献が確実に蓄積された。しかし、なんといっても、その共著者たちが続々と問題意識を展開し、よにとうたことを指摘すべきだろう。第1章で言及されている文献や、雑誌『社会言語学』や『ことばと社会』をはじめ、『社会言語科学』（社会言語科学会）や『言語政策』（日本言語政策学会）などに発表された業績群は、これらと相互に影響をあたえあうことで、急速に論点の質／量／深度をすすめ、議論の蓄積速度をあげてきたといえよう。

これらに象徴される蓄積のおおくは、障害学をはじめとした広義の社会学の影響と言語権概念の交差領域で誕生したものといえる。まさにアカデミックな化学変化である。先年、社会言語科学会が設立される前後に、「福祉言語学」（welfare linguistics）などとして提起されてきたことともかさなり、阪神淡路大震災を契機として、東日本大震災以降も問題意識が継承されている「やさしい日本語」や、人権保障／情報保障の交差領域としての「コミュニティ通訳」などと関連性がふかい。広義の社会言語学的研究の空間としては、法と言語学会など、いくつか注目すべきものが誕生したことは、第1章でもふれられているとおりである。

もうひとつ、特筆すべきものがあるとすれば、文部科学省や厚生労働省などを軸に、あきらかに言語政策的なうごきがみてとれるようになったことである。たとえば、日本手話を基軸にした公教育が一部実現したり、日弁連が言語権概念で手話による教育保障を提言したりするなど、法的・制度的なとりくみがみられるようになった。さらに、第1章におさめそこなったもの、そののちにでたもので象徴的とおもえるものをあげるとすれば、たとえば、知的障害者への情報保障をとりあげた、つぎのようなものがあるだろう。

松崎貴之ほか，2011『知的障害者にわかりやすく情報提供するためのガイドライン』社会福祉法人 北九州市手をつなぐ育成会（http://www.kitaiku.com/lab/data/

file000022.pdf）
打浪文子，2015「知的障害者への情報提供――わかりやすい情報提供の実現に向けて」『SYNODOS』2015.07.28（http://synodos.jp/welfare/14700）

情報保障上めくばりしなければならない対象は、広義の情報弱者全般である。「生活機会」（M・ヴェーバー）上の格差問題や自律／尊厳の観点から「配慮の平等」（石川准）を確保する体制こそ、狭義の障害者（「障害者手帳」の取得層）や外国人（ニューカマー）にとどまらない情報弱者の権利を保障するものだとわかるし、それは必然的に「情報のユニバーサルデザイン」という方向にむかうことになるだろう[1)]。

情報保障やユニバーサルデザインに関する論考は多分野で蓄積されつつあり、近年の動向を完全に網羅するのは困難である。しかしそれでも、上述文献で今後かんがえつづけるべき論点の相当部分がとりあげられているはずだし、これまであまり議論にならなかった論点も多数あるとおもわれる。本書とあわせて参照されたい。

そして、前作と同様、今回も多彩な分野から論考をおさめたが、編者らはこれで充分とはかんがえていない。法学や経済学、文学や心理学、工学や理学など、関連諸分野からの寄稿をまじえた続編がだされる時代、それをへて、こういった議論をわざわざするまでもなく、続々、「配慮の平等」が具体的に追求されていく時代がつづいていくことをのぞんでいる。読者諸氏が、そういった運動にどんどんくわわってくださるよう期待する。建設的な批判ももちろんまちのぞんでいる。

2017年9月　　ましこ・ひでのり

1　たとえば『社会言語学』誌が、前作初版（2006年）ののちに、情報のユニバーサルデザインにかかわる論考を掲載しつづけたのは、その必然的産物だったといえるし（総目次がhttp://www.geocities.jp/syakaigengogaku/にある）、それは官庁・学校等公共機関・アカデミズムが「情報保障」「ユニバーサルデザイン」へと急速に着目していく趨勢の反映でもあった。

執筆者紹介

■ **ましこ・ひでのり**（1960年生）〈**編著者／第１章＋おわりに**〉

現　職：中京大学国際教養学部教授
専　門：社会学
著　書：『日本人という自画像』三元社，2002年
『増補新版　イデオロギーとしての「日本」』三元社，2003年
『あたらしい自画像』三元社，2005年
『増補新版　たたかいの社会学』三元社，2007年
『幻想としての人種／民族／国民』三元社，2008年
『知の政治経済学』三元社，2010年
『社会学のまなざし』三元社，2012年
『愛と執着の社会学』三元社，2013年
『加速化依存症』三元社，2014年
『新装版　ことばの政治社会学』三元社，2014年
『ゴジラ論ノート』三元社，2015年
『コロニアルな列島ニッポン』三元社，2017年
『言語現象の知識社会学』三元社，2017年　ほか。

■ **木村護郎クリストフ**（きむら・ごろうくりすとふ，1974年生）〈**第２章＋第６章**〉

現　職：上智大学外国語学部教授
専　門：言語社会学，異言語教育学
著　書：『多言語主義社会に向けて』くろしお出版，2017年（共編著）
『節英のすすめ －脱英語依存こそ国際化・グローバル化対応のカギ！』萬書房，2016年
『明解言語学辞典』三省堂，2015年（編集協力：社会言語学担当）
『媒介言語論を学ぶ人のために』世界思想社，2009年（共編）
主要論文：「だれがいつどこで何のために通訳を使うのか－日英ビジネス通訳の事例から－」『通訳翻訳研究への招待』17号，2017年（共著）
「障害学的言語権論の展望と課題」『社会言語学』15号，2015年
「比較媒介言語論序説」『Sophia Linguistica』60号，2013年
「「言語権」からみた日本の言語問題」砂野幸稔編『多言語主義再考―多言語状況の比較研究』三元社，2012年
「わたしたちはどのように言語を管理するのか」山下仁・渡辺学・高田博行編『言語意識と社会　ドイツの視点・日本の視点』三元社，2011年　ほか。

■ **打浪（古賀）文子**（うちなみ（こが）あやこ，1981年生）〈**第3章**〉

現　職：淑徳大学短期大学部准教授

専　門：障害学・社会福祉学・社会言語学・特別支援教育学

主要論文：古賀文子「「ことばのユニバーサルデザイン」序説―知的障害児・者をとりまく言語的諸問題の様相から―」『社会言語学』第6号，2006年
打浪（古賀）文子「知的障害者への「わかりやすい」情報提供に関する検討 ―「ステージ」の実践と調査を中心に」『社会言語科学』第17巻第1号，2014年
ほか。

■ **仲　潔**（なか・きよし，1975年生）〈**第4章＋第5章**〉

現　職：岐阜大学教育学部准教授

専　門：言語文化教育学，批判的応用言語学，社会言語学

著　書：『これからの英語教育の話をしよう』ひつじ書房，2017年（共著）
『かかわることば』東京大学出版会，2017年（分担執筆）
『英語デトックス』くろしお出版，2016年（分担執筆）
『異文化コミュニケーション能力を問う』ココ出版，2014年（分担執筆）
『言語文化教育学の実践』金星堂，2012年（共編著）　ほか

主要論文：「英語教員養成における言語文化観の〈ゆさぶり〉」『アジア英語研究』17号，2015年
「学習者を〈排除〉する教授法:「客観的な」教授法への批判的まなざし」『社会言語学』10号，2010年　ほか。

■ **かどや・ひでのり**（1970年生）〈**編著者／はじめに＋第7章**〉

現　職：津山工業高等専門学校准教授

専　門：歴史学・社会言語学

著　書：共編著『識字の社会言語学』生活書院，2010年　ほか。

■ **糸魚川美樹**（いといがわ・みき，1969年生）〈**第8章**〉

現　職：愛知県立大学外国語学部准教授

専　門：スペイン語圏社会言語学

主要論文：「差別論をかたることば―『女性学年報』のこころみを例に」ましこ・ひでのり編著『ことば／権力／差別』(新装版) 三元社，2012年
「法律における『性』の記述」堀田英夫編『法生活空間におけるスペイン語の用法研究』ひつじ書房，2016年　ほか。

■ すぎむら・なおみ（1965年生）〈第9章〉
現　職：愛知県立高校養護教諭
専　門：教育社会学
著　書：『養護教論の社会学――学校文化・ジェンダー・同化』名古屋大学出版会，2014年
共編著『はなそうよ！恋とエッチ――みつけよう！からだときもち』生活書院，2014年　ほか。

■ なかの・まき（1980年生）〈第10章＋第11章〉
現　職：関東短期大学こども学科講師
専　門：日本語学（文字論／表記論）
著　書：『日本語点字のかなづかいの歴史的研究―日本語文とは漢字かなまじり文のことなのか―』三元社，2015年　ほか。
主要論文：「点字と墨字のわかちがきについて」『ことばと文字 7』くろしお出版，2017年
「日本語点字のわかちがきについて―学校国文法との関連を中心として―」『日本近代語研究 6』ひつじ書房，2017年
「日本語点字による写本翻刻作成のための表記論」『古写本『源氏物語』触読研究ジャーナル』1号，2016年　ほか。

行動する社会言語学

――ことば／権力／差別 II

発行日　2017年12月15日　初版第1刷発行

編著者　かどや・ひでのり／ましこ・ひでのり ©2017

発行所　株式会社三元社

〒113-0033 東京都文京区本郷1-28-36鳳明ビル

電話／03-5803-4155　FAX／03-5803-4156

郵便振替／00180-2-119840

印　刷　モリモト印刷株式会社

製　本　鶴亀製本株式会社

コード　978-4-88303-449-9

ことばの政治社会学
ましこ・ひでのり／著
●2800円
ことばの政治・権力・差別性を暴きだし、「透明で平等な媒体」をめざす実践的理論的運動を提起する。

加速化依存症　疾走／焦燥／不安の社会学
ましこ・ひでのり／著
●1700円
せわしなくヒトを追い立てる現代社会の切迫感はどこからくるのか。「時間泥棒」の正体に肉迫する。

愛と執着の社会学　ペット・家畜・えづけ、そして生徒・愛人・夫婦
ましこ・ひでのり／著
●1700円
ヒトはなぜ愛したがるのか。愛着と執着をキーワードに動物としてのヒトの根源的本質を解剖する。

知の政治経済学　あたらしい知識社会学のための序説
ましこ・ひでのり／著
●3600円
疑似科学を動員した知的支配の政治経済学的構造を、社会言語学・障害学・沖縄学をもとに論じる。

幻想としての人種／民族／国民　「日本人という自画像」の知的水脈
ましこ・ひでのり／著
●1600円
ヒトは血統・文化・国籍等で区分可能であるという虚構・幻想から解放されるための民族学入門。

あたらしい自画像　「知の護身術」としての社会学
ましこ・ひでのり／著
●1800円
現代という時空とはなにか？　自己とはなにか？　社会学という鏡をのぞきながら、自己像を描き直す。

日本人という自画像　イデオロギーとしての「日本」再考
ましこ・ひでのり／著
●2300円
アジア・国内少数派という鏡がうつしだす「日本」および多数派知識人の「整形された自画像」を活写する。

イデオロギーとしての日本　「国語」「日本史」の知識社会学
ましこ・ひでのり／著
●3400円
有史以来の連続性が自明視される「日本」という枠組みを「いま／ここ」という視点から解体する。

たたかいの社会学　悲喜劇としての競争社会
ましこ・ひでのり／著
●2500円
傷ついた自分をみつめなおすために！　「競争」のもつ悲喜劇にたえるための、心の予防ワクチン。

表示は本体価格

言語帝国主義　英語支配と英語教育
R・フィリプソン／著　平田雅博ほか／訳
●3800円
英語はいかにして世界を支配したのか。英語教育が果たしてきた役割とは？　論争の書、待望の邦訳。

帝国・国民・言語
平田雅博＋原聖／編
●2300円
帝国、国民国家の辺境における言語状況はどのように対応され、人々にいかなる影響をもたらしたのか。

多言語社会日本　その現状と課題
多言語化現象研究会／編
●2500円
「多言語化」をキーワードに、日本語・国語教育、母語教育、言語福祉、言語差別などをわかりやすく解説。

共生の内実　批判的社会言語学からの問いかけ
植田晃次＋山下仁／編著
●2500円
多文化「共生」の名のもとに何がおこなわれているのか。図式化され、消費される「共生」を救いだす試み。

「正しさ」への問い　批判的社会言語学の試み
野呂香代子＋山下仁／編著
●2800円
言語を取り巻く無批判に受容されている価値観、権威に保証された基準・規範を疑うことでみえるもの。

言語権の理論と実践
渋谷謙次郎＋小嶋勇／編著
●2600円
従来の言語権論の精緻な分析を通し、研究者と法曹実務家があらたな言語権論を展開する。

言語復興の未来と価値　理論的考察と事例研究
桂木隆夫＋ジョン・C・マーハ／編
●4000円
言語の多様性が平和をもたらす。マイノリティ言語復興ネットワークの可能性を理論的・実践的に展望。

危機言語へのまなざし　中国における言語多様性と言語政策
石剛／編
●2500円
多民族・多言語多文字社会である中国における「調和的言語生活の構築」とは、何を意味しているのか。

ことばの「やさしさ」とは何か　批判的社会言語学からのアプローチ
義永美央子＋山下仁／編
●2800円
言語研究において「やさしさ」とは如何に表れるかを批判的に捉え直し、新たな「やさしさ」を模索する。

表示は本体価格

GOLF スピード上達シリーズ

どんなクセでも自分で直せるゴルフレッスン

「人生最高の一発」を手に入れる方法

プロゴルファー
星野英正
Hoshino Hidemasa

KK ベストセラーズ

まえがき

私の楽しみのひとつは、アマチュアの方が「人生最高の一発」を放ったときに浮かべる最高の笑顔を見ることです。

ツアープロの仕事には、試合前日などに行われるプロアマ戦の出場も含まれます。そのプロアマ戦でアマチュアの方とラウンドをご一緒するとき、よく技術面やメンタル面など、様々な上達に向ける質問を受けます。

このようなアマチュアゴルファーの「うまくなりたい」という思いを形にするお手伝いをするのは、ティーチングプロの仕事だ、とおっしゃる方がいるかもしれません。しかしプロアマ戦で求められたら、上達の早道となるポイントをアドバイスするのも、ツアープロの重要な仕事のひとつです。そこでいつも思うのは、ツアープロには、ツアープロならではのレッスンの仕方があるということ。

ゴルファーには本来個人個人に持っている一番いいものがあり、スイングも様々で何千通り、何万通りとあります。スライスの対処法ひとつとっても、そうです。20代になって初めてクラブを握る女性もいれば、もう10年ゴルフにハマっている人もいる。それぞれのスイングを見ないことには、スライスを直すアドバイスのしようがないのです。

雑誌のレッスン企画などで急に取材に来られて、「スライスの直し方を教えてください」というのも少々困惑してしまいます。というのもスイングを見ていない以上、的確なアドバイスをするのはとても難しいからです。

一方で、スイングを拝見できれば、私は様々なタイプのゴルファーに対して、最も適している方法でスイングを変えることができます。人生最高のショットを、その場で打たせてあげることも可能です。

そのショットが永続的に続けばいいのですが、それはできないのがゴルフの難しい所。人によっては、それなりの練習量も必要ですし、スイングを変えるということ自体を容易にできない人も多い。それは自分のイメージと、はるかにかけ離れた動きをしなければならないことが原因です。

それでも、プロアマ戦における一期一会の場で、素晴らしいショットが出たときのアマチュアの方の笑顔を見るのは、アドバイスした側にとっても、とてもうれしいことです。

さて、本書には、いくつかの大きなテーマがあります。イメージづくりの重要性もそのひとつ。アドレスを安定させるため、目をつぶって感じるためのメソッドもあります。また、これから打とうとする球筋のイメージをどう作るかも重要です。私がパッティングの際に描いているイメージも、きっと貴方とは大きく違うはずです。

アベレージゴルファーの皆さんには、多くの誤解があります。たとえば素振りひとつとっても、プロゴルファーがしている素振りと、皆さんの素振りは、たぶん全く次元が違います。「アドレスに対する勘違い」「スタンスに対する勘違い」「パッティングに対する勘違い」……。そうした誤解を、ひとつひとつ、解いていくことも、本書の大きなテーマです。

そして、**ゴルフは錯覚がすごく多いスポーツ**だということも忘れてはなりません。目標に対してスクエアに立っているつもりでも、実はまったく違う方向を向いていることも多い。なぜ思ったように立てないのかを紐解いていくのも私の仕事だと思っています。

もうひとつ、**ゴルフは繊細な感覚を必要とするスポーツ**です。インサイドからクラブを下ろしているゴルファーに「アウトサイドから下ろしてください」とアドバイスしたとします。そのとき、本人は物凄く大げさにアウトサイドから下ろしているつもりでも、見ている人には全然変化していないことが多い。その辺の感覚を、がらりと変えなければいけない。それを知っているのはツアープロです。１センチ２センチ、スイング軌道を変えることがどれほど大変かを知っていますから。

そこで、どうすればいいか。僕が教えるときは「まず今までの感覚を捨ててください」といいます。その上で、大げさに変えていかないと、変えようとしている動きには近づいていかない。見た目は変わっていないけど、自分の感覚では「これで大丈夫なのか？」というぐらいまでいっていい。そこまでいかないと、実際には変わらない。

極端に、自分が気持ち悪い所に上げて、ようやくいいところに上がる。最初は気持ち悪いですが、それを我慢して球数を打つと、その感覚が普通になってくる。そうすればしめたもので、今度は間違った方向に上がると気持ち悪くなる。体の微妙なズレを感じるからです。その感覚に慣れてきて、当たり前にならないと先に進めないのです。

この本を手に取っていただいたのも、何かのご縁だと感じます。小学校６年から始めたゴルフを、ここまで続けてこられているのも、支えてくれた多くの方々のお蔭だと思っています。ぜひこの本を有効に活用して、悪いクセを修正し、貴方の「最高の１発」を手に入れ、スコアアップに役立てていただきたいと思います。

星野英正

どんなクセでも自分で直せるゴルフレッスン

「人生最高の一発」を手に入れる方法

Contents

第2章 星野流スイングの核心部分

第3章 星野流ショートゲーム

第4章 星野流コースマネジメント

序章

「みちのくの怪童」誕生秘話

01

「フェースの向き」は常に感じていた

ゴルフを始めたのは小学6年生のとき。父親の練習についていって、遊びで振ってみたら、うまいこと当たった。それを見ていた父親も「いいんじゃないか?」という感じで驚いていました。

最初から当たりましたから、空振りは1度もありません。父親のクラブである大人用のアイアンを、短く持って打ってました。子供には重いですよ。それでもうまいこと当てていました。

父親から教わったのは、本当に基本的なことだけです。グリップはインターロッキングで、アドレスのときには右ヒジをお腹にくっつけるように構えるとか、アプローチのときには腕とヒジで作った五角形をキープするとか……。父親はその頃シングルでもなく、それほどうまくもなかったので、振り方とかは教わってません。

筋がいいと思ったせいか、すぐにジュニア用のクラブを買ってくれました。3番ウッドと8番アイアン、ピッチングウエッジ、パターの4本セット。自分用があるとうれしいじゃないですか。振りやすいしよく当たるし。それで練習場に行きたくて仕方がなかった。

その頃の得意クラブは、3番ウッド。遠くに飛ぶから気持ちいいので、ウッドばっかり打ってました。

大人もそうでしょ? ゴルフで一番気持ちがいいといったら、やっぱりドライバーで遠くに飛んだときです。ゴルファーはみんなそれを求めている。

ゴルフを始めて最初のうちは、週に1回くらいのペースでした。でもよく練習したので、最初のクラブは半年くらいで使いものにならなくなりました。今どきの小さい子でも、5、6歳に合わせたクラブを渡すと、いきなりビュンビュン振る子もいれば、全然振れない子もいる。それは、人それぞれですね。

ゴルフクラブというのは、手元が軽くて、先が重い。ヘッドが効いているものなので、フェース面があるし、これをきれいに当ててやれば、まっすぐ飛ぶ。それだけの話です。その感覚が、やり始めた頃から自分の手先にあったのだと思うのです。手先は確かに、子供の頃から器用でした。

アマチュアの方も、「スイング中にフェースの面がどこを向いているか」常にわかっているべきだと思います。勝手に振ってみると、ヘッドが降りてきたときに「こうすればフェースが下を向くな」という感覚があるはず。僕はゴルフをやり始めのときから、その感覚がすでにありました。

この感覚を研ぎ澄ますためには目をつぶって振ってみるのが一番。そうすればわかるはずです。ヘッドがダウンスイングで落ちてきているときには、「ああ、こっちを向いてるな」とか。僕はトップの位置でフェース面の向きがちょっとずれていたら、そこでグリップを握り直してダウンスイングに入ることもあります。

ジュニアのクラブを3本買ってもらって練習に励んだ

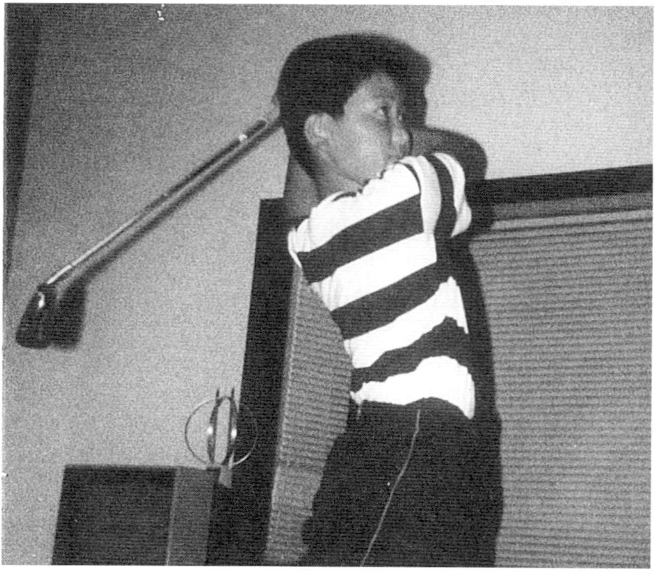

クラブフェースは常に感じていた

アマチュア時代のいいときは、下りてきたときに面がちょっとズレていたら「あっ、このまま下ろすと右に行っちゃうな」とわかる。それをインパクトまでにどう修正するか、というのを実際にやってました。

02

1000球練習の意味

中学に入り、父親から課せられたのが、下校後の練習。当時、20畳程度の自分の部屋に、マットが敷かれネットも張られていました。

足元にスーパーのかごが2つ置かれてあり、そこに、たっぷりボールが入っている。この打球練習スペースで2時間、みっちり打たないと夕食にありつけない。

スプーン（3番ウッド）と8番アイアン、ウエッジの3本を打ってました。とはいえ、まだ中学1年生。打ち続けるうちに当然、飽きてくる。父親の目を盗んで、まだ打っていないボールをネットのところまで運んでいってぶちまけることもありました。

一度、ショットがうまくいかず不満だったときに、父に対し反抗したことがあります。しかし次の瞬間、思い切り背中を殴られ呼吸ができなくなりました。「このまま死ぬのか！」と思いましたね。

そんなこともありましたが、この練習が無駄だったとは思わない。インドアだから、球がどこに飛んで行っているか、基本わかりません。でもその分、当たりをよくするしかないから、その感覚は研ぎ澄まされる。芯に当たったときは、すごく気持ちがいい。「重さがあって、粘りがあって、弾きがある」という感覚です。

芯を外れると、その感覚が薄れるんです。打ってて気持ちよくない――。

その感覚は、練習を始めた、最初の頃からありました。「ちょっとヒールに当たる」とか、「今のは先の方でインパクトしたな」とか。

どんな球が出ているかを見たくて、週に一度訪れるドライビングレンジでの練習を、心待ちにするようにもなりました。

部屋での練習では、インパクトの感覚を研ぎ澄ました

03

楽しさを見出したジュニア時代

中学2年頃から、毎日練習場に行くことが許されるようになりました。学校が終わるとすぐに帰宅し、家を午後3時半には飛び出し、マウンテンバイクにまたがっていました。それから1時間20分かけて、練習場までこぎ続けるんです。

その練習場は岩田《いわた》寛《ひろし》プロのお父さんが経営しており、仙台育英、東北高、東北福祉大といったゴルフの強豪校が練習していました。練習場に着く頃には、ちょうど高校生たちが練習をする前の球拾いを終えた頃。部活が始まったタイミングで、中学生の自分が混ざりに行く、という感じでした。

東北ジュニアに出始め、すでに高校の人たちとも試合会場で会っていて、顔見知りでした。それで練習場に行くと、皆が自分のことを可愛がってくれる。でも技術を教わる、というようなことはなかった。むしろ、すでに教えるほうが多かった（笑）。

とはいっても、その練習場にはうまい人ももちろんいましたから、そういう人たちのスイングを見て、目から吸収していました。自分から、あまり聞きに行くタイプではなかったので。

余談ですが、先日、六甲国際の練習場に行って打っていたら、坂田《さかた》信弘《のぶひろ》さんに会いました。息子さんも一緒にいて、彼とは同級生の間柄。そのときも「子供は目で吸収するからいいスイングを見せないと」という話になりました。自分もまったく同じで、うまい人のスイングを見て、吸収していました。

年上の人たちと一緒に練習することが、とにかく楽しかった。部活は1時間半程度で終わるものの、有力選手はその後も居残って球を打っていました。その時間帯になると大学の選手も加わってくる。カレーライスやうどんを自分たちで作って食べて、それから練習場が終わる深夜12時ごろまで打っていました。

12時になると練習場は真っ暗になって、自転車を引いて上の本屋の前に行くと、まだ7～8人の先輩がいつも自動販売機の前にたむろしているんです。そこでいつも、みんなでじゃんけん。負けた人が、皆にジュースをおごるんです。そんな他愛のないことが楽しかった。今でもときどき甦ってくる、いい思い出です。

たまたま自分と同じ方向に帰る大学生の先輩と一緒に、1時間半かけて帰っていました。

高校時代。練習は裏切らないと感じ始めていた

帝王ニクラスに指導を受ける機会にも恵まれた

一人は今、岩田寛プロのマネージャー（山田《やまだ》純《じゅん》一《いち》先輩）。もう一人がその同級生で、ブラジルで育ち、帰国後東北ジュニアではトップクラスだった先輩。この人は現在の東北福祉大でコーチをしている梶《かじ》井《い》亮介《りょうすけ》さんです。

それこそ雨の日も風の日も、吹雪の日も、毎日通いました。冬は道が凍結して、良く滑った。途中、田んぼの真ん中を通る果てしない1本路を通る。そこにアゲンストの風が吹くと、自転車が全然進まない。このときに足腰を鍛えた貯金が、プロになって生きてきたのは確かです。

往復で3時間近い道のり。それでもやめなかったのは、家に戻ると父親が恐かったのと、可愛がってくれる先輩がいたから。夕方5時ごろから夜中まで、練習を続けられたのも、一人じゃなかったから。一人きりでは、とてもじゃないですが続かなかったと思います。

毎日１時間半かけて通った練習場

04

日本アマ直前の1カ月・恒例の猛練習

高校2年でナショナルチーム入りしたのは鍋島直要《なべしまなおもと》さんが強化委員長のときで、すごく怖かったのを覚えています。そのあと阪田哲男《さかたてつお》さんに委員長が代わって、またいろいろ教わるようになりました。

この頃はドライバーが曲がらなくて、ウッド系が好きでした。指導される内容は、練習方法についてのものが多かったように思います。

若かったせいで体が柔らかく、フィニッシュで右の耳にシャフトが当たっていた。そこまで回っていたから「いつまでも女みたいなフィニッシュしてんじゃないよ」なんていわれていました。

「男はな、フィニッシュを体の前まで巻き戻してきて、それからシャフトをくるくるっと回して下ろすんだ」なんてうるさくいわれて、そうやって戻すようになった。

でもその後は技術うんぬんより、海外遠征も多くなったので、初めてのコースに行ったらまず周囲の景色を見ろとか、コースマネジメント論に変わっていきました。

技術的なものは、倉本昌弘《くらもとまさひろ》さんや湯原信光《ゆはらのぶみつ》さんに教わる機会もありました。当時は強化合宿の特別講師としてきてくれて、バンカーの打ち方なんかも教えてくれたのです。東北ゴルフ界の第一人者だった岩田光男《みつお》（＝岩田寛プロの父）さんからも練習場に行くと「暇だったらコースに行くか」なんて誘われて、よく2人でラウンドしていました。

大学進学は、日大などからも誘われましたが、ゴルフの環境も最高だったし、日本一にしたいと思って地元の東北福祉大にしました。ゴルフ部としては7期生。部活の雰囲気は、コーチから教わるということはなくて、もっぱら自主練習が中心でした。

すると1年で、日本アマの価値がわからないまま、勝ってしまった。その後の周りの反応や大会の歴史、他の選手の試合に対する思い入れを知って、「すごい試合に勝ったんだな」とあとからわかってきました。それからは、このタイトルを取るために試合の1カ月前からみっちり練習して備えるようになりました。

東北福祉大にはアプローチ練習場もグリーンもあったので、ショートゲームの練習場所にも困らなかった。部活内では自主練習が中心と書きましたが、先輩後輩の間で、よくアドバイスをし合っていました。それが東北福祉大の強さにつながっていたと思います。

05 ビッグトーナメントに強い理由

日本アマ３勝を含む52勝という記録のせいか、プロ入りしたときの騒ぎは自分の想像を超えていました。自分としてもなんとかしなければというプレッシャーを感じていて、デビュー戦となった２０００年のキリンオープン（茨城ＧＣ東Ｃ）の直前10日間は、取材という取材を全部断って準備したほどです。

そこまでは順調にきていたと自分で思っていたし、「デビュー戦でいきなり目立ちたい」という欲もありました。でも一方で、もうそこまで騒がないでくれ、そっとしておいて欲しい、という気持ちも頭をもたげていました。

結果は３打足りずに予選落ち。この結果をボロクソに書いてくれたのが、取材拒否した某写真週刊誌でした。いきなり優勝争いという周囲の期待を大きく裏切って、予選落ち――。最終ホールでドロップする写真を載せて、ゴルフの内容についても辛らつに書いてありました。

当然いい気分ではなかったのですが、マネージャーから「ゴルフマスコミではない報道誌が、3ページも使って取り上げてくれるのは凄いこと」といわれて、ちょっと考えが変わりました。確かにそれだけ注目してくれているのですから、ありがたい。ただ、後にも先にも、同誌がこれだけ書いてくれることはもうないと思いますけど。

そうはいっても、プレッシャーはその後も続いて、思うようなゴルフができない状態が続きました。気持ちも焦るし、周りのゴルフを見て飛距離も欲しくなる。そうなると当然球も曲がる。完全な悪循環に陥りました。自分の歯車が完全に狂った感じで精神的にも追い込まれて、4試合連続予選落ち。試合に行くのも辛くなっていきました。

アマチュアの頃は、アプローチすればどこからでも寄るし、パターを構えたら全部入りそうな感じだと、よくいわれました。それで自分もその気になるから、余計によくなる。そんなときは、自分の世界がしっかりできているから、周りなんかどうでもいいと思っていました。だからドキドキしながらやった記憶がないのです。

でもプロになってからは、いろんな人から「もっと勝っても、おかしくない選手」という風にいわれる。元々、ゴルフしかしてきていないような人たちの、トップ集団に位置する人たちと一緒にやっているのがプロのツアー。こんな風に考え始めると、不安な要素が膨らんできて、プラス思考になれなくなるものです。人に見られているプレッシャーが膨らんできて、震えながらゴルフをしている感じ。３試合、４試合と予選落ちが続いていく。そのときはさすがに辛かった。

「もう、やめたい」と真剣に悩んで、「普通の仕事をするしかないかな」とまで思い詰めました。両親から「契約金もあるわけだし、この後全部予選落ちだっていいじゃないか」といわれて、大分気持ちが楽になったのを覚えています。

実際、冷静になってみると、ギャラリーも自分ばかりを見ているわけではない。この年地元のフィリップモリス（兵庫・ＢＣＧＣ）で初めて伸び伸びとゴルフができました。３日に64が出て、最終的に20位に入ったことで、ようやくよくなっていきました。

その前から兆候がありました。石岡のアコム３日目に65が出て10位タイ、翌週の東海クラシックも48位タイ、その次の日本オープンは39位タイと上向いてきてのフィリップモリスでした。

神戸に引っ越したのは２００１年からです。所属先のマンダムや契約先のダンロップが関西にあるから、というわけではありません。知人もいるし、ツアープロとして生活をしていく上で、移動も楽で、練習場もゴルフ場も近いことを最優先に考えたら、神戸ということになりました。

初優勝が和合の中日クラウンズ、２勝目が三好の東海クラシック、３勝目が宍戸のツアー選手権ということで、難しいコースに強いといわれます。それは、自分がオールラウンドプレーヤーだからです。グリーンが止まって、20アンダーとか、誰もがいいスコアを出せるコースでは、自分の持ち味が出てこないことは確か。みんながスコアメークに苦しむようなコースだと、上位に行けるのです。

こうしてみると**難しいコースで耐えるゴルフができたときに、キッカケを掴んでいい流れを作ってきた**ことがよくわかります。自分の持ち味を生かすことが最善の道。それはどんなゴルファーにもいえることだと思います。

アマ52冠の経歴を引っ提げてプロ入りした。周囲の期待はとても大きかった

日本アマ王者の権利で日本オープンにも出場した

１９９８年アジア大会には現在のトッププロが顔を揃えた（左から宮里優作、私、近藤共弘、谷原秀人）

第1章

星野流アドレスは
こうしてできた

本章より
星野流の
スイング作りを
解説して
いきます――
SRIXON
Open
あなたと、

06 アドレスの最重要ポイントは「母指球」

「スイングの要素で、一番重要なことは？」と聞かれたら、僕はためらいなくこう答えます。**「アドレス。アドレスに始まりアドレスに終わる」**と。それほどアドレスは重要です。その中でも大事なのが、**下半身を安定させること。いい換えれば「重さ」**。「どっしりとした下半身が理想」といういい方もできます。

では、そのアドレスを、下半身の一番下から順に解説していきましょう。

まず、地面と接している唯一の場所である「足の裏」。この足の裏で最も重要なのが、**絶対にかかと重心であってはいけない**こと。

重心は「母指球」に乗るのがセオリーです。そのうえで、足裏全体で地面を踏んでいるのがベスト。ただ、母指球に乗りすぎ、かかとが浮いた状態になる方をときどき見かけますが、これは間違いです。

ヒザは伸び切ると股関節の位置が安定しないため、おかしな動きになってきます。逆に曲がりすぎても、母指球に体重が乗りません。自然な形で、曲がっているのがいいでしょう。股関節が正しい動きで回りやすくなるのが、このアドレスということになります。

「母指球」に重心を置くのが一番大切なこと

07 「ヘッドが走るアドレス」のコツ

子供の頃、アドレスのことは、あまり気にしていなかったように思います。単にクラブに合わせてアドレスしていて、アイアンだったら、クラブヘッドのトウが、地面から浮かないようにするとか、その程度のことしかチェックしていなかったのです。

ただ、「股関節」が大事だということは、うまい人のゴルフを目から吸収する過程で理解していた気がします。正しい位置にセットされた股関節の上に乗っかった上半身は、背中が張ることを意識して、体の後ろ側に力が入る感じにしたい。

アドレスを考えるときに、「どのアドレスが正しいか、間違っているか」と考えて、無理に形を作りに行くのはマイナス要素が多いでしょう。そうではなく、ヘッドを走らせることができるアドレスが一番。その形からの微調整です。

「とりあえず、曲がってもいいから、気持ちよく、思いっ切り振れ」――。今、ジュニアにはそのように教えています。

バランスは崩れてもいいんです。まずは若い子たちにはバンバン遠くに飛ばすことを考えてやらせる。それが本人たちには、ゴルフをすることの面白さにもつながってくる。そうなるとヘッドの使い方なども、自分で勝手にやりながら身についてくるのです。

子供は力がないから、その分小手先でスイングをしない。「最初にクラブを握らせると、最初からビュンビュン振る子もいれば、そうでない子もいる」と序章で触れました。そうでない子には「とにかく振れ」と背中を押してあげればいいのです。体全体を使うからこそ、上達も早いのです。

子供を教えるうえで、逆によくないのは、小さいうちから「あのピンを狙って、大事にあそこに打とう」という教え方。こういうことをやっていると、ヘッドがまったく走らなくなってしまいます。これはよくない指導方法です。

一方、大人はどうでしょう。大人には腕力があるから、ついつい手を使ってしまう。これが上達を遅らせ、悪い癖がつく原因にもなってしまう。

こんな例があります。若手の女子プロを教える機会が度々ありますが、活躍できるポテンシャルがあるのに全然ダメな選手がいる。その原因を探っていくと、いろいろスイングをいじくってしまって、本当にダメになっているのです。あげくに怖くてヘッドが振れなくなってしまっているのです。こういう女子プロにも「原点に戻って、とにかく思い切り振れ」とアドバイスします。まずはそこから始めています。

ヘッドが走るアドレスを作ることが先決。悩んだら、まずスタート地点に戻ることが大事です。

ヘッドが走るアドレスを身につける

一気にフォロースルーまで振り切ろう！

08 ボールの位置はこうして決まる

よく、ドライビングレンジの練習を大前提として、打席内でアドレスした場合のボールの位置について、いろいろな理論を耳にします。でも、僕自身はあまり気にしたことがありません。というのも、コースに出てしまえば、平らなところから打てることはほとんどないからです。

実はティグラウンドでさえ、傾いていることもあります。ましてやティショットを打った後は、つま先上がりも、つま先下がりも、ダウンヒルも、アップヒルもあります。

さらにいえば、その複合型も少なくないでしょう。つま先上がりで、なおかつアップヒルとか……。そうしたライに対し、プロならば、その中でベストのアドレス、打ち方を選択してショットに入ることができますが、アベレージゴルファーにはなかなか難しいことだと思います。

あえてフラットなライからという前提の上でいえば、ボール位置の基本は8番アイアンがスタンスの中央。ここから9番、ピッチングも同様です。
逆に長いクラブは左足に寄っていきます。最も長いドライバーは、よくいわれる左かかとの延長線上にセットすればいいと思います。スタンスから外れ、ボールを外に置く選手もいますが、僕はそういうタイプではありません。

ドライバーと８番アイアンのボールの位置

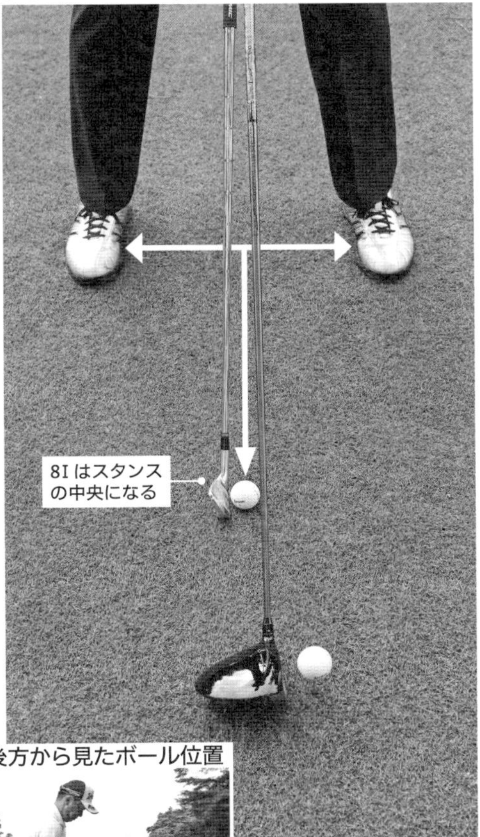

後方から見たボール位置

09
方向は「体の後ろ」で合わせる

ゴルフは錯覚がすごく多いスポーツです。僕にだってあります。たとえばスクエアに立っていて、つま先だけが左を向いたとします。実はこれだけで、クローズに見えるのです。せっかくスクエアに立てているのに、つま先が開いたことでクローズに立っているように錯覚してしまう。そうなると、この後が大変なことになります。足からヒザ、腰、背中、肩とすべてがずれているのに気づかずにショットすることにもなります。

ショットの結果を見て、今度はスイングを修正しようという動きも出てくる。あるいはスタンス自体を修正して、オープンに立ってしまうことになる。根本的に間違っているのですから、その後の作業にすべてのズレが生じていくわけです。

また、体の前でラインを決めようとすると、つま先が左に向いたときにクローズになっているように見えます。これに合わせて腰、肩をセットしてしまうと、基本的にすべてがターゲットより左方向を向いたアドレスなってしまいます。

このようなアドレスで打ってしまえば、当然狙ったところには行きません。立っているラインと、打ちたいラインが当然ズレてくる。ここでまず、アドレスを疑ってくれればいいのですが、正しくセットしていると思い込んで打ち方を修正しようとすると、当然曲がります。さらに深みへとはまり込むこととなるわけです。

次頁の写真は正しく立てたアドレスです。先のような錯覚を起こす原因は、打ち出すラインやスタンス、体の方向を、体の前で合わせてしまっているから。

人間はどうしても見えるところで合わせてしまおうとする。だから前なんですね。でもそうではなくて、**背中やお尻、かかとのラインを意識する。**後ろには錯覚がありません。そもそも見えないのですから。**特にスタンスは後ろ、すなわちかかとの線で、まず合わせないとダメなのです。**

アラインメントひとつ取ってもそうですが、スイングにも前ではなく、後ろへの意識は必要です。**球技って、背中に意識を持つべきなんです。**野球なんかもそうです。背中の動きがとても重要なのです。

アマチュアの人は、前ばかり気にしている。その結果どうなるかというと、バックスイングが手の動きだけになる。

人間というのは器用だから、手だけで上げてしまう。でも体が回らずに手だけが上がってしまうから、困ったことになる。間違ったところに上がっていって、手打ちになってしまうんですね。

そうではなく、体を動かしてほしい。後ろをイメージすれば、背中も動くようになるので、手打ちにはならない。打ちたい方向に背中を向けられると、バックスイングもいいところに上がりやすくなります。

ラインは体の後ろ側で合わせる

アドレスは背中で合わせる

10 ボールばかり見ず、打つ方向を確認

体の前に意識があることで、目の前のボールばかりに気を取られることもまた、よくない結果をもたらします。

ボールが下に置いてあるから、意識もどんどん下にいきます。そうなると、背中が丸まって、ますますアドレスが縮こまっていきます。

ボールばかりに気を取られ、背中が丸くなってしまう問題を解消するには、意識をボールではなく、打つ方向に持っていくことです。いいスイングをするのも、もちろん大事ですが、ここはボールに当てることばかりを考えるのではなく、これから打ちたい方向、すなわちフェアウエイに集中する。

アドレスしたら、下は「チラッ」と見るだけでいい。後は打ち出す方向を何度も見る。「どこに飛ばしたいか」を決め、そこに打っていく弾道をイメージします。それが固まったら、ボールに視線を戻してテークバックを開始するのが正解です。

Point.1　目標のフェアウエイに集中する

Point.2　ボールはチラっと見るだけにする

11

アドレス中、体の一部が動き続ける

スタンスを前で合わせて、ボールだけを見続けるアドレス。これがいかによくないかは、これまでの4項目でご理解いただけたと思います。ラインはかかとで合わせ、ボールは「チラッ」と見るのみで、できるだけボールを見ない。意識は打ちたいフェアウエイ方向に持っていく。

このとき、遠くの景色を見てほしいのです。周りの林とか、バンカーとか、全体を広く見渡してほしい。この時間をできるだけ多くしてください。風景がぼんやりと見えている中に、「ポンッ」とピンが立っている感じ。そんなイメージでよいと思います。

アドレスしてからショットに至る流れの中で、絶対にやってはいけないことがあります。それは打つ前に制止すること。足とか、手とか、体の一部が常に動き続けていることが肝心です。

よくいわれる、プレショットルーティン。一番一般的なのは、ワッグルですね。素振りをして、グリップを握り直すような動きをしながら、テークバックのタイミングを迎える動きです。

他にもボールの後ろ30センチくらいのところまで、「スーッ」と、実際に何度か後方にヘッドを動かしてみる人もいれば、片足ずつ、体重配分を確かめるように足踏みをする人もいます。

これは傍目にもハッキリ見えるプレショットルーティンですが、僕の場合、実は体全体が止まっているように見える瞬間でも、動いているところがあります。「腹筋や足」です。アドレスしている途中で少し腹筋に力を入れる。「ピクッ、ピクッ」と動いていることを感じながら、足を動かしてアドレスをしている訳です。体のいろいろなところを動かしながら、テークバックのときを迎えるのがいいと思います。

ただ、「腹筋をアドレス中に動かせ」といってもできない人は多いと思います。ボディビルの人が大胸筋を「ピクッ、ピクッ」て動かすところまでは求めていませんが、腹筋を動かせない人も多いはずです。理由は簡単、鍛えていないから。そもそも大胸筋自体を、日常的なトレーニングにより鍛えていないと、静止した状態で動かすことが難しいのは、おわかりいただけると思います。

腹筋も、お尻の筋肉でも同じこと。しっかり鍛えてあるからこそ、動かせる。日々の努力で、腹筋を鍛えることは、スイングにもいい影響を与えます。腹筋と下半身は鍛えてもいい。

逆に大胸筋の鍛えすぎは、スイングにはよくありません。ラグビーの選手や格闘技系の選手にゴルフの上手な人がいないのは、そのせいだと思います。

いずれにせよ体の一部を動かし続けるプレショットルーティンは、いいショットをするための不可欠の要素であると心得てください。

遠くの景色を
見ること
腹筋を動かす
のもよい

星野英正のプレショットルーティン

12 左手のグリップはバックラインで

皆さんは「左手の感覚」というのを気にしていますか？　僕は昔、結構なフックグリップでした。練習しているうちに、そのフックグリップがきつくなってきて、調子が悪くなると「チーピン」が頻発しました。

フックグリップはそのようになったときに、元に戻すのがすごく難しいグリップです。ウィークグリップの人が戻すのは楽なんですが、フックの場合はそうはいかない。直そうとしたら、今度はシャンクが止まらなくなるのです。

そうした経験から直すのにものすごく時間がかかるのがわかっていました。そのため大学の頃は、練習に行くとまず「左手のグリップはフックになりすぎないように」と、常に考えながら練習していました。

手先の感覚は毎日変わる。体調のいい悪いがあるし、むくむときもあります。それでも同じように握りたいから、モデルグリップで握ってみて確認するのもひとつの方法です。

僕の場合は、同じ感覚で握りたいので、グリップは最初からオリジナルの物を作ってもらっています。バックラインをきつくして、いつも同じように握れるようにしています。

左手のグリップはバックラインに合わせる

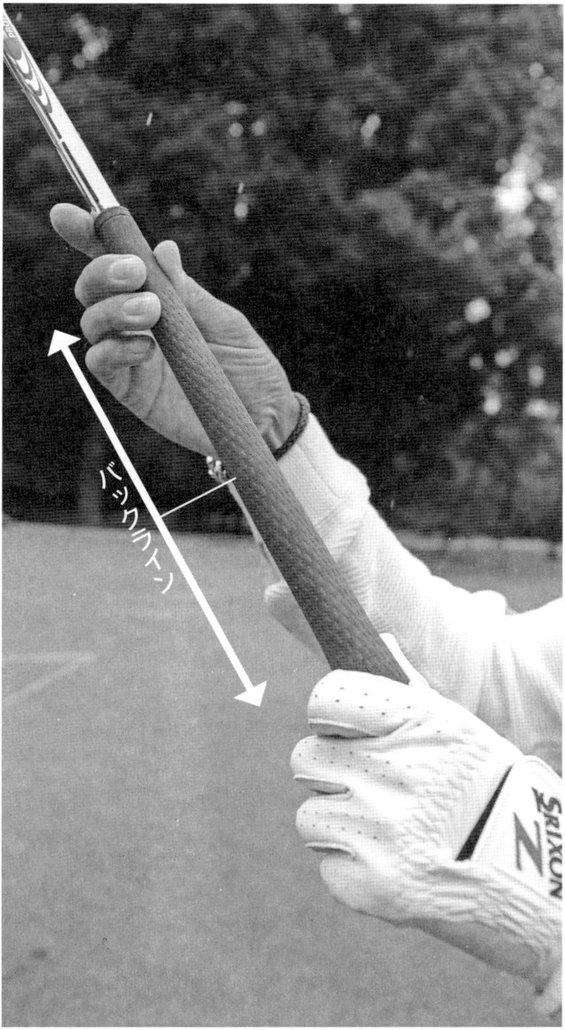

13 自分のクセを知る

アドレスに入るとき、人にはそれぞれのクセがある。それに気づいていますか？いろいろなパターンがありますが、最初に右手で構える人もいれば、左手で構える人もいる。これひとつ取ってても、ボールの位置が変わってきます。例えば左手で構える人は、ドライバーのボールの位置があんまりスタンスの外には出て行かない方が多い。

左手で持っている人は、球の位置が中に入りやすい。なぜかというと、左手でそのまま体の正面に持ってきて、そこでポン、と置けば正しい位置で、正しいフェースの向きになる。でもそこで地面に置いてしまうとフェースが開くのです。それで「アレ？ 開いている」と思ってフェースを戻しちゃう。それで構えてしまうので、かぶってロフトが立った状態でつかまらなくなる。その結果、ボールを中に入れてしまう、というパターンです。

右手で構えに入る人は、右肩が前に出てくるので、ボールを左に置きやすい。ちなみに、私は左手をバックラインで合わせ、両手でクラブを持って構えるタイプです。

一番多く見られるのは、クラブを持って、自分の見やすいようにフェース面を変えちゃう人。そのフェース面に合わせて構える人が多い。その状態で手の力を緩めると、クラブヘッドが動いてしまうから、立てて構えている。いろいろなパターンの人がいますが、自分のクセをまず知ることが大事だと思います。

左手で構えるとボールが中に入りやすい

右手だとボールを左に置きやすい

14 傾斜に対応できるアドレス

フラットなライの場合、８番アイアンのボールの位置は、スタンスのセンターにきます。ただこれはあくまで基準で、ラウンドする場合、アドレスはこんな単純なライばかりではありません。このとき、最も気にしてほしいのが、ダウンヒルとアップヒルの傾斜に対して、垂直に立つことです。

アマチュアの方のアドレスの立ち方を見ていると、フラットなライのときと同じように、背骨の軸を垂直にセットしているケースが多い。傾斜地の高い方のヒザを曲げて、地球に対して垂直なアドレスをしているんですね。これはダメです。背骨の軸は、傾斜に対して直角にセットするのが正解です。

アップヒルの場合、その上で残りが７番アイアンの距離なら、番手を上げること。アマチュアでよく見るのが、こうした厳しいライからのショットなのにピッタリの距離のクラブを持って、目一杯振り回してミスショット、というパターン。このケースでは６番アイアンを1インチか半インチ短く持って、バランスが崩れない程度に軽く振る。こうすればミスショットの確率は減ります。左足下がりの場合も同様で、短く持って軽く振ります。

傾斜に対して垂直に立つ

ラフでもフェアウエイでも傾斜地では同じようにアドレスできるように

15

10回ジャンプしてからアドレス

本章の初めに、「アドレスで重要なのは下半身」と書きました。とはいっても、下半身にしっかり力が入っているかを自覚するのは難しいのも事実です。それを簡単に確認する方法があります。私がアマチュアの方によくやる方法です。

まず目をつぶってアドレスしてもらい、「下半身をドッシリさせてください」といってから「できましたか?」と確認します。次に後ろから、横から、背中から、肩からと「ポン、ポン、ポン」と押してあげる。

たいていのアマチュアは大した力で押しているわけでもないのに、みんなフラフラします。それほど下半身に力が入っていない。ではどこに力が入っているのかというと、上半身。みんな手で握っているために上半身に力が入り、下半身がおろそかになっている。土台がしっかりしていない。

しかし、目をつぶって押されているうち、それに耐えようとして、重心がどんどん下がってきます。ようやくそれで、土台がしっかりするんです。その状態で目を開けてもらい、動かないためにはそのくらいの「ドッシリ感」が必要であることを確認してもらいます。

これにより、自分の体のどこに力を入れないとフラフラするのかを、自覚することができます。ここで上半身の力を抜いて、スイングしてもらう。このとき、よほど変な動きをしない限り、バランスが崩れるということはありません。下半身さえしっかりしていたら、上半身は動いても大丈夫なのです。

ひとりでいるときに、重心をしっかりさせる、いい方法があります。10回ジャンプして、着地したときにアドレスする方法。これで重心がしっかり下に落ちる。

実は僕もときどき、ラウンドの途中にティグラウンドで飛んでいます。人前では恥ずかしいかもしれませんが、これをやれば下半身は確実にしっかりとセットできます。その状態を自分の感覚で覚えてもらうのが大事です。

この他、サイドステップを取り入れるのもいい。ゴルフは回転運動なので、横の動きにも強い下半身を作りたい。反復横跳びのような動きよりももっと広く、限界まで飛ぶ。飛んだときにピタッと止まれるくらいに、内側と、お尻で体を支える。止まったときに惰性で体が流れて行かないように、下半身でしっかり支えてください。

このとき、スイングにつながる動きも入れてもいい。サイドステップのときに上半身も大きく回します。それができたら、かがんだときに左足のつま先と右手の先が触れるところまで回す。次のステップでは右足の先に左手で触れる動きをやってみます。
股関節を意識するために、スクワットやジャンプも有効です。片足スクワットをしっかりやったり、バランスボールに乗って短いバットでボールを打ったり、シャドースイングのトレーニングをするのもオススメです。
ドッシリと、安定した下半身。これが星野流アドレスの最も重要な部分です。

バランスボールに乗って「フェード」の打ち方の練習

バランスボールに乗って「ドロー」の打ち方の練習

ジャンプしてからアドレスしよう

着地後のどっしりしたアドレス

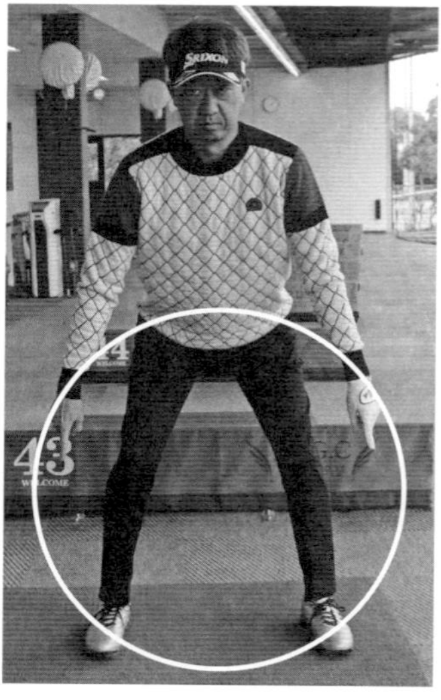

練習場でもどっしりしたアドレスを作る練習をしてみると実戦でもすぐできるようになる

第2章

星野流スイングの核心部分

16 インパクトはスタンス間のゾーンで

インパクトはボールとクラブヘッドがコンタクトする瞬間――ということをよく聞きますが、僕はそういう考え方はしていません。**インパクトは点ではなく、クラブを下ろす動きからクラブヘッドがスタンスの間に入り、出ていくまでの、そのゾーンのすべてと捉えています。**

考え方の基本にあるのは、ボールを点で打ちにいくのではなく、「スイング中にボールがある」という感覚。大きいスイングで最初から最後まで、しっかり振り抜いていく。これができていれば、インパクトゾーンでは、しっかりボールがフェースにくっついている感覚が得られます。

これができているか、そうでないかが結果にハッキリ出るのが、強いアゲンストの風に対して打っていく場合。力が入って、インパクトが点になってしまうと、ボールは吹き上がって風の影響を強く受けることになります。

大学時代、調子のいいときには、スイング中にクラブフェースの面がどこを向いているか、すべて把握できていました。たとえばトップの位置で面がずれていたら、そこで切り返す前にグリップを握り直して、正しい位置に戻してからダウンスイングすることもできていました。

ハーフウエイダウンの位置まできていても、コントロールは可能です。俗にいう、「ビジネスゾーン」でのフェースコントロール。この中でどういうフェースの使い方をして、どんな球筋によってボールを操るかを考えていました。

その時点で「右に行っちゃうな」と思ったら、そこでどう修正するか。フェース面を常に感じていれば、それも可能なのです。

インパクトゾーンは、スタンスの幅

17 ボールをつかむイメージを持つ

これは誰に教わったわけでもない、自分だけの感覚なのですが、**アドレスのとき、クラブヘッドが右手となり、実際にボールを包み込んでいるイメージを持っています。**「自分の手がヘッドと一緒」という感じです。

バックスイングではボールをつかんで、引っ張っていくようなイメージを持つようになりました。トップまで持っていって、そのままインパクトまで下ろしてくる。そんなイメージを持ち始めたのは、まだ、ゴルフを始めてさほど時間が経っていない頃だと思います。

そうやって構えていないと、いい球が出ないのです。実際は止まっているボールをつかまえているイメージ。つかまえ方は、スクエアではなくシャットっぽく握っている感じ。そうしていないと、ボールがポロっとこぼれてしまいます。

一般的によくいわれるのが、右利きの人の場合、開いた手をクラブフェースのように構えて、ボールに対して添えるイメージ。いろいろな方と話していてもそう説明される方が多く、実際そういう方が多いと思いますが、僕のイメージの中では、ちょっと違う。そういうセットでは開いた感じになってダメです。そのままテークバックすると上体が起きて、手が遅れてきてフェースが開いたインパクトになる。だからそうならないように、手をボールにかぶせて構える感じになるワケです。

シャットに上がっている感じが、つかまっている感じとイコールです。ただ、シャットに上がりすぎると、フェースが下を向いてしまうので、それはすぐわかります。

右手のグリップを気にしている割に、左のグリップに関しての意識はほとんどなかった。ただ元々ストロングのグリップだったため、「強くなり過ぎないように」とは意識していました。しかしそれ以外は、ほとんど右手に意識がありました。

元々、面を大事にしているタイプでしたから、スイングについてあまり深く考えてはなかったのです。「基本を作って作って、積み上げてスイングを完成させる」というタイプでもなかったので。そうした考え方なのでフォローとかの形も気にしないで、勢いに任せて、フィニッシュまでいっていました。そのためインパクト以降、コントロールしている感覚は、それほど長くはない。インパクト後、すぐに左手首を折ってましたから。

皆さんも、自分のやり方で、自分だけのイメージ作りを試してみてはいかがでしょうか。

ボールをつかんでいるアドレス

ボールをつかんでいるイメージでテークバック

ボールをつかんだトップ

18 手とボールが赤い糸でつながる

もうひとつ、スイング中に持っているイメージがあります。**ティアップしてあるボールと右の手のひらが、赤い糸でつながっている。**最初にボールを掴んだときのシャットなイメージがずっと続いていて、赤い糸がピーンと張っている感じです。

ゴルフ用語でいうと、（ボールが）つかまっている感じ。テークバックしていく間、ずっとつかまっている感じを持ち続けながら、テークバックしていく。これがずれたらダメ。いつでも打てるところで、フェース面の向きがつながっているイメージです。**手のひらがフェース**の感覚なんです。シャットになりすぎると、下を向くので、つかまっている感じが消える。開いていくと、ボールから糸が離れて、たるんでしまう。「手のひらイコールクラブフェース」の面が、常にボールを向いている。

いい換えると、「いつでもボールを叩ける状態を保ち続けているイメージ」ということでしょうか。

ボールをつかまえて、つかまえて、ギリギリまでつかまえて、タメを作っておいて開放する。ボールを投げる動作にも似ています。手首の位置をギリギリまでキープして、最後に開放する――。ゴルフとも共通していると思います。

手とボールが赤い糸でつながっている
イメージを持ち続ける

19 目をつぶって振ってみる

「スイング中、自分のクラブのフェース面がどこを向いているかがわかる」というと、大抵驚かれます。でもこの感覚を磨くことは、実は誰にでもできます。

ズバリ、目をつぶって振ってみるのです。実際やってみると、不安感がスゴイと思います。でもこれをやっているうちに、まさに心眼ではありませんが、いろんな感覚が研ぎ澄まされてきます。

誰かが近くにいてくれるなら、第1章の最後の項で触れた、目をつぶった状態であちこち押してもらう方法を、ここでも行ってください。**アドレスで下半身をドッシリさせて、上半身は楽にして振ってみる。**

練習場なら、ゴムティにボールを置かず、目を閉じてゴムティを打って見るのもいいでしょう。そうすると、体の各部分を締めるところはしっかり締めておかないと、うまく当たらないことに気づけるハズです。

何度か振っているうちに、どのように振っているのか、わかってくると思います。「クラブがこんな上がり方をしているんだ」と感じられればしめたものです。フェースの向きを確認しながらこの練習を繰り返すことで、目を開いていても、その感覚を持ち続けることができるハズです。

目をつぶったままアドレスし、スイングする

SRIXON
フェース面がどこを向いているのか意識します

1
2
3
4
5
6
フェースの向きを常に意識すること

20 上からボールをつぶすように打つ

アマチュアの皆さんで最も多い勘違いは、インパクトにおけるクラブヘッドの入れ方でしょう。うかがってみるとほとんどのアマチュアの方が、ボールの手前に、きれいにアイアンのリーディングエッジを入れようとします。

しかしこれこそが、球の上がらない原因。フェースにもしっかり当たらず、距離も出ません。では、インパクトについては、どう考えるのが正しいのでしょうか。それは「上から球をつぶすように、打つ」ことです。

誤解を恐れずにいいましょう。**実はゴルフクラブというのは、全クラブ、打ち込んでいいのです。**ドライバーからアプローチ、パットに至るまで、すべて上から打っていい。特にアマチュアは、統一感を出したほうがいいと思います。

「上からボールをつぶすように」といっても、それがなかなかできないのがアベレージゴルファー。上から打ったらボールは低くなるとか、球が上がらないのではないかとか思いがち。きれいに入れたほうが、球が上がるという考えに縛られているからです。

しかし実際、このイメージではダメです。フラットな振り方になり、右肩が下がった状態でインパクトを迎えてしまうからです。これではクラブヘッドの特性を生かせません。軌道はアップライトでなければならず、そうするためには上から潰すようなイメージでないとダメなのです。

まず、プロゴルファーの正しいインパクト画像を見るのもひとつの方法だと思います。クラブは上から、きれいに入っているはずです。これを体得するには、アプローチで練習するのがいいでしょう。単純に縦回転の動きを心掛け、「横回転」とか、「フラット」とか、「右肩が下がっている状態」というのがダメです。

アップライトで、右肩が高いまま、上から押しつけるように振るというのが正しい動きです。右肩が落ちたり、クラブが寝た状態で入ってくるのはＮＧです。

常に自分の体の前にクラブが入っているイメージ。クラブが動いているときに、自分の体の幅の空間の中にクラブがいる状態でインパクトに入ってくれば、アップライトの軌道になります。それには右肩が高いイメージを持つのがいい。

自分の体の空間から外れない。右上にテークバックしていく感じで、上から潰すように降りてくるのが正解です。
私もジュニアの頃は非力だったから、クラブの重みを生かしてテークバックできたと思います。クラブに負けてしまっている感覚で上げてるから、逆に遅れ気味で打っていた。クラブは重いから、手先がちょっと先行して、ヘッドは遅れてついてきた。それが自然にできていたのです。
僕自身は多分サッカーをやっていて、下半身は鍛えても、上半身は強くなかったのがゴルフにはよかったのかもしれません。格闘家やラグビー選手がゴルフを苦手なのは、上半身を鍛えてしまっているからでしょう。

インパクト前
上から球をつぶす
イメージが大切

「ボールは上から潰すように」が正解

21 クラブの特性を知って対応する

いいフィニッシュを取れずに苦労しているアベレージゴルファーの多くは、クラブの特性を生かし切れていません。その根本にあるのは、グリップを強く握った結果、クラブヘッドの重みを感じることができないまま、腕力に頼ったスイングになってしまっていること。

ハッキリとそれが表れるのが、トップからダウンスイングへの切り返し。ここでクラブヘッドではなく、手が先に動いてしまっているから、遠回りして下りてくる軌道ができてしまいます。アウトサイドインの軌道です。すべては腕力に頼ってスイングした結果です。これでは、いいフィニッシュは作れません。

では、どうしたらいいのでしょうか。**いいフィニッシュを作るコツは、一言でいうなら「クラブに振られるように振る」ことです。**重いクラブを振っているイメージで振れば、下半身に力を入れ、手を放っておいてクラブの重みで体を動かすことができるはずです。クラブの特性は本来手元が軽く先端が重くなっていますから、それを生かして振れば、遠心力によりいいフィニッシュの位置に収まるようにできているのです。

本来、手先では振れないほどの重いクラブを振ればそういう動きになるのですが、実際のクラブはそれほど重くないため、大人は腕の力を使ってしまう。この時点でクラブの重みが感じられなくなり、手の力で切り返すためクラブが外回りで下りてくるわけです。

昔から「フィニッシュは右足のつま先が立ち、靴裏は飛球線とは逆を指し、右ヒザは左のヒザにくっつく形がベスト」とよくいわれます。僕も父親からゴルフを始めたとき、最初にそれを教わりました。

当時は子供ですし、腕力もないですから、クラブの重みを使ってスイングしていました。クラブが勝手に走っていくため、止めようとしても止まらなかった。勢いのままフィニッシュを迎えていた、というのが本当のところです。

気がつけば、いつの間にか自然なフィニッシュができていました。だからプロ生活を長年続けてきた今も、勝手にフィニッシュができてしまいます。バランスが崩れるくらい振りたいのですが、それができません。

逆にグリップを「ギュッ」と握ってしまうと手が先に動き、クラブが遠回りするためヘッドが走らず、スライスも出ます。フィニッシュはといえば、バランスが崩れるため、右足のつま先立ちもできないままになります。

クラブの特性を生かして、遠心力を使って振る。そのためにはグリップに力を入れず、ヘッドの重みを感じながらスイングすることが大事だということが、おわかりいただけたと思います。

クラブの重みを生かして振る

クラブの特性を生かし遠心力を使う

22 ダウンブローかどうかの確認法

「ダウンブローの軌道ができているかどうか」を自分で確認する方法があります。場所は練習場がいいでしょう。打席に入り、ゴムティの上にボールを乗せ、サンドウエッジで低いボールを打つ練習をします。

15ヤードとか20ヤードを打つつもりでOKです。**ボールがクラブフェースにクリーンに芯に当たり、真っ直ぐ、低く出ていけば、それはダウンブローに打てている証拠。**ボールの下にあるゴムティに「パコーン！」と当たってしまったり、ボールが高く上がったりすれば、ダウンブローの軌道から外れていることの証明です。

この練習で、どうやったらうまく打てるのか。自分で考えながらやってほしいのです。細かくいえば、サンドウエッジのフェースにあるラインの、ソール側から2、3本上に当たれば、ゴムティを打ってる感覚はまずないはずです。

最初のうちは、うまく当たらないかもしれません。でも、根気よく、うまく打てるまで練習してください。

その軌道を作るいい練習法があります。ドライビングレンジのマットの周りに、よくゴム枠があります。そのゴム枠ギリギリにボールを置き、打つ。

もしゴムを打った感触がなければボールだけを打っているので、ダウンブローに打てていない証拠。ボールを打ってからゴムの感触があれば、ダウンブローに打てていることになります。

今は全面人工芝の打席も多いですが、古い練習場や、場所によってはそうしたゴムの枠がついた打席がある練習場があるかもしれません。ゴムの後がソールについて、目で確認ができるゴルフ場もあるかもしれません。

僕がジュニアの頃や、高校時代に練習していた宮城県の練習場では、実際そうなっていて、よくこの練習をして、ダウンブローに打てているかを、黒くなったソールを見ては確認したものです。

練習でうまくできない場合は、手に力が入ってしまって、グリップを強く握っているケースが多い。走るべきヘッドを、自分で走らなくしてしまっているわけです。

そうではなく、手の力を入れず、わきを締めて、体の回転を使う。このときにヘッドの重みを生かして、手が先行した状態でクラブを下ろしてくる。その後ヘッドを走らせてあげれば、自然にダウンブローの軌道になるはずです。

繰り返し、練習するしか上達の道はありません。しかし、距離のあるショットを打つためのスイングではありませんから、練習するうちにコツがつかめてくるはずです。皆さんもぜひ、自分にあった練習法を工夫してみてください。

高校２年のとき、人工芝のマットの先の黒いゴムを打っていた

ティアップしてサンドウエッジで打つ

23 家の外で重いアイアンを「20秒スイング」で振る

上達の秘訣として挙げられるのが、クラブを握っている時間を増やすことです。日中は仕事であったり、スイングするところもなかなかなかったりで、クラブを握りたくても握れない、という方は多いと思います。でも早朝や夜になれば、素振りをするぐらいの場所は見つけられます。たとえば夜、玄関の外に出たり、自宅の庭で素振りをする。たったひとりでやる分には、明かりも必要ありません。

ティグラウンドで「10回ジャンプすることで、アドレスにおけるしっかりした下半身が作ることができる」という話もしました。これも他のプレーヤーやキャディーさんがいるところでは少し恥ずかしいですが、ひとりでやる分には何の抵抗もないはずです。10回飛んで下半身を安定させて、素振りに入る。いいスイングを作る早道です。

特に前述した目をつぶっての素振りも、こういうときにこそ有効です。フェース面がスイング中、どこを向いているかを考えながら振ってみる。テークバックして地面とシャフトが並行になったとき、フェースはどこを向いているか？　トップの位置ではどうか？　ハーフウェイダウンでは？　インパクトでは？　フォロースルーで地面と平行になったときは？　目の前にボールがないので、フェースの向きだけに集中することができます。

ひたすら思い切り振ることもできます。どのくらいの力やスピードで振ればフィニッシュでバランスが崩れてしまうのか？　そうならず、しっかり立っていられて、きれいなフィニッシュを作ることができるスイングの強さも、体感できるはずです。

実のところ、試合になればプロでさえ、しっかり立っていられないことは多いのです。きれいなフィニッシュができるだけで、上手に見えることは間違いありません。

重い素振り用のクラブで振るのもいいでしょう。強化トレにもなりますし、スイングリズムもよくなります。もうひとつオススメなのが「20秒スイング」。**いいスイングをイメージしながら、目をつぶって、ゆっくり、20秒かけてスイング**します。足の裏で体重を感じながら、トップまで10秒、そこから10秒かけてフィニッシュを迎えるわけです。

練習場で球を打つよりも、スイング作りには有効だと思います。ボールがあると、当てなければならないという気持ちがある分、スイングが小さくなってしまう。結果を気にするため、フィニッシュも崩れがち。ボールがないところでは、大胆になれます。

20秒かけてゆっくり素振り

素振りのフィニッシュは本番のフィニッシュと同じに！

素振りはウォーミングアップというより、本番モードで行いましょう

24 道具の変化に対応したスイング

以前はダウンスイングのときに、グリップエンドを真下の地面に下ろすイメージを持っていました。振りにいくのではなくて、右下に下ろす。手が低い位置から入って、低い位置に抜けていく。そうすると、インパクトのゾーンというのが長くなります。

当時はインパクトをゾーンでとらえるゴルフができていたので、それができたのだと思います。ボールをつかまえているイメージができていたからだともいえます。

ボールを打ちにいこうとすると、どうしてもクラブが鋭角に落ちてきます。スイング軌道がインパクトゾーンの長いU字軌道ではなく、点に近いV字軌道に近くなってしまう。

昔は「ためてためて、低く低く、下に下ろして」とやっていました。でも、最近は、これが若干できていない状況にあります。その原因は、クラブの変化です。パーシモンやメタルウッドの初期段階ではそうしたスイングでよかったのですが、**今のドライバーでは、振りの中でどうヘッドを走らせるかがメインになっています。**

インパクトをゾーンとしてとらえる感覚が大事です。つかまえて上げてつかまえて出す。それができないと、インパクトでの感覚も鈍る。すべてつながっているのです。インパクトにおけるフェースの方向のままに、そのまま飛んでいってしまうのが今のドライバー。曲がらない代わりに、インパクトで開いたら、ファーストコンタクト時にできた角度のまま右に飛び出していくのが今のクラブです。

ただ、新しいクラブを語るときによくいわれる「インパクトでほどいてやる」という言葉を誤解しないでほしい。僕はインサイドから落ちてくるから、ほどいてもアウトサイドから落ちてこない。でも一般のアマチュアの方は、アウトサイドからクラブがボールに対して落ちてくるのが普通。こういう方に「インパクトでほどいてやる」といういい方をすると、間違った解釈により「余計に外から下りてきてさらに右に出て、スライスが出る」ということになってしまう危険性が高いのです。

ほどくというよりは、ヘッドを走らせるという感覚が必要です。そうしないと今のドライバーには対応できません。曲がらないクラブだからこそ、フェースが開いて当たると、そのままボールはどこかに行ってしまいます。僕自身、アイアンはまだ、粘って打つ感覚が残っていますが、ドライバーでこれをやってはダメです。

ゾーンでとらえるインパクト

点でとらえるインパクト

インパクトはゾーンでとらえないといけない

25

いいスイング画像を見る意味

今はスマホで自分のスイング動画を撮って見られる時代になりました。それを見て、「自分の欠点を知る」というのもいいのですが、どうせ見るのなら、〝一流選手のスイング〟を見たほうがいい。

では、一流選手のどこを見たらいいのでしょうか。まず自分のスイングを繰り返し見て、どんなリズムで振っているかを確認してください。

一番いいのは、トーナメント会場のドライビングレンジに行かれることです。自分のスイング画像を見ながら、そのリズムに近い選手を探してみる。自分のスイングリズムを知ること自体、とても大きな意味を持ちます。そのうえで同じリズムで打っている選手がいたら、そのスイングを真似てみるのが一番いい。

テレビの中継で、自分に近いリズムで打っている選手も探してみましょう。そのスイングをマネして画像を撮り、それを見てまたチェックするというのも上達に役立ちます。

私事で恐縮ですが、ウチの息子にもクラブを振らせる前に、スイング画像を見せることにしています。特に子供は、目からの吸収力が大人よりもはるかに強い。ただ見ているだけでどう打つかを考えていて、純粋にそのスイングを見よう見まねで再現しようとします。そのときに、素振りで再現させると、もっといい。ボールが目の前にあると、興味がボールを当てることに向かうため、目で見たスイングを再現するためには障害になります。

大人にとって有効なのは、一流選手のインパクト画像を見ることだと思います。クラブがどこから入ってボールにコンタクトし、そこからどこに抜けているのか。ダウンブローの軌道というものが、頭ではなく、目で理解できるようになると思います。

ダフリやトップ、スライスやフックを生んでいるのは、インパクト時に地面とボールのわずかな隙間にリーディングエッジが入っていくのが正しい軌道だと思い込んでいるから、と書きました。「そうではない」と口で説明しても、一度染みついたイメージを拭い去ることは、大人の場合非常に難しくなります。

百聞は一見に如かずではありませんが、それさえ見て納得できれば、上達のスピードは一気に上がるはずです。

スマホを有効に使ってスコアアップ

いいスイング画像を何度も見ることは練習にもつながる

26 グリップを強く握りすぎない

グリップは体の中で唯一、クラブと接している場所です。だからこそ気をつけてほしいのは、**アドレス時から、グリップに力を入れすぎない**こと。「ギュッ」と握りすぎると、クラブヘッドの重さが感じられず、ヘッドがまったく走らなくなります。

それだけではありません。手で上げてしまうと、体が回転不足のままトップがある程度の高さまで達してしまいます。このままダウンスイングに移ってしまうため、クラブが正しい軌道に乗りません。

ダウンブローの軌道で打つために最も重要なのは、クラブの重さを感じながら、スイングすることです。これを忘れてしまうと、なんにもならない。

下半身はドッシリさせて、上半身の力を抜く。言うのは簡単ですが、これがなかなか難しい。子供の頃なら重いクラブを振っているため、自然にこれが身につきます。しかし大人は腕力があるから、安易にそれに頼ってしまう。これが上達の大きな妨げになっているのです。

そこでこんなドリルを紹介しましょう。私がオフのトレーニングで練習したのが、自分のウエッジを握り、グリップをガムテープでぐるぐる巻きにしてしまう方法でした。グリップの手の力を完全に抜いてしまうためです。手の力が抜けてもガムテープで止められているため、クラブは下に落ちません。これによって、クラブヘッドの重みを体で感じられるようになります。

その状態で手の力を抜いたまま、わきだけ締めておいて、体の回転だけでハーフスイングをします。さらにボールを何発も打つ。そうすると、クラブの重心と正しい動きがだんだんわかってきます。これを徹底的にやると、正しい軌道でヘッドを走らせるショットが可能になります。

アマチュアの方には、手の力を抜いてスイングすることによって、ヘッドの重みを感じられるとても効果的な方法だと思います。練習場などではその光景を見ただけでびっくりされるかもしれませんが、自宅ならやってみる価値は間違いなくあります。

僕自身もやってみて、非常に効果を感じた練習法です。ぜひお試しください。

グリップをガムテープでグルグル巻きに

クラブの重みだけで振ってみよう

27 距離のあるバンカーショットはクラブヘッドを上から入れる

アベレージゴルファーが難しいと感じるショットはいくつかあると思います。その中でも距離のあるバンカーショットを挙げる人は多いでしょう。

こうした難しいシチュエーションでは、ただでさえプレッシャーがかかります。ミスショットになってしまう原因はいくつかありますが、よくあるのは距離があるがゆえに、インパクトを強くしなければ、と考えてしまうこと。強く振りすぎてヘッドが走りすぎたゆえにミスショットになってしまいます。こうしたミスを防ぐためにはスイングスピードを抑え気味にして、ゆっくり、大きく振ることが大事です。

また、視覚から入るプレッシャーもミスの元です。バンカーのアゴが目に入り、ボールを上げようとする意識。グリーンに乗せたいと思い力が入り、下半身が動きバランスが崩れる、などなど…。その結果、ダフってしまい、グリーンに届かなかったり、逆にハーフトップになってグリーンを大きくオーバーしたりという結果になってしまいます。

こうした難度の高いショットで余計に大事なのが、クラブヘッドを上からしっかり入れることです。他のショットと同じく、上からボールをきれいにとらえ、クラブなりの飛距離をしっかり出し、方向も安定させたい。

そのために重要なのは、下半身をドッシリ構えること。前述したように、下半身を安定させる方法をここでも使ってほしいのです。

ただ、距離のあるバンカーショットでは、通常のバンカーショットの理論とは逆になります。まずクラブはそれほど短めに握る必要はありません。スタンスもそれほど広く取る必要もありません。さらに、クラブフェースを開き、バンスを使う必要もないのです。

間違っても「ボールの手前に、クラブヘッドをきれいに入れよう」などとは考えないでください。こう考えることで、アマチュアの人は、どうしてもインサイドに上げてしまう。これだとループしてよほどアウトサイドから下りてくるスイングにならないと、上から下ろすことができない。

プロでもうまい人は、後ろから見ているとアウトサイドに上がっているように見えます。

上から球をつぶすように打つことでこそ、ボールをクリーンにとらえることができるわけです。ダウンブローの軌道——、これは通常のショットでもバンカーでも変わりません。

距離のあるバンカーショットの場合、フェースは開かない

距離のあるバンカーショットでは、
クラブヘッドを上から入れること

28 打つ方向に「背中」を向ける

自分が打ちたい方向に、思い切り背中を向ける。これが正しいバックスイングの重要な目安となります。多くのアベレージゴルファーは、実際のところこれができていません。

その大きな理由はスイング中、背中に意識がないこと。第1章で前述しましたが、体の前ばかりに意識がいっているため、手だけで「ひょい」とバックスイングを上げてしまう。その結果、手だけがトップの高さまで上がるのですが、背中はあまり動いていない。すなわち肩も十分に回らず、回転が不足したスイングのままダウンスイングが始まる結果になってしまいます。

一方、**背中に意識を置いてテークバックすると、どこまで回れば完全にターゲットに対して背中が向くかを、自覚することができます。**肩を十分なところまで深く回転させることができれば、バックスイングは自然にいい所へと上がりやすくなります。

上半身が正しい動きをして、下半身がどっしりとしていれば十分な捻転差が生まれ、パワーをため込んだ理想のトップができ上がるはずです。ここからダウンスイングが開始されれば、正しい軌道でダウンスイングが下りてきます。インパクトにも十分なパワーが乗り、当然のことながら飛距離も伸びます。

ここでもうひとつ、つけ加えておきたいのが、「ボールの見方」。**ボールの右側、クラブヘッドが当たる面を見て打てばボールは、しっかりとつかまります。**逆にボールの左側を見てしまうとつかまりません。これはティアップした場合でも、そうでない場合でも同じ。ボールをしっかりとつかまえられれば、さらに飛距離も伸びるはずです。

背中がターゲットに正対するまで回すというのは、これまでやったことのない方にしてみれば、相当に不安を感じる作業かもしれません。しかしこれができないと、回転の浅いトップになってしまい、結果として手が体から離れ、外から下りてくることになってしまいます。ボディターンではなく、手打ちのスイング。その原因の多くが、背中を意識せず、ターゲットを向くまで回し込めないトップでの肩の回転不足にあったわけです。

アドレス時から背中に意識を集中させ、飛ばしたい方向を向くまで回す。勇気をもってこれをぜひ試してみてください。トップが素晴らしい場所に収まり、スイングが見違えるようによくなるはずです。当然、フィニッシュも理想的な形に近づいていきます。

思い切って背中を回してみよう

背中がターゲットを向いたトップ

正しい所に収まったフィニッシュ

29 左手を離すと下手に見える!?

上手い人と下手な人を見分ける方法があります。ご存知でしょうか。

さて、問題です。プロが打った後に戻ってきた手を離すとき、先に手を離すのは右利きの場合、どちらでしょうか?

答えは「右手」です。

プロはまず、右手をクラブから離します。それはミスショットしてもそうです。僕もプロゴルファーとしての経歴は長いほうですが、試合の会場で左手を離す癖のある人は、ひとりしか見たことはありません。それほど、プロゴルファーで先に左手を離してしまう人は少ないのです。

一方でプロ以外のラウンドに目を移すと、スイング後、クラブを右手で持っている人を探すことはそれほど難しくない。でもこの最後に右手で持っている姿、もの凄く格好悪く見えます。ド素人であることはバレバレなのです。

だから僕はプロアマなどでアマチュアの人と回るとき、そうしたシーンを見たときに必ずこうアドバイスすることにしています。「たとえミスショットをしても、左手を先に離すのは、やめてください。素人感満載のフィニッシュになりますので」と。

というのも、スイングの中で一番大事にしてほしいのが左手でクラブを引っ張っていくイメージ。ゴルフをあまり知らない人たちが、いきなりゴルフを始めると、どうなるでしょうか。右利きの人は切り返しのときに、右手の力で下ろしてくる。

利き腕なので、それは自然といえば自然な動きなのですが、こうなると、クラブが外から落ちてきてしまいます。当然、ミスショットも多い。右手の力が勝ったままフィニッシュを迎えるため、右手が離れない。最後は左手のほうが先に離れてしまうワケです。

よくいわれることですが、左利きの人が右打ちでゴルフをするといいというのは、こういうこと。最初から最後まで、左のリードでスイングしやすいからです。

大事なことは、**右打ちの場合は左手の中指、薬指、小指の3本でインパクト時にゆるまないようにしっかり握る**こと。その意識を最後まで持って振り抜けば、当然左手がクラブから離れることなど、ありえないわけです。

右手を離した正しい形

左手を離すと下手に見えます

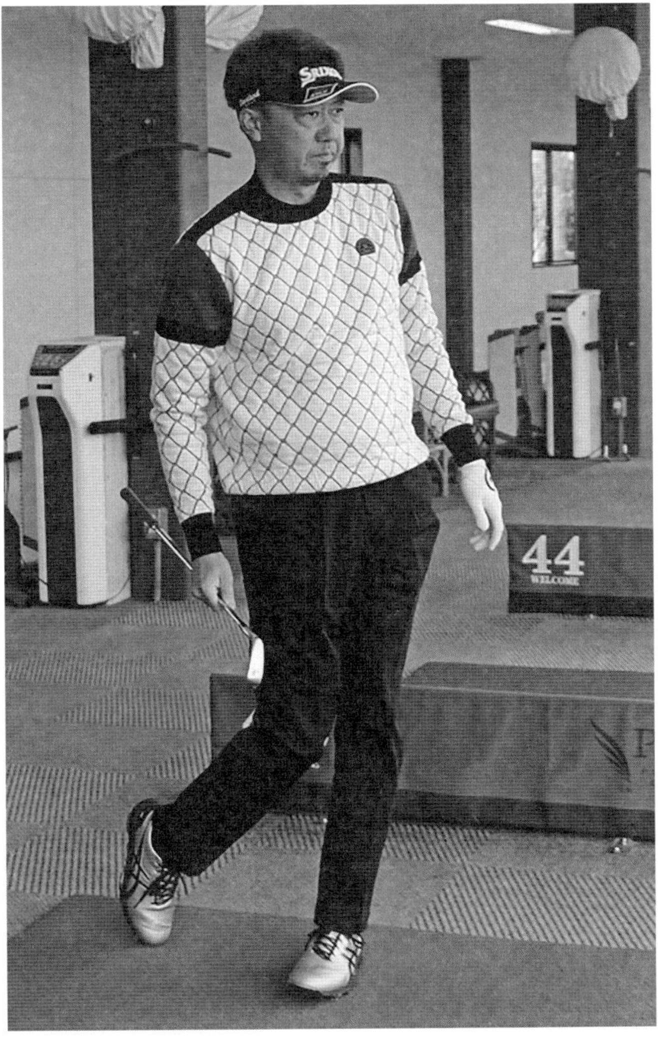

正しいフィニッシュを真似てみることも大切！

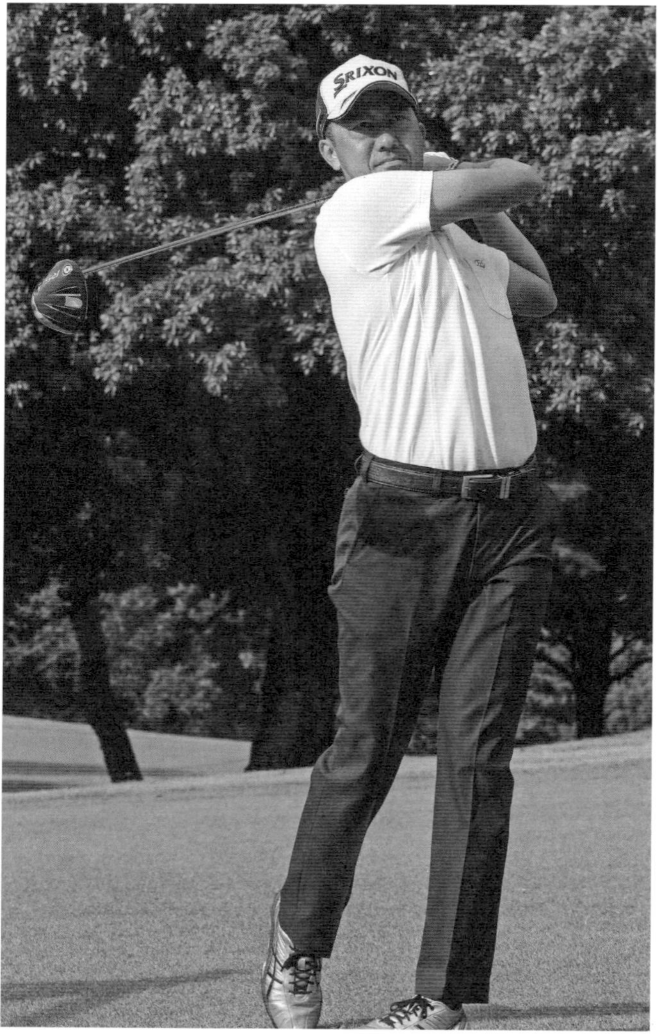

第3章

星野流ショートゲーム

30 スイングはアプローチから作る

スイングの中で、一番大事なのはフェースの向きを感じ続けることだと前述しました。そのなかでも大事なのが、僕がインパクトだと考えるスタンスの間のフェース・ローテーションです。

このフェースの動きを作るのは、アプローチで使うハーフショットまでのスイング。第2章の「26」で述べたグリップをガムテープでぐるぐる巻きにして、わきを締め、体の回転で振る練習です。グリップの力を完全に抜き、クラブヘッドの重みだけで打つ練習で身につきます。

このハーフショットがスイング作りの原点です。クラブを「ぎゅっ」と握って、手の力で振るのではなく、クラブヘッドの重みを感じながら、体の回転で振る練習を繰り返しやるのです。

グリップを強く握ると、重さが感じられなくなってしまう。ここで思い浮かべて欲しいのが、子供の頃によくやった、遠心力の実験。「バケツに水を入れて縦回転でぐるぐる回しても、遠心力が働くことにより水がこぼれてこない」という、あの実験です。

この実験のときのバケツの部分を、クラブヘッドに置き換えてくれればいいのです。クラブヘッドの重みを感じながら、遠心力を使ってヘッドを走らせる。グリップに力が入っていると、ヘッドの重みが消えます。常にヘッドの重みが感じられているかを確認しながらアドレスしてください。

同時にフェース面の向きも感じてほしい。

それができないときは、もう一度スイング作りの段階に立ち返ってください。目をつぶって素振りをして、今、クラブフェースがどこを向いているかを感じてほしいのです。

ヘッドを走らせる星野流のショートゲームをマスターすれば、フルスイングでもそれができる。次の段階へと進めるわけです。裏を返せば、**「アプローチでできないことは、フルスイングのショットでもできない」**ということになります。

基本はアップライトに上げて、上から球を潰すように下ろす。そのためには右手で振り下ろすのではなく、左で引っ張るイメージ。右手で握って右手で振り下ろすと、外から下りてくる軌道になってしまうからです。このときに右肩は下がるのではなく、右サイドは高いまま、クラブも体の幅に収まったまま回転していきます。
　手をおいておいて、自分のクラブが走り追い抜いていく感覚でしょうか。振りの中でどうヘッドを走らせるか、が最も重要です。このときに軌道はダウンブローになっているはずです。
　あとはクラブヘッドの動きに任せていく。インパクトを点ではなく、ゾーンでとらえて振り抜いていくのが、星野流です。

ハーフショットがスイング作りの原点

スイングはアプローチから作っていく

31 バンカーショットの極意

バンカーショットの極意は**「飛ばない条件を揃えて強く振る」**ことです。

「ボールを飛ばさない条件」といい換えてもいいでしょう。その条件はズバリいいますと、３つあります。①クラブを短く持つ。②ワイドスタンスで構える。③クラブフェースを開く。この３条件を作って、エクスプロージョンショットで脱出する。

意外に思われた方も多いかもしれませんが、この３つこそが、「飛ばさない」ための３大要素なのです。

クラブは短く持つほど飛びません。それはアイアンの番手間のショットでも使いますが、バンカーショットのときにも使えます。その場合は１インチ短く持ってもらって構いません。ときには、右手がシャフトにくるくらいに握るときもあります。

ワイドスタンスも同じで、アドレス時の両足の幅を広げたことで体の回転が制限され、飛距離が落ちます。重心も低くなりますので、ディギングイン（足を砂に埋めていく動作）

により足場を固めて、しっかりスタンスを取ってください。

３つ目の「フェースを開く」は、バンスを使うため。バンカーショットではこのバンスを上手に使い、エクスプロージョンで脱出します。

この３つの条件を揃えて使えば、しっかり振ったとしても3〜4ヤードしか飛ばないショットをすることさえも可能です。感覚的には、アマチュアの人なら夏場の強い芝からのアプローチと同じ感覚で打ってもらってもいいでしょう。

ただ、気をつけなければいけない点もあります。バンカーショットでは、インパクトでゆるめては、絶対にダメ。感覚的には飛んでしまうという恐怖心が心の中に芽生えるのも無理からぬところ。クリーンに当たってホームランという悪いイメージが頭をよぎり、インパクトで緩めてしまう気持ちもわからないではありません。

しかしそれをしてしまうと、バンカーから脱出できず、さらに悪い結果となる可能性が広がります。条件さえ揃えば、絶対に飛びすぎることはない。それを信じて、しっかり振ることが大事です。だからこそ絶対やってはいけないのが、インパクトでゆるめることです。心を強く持ち、自分のした準備が間違えのないことを確信して、クラブを振り抜いていってください。

3つの条件を満たせばバンカーショットは怖くない

バンカーでは「飛ばさない三要素」が大切

32 状況が許す限り転がしで

アプローチといえば、ピッチ&ランやロブショットを思い浮かべる方が多いと思います。ただスコアメークを考えれば、できうる限り転がしに徹することです。

プロや上級者はピッチショットを多用しているように感じることが多いかもしれませんが、決してそんなことはありません。たまたまそこがバンカー越えでピンが近くにあったとか、上げて止めるロブショットが必要だったからにすぎません。そうしたショットのほうが印象として残るのは当然で、他のアプローチは記憶に残らないのかもしれませんね。

しかし、１ストロークに自分の生活もかかっているプロゴルファーにしてみれば、アプローチはやさしい場所からであるに越したことはありません。ではやさしい場所とはどんなところでしょうか。それはライもよく、できるだけロフトの少ないクラブでカップを狙えるシチュエーションということになりましょうか。

アマチュアの人に、ボールを手のひらに乗せてもらい、10ヤードの距離を投げて寄せてもらいます。最初はカップまで5ヤードのところに人を立たせて、その頭の上を越えて、投げて寄せてもらいます。

次に、今度は人をどけて、カップまでの障害物が何もない状態で寄せてもらいます。そのときには、ほとんどの人がボウリングのように、低い位置から転がしてカップに寄せようとするでしょう。

それは、その方法が一番距離を合わせやすく、寄せやすいから。実際、ボールはほとんどＯＫの距離に寄るでしょう。これでボールを上げて寄せることの難しさを、実感してもらえると思います。上げて寄せるほうが数倍難しく、寄る距離にも大きな差が出てくるはずです。

手前の花道など、広く開いていて転がしができる場合、ランニングアプローチが最善の策です。ロフトのあるクラブのほうが意外に難しく、ミスの出る確率も高いです。

アマチュアの方はアプローチする場所に向かうとき、サンドウエッジだけを持っていくことが多い。それがアプローチを難しくさせる原因です。私はプライベートで回るときでさえ、サンドウエッジ、52度のウエッジ、ピッチングウエッジ、９番アイアンまで持っていきます。アマチュアの方の場合はそれがないのです。

打ち方やグリーンスピードにもよりますが、8番アイアンなら全体の距離の5分の1のところにキャリー。残りの5分の4がランです。9番アイアンなら3分の1のところにキャリーし、5分の4が転がっている距離と考えてもらっていいでしょう。

それを計算に入れ、ボールの落としどころを決めることも大事です。そこへ打っていくだけで、あとは転がってピンに寄っていくはず。長めのクラブから検討し始め、上げなければいかない距離によって短いクラブを候補にしていくのが、ショートゲームの正しいクラブ選択の仕方です。

転がしていくことが得策

状況が転がしを許さないときの打ち方

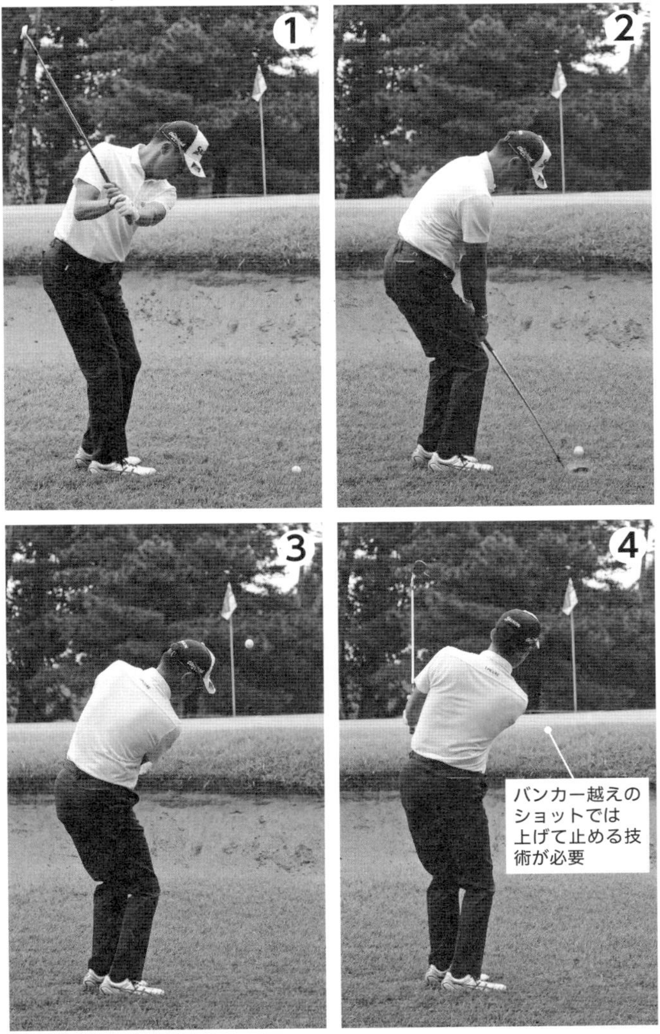
1
2
3
4
バンカー越えのショットでは上げて止める技術が必要

33 ブレードショットは常に練習を

「ブレードショット」をご存知でしょうか。文字通り、クラブの刃（ブレード）でボールを打つショットです。刃といっても、こういう場合はリーディングエッジのことですね。「グリーンのカラーとラフの境目にボールが止まった場合に使うショット」といえばおわかりいただけるでしょうか。サンドウエッジのソールを浮かせて、ラフの上をテークバックし、ボールの「赤道」あたりを打つ。ボールはパターと同様の転がりを見せてカップに寄っていくアプローチです。

このショットを使うのはごくごくまれですが、それでも使わなければならないケースはあります。ボールの後ろにはラフがあるため、パターやアイアンではテークバックでクラブヘッドが引っかかってしまいます。そこでクラブを吊って、ラフの上をかすめるように打ちます。これなら芝の抵抗はまったく受けません。

しかし、実際そうした事態に直面したときにまったく練習していないのでは、一か八かのショットになってしまいます。やったことのないことをいきなりやろうとしても、それは無茶というもの。当然、ピンに寄っていく確率も低くなります。

そこで僕は練習ラウンドでラフからのアプローチをしてグリーンに上がる際、このショットを練習することにしています。ボールのセンターに当たらず、下の部分を打ってしまうと「ポン！」とボールが浮いてしまいます。また上のほうに当たっても、いい転がりをしません。一見簡単なようで、丁寧にショットをしないと、思わぬミスにつながります。

だからこそ、あえて練習ラウンドでやっています。日頃から準備をしておけば、落ち着いて対処することもできる。木などにボールがくっついてしまった場合にも、使わなければならないトリックショットはいくつもあります。左打ちや、飛球線とは逆の方向に向いて片手で後方に打つ背面打ちなどのショットも同様です。

こういうスクランブル的なショットは、めったに使わないため練習もおろそかになりがち。だからこそ、日頃から遊び心を持って、楽しみながら練習して欲しいのです。

アプローチ練習場のあるゴルフ場などで、仲間と「どちらが寄るか」と競い合いながら練習してみたらいかがでしょうか。スコアメークのためにも、いざというときのために備えておくに越したことはありません。

少し浮かせて赤道を打つ

丁寧に打たないとミスにつながる

遊び感覚で楽しみながら
練習するほうがいい

パターのように
吊るす感じで持つ
SRIXON

34 ラフからはグリップを緩め過ぎない

夏場は芝の生育スピードが速く、最も勢いのある時期。それだけに、ラフにボールが入ってしまうと脱出する際、クラブが受ける抵抗も大変なものになります。

それだけに、気をつけたいのがグリップの握り具合です。ここまでグリップはできるだけ緩く握り、クラブヘッドの重みを感じながらわきを締め、体の回転でアプローチをすることをお勧めしてきました。そうしなければクラブヘッドが走らず、またヘッドを上から入れられないためミスショットの出る確率が高まってしまうからです。

これは星野流アプローチの肝の部分で、その考え方は全てのショットに派生します。「スイングはアプローチから作る」の項目で、それは詳しく述べています。

しかし、夏場のラフにボールがスッポリはまっているケースでは別です。芝は伸び盛りで腰も強く、クラブヘッドに粘っこく絡みつきます。さらに雨も降り、水分を含むと、ボールを取り巻くラフは重みを増します。こうしたシチュエーションでは、気をつけなければいけません。

ゆるくグリップを握ったまま、ボールにコンタクトしようとすると芝の抵抗に負けてしまいます。結果はチャックリであったり、トップだったり。こうなるとパーどころかボギーすらおぼつかなくなってきます。

では、そうしたミスを回避するためにはどうしたらいいか。**「クラブの重みが消えない程度にしっかり握って振る」ということを最優先に考え、アプローチしてください。**

ただ、しっかり握るというと、右手の親指と人差し指で「ギュッ」と握ってしまう方が多いのですが、これはダメです。強く握るなら、左手の中指、薬指、小指の3本のみに限定してください。右手のすべての指、左手の親指と人差し指は添えておくだけ。

アベレージゴルファーの方は、バンカーショットと近い感覚で対応してもいい。バンカーのときに触れた、飛ばさないための3点セットを思い出してください。短く持って、スタンスを広く取って、フェースを開いてバンスを使う。この「飛ばさないセット」をして、インパクトを緩めずにしっかり振っていくことが肝心です。

ただこのとき、強いインパクトをしないように注意してください。ヘッドが走りすぎないようにスイングスピードを抑えて、ゆっくり振ることが成功させるコツです。

クラブの重みを
忘れないように
インパクトを
緩めない
ゆっくり振る

ラフからのショットはグリップを緩め過ぎない

左手の中指、薬指、
小指をしっかり握
り、左手のその他
の指と右手の指は
添えるだけ

35 自分に合ったサンドウエッジの見つけ方

アプローチウエッジは一時期グースをなくす傾向が強まりました。これはグースがあると引っかかりやすいアメリカの芝に対応したものでしたが、日本の芝には向いていません。昨今、アプローチイップスに苦しむプロゴルファーが多いようですが、僕はその原因のひとつが道具にあるような気がしてならないのです。実はぼくも、道具のせいでアプローチイップスになりかけましたから。

僕を救ってくれたのはジャンボ尾崎さん。もう5年前くらいになりますか。東建コーポレーションカップの練習ラウンドをハーフで切り上げ、ドライビングレンジに行ってみると、ジャンボさんがちょうどウエッジで練習していました。

当時、アプローチに悩んでいたので、ジャンボさんの練習を後ろで見ていたんです。するといきなりジャンボさんが自分のウエッジを差し出して「ちょっとお前打ってみろ」というんです。で、ジャンボさんが後ろから見ていて、自分としてはあまり何も考えずポンポン打ち始めたんです。

ジャンボさんのクラブを試させてもらうと、実にこれがいい。ボールがフェースに、すごく乗る。そして、ジャンボさんは「ちょっとお前のウエッジ貸してみな」といって打ち始めたんです。するとトップするわチャックリするわで、まったく当たらない。苦笑しながらそれを返されて、不調の原因を確信しました。

そこでその後、とりあえず試したいなと思って、帰り際ロッカールームでジャンボさんに「来週、スペアのサンドをお借りできませんか？ コピーしたいんで」と頼むと、快く承知してくれました。で、次の週、ジャンボさん自らサンドを持ってダンロップのバスに入ってきたんです。スタッフも驚きますよね。グースがきつくて、昔風のサンドウエッジ。これを使うようになって、不調だったアプローチは回復しました。

最近ある大手メーカーの担当者と話したら、グースネックを使う選手が増えてきたとか。皆、アプローチの不調が技術的なものだと考えがちですが、僕の場合はクラブだった。

クラブは日々改良されてきているわけですが、それが日本の芝に合っているとは限りません。試打クラブや仲間のクラブを試させてもらうのも、いい方法だと思います。

不調の原因はクラブかもしれない

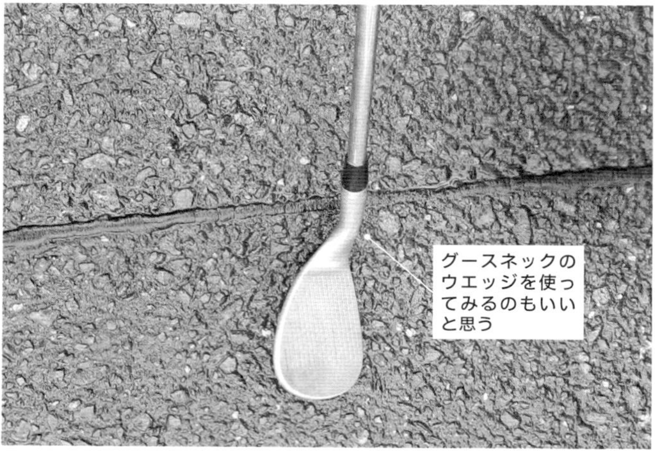

グースがきついサンドウエッジに戻してみよう

SRIXON

SRIXON
バンスもいろいろあるから
自分に合うものを探してみよう

SRIXON

36 テークバックなしでボールを転がす

ジュニア時代から、パッティングの練習は家でも試合会場でもしていましたが、それほど長い時間やっていたという記憶はありません。あの頃は、試合のときでも感性で打っていた気がします。ただ、パターのときも、目をつぶったまま打ったりはしていましたね。

でもやっているうちに、形もいろいろと変わってきました。大学の頃、日本アマを勝った頃は、ヒジが外側に出ていました。プロになって、タイガー・ウッズを見て、ヒジの間隔が縮まり、締まった感じのストロークになっていました。

で、それがだんだんダメになってきたので２０１７年のシーズンに入って、またヒジを張るようにして、安定感が出てきました。左側でフォローが押せるような感覚が出てきたんですね。で、球の転がりもよくなった。中盤戦からはずっといい感じになっていました。

ただ左肩の痛みが出てきて、ヒジの位置がどこなのか探す状態が続きました。その方法は、テークバックなしでボールを転がし、カップに入れる練習で見つけました。

ボールのすぐ後ろにフェースを完全にくっつけた状態でアドレスします。そこからテークバックせず、ひきずるようにクラブヘッドを前方に動かします。ボールはそのまま転がり、目標へと転がっていきます。結果はちゃんと、カップに入ります。

この練習によって、得られるのが自分の力がクラブを通って、ボールに伝わる感覚です。これができると球離れが遅く、長くボールに吸いついている感覚が得られます。それが左手で押す感覚。右手は添えているだけです。逆にこれがうまく押せないと、スッと抜けて球離れが速いからわかります。ボールはちゃんと転がらず、カップまで届かなかったり、方向も変わったりしてカップに入りません。

右利きの人は、どうしても右手でボールを押す感覚でストロークする人が多いんです。それだと、この練習はうまくいきません。**大事なのは、左手で長く、ボールを押す感覚です。**

練習はひとつのラインだけではなく、手前からの上り、右からのフックライン、上からの下り、左からのスライスラインと、4方向のラインからこれをやってみましょう。しっかりとタッチとラインを合わせて、そのイメージしたラインの上に正しくボールを打ち出していく。フォローもそのライン上に出すことが大事です。そうすると右打ちであればスライスラインでは引っ張るような感じになり、フックラインなら押す感じになるはずです。

様々なラインから
練習すること

テーバックなしでボールを押し出す

右手は添え
ているだけ
ボールが吸い
ついている感
覚を得る
左手で長く
ボールを押
し出す

37 パットは何本ものラインをイメージ

パットのラインは、自分がどの程度の強さで打つか、すなわちタッチで決まります。強く打つのであればそれだけラインはストレートに近づいていきます。弱めに、ラインに合わせていくのであれば、曲がり具合もそれだけ大きくみなければなりません。

さて、そのラインの決め方ですが、**僕はそのタッチによって、いくつものラインをイメージしています。**ボールからカップまで透明な線を引いてきて、実際にそれを思い浮かべてみるのです。さらにカップからボールの所まで、逆にひいてくる作業もやります。行ったりきたりをしているうちに、傾斜によっては20本近いラインがカップまでできてしまうことすらあります。

たとえば高速グリーンでプレーしていて、5メートル、上からのフックラインが残ったとします。大きく曲がることにより、入らなかったために3メートルもオーバーしてしまった、などという経験をされた方は多いはずです。最近は品種改良が進み、日本の気候に合わせた新種の種がオーバーシードされることも多くなってきました。維持の仕方、刈り方なども日進月歩で、グリーンを高速に仕上げることができるようにもなりました。

だからこそ、1打でカップインできなくても、2打目で楽にカップインし、2パットで上がれるラインとタッチが要求されるわけです。毎ホール3パットしているのと、2パットで上がっているのでは1ラウンドを終えて18打違うのですからこれは大きい。

大事なのは、実際に打っているイメージでラインを読み、引いていくこと。カップ3個分切れて、1発で入るイメージを作っても、実際は読んだ以上に切れたり、切れなかったりということもあります。あえてラインをずらして、「このラインでどうだろうか？」と違うラインも想定してみる。打ってみて、合ってなかったと気づいたあと、それをどう修正するかが大切です。

確実に傾斜も、タッチも読んでの完璧なパッティングができれば自信もつきます。ラインとタッチの読みができるようになり、そこに読んだ通りのパットができ、実際にカップインしたときの快感は計り知れないものがあります。

皆さんも練習グリーンでもぜひ、イメージしながら練習してください。反復練習こそが上達の近道です。

パットは何本ものラインをイメージすること

大胆にラインを試すのもいい

38 グリーンスピードとボールスピード

前項でラインのイメージの話をしました。時には20本にもなるイメージしたラインのうち1本を選択し、そこに打っていくわけですが、練習でそれを1回やっただけではダメなんです。

打ってみて、その読みが合っていなかったなと初めて気づくわけですから。「このラインはどうだろう?」「ここはどうだろう?」といろんなところに打ち出してみるのもいいです。

外れてみて、ラインが違った場合は、同じ強さでもう少し膨らませるとか、タッチが弱いと感じたならもう少し強めに打つとか、修正して2発目を打つことが必要です。

そのときに、思い切ってラインをずらしてみるのもひとつの方法です。大きく膨らましたことにより、下りのスロープでボールを加速させ、カップに寄るラインを発見できるかもしれません。

ただ、練習だからどうせ外れてもいいとか、そういう雑な打ち方はよくない。また、1

発1発に集中せずに何発も打つような、やりすぎもダメです。

さらに大事なのが、**ボールのスピードをグリーンのスピードに合わせること**。どのくらいのスピードで、ボールを転がすか。強烈な下りのフックだと、ボールスピードが変わってしまうことも知っておく必要があります。「ただ、下りだから速いな」ではなくて、何度も打って、それを合わせられるようにすることです。

たとえば、ボールからカップの所まで歩測し、「8歩だからこのくらいの振り幅で」と決めて打つ人がいます。フラットなときの振り幅を基準にして、上りなら大きく、下りなら小さく、と振り幅を調節するやり方ですね。

でも、その感覚ではうまくならない。一番大事にしてほしいのは、目から入ってくる情報です。まず前のホールで得た情報を大事にします。前のグリーンで感じたボールスピードはどうだったか。また、足で踏んだグリーンの硬さや柔らかさを感じることも大事です。それが体から得られる重要な情報です。それらを参考にして、今の状況を総合的に判断するわけです。

これに、手の感覚を合わせるのです。ラインも多数あり、それによって強弱も変わってくるのがパッティング。自らの感性を磨くことで、パットはうまくなります。

ボールのスピードをグリーンのスピードに合わせる
同じことを繰り返すのではなく、様々なラインを試してみる

足裏から伝わるグリーンの硬さも重要な情報

39 パターを握っている時間と実力は比例する

パットも、ジュニアで活躍し始めた頃から、大人の人にもよく誉められました。「アプローチとパットは、どこからでも入りそうな雰囲気だな」なんて。

パッティングの形は、ゴルフを始めてすぐに父親から教わりました。それからは家の中でボールを転がしてましたが、そんなに形にこだわっておらず、感性で打っていた感が強いですね。

パッティングのうまい人というのは、基本的にパットの練習が好きです。ゴルフという競技の中で、パットが一番インドアで練習しやすい分野です。大振りをする必要がないのでスペースを取らず、マットなども普段は巻き取って収納しておけますから。パターを握りたい、握っていたいという気持ちが強いから、そうした機会を日常生活の中でうまく生み出しているのだと思います。

人間、飽きてきますから、そうならない工夫をしている人も多いのではないでしょうか。

家にいる間は、パターマットや練習器具を使ってやっている方が多いはずです。今はゴルフ用品店でいろいろな物が売っていますから、自分に合ったものを選んで使ってみるのもよいかと思います。

また、パットのうまい方の多くは、創造力を生かして練習方法にも工夫しています。前項で触れた、フォロースルーだけでボールを押し出す練習などもオススメです。

毎回同じ練習をするのではなく、打ち方を変えたり、グリップを変えたりして自分の感性を磨く。そういう工夫が好きな人はいろいろと編み出したりして、反復練習を楽しいものにしているのだと思います。

ヒジを張ってみたり、わきを締めてみたり。そのうえでボールの転がりをチェックしたりといろんな工夫や努力をして、絶えずボールを転がし続けていると、見た目の距離感と手の感覚が合ってきます。そうなるとしめたもので、パッティング技術が目に見えて安定してきます。

実際のところ、**パターを握っている回数によって、技術の差はハッキリ出てきます。**何といってもよくなるのは距離感で、効果がはっきりと自覚できるから練習も楽しくなる。それでまた練習する、という好循環がもたらされるわけです。

それを知っているから、やる人もいるでしょう。でも、「単純にゴルフが好き」という人もいます。いずれにせよ、長時間根を詰めてやりすぎると、持ちませんから、日常生活の合間合間にパッティングの練習を挟み込むのが理想ですね。

パッティングのうまい人は、そういうスケジューリングも、うまい人なのだと思います。ぜひ皆さんも、日常生活の中にパットの練習を取り入れてみてください。

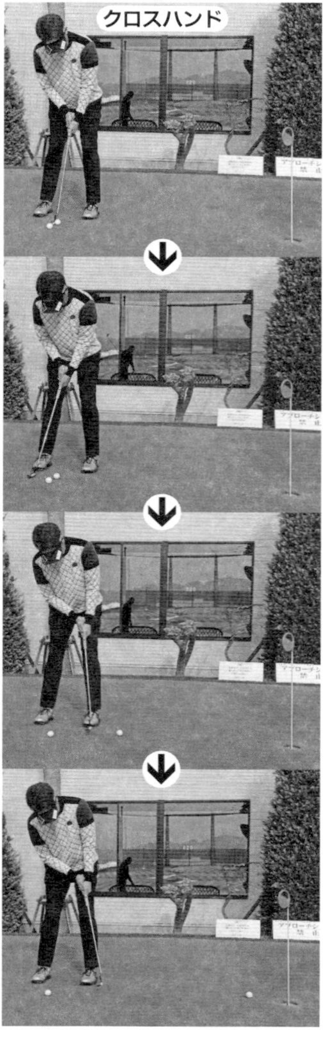

確かなことは、「パット上手は練習好き」

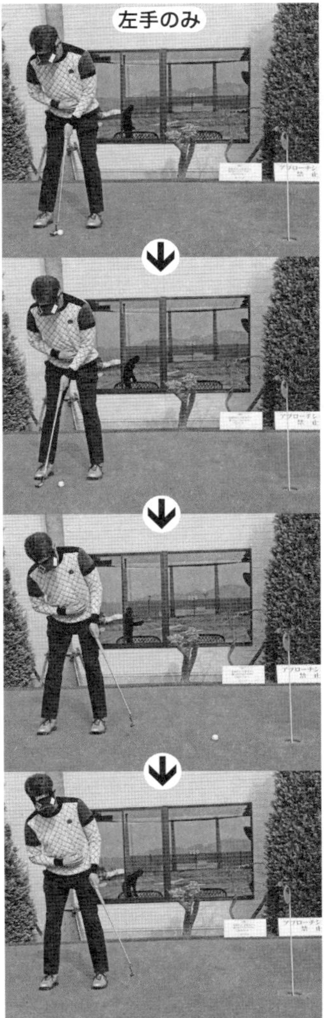

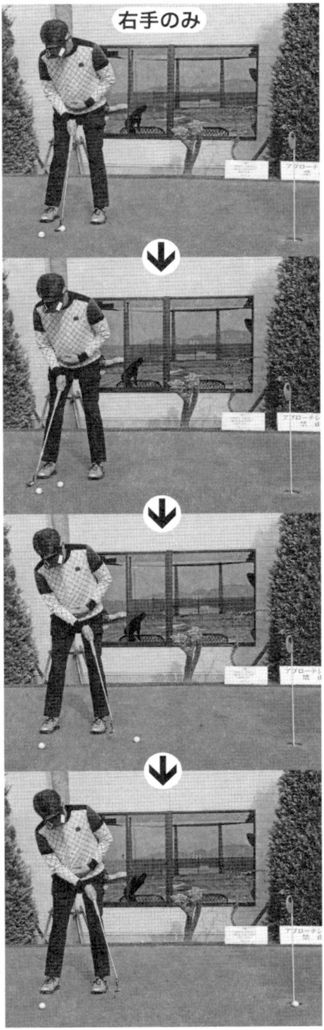

40 モノマネから入るのも有効

高校に入学してすぐだったか、父の義弟が持っていたゴルフ会員権を名義変更してもらい、コースのメンバーになりました。それから月例に行って競技ゴルフにも参加するようになります。

そこには東北のトップアマであるMさんもいらっしゃいました。僕から見ると40歳年上ですから、おじいちゃんでもおかしくないくらいの年齢差です。だから高校生の僕に「頑張れよ」なんてよく優しく声をかけてもらいました。Mさんはその頃、とにかく上手かった。ハーフ30くらいのスコアで、平気で回ってきちゃう。

特にパッティングスタイルが独特なんです。手先を使ってクラブヘッドを低く引いて、フォロースルーまで低く出す。まるでクラブヘッドが、地面を擦っているようなパッティングでした。そのパットがすごく入る。まさにパットの名手でした。

それを見て、自分もそのパッティングを試すようになりました。「低く、低く」と自分にいい聞かせながら練習しました。ですから、テークバックでクラブヘッドが高く上がるようなスタイルは、ダメなんです。低く引いて低く出すパッティングが、今もいいストロークだと思っています。

Mさんのパットもそうですが、子供の頃はモノマネが得意でした。周囲には、上手な大人がたくさんいました。そんな人たちのモノマネをよくやっていました。

大学に行って日本アマに出たとき、会場で久々にMさんにお会いしたんです。で、「ちょっとパター見てくれよ」といわれて、思いつくままにしばらくいろんな感想をいわせてもらったんです。コースの月例でも毎回上位に行けてたので、よく一緒にラウンドさせてもらっていましたし、Mさんのパッティングはそれこそモノマネをするぐらいに見てましたから。

そうしたらMさん、その後大きな試合に勝っちゃって「星野選手にアドバイスしてもらったおかげで勝てました」なんて新聞でコメントしているんですよ。さすがにこれには困っちゃいました。孫とおじいちゃんほどの年の差なのに、さすがにそれは逆でしょうと。

今でも、Mさんには年に1、2回お会いする機会があります。皆さんも**自分がしたいと思う選手のスイングやパットを真似てみることは、いいことだと思います。**

自分が真似したい選手のストロークをコピーしよう
低く引く

低く引いて、低く出すのがぶれないパッティングを作る

41 フェースの向きを確認（ペルツの診断）

デーブ・ペルツをご存知ですか？　ペルツ・パターの考案者で、フィル・ミケルソンらを教えた有名なティーチングプロです。

２００５年の4月ごろ、取材でアメリカのジョージア州アトランタのペルツを訪ねることができました。

元ＮＡＳＡの科学者で、ショートゲームの研究では第一人者のペルツに教わることが目的でした。自分でも教えていることに興味があったのです。お会いすると、小さな部屋に招かれてパッティングのアドレスをさせられました。なんのためかというと、アドレスしたときのフェースがどこを向いてるかを機械で測るためでした。

機械といってもシンプルなもので、フェースの面にミラーを貼って、飛球線方向からレーザーポインターの要領で光線を放ちます。それがフェースから飛球線方向に跳ね返り、部屋の壁に当たります。その当たった位置をチェックすることによって、フェースの向きがわかるという仕組みです。

作業としては、決められた場所にアドレスして「ＯＫか？」と聞かれたときに「ＯＫ」と答えると光が当てられ、僕のフェースの向きが壁に表示されました。

実際やってみて驚きました。当たった位置は想像していたよりもはるかに左。フェースの向きがすごくかぶった状態でアドレスしていました。錯覚していたのです。僕はそれが真っ直ぐだと思い込んでいましたから。

その光が当たった位置に、僕はサインをさせられました。見てみると、世界中の有名選手が皆ここでチェックを受けていて、自分のフェースが向いていた場所にサインをしていました。

タイガー・ウッズも僕と同じ方向で、左を向いていました。僕のほうがもっと左を向いていましたが。この測定でわかったことは、「センターを向こうとして、センターの位置に光が当たっている人はほとんどいない」ということ。

基本的にパッティングは自分の向きたいところに向いているかどうかが重要なのに、ほとんどの人は自分が向きたい方向に向いていないのです。そういう錯覚が、パッティングに関してもすごくあるということです。

常に「自分が向きたいところに向けているかどうか」のチェックは重要です。一番いいのはペルツの診断を受けることですが、僕の先輩の知り合いにこのペルツの機械を真似て作った方がいて、僕も1台もらっています。そのハンディタイプのミラーが付いたチェック器具も持ち歩いています。

ペルツは、まっすぐ引いて、まっすぐ出す理論の人。面を変えないようにストロークするようになって、パットはよくなりました。

ミラーがついたパッティングチェック器具も有効

42 ロングパットは3メートルの練習のみでOK！

僕はスタート前の練習で、ロングパットの練習はやりません。皆さんは、どうでしょうか？

よく見る光景ですが、単純にみんな、朝の練習グリーンにきて、適当にボールをキャディバッグから出して2～3メートルのパターをやって、それからロングパットの練習……というパターンが多いように思います。

でも僕の練習法は、まったく違います。**2～3メートルの距離で、カップの周りをひたすら回るだけです。**スライス、上り、フック、下りと4方向から入れる。これを何度もやっているうちに、グリーンのスピードがつかめてしまうからです。

このやり方は、もう若い頃からずっとですね。グリーンのスピードを掴むには、実はそれで十分なのです。ロングパットの練習をしないと、長い距離の感覚はつかめない。そういう意見があるかもしれませんが、そんなことはないのです。むしろ2～3メートルの練習のほうが、グリーンのスピードをつかむのには有効です。

第3章では「星野流ショートゲーム」と題して、アプローチとパットについて整理してきました。この分野はスコアメークに直結します。それだけにいろいろな理論や実践法が一般的に語られていますが、重要なのは多くの誤解や錯覚に縛られないこと。

アプローチはテレビ中継などでプロがよくやる「上げて止める」アプローチがよいと誤解されている方も多い。でも、状況が許す限りできるだけ低い球で、転がしていくことが得策であることもおわかりいただけたと思います。

また、前項で触れた、パッティングのアドレス。世界のトッププロたちのほとんどがペルツのところに行き、データを取っている話を書きました。そうした名手ですらパターを目標に対してスクエアに構えられない事実。ゴルフは錯覚の多いスポーツだということを、ここでも物語ってくれています。

ライン読みも、大事です。20本ものラインをイメージするケースもあるといいましたが、ボールからカップ、カップからボールと透明なラインを思い描き誤差を埋めていく作業は、上達の上で大事なことです。

最後に、距離感を養う上で、有効な練習法を付け加えておきます。カップを見たまま打つ練習です。ゴルフはターゲットを見たまま、ショットすることができないスポーツです。ここにゴルフの難しさがあるのですが、実はボールの後ろにソールして、カップを見たままパッティングのストロークを行うことは可能です。これを繰り返せば、タッチは必ず合ってくるはずです。

自分のクセを知れば、修正もやさしい

手で転がす

カップを見たまま打つ

僕は
2～3メートルの
パッティングしか
やりません
スライス、フック
上り、下りの
4方向を練習します

第4章

星野流
コースマネジメント

43 素振りの誤解

最終章に入りました。ここからは、実践的なコースマネジメントのテーマに入っていきたいと思います。最初のテーマは「素振りって何？」です。

「なんのために素振りをしていますか？」と聞いたときに、明確に答えられるアマチュアの方は少ないと思います。

素振りはいいのに、実際のスイングはまったく違うという人も少なくありません。これではなんのために素振りをしていたのかわかりませんね。

世界の一流選手は、素振りのときも次に打つ球筋をイメージし、その準備をしています。だから素振りを見ただけで「次はこういう球を打つよ」という意図が伝わってきて、何をしようとしているかがわかるのです。

たとえばタイガー・ウッズは、僕より2歳年上と年齢が近いので、世界ジュニアなどで優勝争いのときによく見ていました。ですからその後テレビなどで見ていても、彼が素振りをしただけで次にどんな球を打とうとしているのかを、いい当てることができました。
タイガーのような選手でも、素振りのときには次に打つ球筋をしっかりイメージし、周到な準備をしているものです。すでに素振りの段階でそれが現れ、細かい仕草にも出るため、次のショットがわかるのです。
あるプロは前が詰まったときなどには通常打つ方向とは逆の、左打ちの素振りをしています。調子のよくないときこそ、この素振りは体に変化を起こすことができて、とても有効です。2、3回反対方向の素振りをした後、思い切りいつもの素振りをしてリセットするのです。
プロゴルファーは、他にもいろいろなゴルフに役立てるための工夫をしています。それはすべて、次のショットに対していい影響を及ぼすようにと意図してのものです。ラウンド中、ショットとショットの間に、注意深く見ているとそれがすごくよくわかるはずです。アマチュアにとって、役立つヒントがたくさんあります。
また、アマチュアの方の素振りを見ると、実際に打つときのパワーで振っていない人がほとんどです。本番のショットのときに同じパワーで打てるかというと、絶対に打てない。グリップに力が入り、肩がカチカチになり、ミスショット、なんてこともよく起こります。

「スライス」の素振り

こうなってしまうのであれば、「余計な素振りはしないほうがいい」ということになります。実際にこれから打つ球筋をイメージして、本番のショットで再現できる素振りをする。ただ漠然と降るだけの素振りは、単なる無駄ということになります。

「フック」の素振り

44 違う球筋を打つときは極端に

アマチュアの方々が誤解しているのは、ティショット時の素振りにとどまりません。**むしろ第2打以降のときにこそ、素振りの重要性は増します。**それを理解していない方も、また多いのです。

例えば第1打でフックを打ち、フェアウエイのいい所に行ったとします。で、2打目にはスライスを打ちたい場合、まずは直前に打ったスイングをリセットするため、通常より極端なスライスを打つための素振りが必要になります。

そのためにはスタンスをオープンにセットし、実際にスライスを打つ球筋をイメージしながら素振りをします。しかしそれでもほとんどの人が、直前に打ったスイングとたいして変わらない素振りをしているはずです。

つまり、本人が思っているほどには、スイングは変えられないのが現実なのです。気持ちばっかりスライスを打とうとしても、実際はフック打ちの素振りをしている。結果は火を見るより明らかで、ボールは左に出てさらにフックしていくという大けがになってしまいます。

こうした最悪の事態を回避する方法はただひとつ。大げさなまでに極端な素振りをして、次に打つショットの予行演習を行うことです。そこまでやって、ようやくスライスを打つためのスイングになります。

本人としては、とんでもなくスイングを変えているように感じるのでしょうが、それでも第三者からみればようやく変化を感じられる程度の差しかありません。

それがゴルフの難しいところで、**自分が思っているイメージと現実に行われているスイングとのギャップは相当ある**ということです。

大学時代、調子がいいときには「フックを打ちたい」と頭の中でイメージしただけで、意図した球筋が打てるアドレスにセットできていました。気持ちでフェード、気持ちでドローと、構えて振ったら、思い通りの球筋が出ていました。

さらに極端なショットを打つためには体の向きをクローズにしたり、オープンにしたりと、スタンスで調整。それよりもさらに極端な球筋を意図したときには、スイングを変えて、インサイドアウトやアウトサイドインの軌道を意識して、もっとキツイ球筋を打つようにしていました。

大前提として、ゴルフは錯覚の多いスポーツであることを自覚した上で、スイングをしてほしい。自分が思っているほどには、スイングは変わっていない。

それを自覚したうえで、スイングを極端に変えた素振りをし、再現することを考えて本番のショットに臨む。そうすれば、イメージに近い球筋でコースを攻められるハズです。

極端にできるだけ極端に！

45 ミスショットをしたときのリセット法

アマチュアの方でよく見かけるのが、こんなシーンです。ティグラウンドからの第1打でOBを打った後、飛ばずに残っていたティペグの上に、打ち直しのボールを置く姿。ごくごく当たり前のような表情で3打目となるボールをティの上に乗せて、打ち直しとなります。

そこからは、まるで再現映像のような流れになっていきます。

ティグラウンドの同じ場所から、同じクラブを使って同じような素振りをして、同じような方向にスタンスを決めて、同じリズムでアドレス。

そして迎えた第3打。同じスイングをして、同じような弾道を描いて、同じような場所にOB――という状況が現実に起こります。

これでは第5打も、同じ結果となる可能性はさらに高まります。上がってみたら、スコアはダブルパーとか、二桁とか。

左打ちの素振りを1回入れるのも有効です。実は同じ場所にティアップした時点で、同じ結果になることはほぼ決まったようなものでした。リセットしてまったく違う結果が欲しかったのにも関わらず、むしろ同じ結果を求めるような準備していたからです。

こういうときは一息ついて、まず違う場所にティアップすべきです。ティグラウンドは広いのですから、ティペグも新しいものに替え、打つ場所を変えるのが得策です。**持つクラブを変えるのもいいでしょう。**ドライバーからハイブリッドやアイアンに替えるのも選択肢のうちのひとつ。そのうえで、フェアウエイの落としどころや弾道のイメージを大胆にリセットして打つべきです。

それならば、たとえミスショットをしたとしても、最善を尽くしたという点で経験値は上がるはずです。

ミスショットには必ず因果関係があります。再三触れていますが、ゴルフは錯覚の多いスポーツです。たとえばティマークの向きがＯＢゾーンに向いていたため、自分もその方向を向いてしまったとか、スタンスしたときのボールの位置が、いつもより中に入っていたとか、そうしたセットアップのミスが原因だったのかもしれません。

あるいはトイレに行ってきて急いで打ったとか、コースに落とし物をしたのに気づいて動揺したため、スイングリズムが早くなったとか。そうした原因となる要素をいったん消して、アドレスに入ることが最善の選択ということになります。

もう一度ティアップをするのが面倒であるとか、悪いショットは2度続かないはずであるとか、同じところから打ってしまった理由はあるでしょう。しかしその結果がボールを失い、スコアも大たたき。これでは、もったいないとしかいいようがありません。

ＯＢをしたあとは、左打ちの素振りが有効

46 ピンから「透明な線」を戻してくる

前項ではＯＢを打ってしまった後、いったんイメージをリセットする方法に触れましたが、本来はミスショットをしないで済めば、それに越したことはありません。そこで今回は好ショットを生むための、イメージの作り方をお話ししましょう。

ショットでは、ターゲットに対して透明な線をイメージし、そこに打っていきます。これはパットの場合でも同様に考えています。パットは、あくまで平面的な映像になりますが、ショットの場合はまさに立体的。空間の中に、３Ｄ映像のような形で透明なラインを描いていきます。

それもカップから、実際に飛んでいく弾道をイメージして、２打目地点、さらにティグラウンドと、逆算する形で透明な線を引いていきます。そうすればおのずと、ティアップする場所も決まってくるのです。そこに構え、あとはイメージした高さにボールを打っていく。２打目も当然、そうした球筋を思い描いてからショットに入ります。

目の前のボールに集中しすぎることも、これから打つ弾道をイメージしていれば避けられます。コースは打ち上げのホールもあれば打ち下ろしのホールもあります。ホールによって、要求される弾道の高さもバラバラです。状況に応じたボールの高さをイメージして、ショットに入っていくべきなのです。

たとえば打ち下ろしのホールは、できるだけ低いボールで攻めたい。フラットな状況と同じ球筋で攻めたら、滞空時間はホールによっては倍以上、ということになるからです。その間は風の影響を受けることになります。ボールがクラブから離れてしまえば、もはやコントロールのしようがありません。できることは目から入ってくる状況をしっかり整理したうえで、イメージを作り、その球筋で打っていくということでしょう。

たとえば手元の芝をちぎって風の方向と強さを検証するとか、ピンフラッグがはためいている方向を確認するなどは、誰もがやっていることだと思います。このほかにも周囲の木の枝の揺れ方や、山や風の通り道などをチェックすることも肝心でしょう。山に当たった風が回り、ティグラウンドとグリーン上の風向きが逆ということも起こり得ます。

ナイスショットが出た場合には、インパクトの後もそのいい感覚が手に残るものです。イメージと弾道が一致すれば、当然ゴルフの内容もスコアもよくなるはずです。

イメージしながらアドレスに入る

打ち下ろしでは低いボールを打つこと

第2打地点から透明な線をティグラウンドまで戻してくる

47 飛ばす方向に集中する

プレショットルーティンで取り入れてもらいたいのが、自然な形で、ボールを飛ばしたい方向に集中できる方法。イメージをどこに持っていくかをまずはっきりさせていただきたいのです。

前述しましたが、**ティグラウンドに立ったら、手元や目の前のボールではなく、フェアウエイの先、ボールの飛んでいく目標に集中したい**。そのためには、まずボールの後ろに立ち、全体の風景から風などの情報を確認。アドレスに入りながら、まず打ちたい方向を見る。フェアウエイの方向、打ち出して落とす方向に意識を持っていってください。

比率としては8対2ぐらいでちょうどいい。打つまでの時間で8割が遠くの景色、ボールはチラッと見るだけの1割程度でいいです。アマチュアの方はこの比率がまったく逆で、方向を見るのが2割、ボールを見ているのが8割という状態で、しかも固まったまま静止して、しばらくしてから始動、という形の方が多い。

第1章でも触れましたが、アドレス中、体のどこかが動き続けていなければなりません。ワッグルでも足踏みでも、自分に合った形のプレショットルーティンを探してください。

また、迷いのあるままショットに入ってしまったら、いい球を打つことはできません。**アドレスに入るときには、自分がどのような球筋で打つかを、決めておくことが重要です。**

同時にこういう球筋であの場所を狙うぞ、という意識づけは大事です。

決めた場所に打っていくという姿勢があれば、たとえミスしてもそこにいかそうとする動きが出てきます。だから狙っていたポイントに落とせなかったとしても、ある程度の所までは行ってくれるのです。

イメージした球筋のアドレスに「ポン」と入れたら、これから「ドローを打とう」と確信できる。前項で触れた、ピンから逆算してティまで戻してくる透明な線をイメージし、スムーズにアドレスすることができたら、「後は振るだけ」という万全の状態で始動できます。

いい球を打つには、いいアドレスから。いいアドレスを作るのは、いいプレショットルーティンが必要です。いいプレショットルーティンは、その9割を打ち出す方向に集中するやり方、ということになります。

「ドロー」のイメージ

「フェード」のイメージ

48 コースで試さなければ意味がない

前章で、スイングはアプローチから作り、ハーフショットがスイング作りの原点でゴルフをしてきたことに触れました。クラブフェースがどこを向いているか、それを常に感じながらスイングしていると、トップの位置などで修正することもできる。その重要性は、おわかりいただけたと思います。

しかし、クラブフェースがどこを向いているかがわかっていても、それだけでは実はダメです。ゴルフの根っこの部分の法則を、最後に押さえておきましょう。心の動きと体の動きが、逆になるのがゴルフなのです。

もう少し、詳しく説明しましょう。例えば左に打ちたい場合。アマチュアの人は、大抵クラブをかぶせ、打ち出したい左方向にフェースを向けて構えます。しかし実際にスイングを始めてみると、人間というのは「このままかぶせていたら左に行っちゃう」という本能的な意識が働いて「閉じている」フェースを少しねじり戻して右に行かせる動きをします。

かぶせて左へ飛ばしたいと思う人のその動きは、結果としてボールは逆球になってしまう。だから左に打ちたいときは、逆にフェースを開いて構える。「このまま行くと右に行っちゃう」という意識でスイングしていると、勝手にフェースを返しにいく動きが出てくるため、ボールは左に行きます。

逆に左にOBがあり、右に行かせたいときは、左を向くべきです。左のOBを向いて、左に振ると右にスライスします。左が怖くて左に振れないから右に押し出す動きが出てきて逆球が出ます。

「左がイヤだな」と思いながら振ると、体が止まり、クラブが返り、ボールは左に行く。「左に行かせたくない」という頭の中の考えと、「体が止まり、クラブが返ってしまう」という体の逆の動きが表れます。このように頭と体の動きは一致しないものなのです。ですから左がイヤなときは左を向いて、左に振っていくことでカット軌道となり右に飛ばす。

一般的に右がいやだと左を向いて構え、さらに左に行かせたくなって左に引っ張り込む打ち方をするため、カット軌道になり右に行きます。だから右がいやなら右を向く。これを実際にコースでやることが大事です。その勇気あるチャレンジの結果、思い通りの1発が出れば、この1打を境として絶対にうまくなります。

打ち直しの効く、ゴルフ練習場でそれをやっても自分のものにはなりにくいのです。実際のコースで、恐怖感と闘いながら、思い切って試してみないと意味がありません。

それができれば、技術は自分のものになるでしょう。右を向いて、右のＯＢゾーンからフックをかけてフェアウエイに戻す。左の池の上空から、スライスで戻してくる。そうした頭の中のイメージと、実際の体の動きが一致して、思い通りの球筋で攻められるようになれば、スコアも一気によくなります。

左からスライス

恐怖に打ち勝ち、コースで試す

右からフック

あとがき

目は大事だけど、悪さもする。最近、そんなことをよく考えるようになりました。

僕がゴルフを始めた当時、上手な人たちのスイングやパッティングを目から吸収して、マネすることによって上達したことは、本書にも随分書きました。今の子供たちもまず大人のゴルフを見て、見よう見まねで吸収してスイングします。

大人にとっても名選手たちのいいスイング画像やスイングリズムを見て、自分のスイング作りの参考にすることは、いいことだと思います。でも見えるからこそ、目に頼ってしまう。目の前にあるボールにこだわるあまり、スイングの本質を見失う面もある。

むしろゴルフは、目に見えないところが大事です。たとえば、方向を決めるアラインメント。それはかかと、臀部、腰、背中、肩と、体の後ろ側で合わせるべきです。自分の目で見えない、体の後ろ側の話です。またスイング中のフェースの向きも、自分の目で確認することはできません。一方で目をつぶって素振りをして、感性を研ぎ澄ますことでフェースの向きを感じることができるようになる。また下半身も、目をつぶってアドレスした状態でこそ、人から押してもらって初めて力が入っていないことを確認できる。

ひとついえることは、ゴルフにおいては、あえて目の前の物を見ないほうがいい結果をもたらすことが多々あるということです。ボールに意識が集中するからスムーズにスイングできなくなる。野球のボールを投げる人が、最初から最後までボールを見たまま投げることはありえない。投げる方向を見て、ボールを投げますよね。

感覚のいい人はアプローチにしても、ボールを見ずに、カップをみたまま打つことは可能です。ドライバーショットでも、たとえばアニカ・ソレンスタムやヘンリク・ステンソンはルックアップしますよね。明らかにボールを見ずに、飛球線方向に視線を送ってインパクトを迎えています。あれをすることにより、スイングすることになるのだと思います。目が見えることでフェース面や、下半身の安定感を感じることができない。むしろ視覚が邪魔をしているわけですが、実際目の前にあるボールを意識するな、ということは難しい。だからこそ、目をつぶってその感性を研ぎ澄ます。ぜひ、皆さんも本書の内容を実践し、上達に役立ててほしいと、心から願っています。

最後になりましたが、本書の出版にあたり、ＫＫベストセラーズの武江浩企さん、構成者の小川朗さん、菊池企画の菊池真さんには多大なご協力をいただきました。この場をお借りして、暑く御礼申し上げます。ありがとうございました。

星野英正

■著者略歴

星野英正（ほしの・ひでまさ）

１９７７年生まれ。１８０センチ、73キロ。東北福祉大時代に日本アマ３勝など、アマチュアで52冠の実績を残して２０００年プロ転向。03年の中日クラウンズで念願のツアー初優勝。06年のコカ・コーラ東海クラシックでツアー２勝目を飾り、同年は自己最高の賞金ランキング８位に入った。08年はＵＢＳ日本ゴルフツアー選手権宍戸ヒルズを制し、メジャー初タイトルを獲得した。その後、アレルギーや腰痛に悩まされ、結果を残せていないが、40歳となった今季こそ復活を誓う。ツアー通算３勝。フリー。

どんなクセでも自分《じぶん》で直《なお》せるゴルフレッスン

「人生最高《じんせいさいこう》の一発《いっぱつ》」を手《て》に入《い》れる方法《ほうほう》

二〇一八年二月二十五日　初版第一刷発行

著者　星野英正《ほしのひでまさ》
発行者　栗原武夫
発行所　ＫＫベストセラーズ
東京都豊島区南大塚二丁目二九番七号　〒170-8457
電話 03-5976-9121
http://www.kk-bestsellers.com/
印刷所　錦明印刷株式会社
製本所　ナショナル製本協同組合

■スタッフ
構成／小川 朗（清流舎）
撮影／富士渓和春
イラスト／鈴木真紀夫
協力／ダンロップスポーツエンタープライズ・奥山昂太、ブリヂストンオープン、フレンド企画
装丁・本文デザイン・ＤＴＰ／石垣和美（菊池企画）
企画プロデュース・編集／菊池 真

ISBN 978-4-584-13849-6 C0075